U0153832

臺灣工程教育史 4 第肆篇

臺灣初、高級工業職業教育史概要

發行：成大研究發展基金會 — 出版：成大出版社

作者：曾勘仁、林樹全、林英明；增訂者：翁鴻山

作者简介－曾勘仁

■ **學歷**：國立成功大學化工系所學士、碩士。

■ **經歷**：

省立高雄工專化工科副教授兼主任與實習室主任。
歷任東勢高工、海山高工、彰化高中、臺中高工、彰化精誠高級中學等高中職校校長。
榮獲典範校長、保舉特優教育人員、革新政風楷模、師鐸獎、杏檀芬芳錄等。
中國工程師學會副秘書長、青年勵進會主委及優秀青年工程師、工程教授選拔委員；
中國機械工程學會中部理事長及出版委員會主委等。
教育部工教改進小組秘書、師資培育審議委員、化工科課程修訂委員等。

作者简介－林樹全

■ **學歷**：國立高雄師範大學學士、國立臺灣師範大學教育心理與輔導研究所40學分班結業、
　　　　國立彰化師範大學工業教育學系碩士、博士。

■ **經歷**：

朝陽科技大學人文社會學院院長、國際暨兩岸交流處處長、師資培育中心教授、校長特別助理。
教育部中部辦公室主任、教育部師資培育審議會委員、教育部高級中等學校校務評鑑委員。
財團法人社教文化基金會董事長、財團法人臺灣省中小學教職員福利基金會主任委員、師友月刊發行人
與社長。
國立勤益科技大學主任秘書、立法院公共關係事務室主任、臺灣省議會公共關係室主任
臺灣省政府住都局祕書、雲林縣政府教育局課長、臺北縣深坑國中主任等。

作者简介－林英明

■ **學歷**：省立彰化高工、國立臺灣師範大學工教研究所40學分班結業
　　　　國立彰化師範大學工教系學士、碩士、博士。

■ **經歷**：

國立臺中高工機械群教師、教育部中部辦公室借調教師、多所科技大學擔任業師、兼任助理教授。
東莞市偉登皮具有限公司、英國阿多尼斯國際有限公司榮譽董事長。
勞動部核心職能企業講師、勞動部人才發展品質管理系統評核委員；師說雙月刊主編。

■ **著作**：機械製造7th(大學用書)與技術高中(高工)審定本教科書、升學參考書、技能檢定等專書共38本57冊。

封面照片：臺中高工化工科實驗室

# 謝　誌

　　為未來在國立成功大學建置臺灣工程教育史料館(中心)，在成大博物館的協助下，年中開始進行先導性的計畫，邀請十餘位校內外專家學者蒐集工程教育史科，進而在成大博物館展開一系列的展示，並編纂臺灣工程教育史叢書。感謝下列國立成功大學化工系系友，熱心捐款贊助該計畫及後續工作的經費。

陳柱華　美國南伊利諾大學工學院前院長

黃漢琳　美國南伊利諾大學退休教授

陳文源　柏林公司 總裁

孫春山　毅豐橡膠工業公司 董事長

張瑞欽　華立集團 總裁

林知海　德亞樹脂公司 董事長

陳尚文　明臺化工公司 董事長

周重吉　美國Dr, Chou Technologies, Inc., President

林福星　富邦媒体科技公司 董事長

　　又，國立成功大學黃煌煇前校長除參與蒐集水利工程教育史科外，生前也以財團法人成大研究發展基金會董事長的身份，惠允該基金會將贊助《臺灣工程教育史叢書》(約15冊)的編印費用，在此特予銘誌。

# 臺灣工程教育史叢書編撰規劃

1. 臺灣工業教育與工程教育發展歷程概要
2. 臺灣工業教育的搖籃 — 臺北工業學校
3. 日治時期之大專工業教育 —
   臺南高等工業學校、臺北帝國大學工學部
4. 臺灣初、高級工業職業教育史概要
5. 臺灣工業專科教育的興衰
6. 技術學院、科技大學工程教育
7. 工程科學研究中心之發展及轉型
8. 臺灣機械工程教育史(以下書名暫定)
9. 臺灣電機工程教育史
10. 材料科學與工程教育
11. 臺灣高等土木工程教育史
12. 建築(工程)教育
13. 水利工程教育
14. 臺灣環境工程教育發展史
15. 特殊領域工程教育
16. 臺灣化工教育史

# 馬哲儒校長　序

　　成功大學化工系翁鴻山教授，在2014年初告訴我說：他想建議校方設置臺灣工程教育史料館，初步要邀請十數位專家學者一起收集臺灣工程教育的史料，用為奠基資料。我認為這種構想非常好，不但表示贊同也給予鼓勵。一年後，他又決定編纂臺灣工程教育史叢書，且開始進行。

　　臺灣的工程教育一直不斷地在進行中，而且進行得頗為成功。翁教授是一位實實在在做事的人，他要把臺灣工程教育發展的歷程編輯成一套叢書記載下來，其涵蓋的時間起自日治時代。大事記包括世界重大事件、政府政策與措施、新科技與產業的興起、教育措施以及重要學校的設立，而且分析說明世界潮流、工業演變及政府教育政策的交互影響。這真是一件大工程，也將是一份重要的歷史資料。翁教授曾應臺灣化工學會陳顯彰理事長的邀請，擔任《臺灣化工史》的總編輯，對編輯工作頗有經驗，我預祝他的成功。

國立成功大學 前校長

馬哲儒 謹識

2020. 3

## 馬哲儒校長簡歷：

　　馬校長1954年自成大化工系畢業，服役後，進入聯合工業研究所(今工研院)服務。1959年赴美深造，1964年賓州州立大學頒予化工博士學位後，入Selas Corp. of America服務；不久轉入Rochester Institute of Technology擔任資深化學師。1970年回成大化工系任教；歷任系主任兼所長及工學院院長；1988年由教育部聘為成功大學校長。2001年退休，同年1月被國科會聘請擔任科學發展月刊總編輯，2017年年底卸任。曾榮獲教育部工科學術獎、國科會傑出研究獎、中國化工學會工程獎章及會士。

# 翁政義校長　序

　　臺灣地小人稠，平地僅佔約三分之一，天然資源稀少，又頻於發生風災、水災、與地震，在如此不良的條件與環境下，而能造就出令人稱羨的經濟與自由民主政治奇蹟，其關鍵在於教育之功。因教育的普及與國人的勤勞努力，提升國民素質，發揮心智，而教育範疇之中的工業與工程教育，更是直接關係到國計民生的經濟發展。

　　二次大戰後的臺灣經濟還處於以農業為主及少數輕工業的階段，因為支援韓戰的關係，美國對臺施以物質援助，然此並非久遠之計，他們認為唯有如何協助提升工程人才的培育，才能促進工業的發展，以改善經濟。於是，美國國務院主動派遣一個考察團訪問臺灣，從北到南實際瞭解臺灣工程教育的狀況，而後選定成功大學為協助對象，並指定以工科見長的普渡大學為之合作；普大的徐立夫教授於1952年底來成大訪問商談合作計畫。該合作計畫於1953年6月由我國駐美技術代表團與美國國務院屬下的援外總署在華盛頓簽訂，為期三十個月；內容包括普大每年派駐成大一批教授與顧問，協助有關課程、教學法、教科書、實驗室與工廠設備等之研究與建議；以及成大每年選派六位教授赴美研修。所需經費包括駐校顧問團、出國人員、致贈之修建及設備等皆由援外總署劃撥。這個由我國政府和美國政府簽訂的合約，固然對成大影響深遠，對臺灣整體工程教育而言，亦彌足珍貴，這段歷史也見證了工程教育的重要性。

　　綜觀臺灣發展歷程，由蓁蓁之島蛻變為交通四通八達及高科技產業的基地；舉凡公路、鐵路、港埠、水庫、發電廠的興建，以及煉油、石化、鋼鐵、電子及資訊等產業都有蓬勃快速的發展。在工程建設與工業發展兩方面皆有傲人的成就，工業教育與工程教育的成功是重要因素。

　　總編輯翁鴻山教授，他在教學與研究皆有傑出的表現，在行政事務亦有相當的歷練與貢獻，退休之後熱情不減，他為回溯臺灣工程教育跟工程建設與工業發展過程的交互影響，建構較完整的歷史記錄，在筆者等的鼓勵及多位化工系系友的贊助下，毅然以在成功大學設置臺灣工程教育史料館為目標，而於2015年開始委請十餘位專家學者蒐

集史料；其後，又決定編纂出版臺灣工程教育史叢書，現在已開始出書，預定於2021年底以前出版15冊。

編纂本叢書主要的目的，正如翁教授所言，雖然主要是要將百餘年來，臺灣工程教育之發展歷程作有系統的整理留存，但是也希望藉由本叢書的出版，讓從事工程教育工作者，能將前人之經驗奉為圭臬；執掌教育行政者，能審慎規劃工程教育發展方向，避免重踏覆轍。

編著歷史書籍需廣泛收集資料並加予查證，是件極辛苦費神的工作，本叢書諸位著述者及編輯者戮力以赴極為辛勞，筆者至為感佩。

翁教授曾與筆者共事多年，在他副校長任內，襄助我推動校務，作事認真積極，犧牲奉獻，現他特囑我寫序，乃樂意為此短文兼表賀意與謝意。

國立成功大學 前校長
機械工程學系榮譽教授
翁政義 謹識
2020. 3

## 翁政義校長簡歷：

翁先生1966年自成大機械系畢業，服役後，赴美國羅徹斯特大學深造。獲頒博士學位後，回母系服務。歷任成大機械系系主任、所長、教務長及校長。2000年獲聘擔任國家科學委員會主任委員；其後轉任工業技術研究院董事長、國家實驗研究院董事長、佛光大學校長。曾先後榮獲教育部傑出研究獎及工科學術獎、國科會傑出研究獎與傑出特約研究員獎、交通大學與成功大學榮譽教授。

# 陳繁興校長　序

欣聞「臺灣工程教育史叢書」第肆篇：《臺灣初、高級工業職業教育史概要》一書即將出版，特予以寫序祝賀。此書雖是撰寫有關初、高級工業職業教育，卻與臺灣的經濟發展脈絡息息相關，工業職業學校培養優秀的技術人才，提供工業轉型所需的充沛技術人力，對臺灣的發展扮演著關鍵角色。

本書以簡述始自日治時期的實業教育、歷經戰後改制及其後迄今的工業職業教育的發展歷程作為序章；再以政府體制變革、學校制度的改變、重要計畫經費、教育法令沿革、課程改革及教學與實習設備、重要政策推動等六大面向談臺灣初、高級工業職業教育，並以時間序為坐標探討是為本書之特色。

本書作者曾勘仁校長與筆者相識悠久，曾校長畢業於國立成功大學化工所碩士，擔任過高雄工專化工科副教授兼主任與實習室主任，後轉至高中職校擔任校長，歷任東勢高工、海山高工、彰化高中、臺中高工、彰化精誠高級中學等諸校校長職務；任內率先推行能力本位、群集課程、學年學分制，曾當選典範校長(含江學珠、辛致平、汪廣平等四位)、榮獲保舉特優教育人員、革新政風楷模、師鐸獎、杏檀芬芳錄等，對國內高中職教育的改革工作貢獻斐巨，亦是技職體系最佳參與者、規劃者與推行舵手。2013年在筆者擔任建國科技大學校長期間，為確保教學品保與學生學習成效，率先申辦IEET的TAC(工程技術教育)認證，機械系為全國第一所通過TAC認證系所，開啟國內各大學TAC認證風潮；並有感國人對技職教育的不瞭解或誤導，課程改革使學生實務技術能力與專業精神備受質疑，導致技職教育淪為第二或不得已的選擇，致力將學校的培育目標與技職教育精神相融合，除提高學生的就業競爭力，謀得好工作外，也為提升技職教育品質、名聲而盡心盡力。推動校務這段期間，曾校長擔任建國科技大學董事，無論在校務治理或是教學品保議題上，不吝給筆者諸多的指導與協助，謹此致上無限的謝意。

作者林樹全院長畢業於國立彰化師範大學工業教育學系取得碩士與博士學位，曾擔任教育部中部辦公室主任(現組改為教育部國民及學前教育署署長)、勤益科技大學主任秘書、縣教育局課長及國中主

任；亦曾兼任財團法人臺灣省社會教育基金會董事長、財團法人學產基金委員會執行長、財團法人臺灣省中小學教職員福利基金會主任委員、師友月刊發行人與社長等公益性質工作。退休後以其教育行政領導經歷被聘擔任朝陽科技大學師資培育中心教授、人文社會學院院長、國際暨兩岸交流處處長、校長特別助理與校務顧問等職務。林院長係教育體系基層實務工作歷練豐富的規劃者與執行者，在擔任教育部中部辦公室主任期間執行行政院「振興經濟擴大公共建設投資計畫」，加速推動高中職學校老舊校舍補強整建及相關軟硬體教學設備充實，讓全國各級公私立高中職學校、特殊教育學校與海外臺灣學校都能享有班班有電腦和單槍投影的電化教學設施，成果卓著。

作者林英明博士於省立彰化高工接受單位行業教育時期畢業、國立彰化師範大學工教系博士。任教於國立臺中高工機械群科，歷經能力本位、群集課程、學年學分制、學校本位課程、工職課程等歷次變革的教學工作，曾擔任師說雙月刊主編，編寫大學版機械製造及多本技術型高中(高工)教科書並歷經75課綱、88工職新課綱、98課綱、108課綱等多版修訂，對課程變革知之甚詳。又學養俱優，理論與實務兼備，獲聘為國立彰化師大工教系與國立勤益科技大學工管系兼任助理教授。林博士退休後，獲東莞市偉登皮具有限公司與英國阿多尼斯國際有限公司禮聘為榮譽董事長、勞動部核心職能企業講師與人才發展品質管理系統評核委員，中部多所科技大學爭相聘請擔任業師，培養年輕學子，為技職教育體系的最佳見證者與實踐者。

本叢書總編輯與本書增修者翁鴻山教授為前國立成功大學代理校長、曾撰寫成功大學工學院院史沿革篇。翁教授在學術專業上專研觸媒及反應工程、觸媒法防治空氣汙染、燃料電池觸媒之改良、二氧化碳減量等領域，成就卓越獲獎無數。2009年退休後，主編內含技職教育史的《臺灣化工史》、編纂成大化工系系史《化工溯源》暨續篇、負責建置成大化工系史館及設置於成大化工系之臺灣化工系史料館；2016年發起在成功大學設置臺灣工程教育史料館(或中心)，編纂「臺灣工程教育史叢書」，為臺灣工程教育留下珍貴史料。

筆者在學術研究上每年均獲得國科會研究案補助，發表許多工程

教育相關領域的學術期刊文章，曾獲得甲、乙種獎助，並擔任科教處應用科學學門的複審委員。在擔任彰化師大工教系系主任期間，適逢「師資培育法」實施之後，學生失去公費制度的保障，招生排名大跌、學生素質滑落，故進行課程改革，將工教系教育目標明確轉型為培養學生理論與實務兼備，成為以培養優秀的高級技術人才，及理論與實務兼備的高工專業師資為目標，並請系上教師赴各高中職學校宣導，得以短短幾年間工教系的招生排名顯著提高。由於工業教育蓬勃發展與成功，2007年非洲友邦國家慕名前來我國訪問，要求外交部協助該國設立相同的工業教育系，以培養技職教育的師資，經外交部與教育部的推薦，筆者得以籌組專案小組多次到友邦國家進行考察、規劃、與成立工業教育系，並提供專業上的諮詢、協助與建議，見證臺灣在工業教育的成功經驗與鞏固我國外交盡棉薄之力。

　　本書由曾勘仁校長、林樹全院長、林英明博士等三位編撰，復由翁鴻山校長增修而成，見證並編輯臺灣初、高級工業職業教育發展歷程，是一本極有意義與價值性的史料書籍。今特囑本人寫序，乃特別樂意撰此短文並兼表恭賀之意與謝意。

建國科技大學 前校長
國立彰化師範大學技術及職業教育學院 前院長
陳繁興 謹識 2022年4月


陳繁興校長簡歷：

　　陳繁興校長畢業於省立彰化高工(現國立彰化師大附工)、臺灣省立教育學院職教系(現國立彰化師範大學工業教育與技術學系)學士、國立臺灣師範大學工業教育研究所碩士、美國愛荷華州立大學哲學博士，主修工業教育暨科技，副修電腦工程。歷任國立彰化師範大學電算中心主任、總務長、工業教育與技術學系主任、技術及職業教育學院院長、建國科技大學校長等職務，可謂出身技職教育一貫體系，並一生奉獻技職教育。

# 臺灣工程教育史叢書總編輯的話

　　推動工程建設與振興工業是促進國家與社會發展的不二法門。回顧臺灣百餘年來的發展歷程，可見端倪。在工程建設方面，自劉銘傳撫臺以來，就陸續有鐵路及電報的建設；其後，不論灌溉(由水圳到大型水庫)，電力(發電廠及電網)、交通(公路、鐵路、高鐵、港口)等有急速的發展。在工業方面，日本統治時期工業開始逐步機械化；戰後臺灣經濟結構由農業轉變為以工業為主的型態，進而創造經濟奇蹟，更成功發展引以為傲的高科技產業。臺灣能在工程建設與工業發展兩方面有傲人的成就，工業教育與工程教育的成功是重要因素。

　　為回溯臺灣工程建設與工業發展過程，建構較完整的歷史記錄，筆者在成功大學三位前任校長(馬哲儒、翁政義和黃煌輝)及工學院前院長(吳文騰)的鼓勵，以及多位化工系系友(陳柱華、黃漢琳、陳文源、林知海、孫春山、張瑞欽、陳尚文、周重吉及林福星)的贊助下，於2014年中開始委請十餘位專家學者蒐集史料，冀望未來能在成功大學設置臺灣工程教育史料館(中心)。

　　另一方面，為讓教育工作者及一般大眾瞭解前人創辦學校的艱辛，筆者也發想編纂出版臺灣工程教育史叢書。然而自忖絕對無法單獨完成此一龐大且復雜的工作，必需邀請專家學者協助方能達成任務。幸獲參與蒐集史料教授們惠允共襄盛舉而得以進行。至於出版費用，幸賴成大研究發展基金會前董事長黃煌輝首肯贊助，筆者銘感肺腑。

　　編纂本叢書主要的目的，雖然是要將百餘年來，臺灣工程教育之發展歷程作有系統的整理留存，但是也希望藉由本叢書的出版，從事工程教育工作者，能鑑古知今、將前人之經驗奉為圭臬；執掌教育行政者，能審慎規劃避免重踏覆轍；為師者可用為教材，並勗勉學生；而研究臺灣史之學者，可將本書作為分析臺灣教育與社會變遷的參考資料。另外，臺灣目前也正面臨因少子化而導致學校合併或停辦的問題，本叢書引述及剖析的臺灣工程教育發展歷程，或許可以提供思考的方向。

編著歷史書籍需廣泛收集資料並加予查證，是件極辛苦費神的工作，本叢書諸位著述者及編輯者戮力以赴備極辛勞，筆者銘感至深，謹借此一隅敬表由衷之謝忱。

　　此外，為彰顯工程教育在臺灣工程建設與工業發展扮演的角色，在2014年底，筆者將構想告訴甫當選成大校長的蘇慧貞副校長，她同意在博物館內設置展示室。隔年2月，蘇校長上任即請博物館陳政宏館長推動。陳館長即擬定展示計畫，向校方申請補助，並規劃每年選擇一主題展出。博物館提出的計畫獲校方同意後，筆者就將編纂工程教育史叢書與在博物館設置展示室二個計畫合併進行。

　　至今，成大博物館已先後以臺灣工程教育的發展歷程、電力及鐵路的發展等三個主題開展；編纂工程教育史叢書方面，也有四冊正在美編或校訂中。這二個大計畫最初的聯絡工作，是委請設置於成大化工系的臺灣化工史科館籌備處陳研如小姐擔任；其後由成大博物館江映青小姐接手，二位不辭辛勞負責安排十餘次規劃與討論會及連絡事宜，方有上述的成果。

　　臺灣工程教育之史料極為浩瀚，本叢書僅擇要點引述，必有疏漏或謬誤之處，敬祈諸先進不吝賜教，以便再版時訂正。

國立成功大學 前代理校長
化學工程學系 名譽教授
翁鴻山 謹識
2020. 5

# 自序 —— 編撰者的話

臺灣在民國50年時期主要外銷產品以紡織、食品、電子零件組裝等勞力密集輕工業為主；70至80年時期在十大建設完成後，以鋼鐵、機械、石化等重工業為主，此時電子資訊業亦始萌芽，並在亞洲四個發展迅速的經濟體中成為四小龍之首。於80年代經濟部工業局訂技術密集度與附加價值高、提高生產力並穩定產品品質等準則，提升產業結構與積極鼓勵工業，以因應國際市場的競爭，此時逐漸轉型邁向高科技產業。近年來政府推動十大新興工業、高科技產業發展與企業再升級等，期望打造成為科技島。根據行政院主計處統計的臺灣人均國民生產毛額在1961年是153美元，2021年度預估是3萬5,244美元，與世界主要先進國家相當。此種臺灣經濟奇蹟、成功的經濟發展過程與經驗，成為許多開發中國家的典範，是發展經濟學研究中值得世人研究的典型成功例子，亦可作為後續永續發展的探討與檢討，故本書概要臺灣的初、高級工業職業教育史是一件有意義與價值之事。

細數臺灣工業過去六十年來的成功發展經驗，在面對各種不同時期如能源危機、東亞金融風暴及2008年美國雷曼兄弟的金融海嘯等挑戰，除政府務實產業政策、民間企業成功外轉型，臺灣的工業職業教育目標為培養學生具備實作技術、就業能力的人才培育工作，擔負著重責大任是息息相關的。自1970年起高級工業職業體系學生在超過50職種的國際技能競賽，皆能每屆成績表現優異、嶄露頭角並立足世界，深獲國際好評。顯示所培育的高工人才，提供企業界優質基礎技術人力有著功不可沒的角色；這種紮穩基礎技術與技能、優質人格特質亦提供了高等技職或高等教育體系繼之培養成為高科技的工業人才，實為工業發展歷程中的成功因素之一。故這些經驗與成功，與德國學徒制及其基本精神可謂毫不遜色。

本書從日治時期開辦的實業教育、創設工業學校與擴增工業類實業教育談起，再說明戰後迄今的工業職業教育，包括戰後初期的改制及升格、美援時期的單位行業訓練、九年國教與高職發展時期、工職教育改進與工職教育調整時期、民國108年的技術型高級中等學校新課程時期等內容作為序章。

本書隨時代發展的課程變革、與時俱進的師資調整、設備提升與對工業教育重要政策的推動等，藉以探討臺灣初、高級工業職業教育史。內容在編寫時採用時間作為橫坐標，以六大面向章節作為縱坐標探討政府體制變革、依學校制度變革、重要計畫經費、教育法令沿革、課程變革及教學與實習設備、和重要政策推動等概要敘述，期能為歷史留下見證。

　　在編纂期間承蒙教育部國民及學前教育署提供撰稿資料，及廖錦文教授、許焴楨校長、林恭煌校長、劉丙燈校長、廖鴻銘主任、韓順興主任、蕭瑞人主任、張瀧升主任、陳奐璋主任、連世和老師等諸位先進協助提供很多政府公報、法令、學校特刊資料、文章與報告、照片、專家學者書籍等作為參考文獻，方能將有關臺灣的初、高級工業職業教育作概要性整理而成，特此表達衷心感謝。然編輯系統性史料成冊，為費時、費神的艱辛工作與責任，編輯群在歷時多年編纂期間經多次討論、文獻探討、規劃分工、編輯、增修與排版校正再三，雖只做概要性引述，仍有疏漏或錯誤之處在所難免，敬祈諸位先進、先賢不吝指教與斧正，以便再版時能訂正。

編撰者　謹識

# 總編輯　序

　　日治初期，總督府順應民間的需求，於1912年在臺北科技大學現址設置工業講習所，招收臺籍生傳授技藝；隨後為配合發展製糖等工業及水利與發電工程，於1918年在同址設置工業學校招收日籍生，隔年又將工業講習所改制為工業學校；1922年二校合併為臺北州立臺北工業學校。其後，為因應臺灣逐漸工業化及發展軍需工業和工程，1935至1944年增設五所工業類專修學校和七所州立工業學校。雖然日治時期，由臺北工業學校、五所工業類專修學校和七所州立工業學校培育的臺籍畢業生不多，但是在二戰結束時及戰後初期在復建及傳承卻扮演了重要的角色。

　　1945年二戰結束後，政府以上述的工業學校為基礎，積極推動工業職業教育，培植工業界與工程建設所需的基層技術人才，投入經建行列，創造了臺灣經濟奇蹟。臺灣也由農業社會轉型成為工商為主的經濟社會，人民生活大幅改善且轉趨富裕，究其因果，工業職業教育高效率的發展著實是主要因素。

　　在光復之初，臺灣各州廳立的工業學校一律改為省立工業職業學校，修改學制與修業年限，並逐漸廢止初級職業學校。美援時期(1951-1965年)在八所省市立工業職業學校施行單位行業訓練制與行業單位教學法，減少理論課程，加強工廠實習，使畢業生就業較能契合工業界和工程界的需求。1953年開始施行六期四年經建計畫，1950年代後期，在美援資助下，臺灣經濟開始顯著發展。1973年十大建設開始推動，其後又有十二項建設計畫及十四項重要建設計畫，工程人才需求殷切，政府以增科、增班因應。

　　在產業發展方面，繼戰後重建期(1945-1962)之後，歷經進口替代(1953-1964)、出口擴張(1965-1975)、資本密集與策略工業(1976-1990)，及高科技工業(1991-現在)等時期，工業不僅快速發展，教育當局也隨機調整高職生與高中生人數的比例，並執行工職教育改善計畫，調整科群課程、充實實習設備，工業職業學校因而可提供了適合且充分的基層人才。

然而科技不斷提升，產業轉為技術密集、資金密集的型態，加上新科技、電腦、資訊、自動化技術的影響，導致工廠所需基層技術人力相對變少；又因為教育部於1990年代後期開始，推動廣設大學、容許專科學校升格為技術學院進而改制為科技大學，導致專科學校紛紛升格改制，不僅無從培育中級工程與工廠技術人員，而且因國人重視高學歷，加之大學入學錄取率高(超過90%，高職畢業生的升學率也超過80%)，大多數的工職學生都以進入科技大學為目標，以致畢業後從事基層工程與工廠操作人員迅速減少，應盡速設法解決。教育當局宜修訂工業職業學校的課程，並安排輔導生涯規劃。

　　臺灣自從政府遷臺後，歷經多次重要經濟建設階段。隨著各階段經濟建設的成長，教育制度、教育法令、學校設置等各面向皆隨之變動；初期以增設學校、班數因應需求；接著以大幅調整科組、修訂課程、增加實習設備、培育優良師資及調整高職生與高中生人數的比例，並適時推動重要教育計畫等措施，而能契合建設與業界實際需要。

　　本書首先以序章簡要說明臺灣工業職業教育發展歷程，接著以六大面向探討相關事項，包括政府體制變革、學校制度變革、重要計畫經費、教育法令沿革、課程變革及重要政策推動。在編寫時採用時間作為橫坐標，以其他六大面向作為縱坐標，以探討臺灣工業職業教育史。

　　因為曾勘仁先生曾擔任東勢、海山及臺中等三所高工校長，熱心教育，且長期參與教育規劃工作，熟稔工業職業教育，筆者幸能獲得他的首肯，主持編撰「臺灣初、高級工業職業教育史」的艱辛工作。本書初稿是由曾校長先收集資料後，帶領林英明博士花費許多心力整理編撰；復請林樹全院長(前教育部中部辦公室主任)提供教育部中部辦公室時期相關資料並參與編撰及蕭瑞人秘書蒐集實習相關照片與全國高級工業職業學校現況，再由筆者添加少許資料及修訂。

　　本書允為臺灣工業職業教育發展史的第一本著作，亟需有更深入的解析、探與論述，盼望能有更多的專家學者接續投入此一有意

義的工作。因為上述與工業職業學校相關制度、政令及學校科組等變遷的複雜性，本書必有疏漏及舛誤，深盼專家先進不吝指正。

國立成功大學 前代理校長
化學工程學系 名譽教授
翁鴻山 謹誌
2022年6月

# 序

# 目　錄

# 目　錄

緒言

# 緒　言

　　經濟建設需要各類人才，人才的培育卻又需要經費投資，尤其是技職教育。光復初期，臺灣仍然是一個缺乏天然資源而又落後的農業社會，正處於人才、經費嚴重缺乏的尷尬年代。

　　各國政府為因應經濟建設之需，都會興辦學校或短期訓練班。日治時期的臺灣工業主要以特產加工及民生必需品為主，如糖、鹽、樟腦、造紙、肥料、水泥等。總督府於1900年，設置實業教育、講習所，修業半年至二年。還發展初級職業教育培養較低階工人。1919年設於臺北科大現址的一個講習所改為工業學校。1944年中日戰爭末期，為因應戰時需要，計畫從事鋼鐵、機械、煉鋁、煉油、造船等重化工業的建設，共增設七所州立工業學校。當時因為學校很少，又有臺籍、日籍學生生比例的限制，能就讀工業學校的臺籍學生並不多。未能就讀小學的文盲卻不少。

　　臺灣光復後，政府就積極發展教育，希望小學的入學率逐年提升，消除文盲。更大幅擴大技職教育，包括農、工、商、家事、水產等等。為求戰後復建工作早日完成，國家經濟能快速發展，工職教育比例最高。日治時代各州、廳立的工業學校一律改為省立工業職業學校。各實業補習學校修業年限延長為三年，原有各專門學校改稱為專科學校，且本科修業改為四年，專科改為二年。在學制方面，初、高級職業學校修業年限各為三年，並逐年廢止初級職業學校。學校與學生數量快速增加。但因受限於經費，工職的發展仍未能符合社會的需求。

　　民國40年起接受美援後，工職實習設備得以充實，顧問團也對我國工職教育做了諸多建議。[1]

　　1. 針對國家經建之需要，決定各校現有科別之存廢或調整。

　　2. 工職教育以就業為宗旨，不以升學為目的。

3. 各級工職學校應減少理論課程，加強工廠實習。

另外還建議臺灣師大應設工業教育系，培養工職師資。學生應參加生產事業工廠實習。並選擇八所示範高工為單位行業訓練制之實驗學校。包括省立高雄、臺中、新竹、彰化、臺南、花蓮、嘉義高工及臺北市立高工等校。培養出許多技術人才，投入經濟建設。

我國的工業教育在積極求進的同時，經濟建設也在努力發展。教育部參照經建會人力發展處依據經建發展計畫推估的人力需求，建校、設科、核定人數，或針對政策上緊急需要，選擇學校專案設立專班。例如，臺鐵首次推出鐵路電氣化時，在高雄工專設置的鐵路電機班，專案辦理招生，可獲得二專學位。經濟建設與工業／工程教育合作無間，促使臺灣的經濟成長突飛猛進。僅僅30年的時間，臺灣已經由農業經濟社會轉型成為工商為主的經濟社會。締造了臺灣的經濟奇蹟，經濟穩定中不斷成長，成為亞洲四小龍之首，還獲得了多項傲人的經濟發展成果[2]：

1. 自民國42年起，實施一連串的經建計劃後，經濟呈現快速成長。至民國72年的31年間，平均每年的經濟成長率高達8.7％，為同期世界上成長最快速的國家之一。國民生產毛額已達499億美元。在30多年期間，實質增加10倍有餘，平均每人生產毛額由不足100美元提高至2682美元，進入自由世界前30名內，名列世界十大新興國家之一。

2. 政府積極推動農工業發展，在30年間，農業增產1.6倍。平均每年成長3.5％，遠高於全世界每年平均2.4％。同期間工業生產增加28倍以上，平均每年增加13.5％。較工業國家每年增加率超過兩倍。工業生產比重在同期間由18％提高至44.2％。其中重工業比重不斷上升。

3. 由於勞力密集工業發展創造大量就業機會，民國65年至70年的失業率降至年平均不到2％，可謂達到充分就業水準。

[1] 臺中高工(民90)：臺灣工業職業教育五十年，臺灣書店。
[2] 王昭明(民72)：我國當前經濟建設，陽明山莊。

4. 政府積極鼓勵農工生產，增加物資供應，並採取各項財金措施，使初期嚴重的通貨膨脹逐步被抑制，使40年代物價每年上漲率降至10%左右，至50年代平均每年上漲率更降至3%，為世界上少數物價穩定的國家之一。我國在這段期間同時兼顧成長與穩定的雙重目標，被國際間譽為「經濟奇蹟」。

5. 均富政策：高／低家庭所得比率從民國53年的5.3倍降到民國72年的4.3倍，被國際間認為是開發中國家的楷模。

6. 對外貿易迅速擴張：民國41年進出口貿易總額約3.3億美元，72年達461.5億美元，增加138倍以上，高居全世界各出口額的第13位。

7. 公民營生產結構改變：政府採取扶植民營企業政策，將部份公營事業移轉民營，輔導與獎勵民營企業的發展，62年民營比重86.2%，石油危機發生後，政府推動的重化工業如煉鋼、煉鋁、造船、重機械、石化基本原料等相繼完工投入生產。

8. 國民生活素質提高：國民教育自 6 年提高為9年，大專程度人數佔總人口比率大幅提高，6歲以上人口中的文盲比率降至一成以下。

這些傲人的成果，除了「工職教育的成功」外，更來自於政府推出「正確的經濟政策」，以及工業教育與經濟政策緊密結合的結果。政府並採行有利的經濟制度，推動「計畫性的自由經濟」；積極推動國防、民生與農工商業基礎建設，如電力、自來水、鐵路、公路、機場、港埠、電信等建設，營造「良好的經濟發展環境」；「拓展貿易支持經濟發展」；提供必要的協助：公布「獎勵投資條例」、70年底頒布「紓解工商業困難四項措施」、71年「改善投資環境及促進投資方案」、72年「復甦經濟景氣促進工商業發展方案」等措施；推動農工商配合發展，以農業培養工業，以工業發展農業；成立高雄、楠梓、臺中加工出口區，推動十大建設，帶動經濟快速成長，技術人才需求大增，工職學生與高中學生比率逐漸拉升到7：3。[3]

臺灣工程教育史

第肆篇：臺灣初、高級工業職業教育史概要

---

3 王昭明 (民 72)：我國當前經濟建設，陽明山莊，頁9。

隨著重化工業與技術密集工業、自動化科技等的高科技的發展，單位行業的技術無法滿足行業的需求，因此推動工教改進計畫，針對課程、教材、教法、師資、設備、升學進路等都要配合產業提升。民國88年教育部配合行政院教育改革諮議報告書提出教育改革行動方案，揭櫫教育改革五大方向：一、教育鬆綁；二、帶好每位學生；三、暢通升學管道；四、提升教育品質；五、建立終身學習社會。[4]

其中，教育改革行動方案中涵蓋工業教育者，含括：[5]

一、健全師資培育與教師進修制度

二、促進技職教育多元化與精緻化

三、追求高等教育卓越發展

四、推動終身教育及資訊網路教育

五、暢通升學管道

六、建立學生輔導新體制--補救教學

七、充實教育經費與加強教育研究

研究臺灣經濟發展的過程，等於在探討臺灣的工業教育史。故政府為達成調整後的教育目標需要修訂教育法令、學校規程、編列經費、調整學制以及修訂課程等。每一階段的課程改變之後，必須修訂課程標準、設備標準與教材綱要，據以編排教學科目與時數表，充實廠房與設備。此外，還要培育優良的師資，並適時推動重要教育計畫，才可能成功達成所期望之教育目標。

臺灣的工業教育發展過程，若從日治時期起算迄今有117年；若從民國34年建置初級、高級職業學校起算迄今有77年，尤其臺灣光復後的教育改革恰好結合經濟繁榮、造就經濟奇蹟。本書首先以序章簡要說明臺灣工業職業教育發展歷程，接著以六大面向探討相關事項，

緒言

---

[4] 教育部 (民 87b)：教育改革行動方案，頁1。

[5] 教育部 (民 87)：教育改革行動方案，頁2。

共分為六章。第一章政府體制變革、第二章學校制度變革、第三章重要計畫經費、第四章教育法令沿革、第五章課程變革,和第六章重要政策推動。在編寫時採用時間作為橫坐標,以其他六大面向作為縱坐標,以探討臺灣工業教育史。最後終章,以平衡計分卡闡述臺灣工業職業教育的績效做結論,並對未來展望做多面向的期許。如圖1所示臺灣初、高級工業職業教育史概要圖與附錄 1 職業教育百年沿革大事記,並說明如后。

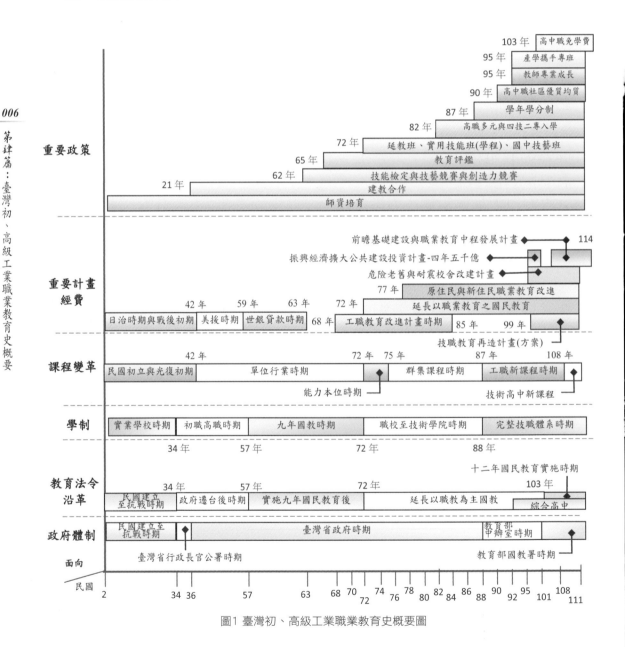

圖1 臺灣初、高級工業職業教育史概要圖

# 序章 臺灣工業職業教育的發展歷程簡述

## 前 言

　　工業/工程教育與經建的發展是一種供需互為因果的關係。為了配合國家工程建設或因應產業發展，政府會刻意興辦學校、增設或調整學校的科組、系所、班數及招生人數，藉以培育相關人力和人才；私立學校也會呼應付諸於行動，甚至熱心的私人公司或人士會創設學校因應。

　　日治初期，總督府為因應通訊與興建鐵路的需求，於1900年年底在國語學校，以特別科的形式設置電信和鐵道二科。隨後，總督府為配合其對臺的經濟政策，在職業教育上發展初級職業教育以培養較低階勞動力。

　　1934年日月潭發電所竣工，加之，臺灣總督府提出工業化與南進基地化之政策，日本大公司紛紛來臺設立工廠；復因中日戰爭之全面化，軍事機構和重工業與化工業相關產業需才更為殷切，才增設數所工業專修學校及多所中級工業學校。在太平洋戰爭發生後，為增強戰力增設許多工農實業學校，也將部分商業學校改為商工專修學校、工農實業學校或擴充工業學科。

　　戰後為了培育復建所需要的人才，政府大幅發展教育，學校和學生數量急遽增加。1953年起，美援的挹注使得臺灣中等職業教育有巨幅的改變；而同一年起，開始實施六期的經濟建設計畫，則促使工業人力的需求逐漸增加。

　　推行二期經濟建設計畫後，1960年政府適時公布獎勵投資條例，吸引外資來臺設廠，臺灣工業發展明顯加快。1966年起，先後在高雄、楠梓和臺中設置加工出口區，更促使輕工業高度成長，需要更多的技術人員。1973年政府又開始推行包括交通及重化工業的十大建設，需要更多的中層工程與工業人力，政府以增設工業學校及增班因應。

1980年代以後科技的突飛猛進，使得許多新領域嶄露頭角，包括材料、資源、生物、生醫、光電、微機電等。政府乃於1979年頒訂「經濟建設十年計畫」，選定機械工業(包括一般機、電機、精密與自動化機械等)與電子資訊工業(包括電腦軟體、 微電腦及週邊設備、數據通訊及相關電子工業 )等「策略性工業」。

1980年代中期以後，臺灣隨之轉向技術與知識密集的產業發展，工業職業學校的科、組及課程也作了大幅度的調整。課程設計分為甲、乙兩類：甲類課程加強基礎學科，以培養學生適應變遷及自我發展能力。乙類偏重專業技術之養成，以培育熟練之行業技術基層人員。

1990年政府推出國家建設六年計畫，以公共投資促進產業發展。公布促進產業升級條例」，發展通訊、資訊等十大新興行業。2000年代起，奈米及新能源科技興起，使得相關科技之發表更加迅速；而國內開始發展生物科技、綠色能源、精緻農業、觀光旅遊、醫療照護及文化創意等六大新興產業，綠色矽島及兩兆雙星產業，這些新領域的發展及政府推動的計畫，也促使技職教育作了調整。

## 第一節　日治時期的實業教育 [6、7、8]

### 一、開辦實業教育

### (一) 國語學校特別科

　　日治初期，臺灣總督府在兩種場所進行職業教育，其一是附設在國語學校之實業部，施行實業教育；另一則是講習所，最初以農業教育為主，日治中期開始推行工業類實業教育。

　　日治初期，總督府為因應南北縱貫鐵路即將貫通與通訊的需求，於1900年年底在國語學校，以特別科的形式設置電信和鐵道二科，修業年限六個月，對該校語學部國語學科第三學年學生有興趣者，實施鐵路運輸或電力通信的課程。[9、10] 鐵道科主要修習鐵道運輸，要多學習英語、駕駛、信號、電氣通信、調查及譯務等六科；而電信科主要修習電力通信，學習的科目是英語、電報通信、電話通信、電力法規，電信電話大意等五科。在國語學校實施之實業教育，最初僅在該校設立鐵道和電信二科，後來才擴大為實業部，內分農業、鐵道、電信三科。修業年限，農業科二年，其它二科各一年。[11]

### (二) 講習所

　　講習所方面，1900年在臺北和臺南農事實驗場試行講習生制度，每期一年。該制度直至1919年臺灣教育令公布，實業學校基礎確立後才廢止。這些講習所中，在臺南大目降(今新化)糖業試驗場附設之糖業講習所，對臺灣的糖業發展貢獻很大。該所於1905年開設，設製糖科與機械科，每期講習二年，十七年中畢業生達363人。[12]

[6] 翁鴻山（2020c）:《臺灣工業教育與工程教育發展歷程概要》，第一章，成大出版社。

[7] 鄭麗玲（2012）:《臺灣第一所工業學校》，緒論、第一章，新北市，稻鄉出版社。

[8] 鄭麗玲（2021）:《臺灣工業教育搖籃-臺灣臺北工業學校》，第一章，臺南市，成大出版社。

[9] 鄭麗玲（2012）：前引書，頁12-13。

[10] 臺灣教育會（1982）:《臺灣教育沿革誌》，頁579，青史社，東京。

[11] 汪知亭（民67）:《臺灣教育史料新編》，臺灣商務印書館公司，頁82-83。

[12] 臺灣教育會（1982）:前引書，頁886-888。

臺北工業學校校門
（楊麗祝、鄭麗玲（2011）：《百年風華—臺北科技大學學校史1912-1945》。）

## (三) 設置工業講習所專收臺籍學員

　　工業類實業教育方面，總督府於1912年(大正元年)在臺北廳大加蚋堡大安庄(國立臺北科技大學現址) 成立「臺灣總督府民政部學務部附屬工業講習所」[13]，內設「木工」、「金工及電工」二科，招收公學校(供臺灣人就讀的小學)畢業或有同等學力的臺籍男學生，修業年限為三年。

　　總督府為配合其對臺的經濟政策，在職業教育上發展初級職業教育（實業教育）以培養較低層級勞動力為目標；在稍後才設置數所中級職業學校及高等職業學校(專科層次)限額招收臺籍學生。在這種教育措施下，臺灣人只能從事較低層級的生產工作。在職業學校的學制上，實業學校招收小學畢業生[14]，修業年限三至五年不等

---

[13] 臺灣教育會（1982）：前引書，頁883-886。國立臺北科技大學網頁。

[14] 日本的學制是小學6年，中學4-5年，中學念完四年就可報考高等學校(含高等工業、農林、商業等專門學校) 3年或大學預科(2-3年)；小學畢業也可報考職業學校，修業年限3或5年)。

(戰時由五年改制為四年制)；設置類科僅有農、工、商、水產等四類。也限制私人創辦職業學校，所以在1944年，臺灣僅有一所私立工業學校。

上述臺灣總督府於1912年之成立工業講習所，內設「木工」、「金工及電工」二科；「木工科」下分「木工」和「家具」兩分科；「金工及電工科」則分為「鑄工」、「鍛工」、「仕上」[15]、「板金工」和「電工」五分科。1914年該所改為直隸總督府，改稱「臺灣總督府工業講習所」。

## 二、創設工業學校

### (一)設專收日人的工業學校

1911年工業講習所成立前後，在臺灣的日本人希望日本人也能進入就讀。不過在臺、日隔離教育時期，日人終未能如願進入工業講習所。遂於1918年在同一校址創立「臺灣總督府工業學校」供日人就讀，是臺灣最早以「工業學校」之名的工業實業學校。由於預估就學人數不多，僅設立機械、應用化學科及土木三科，都沒有設分科。該校是為日本人所設，修業年限為五年(預科二年，本科三年，後者屬高職層級)。

### (二)工業講習所改制為工業學校

1919年，總督府將將工業講習所改制為「公立臺北工業學校」，同時將原工業講習所二科細分為機械、電氣、土木建築、家具、金屬細工等五科，並增設應用化學科，修業年限仍為三年，仍僅收臺灣人。「機械科」下有「鍛」、「鑄」、「仕上」、「木形」等分科；「應用化學科」，下有「製造與釀造」、「色染」分科；「電氣科」、「土木建築科」、「家具科」、「金屬細工科」等四科則無分科，是一所現代工業學校的規模。日治時期，相較於農、商學校，工

---

[15] 仕上：最後加工、細工。

業學校的分科較細；工、農實業學校很重視實習，每日下午幾乎都是實習時間。

## (三) 依新教育令二校合併

1922年新教育令公布，標舉內臺共學，撤除日、臺人之差別，遂於1923年將上列兩校合併改名為臺北州立臺北工業學校，設有五年制的本科(後二年屬高職層級)與三年制的專修科(屬初職層級)。該校共設有機械、電氣、土木、建築、應用化學、採鑛等六科。雖然該校兼收日、臺籍學生，但是臺籍學生多就讀三年制的專修科，能進入五年制本科的很少。無論在學制或學生人數上，均呈現出以日人為主的情況。

## (四) 第一所私立職業學校

1917年，在臺北的東洋協會創設「東洋協會臺灣支部附屬私立臺灣商工學校」，是臺灣第一所私立職業學校(屬於乙種實業學校[17])。

### 三、擴增工業類實業教育

臺灣總督府於1923年將臺北州立臺北第一工業學校(原臺灣總督府工業學校)和臺北州立臺北第二工業學校(原公立臺北工業學校)二所學校合併為臺北州立臺北工業學校後，十餘年間未再設立工業學校。1934年日月潭發電所竣工及相關輸配電工程完成，高耗電工業興起；加之，1936年臺灣總督府提出工業化與南進基地化之政策，日本大公司紛紛來臺設立工廠；1938年日本政府公佈國家總動員法，以因應中日戰爭之全面化，軍事機構和重工業與化工業相關產業需才更為殷切。

---

[16] 日治時期1920年起，臺灣全境設臺北州、新竹州、臺中州、臺南州、高雄州、花蓮港廳、臺東廳等七個行政區，1926年再增設澎湖廳。所以兩校合併後改隸臺北州校名就冠州立。

[17] 日本的實業學校分甲、乙兩種，甲種實業學校招收小學畢業生，就讀年限為5年；或招收高等科畢業生，就讀3年，相當於我國高職的學歷。乙種招收小學畢業生，就讀年限為3年，相當於我國以前初職的學歷。

在上列三個因素的影響下，臺灣總督府被迫大幅增設工業學校、工業專修學校及工業技術練習生養成所。

## （一）增設公立專修工業學校

在增設州立工業學校之前，總督府先增設五所專修工業學校，它們設置的學科以機械和電氣二科為主：

高雄市立高雄商工專修學校(1935年)：機械、電氣、土木、建築；

彰化市立彰化工科學校(1938年)：機械；

臺南州立臺南工業專修學校(1938年)：機械、電氣、土木、木工；

臺北市立臺北商工專修學校(1940年)：機械、電氣；

嘉義市立嘉義專修工業學校(1944年)：建築、化工。

高雄商工專修學校於1935年創校，初期僅設商業科，三年後始創立工業科；於1945年1月併入高雄州立高雄工業學校。彰化工科學校戰後與臺中州立彰化工業學校合併，改制為臺灣省立彰化工業職業學校。嘉義專修工業學校原為於1935年創立之臺南州立嘉義商業學校，1944年改辦工業學校；戰後改名為嘉義市初級工業職業學校，1951年因嘉義市併入嘉義縣，改為縣立，1955年歸併省立嘉義工業職業學校。

彰化市立彰化工科學校於1938年創立於彰化師範大學附屬工業職業學校現址（彰化市工校街一號），專招三年制機械科。1946年與「臺中州立彰化工業學校」(專招五年制機械科)合併，改制為「臺灣省立彰化工業職業學校」，設高級部及初級部機械科，學制各為三年。

臺南工業專修學校原附屬於臺南高等工業學校，因後者數次更名，於1949年10月，改稱為「臺灣省立工學院附設工業職業學校」，夜間部改稱「臺灣省立工學院附設工業職業學校附設補習班」，招收機械科、土木科三年制初級部新生。1950年8月，夜間部改名「臺灣省立臺南工業職業補習學校」。1955年7月，高職日間部併入臺灣省立臺南工業職業學校（今國立臺南高工）僅留夜間部，而更名為「臺灣省立工學院附設工業職業補習學校」。

臺北商工專修學校於1940年創立，初設機械、電機、商業三科，兼辦「臺北第二工業技術練習生養成所」補習教育，以培養初級工商技術人

才。臺北商工專修學校於1945年更改校名為臺北市立初級工業職業學校。1950年，增設高級部，校名亦更動為臺北市立工業職業學校。1955年，初級部停止招生。1958年，正式改名為臺北市立高級工業職業學校。1981年9月1日改名為臺北市立大安高級工業職業學校。

## (二) 增設七所州立工業學校

1938年起至1944年共增設七所州(廳)立工業學校：包括臺中工業學校、花蓮港工業學校、臺南工業學校、高雄工業學校、新竹工業學校、彰化工業學校及嘉義工業學校[18]。後面三所是總督府於1944年為因應戰爭的演變新設或改設的，新竹工業學校是新設，彰化工業學校與嘉義工業學校是由商業學校改設的。[19] 戰後，這七所州(廳)立工業學校皆改為省立，後來在美援時期都被指定為示範學校。

不過為配各地區資源的差異與產業的不同，這些新增設七所州立工業學校所設置的學科不盡相同。例如，花蓮港工業學校僅有3科，且為三年制；高雄工業學校科數較多，機械科有工作機械、航空機械、精密機械3個分科；新竹與嘉義二所工業學校工業學校僅各設2科；彰化工業學校僅設機械科。七所州立工業學校所設置的學科如下：

州立臺中工業學校(1938年)：機械、電氣、土木、建築、應用化學等五科；
廳立花蓮港工業學校(1940年)：機械、電氣、應用化學等三科；
州立臺南工業學校(1941年)：機械、電氣、土木、建築、應用化學等五科；
州立高雄工業學校(1942年)：機械、電氣、土木、建築、電氣化學等五科；
州立彰化工業學校(1944年)：機械；
州立新竹工業學校(1944年)：機械、工業化學等二科；
州立嘉義工業學校(1944年)：建築、應用化學等二科。

戰後上列七所州(廳)立工業學校皆改為省立工業職業學校。其中省立彰化工業職業學校是由州立彰化工業學校與彰化市立彰化工科學校合併而成。

---

[18] 汪知亭（民67）：前引書，頁83-s5。
[19] 李園會（2005）：《日據時期臺灣教育史》，國立編譯館出版，復文書局，頁593。

1939年私立開南工業學校成立。
（楊麗祝、鄭麗玲（2011）：《百年風華─臺北科技大學學校史1912-1945》。）

## （三）最早創立的私立工業學校

　　1939年6月東洋協會又創設了「開南工業學校」和「開南商業學校」兩所甲種實業學校。校名稱為「開南」是為訓練「開」拓「南」洋的人才。開南工業學校是最早創立的私立工業學校。1946年該二校和臺灣商工學校合併為私立開南工商職業學校。1942年臺北協志商號林尚志先生結束個人事業，將財產百分之八十贈與協志工業振興會，運用該會基金開辦私立大同初級工業學校(現今之臺北私立大同高中)，並於1956年創辦大同工業專科學校。

## （四）增設工農實業學校及商工專修學校

　　在太平洋戰爭發生後，日人為增強戰力，增設許多工農實業學校，也將部分商業學校改為商工專修學校、工農實業學校或擴充工業學科。戰爭後期將修業年限縮減為四年。

　　此外也在上列工業學校及臺北商工專修學校，附設了九所工業技術練習生養成所，招收就業中的工人，利用夜間授予技術教育為期一年。

## 第二節　戰後迄今工業職業教育的發展 [20、21、22、23、24]

　　民國三十四年(1945年)臺灣光復後，政府引入中國化的教育，因此教育的体制和內容皆有重大的改變。為了培育戰後復建所需要的人才，政府大幅發展教育，學校和學生數量急遽增加；加之，不復有臺籍/日籍學生比例的限制，國民受教機會大增。1950年起，美援的挹注以及美國教育理念的導入，使得臺灣中等以上的職業教育，更有巨幅的改變。

### 一、戰後初期－改制及升格

　　民國34年月14日日本投降，8月29日國民政府主席蔣中正特任陳儀為臺灣省行政長官，於9月20日公布臺灣省行政長官公署組織條例，其中第四條規定設教育處。

　　同年10月25日舉行臺灣地區受降典禮，該日臺灣省行政長官陳儀正式上任。行政長官公署隨即宣布學校不停課為接收臺灣三大原則之一。在此之前，即自8月14日日本投降至10月25日，臺灣地區呈無政府狀態，各級學校皆停課。民國36年5月16日，撤銷臺灣省行政長官公署，正式成立臺灣省政府，設教育廳。

### (一)工業學校改制

　　民國35年6月28日，臺灣省行政長官公署教育處訂頒「臺灣省職業學校新舊制度調整辦法」，將日治時期之實業學校改為省立、縣立及私立，並建立三三制初級、高級職業學校，分別招收國民學校及初中（職）畢業生。民國37年8月教育廳依據「職業學校法」第四

20　翁鴻山（2020a）：《臺灣工業教育與工程教育發展歷程概要》，第二章，臺南市，成大出版社。

21　汪知亭（民67）：《臺灣教育史料新編》，新北市：臺灣商務印書館公司。

22　臺灣省政府教育廳（民74a）：《臺灣教育發展史料彙編－職業教育篇》，省立臺中圖書館。

23　安後暐（民99）：《美援與臺灣的職業教育》，國史館。

24　教育部中部辦公室（民89）：《臺灣省教育發展史料彙編－職業教育補述篇》，國立臺中圖書館。

條之規定，試辦設立五年制職業學校，招收國民學校畢業生修業五年。

民國36年公布職業學校規程。依照我國的學制中等學校分為中學、職業、師範三類，因此臺灣光復後，各實業學校依其性質分別改為工業、商業、農業---等職業學校；原實業補習學校，一部份併入同地同性質的省立職業學校，一部份改為縣市立初級職業學校或職業補習學校。

工業職業學校方面，在光復之初，除各州廳立的工業學校一律改為省立工業職業學校外，並將原臺南州立工業專修學校改隸省立臺南工業專科學校(民國35年升格為省立工學院)，成為該校附設工業職業學校。(民國45年，省立工學院改制為省立成功大學，因校舍不足，附設工業職業學校於民國48年被併入省立臺南高級工業職業學校，但是仍保留補習學校。)光復之初，全省與工業職業教育相關的私立學校只有開南商工職業學校、大同工業職業學校及建國初級工業職業學校等三所。

臺灣光復後，把一學年分為三個學期的制度，改為二個學期。在學制方面，初級職業學校招收國民學校畢業生，高級職業學校招收初中或初職畢業生，修業年限各為三年。為改進初職畢業生不易就業的缺點，逐漸增設高級職業學校，廢止初級職業學校。日治時期，各實業補習學校修業的年限多為一至二年，光復後均延長為三年。

## (二) 省立工業職業學校設置科別

七所州(廳)立工業學校改隸省政府而改為省立工業職業學校；電氣科改稱電機科，應用化學科與電氣化學科改稱化工科。

省立臺中工業職業學校：機械、電機、土木、建築、化工；
省立花蓮工業職業學校：機械、電機、土木、化工；
省立臺南工業職業學校：機械、電機、土木、建築、化工；
省立高雄工業職業學校：機械、電機、土木、建築、化工；
省立彰化工業職業學校：機械；
省立新竹工業職業學校：機械、化工；
省立嘉義工業學職業校：機械、電機、土木、化工。

## (三) 臺北工業學校升格，臺北商工專修學校改制

　　原臺北州立臺北工業學校改名省立臺北工業職業學校，分初級部與高級部。原擬日後再以省設高級部，縣設初級部為由廢止該校的初級部，其後因於民國37年升格為省立臺北工業專科學校，原工業職業學校逐年停辦。

　　為彌補省立臺北工業職業學校升格為省立臺北工業專科學校，政府於民國39年將臺北市立工業職業學校(原臺北商工專修學校，民國34年改制)再改制為臺北市立高級工業職業學校(復於民國70年改名為臺北市立大安高級工業職業學校)。

## 二、美援時期－施行單位行業訓練制

　　光復初期，政府除大量增設高級職業學校及班級以符合社會需求，藉以培養戰後復建所需要的技術人才，並解決初級職業學校畢業生的失業問題。但限於經費，未能達到應有之效果。隨著韓戰爆發與美國援助臺灣，臺灣的教育遂有突破性的發展。

　　美援自民國40年起至54年，援助項目有直接軍援、軍協援助、防衛支助、技術合作、剩餘農產品等五大類。協助教育的發展是技術合作下的項目之一，對臺灣職業教育的發展有極大的助益。

　　民國41年，美國安全總署教育顧問安特魯、聯邦教育局副局長李特及美國安總署中國分署教育組長白朗，在了解臺灣教育改革動向與需求後，向政府提出發展農工教育之計畫，中等職業教育採資助經費並試辦農工示範職校的方式。[25]

　　在中等工業職業教育方面，除了資助經費購置教學實驗設備外，也對於職業教育所面臨的問題做成初步決議。包括：課程與教學原則以實用為主，理論為輔；聘請各事業機關中不負專職者參加職校授課；學生在校內附設工廠實習外，須參加生產事業工廠實習；在省立師範學院（今國立臺灣師範大學）設工業教育系，以培

臺灣工程教育史

第肆篇：臺灣初、高級工業職業教育史概要

---

[25] 安後暐（2010）：《美援與臺灣的職業教育》，國史館，頁44。

育師資，並新編各類職校特殊科目教本，使其在短時間內編齊供應教學使用。

　　民國42年，中美雙方組成視察團於4月至5月赴省立工學院，臺北工專及高級工職實地考查，考查內容包括課程、設備及訓練方法等，事後根據成果寫成報告並提出建議：

1. 針對國家經濟建設之需要，從速決定各校現有科別之存廢或加以調整。

2. 工業職業教育以訓練學生就業為宗旨，並不以升學為目的。初職畢業生因限於年紀及體力發展，對實際操作不能勝任應予停辦。

3. 各級工業職業學校應減少理論課程，加強工廠實習。

## （一）施行單位行業訓練制

　　在民國42年以前，臺灣共有工業職業學校十八所，分為初級與高級兩種，所設之科別分為機械，電機，化工，土木及礦冶五科。依學校規模設一至五科，但每一科範圍太廣，且教學太過理論化，培育的畢業生並不受工業界歡迎。教育部為改進上列問題，於民國42年向相關人士徵求意見，最後決定採用美國施行的單位行業訓練制與行業單位教學法。當年首先在省立臺中工業職業學校內設立示範科，次年又指定省立高雄工業職業學校為示範學校。民國44學年度起，繼續選定臺北市立和臺灣省立新竹、臺中、彰化、嘉義、臺南、花蓮等六所工業職業學校為示範學校。

　　這八所示範學校就是單位行業訓練之實驗學校，分別辦理木工、鑄工、機工、金工、管鉗工、製模工、印刷工、電工、無線電工、汽車修護工等十種單位行業訓練。政府以美援大量充實實習廠房及設備，並強調各示範學校應配合各該地區之工業活動，且充分利用工廠設備以利學生實習。後來又先後增設傢具木工、製圖、電焊、儀錶修護、家庭電器修護、化驗工等6種新行業，連同前面10鍾合計16種(後來有數種改名)。實施單位行業訓練者，機械科與電機科分別改為機工科與電工科，土木、化工、礦冶三科維持原狀，只有嘉義工職化工科改為化驗工科。

設置的16種單位行業科，依各校原有的科別與設備以及所在地區資源與需求，分別設置在八所示範工業職業學校[26]：

機工科：八所示範工業學校
板金工科：新竹工職
木模科：彰化工職、高雄高工
鑄工科：彰化工職、高雄高工
管鉗工科：高雄高工
汽車修護科：臺北高工、臺中高工、彰化工職、高雄高工、花蓮工職
電工科：八所示範工業學校
家庭電器修護科：臺中高工、高雄高工
電子設備修護科：臺北高工、臺中高工、嘉義工職、高雄高工
儀錶修護科：臺中高工
電焊工科：臺北高工、臺中高工、高雄高工
化驗工科：嘉義工職
建築工科：臺中高工、嘉義工職、臺南高工、花蓮工職
傢具木工科：新竹工職、嘉義工職
製圖科：臺北高工、臺中高工、臺南高工、高雄高工
印刷工科：臺北高工、高雄高工

實施此制度前，教育當局事先調查社會所需要的行業，從而在各校設立適當的科。在此期間，工業職業學校設置的科有屬單位行業訓練和屬非單位行業訓練二類。例如機工科、電工科、化驗工科屬單位行業訓練，機械科、電機科、化工科屬非單位行業訓練。

以全省設立的科別而言，都市所設立的科別數目較為多元，如臺北、臺南、高雄、臺中等工職學校；至於機工與電工科，則因社會普遍需要，八所工職皆有設立；但板金工科、管鉗工科、儀錶修護科、化驗工科等科，則因各地需求不同而較少設立。

---

[26] 安後暐（2010）：前引書，頁168-169。

日本時代臺中工業學校大門
（國立臺中高工，1986：臺中高工75周年校慶簡報。）

　　民國42年開始，政府實施六期「四年計畫」，推動經濟建設，為配合經建，乃致力發展職業教育，而部分職校則改制為五年制職業學校。同時全力改革擴充各類職業學校，增設新校，增加類別與科別，改進課程、教學、充實設備，注重

目前臺中高工校門
（國立臺中高工曾勘仁校長提供）

實用技術訓練與專業知識之講授，期使學生均能學以致用。

## (二) 調整及增設科組

　　民國47年，工業職業調查團再度舉行全省工業職業調查，並向各校化工、土木、礦冶三科畢業生徵詢就業情況，結果發現學生所學不切實用的情形極為嚴重。教育部根據調查的結果，決定各省立工職內之土木、化工、礦冶三科從民國47學年度起不再招生。為使各校對該三科原有之設備、師資員額，班級數目等問題得以解決，並配合社會實際需要，教育廳原則上採取一面擴增工專或增辦工專，一面以新的相關單位行業訓練科目來代替，並要求所設之科目與職業調查結果符合或接近，其中土木改辦製圖、泥工、測量三科；化工科改辦化驗科；礦冶改辦礦場保安測量科。

序章 臺灣工業職業教育的發展歷程簡述

民國45年以後，因為本省教育當局全力發展職業教育，所以新設的私立職業學校為數甚多。45至49學年度設立的私立工業職業學校，包括桃園縣私立六和高級工業職業學校，臺北縣私立南山工業職業學校，高雄市私立建功高級工業職業學校，臺東縣私立公東高級工業職業學校。50學年度屏東縣立工業職業學校改為省立。

教育廳於民國47年2月開始創辦實用技藝訓練中心，選定省立臺中高級工職試辦。第一年開辦輸配電科、化驗科、電信科機械組。因試辦著有成效乃擴大辦理。所設科別屬於化學工業者，有化驗、油漆、陶瓷工、化學工藝等。此外，在本省八所示範工職除繼續採用單位行業訓練科目並酌予增加專業科目時數。也規定實習時數一律增加至每周十五小時，以加強技術訓練。

行政院國際經濟合作發展委員會(簡稱經合會)[27]於民國52年成立後，在它的建議下，許多農業職業學校改成農工業混合職業學校；後來又有一些商業職業學校改成商工業混合職業學校。

### (三) 五年制高級職業學校

民國54年6月臺灣省政府教育廳訂頒「五年制高級職業學校設置暫行辦法」，除原有18所五年制農校外，另擇工、商、家事三類職業學校中，選擇八所省立職業學校54學年度第一學期起先行試辦。工業職業學校試辦者是新竹工職、彰化工職和嘉義工職[28]。另外也指定臺中縣立沙鹿工業職業學校試辦四年一貫制，由該校紡織科先試辦。民國57年實施九年國民教育後，五年制與四年制分別於57和60年停辦。

同年(54年)，省政府指示：職業教育與科學教育並重。繼而擬定各級學校設立原則，增加職業學校，減少高中增班設校，部分高職改為專科學校。復依據行政院指示，增設工業職業學校班級與工業職業學校，以配合經建發展。

---

27 原為於1948年設立的行政院美援運用委員會（簡稱美援會）。

28 教育部中部辦公室（民89）：《臺灣省教育發展史料彙編-職業教育補述篇》，國立臺中圖書館，頁139。

為改善本省工業迅速發展工業技術人才不足之情勢，自55學年度開始，省政府教育廳選擇部分農業職業學校增設工業類科，變更為農工職業學校。[29]

　　民國56年至59年，分別於新竹、臺中、彰化、嘉義、臺南、高雄、花蓮、瑞芳、屏東、沙鹿、東勢、臺北等12所高級工職，增加及新添電子修護、汽車修護、板金、機工、電工、管鉗、印刷、建築製圖等科共28班（每班50人），所需實習工場及設備，由中美基金資助。另撥援款選擇規模較大之農業職業學校，其所在地環境以漸近工業需要者，增辦工科（計有桃園、苗栗、宜蘭、新莊、岡山、西螺、曾文等校），共計28班。

## 三、九年國教時期（民國57-68年）- 發展高職

　　為提昇國民整體素質與學識能力，以及國家經濟與各項建設發展之需求，政府於民國56年決定將國民教育延長至九年，民國57年秋季開始實施九年國民教育。

### (一) 初職及五年制職業學校停招

　　民國57年秋季開始實施九年國民教育後，原為招收小學畢業之初級職業學校及五年制高級職業學校均予停辦。自60學年度開始，完全成為修業三年的高級職業學校。臺灣省四十所縣（市）立職業學校之中的36所，自民國57學年度開始分三年改為省立，其中部分改制為省立高中兼辦職業類科或改設為綜合性高級職業學校，其餘的改制為國民中學。

　　民國57學年度省府接辦縣市立職校22所改為省立，擴充建築設備，使之發展為健全高職，並鼓勵私立中學增設職業科，選定適當農校及商校增設工科，以積極發展工科教育。並藉建教合作豐富職業教育內容，提高學生技術水準，擴大畢業生就業範圍。另選定26

---

[29] 教育部中部辦公室（民89）：前引書，頁142。

所國中及社教機關，附設技藝訓練中心，推廣實用技藝訓練。並訂定加強職業教育、發展實用技藝訓練計畫，以資配合。並且推行下列措施：

1. 學校由省接辦後，繼續充實設備，改進教學，使成為健全之高級職校。

2. 發展工職教育。公私立普通中學增辦職業類科者，原則以工科為優先。

3. 發展高級職校。五年制職校及初職逐年結束，以提高基層技術人員素質。

4. 加強實施建教合作，積極輔導職校畢業生就業。

實施九年國民教育以前，初級工業職業學校設置的科初為有機械科、電機科、化工科、土木科、礦冶科五科，後為機械科、電機科、土木科、紡織科、化學科。高級工業職業學校則除了有機械科、電機科、化工科、土木科、礦冶科等傳統的5科外，另有機工科、板金工科、木模科、鑄工科、管鉗工科、汽車修護科、熔接科、電工科、電訊科、電器修護科、電子設備修護科、儀錶修護科、電焊工科、化驗工科、紡織科、採礦科、測量科、建築工科、傢具木工科、伐木製材科、製圖科、印刷工科等屬單位行業22科。[30]

## (二) 發展職業教育

民國62年，教育廳決定致力發展職業教育，建立技術教育體系、辦理職業訓練，於中部設立職業訓練中心。為配合產業結構所需技術人力質量變化，職業教育之發展，優先考慮擴充工職及海事等類職業教育，減緩商職之發展，充實農職之科班，並斟酌各科特性，鼓勵女生報考各類職校。配合內政部技術士技能檢定及發證辦法之全面實施，職業學校畢業生均須接受技能檢定。

在54學年度全省公私立職業學校共計128所，到64學年度已增為

---

[30] 教育部中部辦公室（民89）：前引書，頁143。

157所；其中工業職業學校25所、農工職業學校17所、工商和商工職業學校67所。職業學校學生中工科生佔50％！[31]

民國65年，教育廳鑑於高職學生人數成長迅速，計畫提升高職師資技能水準、充實實用設備，並全面辦理職業學校評鑑。因應經濟迅速的發展，至70年度，調整高職與高中學生比例為7：3。各類職業教育百分率，66學年度工職為48.34%，至71學年度工職增為58.60%。

## 四、工職教育改進期（民國68-79年）

民國67年教育部為使職業教育配合經濟建設與工業發展，培養機械工業、精密工業、重化工業及公共工程方面急需之技術人才，擬訂「工職教育改進計畫」。民國68年8月成立工職教育改進小組，推動工職教育改進計畫，全面革新工職教育，裨落實政府發展精密工業、促進工業升級之政策。

### （一）實施工職教育改進計畫

民國68學年度開始執行為期三年之「工職教育改進計畫」，並繼續調整高中高職結構：

1. 改高中為職業學校。

2. 高中兼辦職業類科。

3. 高中併校發展技職教育。

4. 新設高級工職。

在新設高級工職方面，(1) 民國69年2月5日核定省立海山高工職校，正式設校。(2) 民國69年4月25日決定於69學年增設省立工專及高工各一所。

民國69年，經濟建設十年計劃開始實施，教育部依據「復興基

---

[31] 汪知亭（民67）：前引書，頁403。

地重要建設方針－文化建設之目標與策略之三」，於是年6月30日成立研究規劃小組，進行規畫「延長以職業教育為主之國民教育」，教育廳亦配合研究規畫「延長以職業教育為主之國民教育、加強職業教育及補習教育」。

高職教育之發展規畫中，工職教育改進計畫自69年度起執行，至72年度完成。其中推廣輪調建教合作有三要點：

1. 合作工場須接受教育廳委託之工業職業訓練協會「三重管制」；

2. 自69學年度起，建教合作班新生進入工場生產線前，須接受基礎訓練；

3. 基礎訓練經費由中央補助一半，省自籌配合一半

## (二) 工職實施群集課程－由群集課程分類得知科組分類

因為課程是工職教育改進的要項，教育部遂委請師大工業教育研究所對實施群集課程可行性作調查研究。研究報告提出後，經多次研討，於72年決議工職類科應予歸併分類為機械、電機、電子、化工、營建、工藝等六群發展課程。75年又修訂公布為機械、電機電子、化工、土木建築、工藝等五群。課程設計分為甲、乙兩類：甲類課程加強基礎學科，以培養學生適應變遷及自我發展能力。乙類偏重專業技術之養成，以培育熟練之行業技術基層人員。[32]

總計有五群，甲類17科、乙類26科：

1. 機械群：

甲類：機械、鑄造、汽車、板金等四科。
乙類：機工、機械木模、鑄工、機械製圖、汽車修護、板金、配管、模具、工程機械修護等九科。

---

32 教育部中部辦公室（民89）：前引書．國立臺中圖書館，頁118、149。

2. 電機電子群：

甲類：：資訊、電子、控制、電機、冷凍空調等五科。

乙類：電工、電子設備修護、電器冷凍修護、儀錶修護、電訊等五科。

3. 土木建築群：

甲類：土木施工、建築、家具木工、測量、營建配管等五科。

乙類：建築、建築製圖、家具木工、土木測量、水電、營建等六科。

4. 化工群：

甲類：化工科。

乙類：化工、染整、紡織(分機紡、機織、針織等三組)、礦冶(金屬工業組)等四科。

5. 工藝群：

甲類：美工、印刷等二科。

乙類：美工、印刷等二科。

雖然上列的科組是為修訂課程而分類，但是也顯示當時(72年)全臺高級工業職業學校的科組的情況。

## (三) 延長以職業教育為主之國民教育

教育廳陳倬民廳長在其任內(79.7.6～81.10.9)，規畫完成「職業教育發展計畫」，期以健全職業學校教育功能，引導職業教育創新進步。而教育廳為強化國中畢業生登記入學「延長國教班」之效果，決定修正「試辦延長以職業教育為主之國民教育」策略，針對應屆國中畢業生升學與就業意願，採行不同措施。並計畫於77學年度起，擇校試辦「綜合高中」，以配合延長十二年國民教育之趨勢，屆時，目前高級中等教育分為高中、高職二大類之學制形態，將予廢除。

民國79學年度高級工業職業學校一年級之類科為二類四十二科[33]：

---

[33] 教育部中部辦公室（民89）：前引書，頁149。

1. 甲類：機械、鑄造、汽車、板金、電機、冷凍空調、資訊、電子、控制、建築、土木施工、家具木工、測量、化工、印刷、美工等十六科。

2. 乙類：機工、機械木模、鑄工、機械製圖、汽車修護、板金、配管、模具、工程機械修護、飛機修護、電工、電子設備修護、電器冷凍修護、儀錶修護、航空電子、建築、建築製圖、家具木工、土木測量、化工、紡織科機紡組、染整組、電影電視、美工、印刷、室內設計等二十六科。。

　　跟75年頒布的群科比較，甲類少了屬土木建築群的營建配管科；乙類少了屬電機電子群的電訊科、屬土木建築群的水電和營建等二科，及屬化工群的礦冶科(金屬工業組)；但是增加飛機修護科、航空電子、電影電視和室內設計等四科。

## 五、工職教育調整期（民國80-108年）

### (一) 先前高職與高中學生數比例

　　實施九年國民教育之前，高職與高中學生數的比例約為4：6。其後隨著經濟建設的發展，政府積極發展職業教育，至64學年度比例已達6：4。當時臺灣省公私職業學校共計157所，其中工業職校25所，農工職校17所、工商職校67所；職業學校學生中屬工科者佔半數。

　　為因應工程建設與工業發展，民國66年經建會提出之「人力發展計畫專案」，修正至民國70年時高職與高中學生人數比要達成7：3之目標；此後7：3便成為固定之政策目標，民國80學年度已達6.9：3.1。[34]

### (二) 調整原因與目標

　　因為科技不斷提升，產業型態也由當初勞力密集轉為技術密集、資金密集的型態，加上高科技、電腦、資訊、自動化技術的影

---

[34] 羊憶蓉（1994）：《教育與國家發展：臺灣經驗》，桂冠圖書公司，臺北市，頁49-54。

響，生產機具推陳出新，所需基層技術人力相對變少，，中高級技術人力、服務業人力需求大增；研發人才、具國際觀的管理人才及國際事務人才嚴重不足，高職教育已難因應社會之變遷。教育部遂於民國82年提出報告，為配合國家經濟建設發展；將逐步擴增我國高等教育數量的發展；也重新檢討高職人數與高中人數的比例，希望到民國90年，調整為5：5。

## (三) 調整方法

調整方法是藉減設高職，增設高中，或縣市立國中改制為完全中學，允許高職改制高中，並推動綜合中學制，在高職設普通科等等政策，期能達到高職生與高中生5：5的目標。民國89年已達成5：5的目標。

由教育部於87年9月公布的「職業學校各類科課程標準總綱」可推知，當時工業職業學校共設有機械、機械木模、鑄造、製圖、汽車、板金、配管、模具、重機、機電、電機、電子、空調冷凍、控制、資訊、建築、室內空間設計、家具木工、土木、化工、環境檢驗、美工、印刷、金屬工藝等二十四科。與79學年度比較，有下列的差異：

(1) 科不再分甲、乙兩類。

(2) 機工、電工、土木測量等三科，改為機械、電機、土木等三科。

(3) 機械類中，鑄工、機械製圖、汽車修護等三科改為鑄造、製圖、汽車等三科；不再設工程機械修護、飛機修護二科；新增重機科。

(4) 電機類中，電子設備修護、電器冷凍修護二科改為電子、空調冷凍二科；不再設儀錶修護、航空電子二科。

(5) 土木建築類中，不再設建築製圖科。

(6) 化工類中，不再設紡織科機紡組和染整組。

(7) 工藝類中，不再設電影電視科；新設金屬工藝科。

(8) 新增機電科。

教育部於97年3月公布、98年8月1日起施行的「職業學校群科課程綱要」中，又恢復將工業類的科分為五群另加屬藝術與設計類的設計群，工業類各群及藝術與設計類的設計群包含的科別如下：

(1) 機械群：機械科、鑄造科、板金科、機械木模科、機電科、配管科、模具科、製圖科、生物產業機電科；

(2) 動力機械群：汽車科、重機科、飛機修護科、農業機械科；

(3) 電機與電子群：資訊科、電子科、控制科、電機科、冷凍空調科、航空電子科；

(4) 土木與建築群：建築科、土木科、消防工程科；

(5) 化工群：化工科、紡織科、染整科、(環境檢驗科)；

(6) 設計群：家具木工科、美工科、陶瓷工程科、室內空間設計科、圖文傳播科、金屬工藝科、家具設計科。

跟87年9月公布的「職業學校各類科課程標準總綱」內列出的科別比較，增設了許多科，包括：生物產業機電科、航空電子科、消防工程科、紡織科、染整科、陶瓷工程科、圖文傳播科、家具設計科。增設這些科，應該是為因應產業及社會發展的需求。

## 六、技術型高級中等學校新課程時期（民國108年-）

教育部於107年11、12月公布的「十二年國民基本教育技術型高級中等學校群科課程綱要」中，又恢復將工業類的科分為五群另加屬藝術與設計類的設計群，工業類各群及藝術與設計類的設計群包含的科別如下：

(1) 機械群：機械科、鑄造科、板金科、機械木模科、配管科、模具科、機電科、製圖科、生物產業機電科、電腦機械製圖科；

(2) 動力機械群：汽車科、重機科、飛機修護科、動力機械科、農業機械科、軌道車輛科；

(3) 電機與電子群：資訊科、電子科、控制科、電機科、冷凍空調科、航空電子科、電子通信科、電機空調科；

(4) 土木與建築群：建築科、土木科、消防工程科、空間測繪科；

(5) 化工群：化工科、紡織科、染整科、環境檢驗科；

(6) 設計群：家具木工科、美工科、陶瓷工程科、室內空間設計科、圖文傳播科、金屬工藝科、家具設計科、廣告設計科、多媒體設計科、室內設計科、多媒體應用科、美術工藝科。

跟97年3月公布的「職業學校群科課程綱要」中列出的科別比較，又增設了一些科，包括：電腦機械製圖科、電子通信科、電機空調科、空間測繪科、廣告設計科、多媒體設計科、室內設計科、多媒體應用科、美術工藝科。

第一章

政府體制變革

# 前言

　　臺灣在光復初期，仍然是一個農業社會，但可耕地很少，小小的海島卻有近四千公尺高山，山地面積就超過五分之三，缺乏重要的天然資源，科技與工業水準又相當落後，什麼東西都要靠進口，那時的年青人文盲很多，就業率很低，想找工作賺錢養家，除了低端的勞力工作外，其他工作非常困難。大多數的人生活都很窮苦，有的家庭吃不起白米飯，改吃蕃薯簽。為了提升百姓的生活水平，政府特別推行了幾項重大的土地政策，如三七五租、耕者有其田、公地放領等政策。臺灣在如此艱困的背景下，竟然在短短的三十年期間發展成高國民所得、高經濟成長率的國家，創造出傲人的臺灣經濟奇蹟，亞洲四小龍之首，成為世界第十三大出口國，被視為新興工業化國家的模範。

　　如此重大的改變，究竟是怎樣辦到的？歸根結底，問題就在教育。一個缺乏資源的國家，想發展經濟就要先開發具生產力的人才。臺灣雖然在起跑點嚴重落後，但因政府重視教育，第一步消除文盲，讓國民教育(初期為小學)的就學率幾乎達到百分之百，很快又把國民教育提升到國中部，奠定所有年青人繼續深造或學習技能的基礎，進一步加強技職教育，取消初職部，並建立了專為技職學生規劃的專科、技術學院與科技大學及終身教育的體系。高職生與高中生人數比例曾一度高達七：三。培養出眾多低、中、高不同層級的技術人才，終於能製造各種科技及工藝產品。

　　探討臺灣的工業教育史特別有意義，可作為推動國家經濟建設的重要參考。因此了解政府教育體制的變革，從歷任主管機關首長的政績，可以看見技職教育建設工程所以如此成功，是他們一棒接一棒長期努力不懈，辛苦編織出來的血汗成果。

從政府體制變革可以分為五個時期，即(1) 民國建立至抗戰復原時期(民國元年至 33 年)；(2) 臺灣省行政長官公署時期 (民國34年至 36 年)；(3) 臺灣省政府時期(民國36年至 88 年)；(4) 教育部中部辦公室時期 (民國88年至101年)；(5) 教育部國民及學前教育署時期(民國102年至現今)。並以各歷任主管機關之處長、廳長、主任與署長之重要職業教育施政，分別說明如后。[35]

## 第一節　各時期政府體制的變革

　　臺灣工業教育史從政府體制變革可以分為五個時期，即 (1) 民國建立至抗戰復原時期(民國元年至33年)；(2) 臺灣省行政長官公署時期 (民國34年至36年)；(3) 臺灣省政府時期(民國36年至88年)；(4) 教育部中部辦公室時期(民國88年至101年)；(5) 教育部國民及學前教育署時期 (民國102年至現今)。並以各歷任主管機關之處長、廳長、主任與署長之重要職業教育施政，分別說明如下[36]：

### 一、民國建立至抗戰復原時期（民國元年至33年）

1. 民國成立後中央部分設教育部取代學部，直屬大總統，掌管教育、學藝及曆象事務，監督全國學校及所轄各官署。省級方面則變動頻繁，直至民國6年明定各省設「教育廳」，直屬教育部。縣級教育行政機關至民國4年，通令各縣設「勸學所」主管縣級教育行政，隸屬於縣公署。民國12年重新規定各縣設「教育局」，為縣教育行政之執行機關，另設董事會為參議機關。

2. 民國14年7月，國民政府成立於廣州，中央政府體制實施委員會制，教育行政機關為「教育行政委員會」。民國16年奠都南京，一度依蔡元培建議，模仿法國教育行政制度，將教育行政委員會改為「大學

---

[35] 臺灣省政府教育廳（民81a）；《臺灣省政府教育廳志第二卷歷任廳長行誼》，國立中央圖書館。

[36] 臺灣省政府教育廳（民81a）；《臺灣省政府教育廳志第二卷歷任廳長行誼》，國立中央圖書館。

院」，為全國最高學術及教育行政機關。民國17年國民政府改組，實施五院制，成立行政院，大學院改為教育部。此制一直延續迄今。

3. 民國20年國民政府明定省政府組織法採委員會制，教育廳改屬省政府，廳長由省府委員兼任。民國19年國民政府規定縣政府下設教育局，必要時可改局為科。

4. 我國教育行政體制基本架構為中央設教育部、省設教育廳、縣市設教育局，在此時已大體建立。[37]

## 二、臺灣省行政長官公署時期（民國34年至36年）

1. 教育處歷任處長有趙迺傳(1945年8月-1946年1月)、范壽康(1946年1月-1947年5月)。

2. 光復初期，臺灣省行政長官公署下設教育處，為掌理全省教育行政及學術文化最高機關，處內分設四科、五室、四委員會。民國34年教育處於8月25日在臺北正式成立。民國36年臺灣省行政長官公署於5月改制為臺灣省政府，教育處亦改制為臺灣省政府教育廳。民國三十五年二月三日臺灣省行政長官公署教育處，處內設四科、五室、四委員會，其中主管職業教育者為第二科。[38]

## 三、臺灣省政府時期（民國36年至88年）

1. 教育廳歷任廳長有許恪士(1947年5月-1949年5月)、陳雪屏(1949年5月-1953年4月)、鄧傳楷(1953年4月-1954年6月)、劉先雲(1954年6月-1957年8月)、劉真(1957年8月-1962年12月)、閻振興(1962年12月-1963年8月)、吳兆棠(1963年8月-1964年4月)、潘振球(1964年4月-1972年6月)、許智偉(1972年6月-1975年5月)、梁尚勇(1975年5月-1978年6月)、謝又華(1978年6月-1979年7月)、施金池(1979年7月-1981年12月)、黃昆輝(1981年12月-1983年9月)、林清江(1983年9月-1987年7月)、陳倬民(1987年7月-1992年10月)、陳英豪(1992年10月-1999年2月)。

---

[37] 國家發展委員會檔案管理局（民105）；曲折崎嶇的現代化道路-民國肇建到抗戰前的教育發展，資料來源：http://atc.archives.gov.tw，搜尋日期：2016-06-26。

[38] 教育部國民及學前教育署（民105）：認識國教署歷史沿革，資料來源：http://www.k12ea.gov.tw/ap/history.aspx。

2. 民國四十四年七月省府教育廳計增至六科、四室、八委員會，其中第三科改為職掌省立及私立職業學校。民國45年8月1日省教育廳遷移臺中縣霧峰鄉辦公。民國五十六年十月重新調整的教育廳組織體系中，職掌職業教育的第三科，其下分為第一股掌理國立職業學校事宜，第二股掌理私立職業教育事宜。民國五十七年省府教育廳的組織編製為六科、九室、二委員會，職掌工業職業教育的仍為第三科。民國81年教育廳組織擴編為六科為業務單位(第三科負責公私立職校業務)、九室（秘書、總務、軍訓、會計、統計、人事、督學、研考、政風）、三小組（訓育、資訊、法規）、二委員會（國語推行、國民體育）及成立國民教育巡迴輔導團[39]。

> *註1：臺灣省政府功能業務與組織調整，是中華民國政府根據民國86年第四次憲法增修條文第九條第三項的規定，於民國87年將省移除「地方自治團體」地位，並將臺灣省政府簡併改組為中華民國行政院之派出機關。

> *註2：民國五十六年，根據1930年「市組織法」，行政院頒布臺北市各級組織及實施地方自治綱要，升格臺北市為院轄市。民國68年，高雄市升格為院轄市的方法與臺北市相同。

## 四、教育部中部辦公室時期（民國88年至101年）

1. 歷任主任有王宮田(1999年2月-2002年4月)、吳鐵雄(2002年4月-2003年1月)、顏火龍(2003年1月-2005年10月) 林樹全(2005年10月-2009年6月)、許志銘代主任(2009年6月-2009年8月)、藍順德(2009年8月-2012年12月)。

2. 民國88年臺灣省政府功能業務與組織調整（精省），教育廳於7月改隸為教育部中部辦公室分設十一科，第一至六科為業務單位(第三科負責公私立職校業務)，秘書、總務、會計、人事、政風科為幕僚單位，負責督導臺灣省及金門、馬祖地區公私立高中、高職、特殊教育學校之業務，省立高中職暫維持原名[40]。

---

[39] 教育部國民及學前教育署（民105）：前引文章。
[40] 前引文章。

## 五、教育部國民及學前教育署時期（民國102年迄今）

1. 歷任署長有吳清山(2013年1月-2015年7月)、林騰蛟代署長(2015年8月-2015年12月)、黃子騰(2015年12月-2016年8月)。邱乾國(2016年8月-2018年9月)、許麗娟(2018年9月-2018年12月)、彭富源(2018年12月-現任)。[41]

2. 民國102年1月1日教育部為配合中央政府組織改造，特整併中教司、技職司、國教司、訓委會、特教小組、環保教育小組及中部辦公室等單位之相關業務，設置三級機關「教育部國民及學前教育署」分設四組四室，專責掌理高級中等以下學校教育政策、制度之規劃、執行及督導，並協調及協助地方政府辦理國民及學前教育共同性事項，其中一組為高中及高職教育業務[42]。

## 第二節 歷任主管機關首長政績

各歷任主管機關之處長、廳長、主任與署長，對工業職業教育重要政策分別說明如下[43]：

1. 趙迺傳處長(任期34.9.1～35.1.19)，國民政府公布「臺灣省行政長官公署組織條例」後的首位教育處處長。

2. 范壽康處長(任期35.1.19～36.5.15)，民國三十五年十月改臺南工專為省立工學院。公布「臺灣省建教合作委員會組織規程」，一面使職業學校與農工專科以上學校合作，培養適應生產事業需要之建設人才；一面使生產事業機構以其人員設備，協助職業學校及農工專科以上學校發展；更商請實業機關及職業團體利用職業學校及農工專科以上學校之師資、設備，舉辦各種職工講習班或訓練班，以提升職工知識及技術水準。並請教育部撥發職業學校生產資金及實習材料費，復向行政院善後救濟總署臺灣分署洽撥機具一批，轉發省立各工職應用。

[41] 維基百科，教育部國民及學前教育署，2022年3月16日搜尋；https://zh.wikipedia.org/wiki/。

[42] 前引文章。

[43] 省府教育廳（民88）：《臺灣工業職業教育五十年》，臺中，省政府；臺灣省政府教育廳，民81a；國立臺中高級工業職業學校，民90a)；臺灣省政府教育廳（民81a）：《臺灣省政府教育廳志第二卷歷任廳長行誼》，國立中央圖書館；國立臺中高級工業職業學校（民90a）：《臺灣工業職業教育五十年》，臺北市，臺灣書店。

3. 許恪士處長(任期36.5.16～38.5.4)，民國三十六年五月臺灣省行政長官公署改制為臺灣省政府，教育處改為教育廳，許氏奉派為首任教育廳廳長。增設職業學校，並試辦五年一貫制職業學校。縮短三三制六年課程於五年完成。推行建教合作，先後成立職業學校生產組織、職業學校顧問委員會，於民國三十七年八月增設省立臺北工專。

4. 陳雪屏廳長(任期38.5.4～42.4.20)，民國四十二年開始，政府實施五期「四年計畫」，推動經濟建設，為配合經建，乃致力發展職業教育，而部分職校則改制為五年制職業學校。同時全力改革擴充各類職業學校，增設新校，增加類別與科別，改進課程、教學、充實設備，注重實用技術訓練與專業知識之講授，期使學生均能學以致用。民國四十一年，首於省立師範學院（今國立臺灣師範大學）設立「工業教育系」，培植工業教育師資。新編各類職校特殊科目教本，使其在短時間內編齊供應教學使用。

5. 鄧傳楷廳長(任期42.4.20～43.6.7)，公布「縣市立中等學校分年充實教職名額要點」

6. 劉先雲廳長(任期43.6.7～46.8.16)，任內增設職業學校，由81所增加至105所，工業類科之班級數由122班增加至204班。

7. 劉真廳長(任期46.8.16～51.12.1)，因應國家正處備戰狀態，在職教方面，認為有良好的職業教育即能造就有謀生技能之國民。試辦「實用技藝中心」，以擴大職業教育功能，配合經濟之發展，調節人力供需，協助失學失業知青年及成人學習生產就業技能。

8. 閻振興廳長(任期51.12.1～52.8.31)，就現在省立工、農、商、護理等類職校中，擇其條件較佳及辦學績優者，改辦五年制專科學校，招收初中、初職畢業生，施以五年專業訓練，以適應建設需要。建立職校畢業生保送升學制度，使職校及五專畢業生亦有深造機會，以鼓勵優秀青年投考職校，充實職業教育效能。

9. 吳兆棠廳長(任期52.8.31～53.4.21)，保送職校優秀畢業生升學至大專學校。已奉教育部核准試辦者，有計省立師大工教系、家政系，省立中興大學農教系，海專、護專、農專及臺北工專等六校。舉辦各類技藝競賽。民國五十七學年度接辦縣市立職校三十二所，擴充建築設備，使之發展為健全高職，並鼓勵私立中學增設職業科，選定適當農校及商校增設工科，以積極發展工科教育。並藉建教合作豐富職業教育內容，提

高學生技術水準，擴大畢業生就業範圍。另選定二十六所國中及社教機關，附設技藝訓練中心，推廣實用技藝訓練。並訂定加強職業教育、發展實用技藝訓練計畫，以資配合。並1. 縣市立學校由省接辦後，繼續充實設備，改進教學，使成為健全之高級職校。2. 繼續發展工職教育。公私立普通中學增辦職業類科者，原則以工科為優先。3. 發展高級職校。五年制職校及初職逐年結束，以提高基層技術人員素質。4. 加強實施建教合作，積極輔導職校畢業生就業。

10. 潘振球廳長(任期53.4.21～61.6.12)，民國五十四年，依照省府黃杰主席指示：職業教育與科學教育並重。繼而擬定各級學校設立原則，增加職校，減少高中增班設校，部分高職改為專科學校。復依據行政院指示，增設工職班級與工職學校，以配合經建發展。

11. 許智偉廳長(任期61.6.12～64.5.5)，民國六十二年，教育廳決定致力發展臺灣省職業教育，建立技術教育體系、辦理職業訓練，於中部設立職業訓練中心。為配合產業結構所需技術人力質量變化，職業教育之發展，應優先考慮擴充工職及海事等類職業教育，減緩商職之發展，充實農職之科班，並斟酌各科特性，鼓勵女生報考各類職校。配合內政部技術士技能檢定及發證辦法之全面實施，職業學校畢業生均須接受技能檢定。

12. 梁尚勇廳長(任期64.5.5～67.6.12)，民國六十五年，教育廳梁尚勇廳長鑑於高職學生人數成長迅速，計畫提升高職師資技能水準、充實實用設備，並全面辦理職業學校評鑑。委託七所省立高工代製國民小學數學、自然科教具。至七十年度，並調整結構比例為三比七。

13. 謝又華廳長(任期67.6.12～68.7.2)，民國六十七年調整各類職業教育比例，66學年度工職為48.34%，至71學年度工職為58.60%。

14. 施金池廳長(任期68.7.2～70.12.5)，為充實工職設備，教育廳已擬具為期三年之「工職教育改進計畫」，於六十八學年度開始執行，並繼續調整高中高職結構：(一) 改高中為職業學校。(二) 高中兼辦職業類科。(三) 高中併校發展技職教育。(四) 新設高級工職：(1) 民國六十九年三月五日核定省立海山高工職校，正式設校。(2) 民國六十九年四月二十五日決定於六十九學年增設省立工專及高工各一所。(3) 民國六十九年，經濟建設十年計劃開始實施，教育部依據「復興基地重要建設方針－文化建設之目標與策略之三」，於是年六月三十日成立研究規劃小組，進行規畫「延長以職業教育為主之國民教育」，教育廳亦配合研究規畫「延長以

職業教育為主之國民教育、加強職業教育及補習教育」。高職教育之發展規畫：執行工職教育改進計畫：自六十九年度起執行，至七十二年度完成。推廣輪調建教合作：(一) 合作工場須接受本廳委託之工業職業訓練協會「三重管制」；(二) 六十九學年度起，建教合作班新生進入工場生產線前，須接受基礎訓練；(三) 基礎訓練經費由中央補助一半，省自籌配合一半。

15. 黃昆輝廳長(任期70.12.5～72.9.2)，(1) 民國七十一年起，使用經費十九億餘元繼續執行第二期「工職教育改進計畫」；(2) 實施能力本位教育，七十一學年起選定九所學校辦理機工科及農機科實驗，七十一年十二月指定學校規劃化工科等三十個類科實施能力本位教育；(3) 延長職業教育為主的民教育之規劃，民國七十二年審定四十二校，試辦延長以職業教育為主之國民教育，分為七類。實施之目標與進度自民國七十二年八月起至八十一年七月止，近程階段試辦國中畢業生部分時間之職業進修補習教育；遠程階段為凡十八歲以內，未就高級中等學校之國中畢業生，無論就業均應接受職業進修補習教育，並開始規劃延長國民教育年限，就讀高級中等學校之學生達國中生總數百分之92左右。

16. 林清江廳長(任期72.9.19～76.7.6)，民國七十三年，教育廳為因應地方需要，決定於臺北縣淡水鎮增設省立高級職業學校一所。並擴大省立職校附設教學資料中心服務項目。民國七十四年，教育廳廳長林清江提出發展職業教育之十個方向，其要點為：(1) 因應社會變遷，革新教學內容。(2) 配合經濟發展，調整職校類科。(3) 加強推展能力本位教育，成為各校自行推動之教學方法。(4) 運用適當方法，長期培養學生職業道德。(5) 推廣資訊課程，普及資訊知識。(6) 如期推展工職及農職教育改進計畫，提升職校水準。(7) 擴大試辦延長以職業教育為主之國民義務教育，以培養優秀之基層技術人力。(8) 重視學生保健，防止意外發生。(9) 建立輔導團體制，防範逾軌行為。(10) 從事整體規劃，促進長期進步。另外，為提升偏遠地區教育及文化水準，充實偏遠地區高職資訊教育設備、改進偏遠地區高職單身教師與學生宿舍。臺灣省政府教育廳亦陸續執行「工職教育改進第三期計畫」與「農職教育改進計畫」。民國七十五年，臺灣省擴大試辦延長以職業教育為主之國民教育。實施方式：與企業界或職訓機構合作，以補校方式、以實施進修補習教等方式辦理。

17. 陳倬民廳長(任期79.7.6～81.10.9)，(1) 規畫完成「職業教育發展計畫」，期以健全職業學校教育功能，引導職業教育創新進步；(2) 強化國中畢業生登記入學「延長國教班」效果，修正「試辦延長以職業教育為主之國民教育」策略，針對應屆國中畢業生升學與就業意願，採行不同措施；(3) 七十七學年度起擇校試辦「綜合高中」，以配合延長十二年國民教育之趨勢；(4) 民國七十九年依據第六次全國教育會議」及民國八十年「教育行政會議」，釐訂「臺灣省教育發展方案」，發展職業教育要點包括整合職業教育課程、加強與職業訓練機構及企業界協調與合作，如規畫高職之群集課程、單位行業課程、推動職校實施能力本教育，延教班之專修課程，綜合高中之學程式課程，與試行高中普通科學生選修職業類科課程等，七十九學年度起於各高職推行「產學合作」計畫。

18. 陳英豪廳長(任期81.10.9～88.1.31)，(1) 推動技藝教育（辦理國中技藝教育、延教班納編，推廣實用技能班），擴大辦理高職第二專長班，落實技術教學；(2) 充實技術教學中心（籌設六個技術教學中心），強化實習教學成效；(3) 推動技能檢定（自八十一學年度起開始施行），提升職校學生技能水準；(4) 推動高職多元入學方案，增進教育機會均等，因應職業教育改革；(5) 試辦高職多元學制（自八十一學年度起試辦學年學分制、自八十五學年度起試辦綜合高中課程學制），促進學生適性發展；(6) 關懷弱勢族群學生（試辦高職設立特殊教育班、凡就讀臺灣省高中職校原住民每年均可獲助學金），加強教育支援服務；(7) 規劃教師長青專案（補助教師赴國外考察教育），加強職校教師多項進修制度；(8) 均衡公私立職校資源（補助私校工業類科實習設備與儀器、改善學校環境），提升職校品質。

19. 王宮田主任(任期88.2.1～88.6.30代理廳長，88.7.1～91.4.30）。(1) 著手規劃編印「臺灣職業教育系列叢書」；(2) 秉承趙守博主席「省政不打烊，施政不中斷」的施政理念，揭教育三大努力方向：(A). 繼續既有基礎、健全教育發展、(B). 配合精省作業，妥處後續工作、(C). 推動教育改革，開創更亮麗未來。(3) 推動綜合高中，協助學校轉型；(4) 實施高職免試登記入學及多元入學方案，均衡地區資源分配，朝社區化發展，為實施十二年國教鋪路；(5) 配合88高職新課程、實施學年學分制，促進能力本位教育理想的實現；(6) 辦理準備期「高中職社區化」。

20. 吳鐵雄(任期91.4～92.1)。(1) 執行行政院教育改革總諮議報告書教育部行動方案（民國87年7月至民國92年6月)十二項行動方案，其中91年

度為360億4221萬7000元，92年度為370億4514萬1000元；(2) 繼續執行「發展與改進原住民教育五年計畫(83~92年)」；(3) 執行「綜合高級中學課程綱要」、繼續辦理準備期「高中職社區化」。

21. 顏火龍（任期 92.1～94.10）。(1) 繼續執行「發展與改進原住民教育五年計畫(83~92年)」；(2) 推動「後期中等教育共同核心課程指引」；(3) 繼續辦理「臺灣區高級中等學校工業類學生技藝競賽」；(4) 繼續辦理「高中職社區化」中程計畫。

22. 林樹全（任期 94.10～98.6）。(1) 適逢2008年美國金融風暴，規劃、執行「四年擴大公共建設投資的振興經濟新方案」，教育部5項計畫，總經費841.577億元，此時期中部辦公室推動執行包括「老舊校舍補強整建」工作項目，完成高中職及國中小老舊校舍之拆除重建及補強，並包括培育優質人才、助學貸款、安定就學等，與校園環境與教學設備、學生學習環境提升（如班班有電腦與冷氣、圖書館環境優化）、增進運動安全及運動場設施之運動設施改善等工作。(2) 執行「發展原住民族教育五年中程計畫(95~99年)、高職建教合作及產業特殊需求類科班免試入學與設備經費補助；(3) 繼續推動「後期中等教育共同核心課程指引」、「綜合高中暫行課程綱要」；(4) 97年3月教育部發布「職業學校群科課程綱要」、辦理多元入學相關作業，99年度配合高職新課程實施；(5) 繼續辦理「臺灣區高級中等學校工業類學生技藝競賽」；(6) 持續推動「高職學校校務評鑑」，繼續辦理「高中職社區化」中程計畫，自 96 學年度起推動「高職優質化輔助方案」，協助學校建立優質特色；(7) 95學年度試辦「產學攜手專班」，96學年度起正式辦理(99學年度起僅高職端開班)。

23. 許志銘代主任（任期 98.6～98.8）。(1) 繼續代理執行四年擴大公共建設投資的振興經濟新方案；(2) 繼續代理執行「發展原住民族教育五年中程計畫(95~99年)。

24. 藍順德（任期 98.8～101.12）。(1) 完成執行四年擴大公共建設投資的振興經濟新方案最後階段；(2) 繼續推動綜合高中方案與充實教學設備及高職發展、繼續辦理建教合作及實用技能班設備補助；(3) 繼續執行加速高中職 舊校舍及充實職業學校實習設備改善計畫，及推動技職教育再造計畫第一期 (99-101年)；(4) 繼續辦理「高中職社區化」中程計畫，自98 學年度透過「高中職優質化補助方案、適性學習社區均質化實施方案」，使各區學校資源同步優化；(5) 持續推動「高職學校評鑑實施方案」協助高職優質精進，以兼顧學校辦學特色績效及教育理念之實踐。

| 重要計畫經費 | | | | |
|---|---|---|---|---|

振興經濟擴...

| | 42 年 | 59 年 | 63 年 | 7... |
|---|---|---|---|---|

**重要計畫經費**

| 日治時期與戰後初期 | 美援時期 | 世銀貸款時期 | 68 年 |
|---|---|---|---|

**課程變革**

42 年

| 民國初立與光復初期 | 單位行業時期 |
|---|---|

能力本位...

**課程變革**

42 年

| 民國初立與光復初期 | 單位行業時期 |
|---|---|

能力本...

**教育法令沿革**

| 34 年 | 57 年 | |
|---|---|---|
| 民國建立至抗戰時期 | 政府遷台後時期 | 實施九年國民教育 |

**政府體制**

| 民國建立至抗戰時期 | ◆ | 臺灣省政... |
|---|---|---|

臺灣省行政長官公署時期

面向

民國

| 2 | 34 36 | 57 | 63 | 68 |
|---|---|---|---|---|

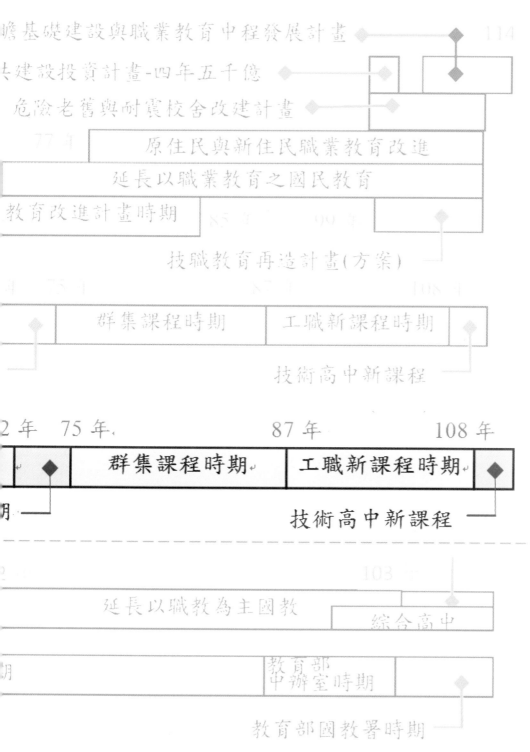

瞻基礎建設與職業教育中程發展計畫 ◆────────◆ 114

共建設投資計畫-四年五千億 ◆

危險老舊與耐震校舍改建計畫 ◆────◆

77 原住民與新住民職業教育改進

延長以職業教育之國民教育

教育改進計畫時期

技職教育再造計畫(方案)

| | 群集課程時期 | 工職新課程時期 | |

技術高中新課程

2 年　75 年.　　　　　　87 年　　　　　108 年

| | 群集課程時期 | 工職新課程時期 | |

月

技術高中新課程

103

延長以職教為主國教

綜合高中

期

教育部中辦室時期

教育部國教署時期

74　78　　　　90　95　　108
76　　80　82　84　86　88　　92　101　111

## 前 言

　　依技職教育系統的學生，經高職學校或五年制專科學校進入就業市場，成為基層或中層技術人力，或在高職畢業後再入技術學院進修。學制改進需有適當原則，方可據以設計改進的重點與做法。[44]

(一) 符合身心發展：不同社會的人會有不同的身心發展歷程，學制的安排應儘量加以配合。國民教育階段正當人生的早期，在修業年齡與年限等方面，最應符合學生的身心發展程度或情況。

(二) 加強前程試探：在高度多元化的現代工商社會，人類在體能、性向、需求、興趣及氣質等方面都有很大的個別差異。所以在學制上的分流不宜過早實施，更不宜強制實施，以免學生在身心特質尚未獲得足夠發展，且對複雜化的職業世界與生涯環境缺乏認識的情形下，被迫做了不成熟的抉擇。

(三) 暢通學習管道：健全的學制應使學生的學習管道暢通無阻，真正做到縱向上易於銜接，橫向上易於轉換的地步。為了達到這樣的境界，中等教育後期及高等教育階段的學校類型應適當多元化，修業年齡與年限也應予適度彈性化。

(四) 教育機會均等：在重人權的現代社會中，為了有效保護與實踐人民的受教權或學習權，學制的設計或改革必需遵循教育機會均等的原則。在此原則下，政府除應盡力普及教育外，也要設法改善弱勢兒童、弱勢少年、弱勢青年、及弱勢成人不斷接受教育的條件，並增加其不斷接受教育的機會。

(五) 配合終身教育：終身教育是今後教育改革必須遵循的重要方向，在學制的改進方面，除應開拓成人繼續接受進修教育的管道，也宜增加

正規教育體系中各類學校的入學彈性，使各種年齡的社會人士都有重返學校繼續就學的便利。各級學校教育亦應提供彈性多樣的學習內容與型態，以適應個人在不同領城、不同人生階段的學習需求。

本章依學校制度分類，臺灣工業教育史有關工業職業教育有五次變革，即一、民國初年與日治時期，實業學校時期；二、民國34年時期，初職高職時期；三、民國57年時期，九年國教時期；四、民國 72年時期，職校教育延伸至技術學院時期；五、民國88年時期，完整技職教育體系時期，分別說明如后。

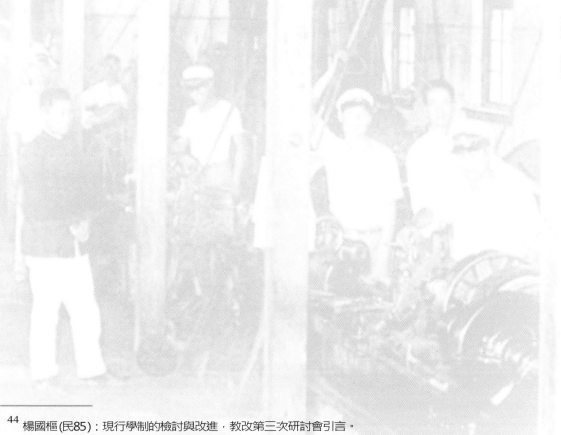

44 楊國樞(民85)：現行學制的檢討與改進，教改第三次研討會引言。

# 第一節　實業學校時期（民國初年與日治時期）

## 一、學制 [45]

1. 民國元年7月在北京召開臨時教育會議，商議重訂清朝學制，於9月3日公布布「壬子學制」；民國11年11月公布重訂為「壬戌學制」，此時中等教育規劃了職業教育 [46]。

2. 民國2年教育部頒佈實業學校令及實業學校規程，規定實業學校分為甲、乙兩類，包括工業、農業、商業、商船四種學校。此外在實業學校之上，則有「專門學校」。

3. 民國11年11月教育部公布「新學制」，將「實業學堂或實業學校」更名為「職業學校」。

## 二、沿革 [47]

1. 日治時期臺灣省之職業教育係採日本之學校制度，當時稱為實業學校，設置主體分為公立、州廳立、市街庄立、市街庄組合等數種。公立實業學校共二十五校，其中農業學校九校、工業學校八校、商業學校七校、水產學校一校等四類，招收國民學校（6年）畢業生、修業年限五年，戰時改為4年。接收後，省教育處將這些學校改為省立、市立、私立三種，並按我國學制，改為初、高分段設置之三三制職業學校。初級職業學校招收國民學校畢業生；高級職業學校招收初級中學或初級職業學校畢業生，修業年限各為6年，1年分三個學期。

---

[45] 臺灣省政府教育廳（民74）：《臺灣教育發展史料彙編－職業教育篇》，臺中，臺灣省立臺中圖書館；臺灣省教育廳（民76）：《臺灣省教育發展史料彙編》，臺中，省政府；省府教育廳（民88）：《臺灣工業職業教育五十年》，臺中，省政府；臺灣省政府教育廳（民81b）：《臺灣省政府教育廳志第七卷職業教育篇》，第二章沿革，國立中央圖書館；教育部中部辦公室（民89）：《臺灣省教育發展史料彙編-職業教育補述篇》，國立臺中圖書館。

[46] 教育部（民85）：《第六次中華民國教育年鑑(上)》，教育年鑑編纂委員會，頁82，臺北市，教育部；臺灣省政府教育廳（民81b）：《臺灣省政府教育廳志第七卷職業教育篇》，第二章沿革，國立中央圖書館。

[47] 資料同43。

2. 民國11年11月教育部公佈新學制為「壬戌學制」，學校名稱正式更名為職業學校；惟修業年限及課程內容得由地方參酌實際需要情形分別規定。

3. 民國21年2月17日國民政府公佈「職業學校法」，同時職業學校學制亦經確定，分為初、高兩級得分設或合設之。

## 第二節　初職高職時期（民國34-57年）[48]

### 一、學制

　　民國34年9月，臺灣光復時有公立實業學校25所，包括農業學校9所，工業學校8所，商業學校7所、水產學校1所。至57年時，已有各類職校136所、職夜補校72所。[49]

　　臺灣光復初期，國民學校(小學) 6年畢業後，可選讀3年的初級職業學校或五年制職校、六年制職校。工業職業學校課程依我國教育法令實施三三制，設有初級職業學校、高級職業學校兩部，肄業時間各為三年，初級畢業後可續讀高級[50]。

### 二、沿革[51]

1. 民國34年9月20日政府公佈臺灣省行政長官公署條例，在行政長官公署下設教育處，為掌理全國教育行政及學術文化最高機構。

2. 民國35年1月5日，將原公立、州廳立、市街庄立、街庄組合立之1年、3年、5年制各類實業學校或實業補習學校依我國職業學校法，修業期限訂為3年。

[48] 教育部統計處(民56)：中華民國教育統計。

[49] 周談輝（民74a）：《中國職業教育發展史》，頁313、352，臺北市，三民書局。

[50] 教育部（民76）：《第五次中華民國教育年鑑》，教育年鑑編纂委員會，新北市，正中書局。

[51] 同參考資料43。

臺灣工程教育史

3. 民國35年1月7日核定公布「臺灣省立各中學及職業學校34學年度第二學期招生辦法」，一改日治時期招生方式。為增進民眾職業知能，以改善其生活，安定社會，並增加社會之生產力，仍權宜選擇日人原用之數理、技術學科之教材，暫行使用。

4. 民國35年2月3日行政院核定「臺灣省行政長官公署教育處組織規程」，臺灣省行政長官公署教育處，處內增設為四科、五室、四委員會。其中主管職業教育者為第二科。

5. 民國35年6月28日，臺灣省行政長官公署教育處訂頒「臺灣省職業學校新舊制度調整辦法」，將日治時期之實業學校改為省立、縣立及私立，並建立三三制高級、初級職業學校，分別招收初中（職）及國民學校畢業生。

6. 民國35年教育處又訂頒「各種實業補習學校調整辦法」，分別將實業補習學校合併於同地同性質之省立職業學校，對辦理欠佳或設備不良者多予停辦，其學制亦改設為初級職業學校或中級職業補習學校。

7. 民國36年4月臺灣省行政長官公署改制為臺灣省政府，教育處隨之改為教育廳，組織並未改變。

8. 民國37年8月教育廳依據「職業學校法」第四條之規定，試辦設立五年制職業學校，招收國民學校畢業生修業5年。

9. 民國37年4月，省府教育廳增設第五科，第三科則改為掌管中學及職業教育。

10. 民國44年7月，省府教育廳計增至六科、四室、八委員會，其中第三科改為職掌省立及私立職業學校。

11. 民國54年5月訂頒「五年制高級職業學校設置暫行辦法」

12. 民國54學年度，五年制高級職業學校已由臺灣省政府教育廳就農、工、商、家事四類職業學校中，選擇省立新竹工業職業學校等二十五校、並於五十四學年度第一學期起先行試辦。

13. 民國56年10月，重新調整的教育廳組織體系中，職掌職業教育的第三科，其下分為第一股掌理國立職業學校事宜，第二股掌理私立職業教育事宜。

# 第三節　九年國教時期（民國57-72年）[52]

## 一、學制

民國57年8月開始實施九年國民教育時，臺灣省有各類職校134所、職夜補校72所。及至73年時已有各類職業學校202所，另有公私立高中附設職業類科學校計86所，學生人數達404,549人，在職業學校任教教師達15,000人[53]。

此時期國民教育延長至九年，原有初職及五年制職校停招。自60學年度開始，完全成為職業學校，修業三年完成高級職業學校。臺灣省四十所縣（市）立職業學校之中的36所，自民國57學年度開始分三年改為省立，其中部分改制為省立高中兼辦職業類科，其餘的改制為國民中學。

## 二、沿革 [54]

1. 民國57年省府教育廳的組織編製為六科、九室、二委員會，職掌工業職業教育的仍為第三科。

2. 民國57年秋季實施九年國民教育後，原為招收小學畢業之初級職業學校及五年制高級職業學校，均予停辦。

3. 民國57年將縣市立職業學校改為省立，停辦初職及五年制職業學校，並為配合需要得改設為綜合性職業學校，綜合性中學或改辦為國民中學。

4. 民國65年5月7日修訂公佈「職業學校法」，除刪除初級職校，並加強國民中學職業陶冶課程外，並增訂設立夜間部、推行建教合作，設置技術及專業教師等條文。

---

[50] 教育部統計處(民56)：同前引。

[51] 周談輝（民74a）：同前引。

[52] 同參考資料43。

## 第四節　職校教育延伸至技術學院時期 [55、56]（民國72-88年）

### 一、學制

此時期國民中學(國中)畢業後，可選五年制專科或讀高級中學(高中)、高級職業學校(高職)，高級職業學校畢業後可選讀技術學院或跨讀大學、獨立學院；或亦可選讀二年制、三年制專科，進而讀技術學院及其研究所。

### 二、沿革

民國72年4月教育部成立改革學制研究小組，自高中教育開始分為兩大體系，其一為一般教育體系，其二為技術職業教育體系，其教育目標在教授應用科學與技術，養成實用專業人才，包括高級職業學校、五年制專科、三年制專科、二年制專科、技術學院及其研究所 [57]。

## 第五節　完整技職教育體系時期（民國88年起） [58、59]

### 一、法令依據 [60]

◎民國89年11月教育部發布「國立職業學校組織員額設置基準」。

◎民國104年12月16日修正發布「國民中學技藝教育實施辦法」。

◎民國105年12月30日舉辦「教育部主管國、私立高級中等學校、特教學校改隸、移轉臺中市政府移交典禮」。(106年1月1日改隸)。

◎民國110年5月26日修正公布「高級中等教育法」部分條文修正(第25、37、54、55條條文；增訂第54-1條條文；除第54條條文自公布後一年施行外，其餘自公布日施行)。

臺灣工程教育史

第肆篇：臺灣初、高級工業職業教育史概要

---

[55] 同參考資料43。

[56] 教育部（民104）：中華民國技術及職業教育簡介，技職教育在臺灣，頁6-7。

[57] 教育部統計處（民73）。中華民國教育統計。臺北市：教育部。

[58] 同參考資料43。

[59] 教育部（民104）：同前引。

[60] 教育部部史網站（2022b）。91年-110年教育大事紀。資料來源：https://history.moe.gov.tw/

## 二、學制

此時期國民中學(國中)畢業後，可選五年制專科或讀高級中學(高中)、高級職業學校(高職)，高級職業學校畢業後可跨讀大學、獨立學院，或可選讀二年制專科、四技（科技大學、技術學院），進而讀其研究所。若專科畢業，可插班大學或選讀二技。

換言之，臺灣的技職教育從國民中學、技術高中(職業學校)、專科學校、技術學院及科技大學到研究所碩博士班，已形成完整體系。高等技職教育學制主要分為專科學校、四技（科技大學、技術學院）二個層級；其中，國中畢業可報考五年制專科學校，需修滿220學分，技術高中（高工）畢業可報考二年制專科學校，需修滿80學分。技術高中（高工）、綜合高中或同等學歷者可報考四技二專，另有二技招收專科學校(二年制或五年制) 或同等學歷者報考。課程方面採用學年學分制，四年制須修滿128學分，二年制須修滿72學分。依據103學年度技職體系學校現有243校(技術高中公立92所、私立63所；專科學校公立2所、私立12所；科技大學與技術學院公立15所、私立59所）。但是由於受少子化的衝擊，學生人數正逐年減少而直接影響生源，使學校數也逐年減少中[61]。截至統計時間為民國110年10月15日之全國大專校院校數，技職校院公立13所、專科學校公立2所、技職校院私立56所、專科學校私立10所。[62]

臺灣的高級職校（含高中附設職業科者）開設的課程可分為農業、工業、商業、家事、海事、醫藥護理、藝術及餐飲等九類。依職業學校法之規定，公立職業學校通常由省市設立，以應地方實際需要，亦得由私人依私立學校的規定申請設立，不過教育部審察實際情形，亦可設立國立職業學校，如國立金門農工便是其例。職業學校的設立、變更或停辦，由省市設立者，應由省市主管教育行政機關報請

---

[61] 教育部（民104a）：中華民國技術及職業教育簡介，頁16-21。臺北市：教育部技職司。

[62] 國立雲林科技大學（2021）：教育部110學年度大專校院一覽表資訊網，資料網站：https://ulist.moe.gov.tw/Browse/UniversityList

教育部備查，由私人設立者，報由省市主管教育行政機關核准，轉報教育部備查。[63]

　　國立職業學校校長由省府教育廳遴選合格人員報請省政府任用之，私立職業學校校長，由董事會遴選合格人員，報請教育廳核准聘任之。組織編制為1.職業學校設教務處、訓導處、總務處、實習輔導處、圖書館、會計室、人事室。2.職業學校置校長一人，綜理校務，教師、一般職員、技術職員若干人。

## 三、沿革

1. 民國88年（精省之前），臺灣的高中職及以下的教育工作均隸屬於臺灣省政府教育廳管轄。其中教育廳第三科職司臺灣省職業教育之規劃與推動，主要任務在支援公私立職業學校。其組織分工，計有工作人員二十二人。分為四股，第一股主管教務教學計畫，第二股主管經費行政，第三股主管實習訓練，第四股主管訓導輔導。另有視察二人，專員二人分別辦理專案業務[64]。

2. 民國88年底（精省之後），教育部本部中仍設有「技術及職業教育司」來統籌技職教育相關政策，但實際之工作執行則交付行政院教育部中部辦公室負責，由第三科負責高職教育。[65]

---

[63] 教育部中部辦公室（民89年）：《臺灣省教育發展史料彙編-職業教育補述篇》，國立臺中圖書館。

[64] 省府教育廳（民88）：《臺灣工業職業教育五十年》，臺中，省政府。

[65] 資料來源：教育部中部辦公室網站（http://203.68.64.6/）

工職改進計畫設備

美援設備

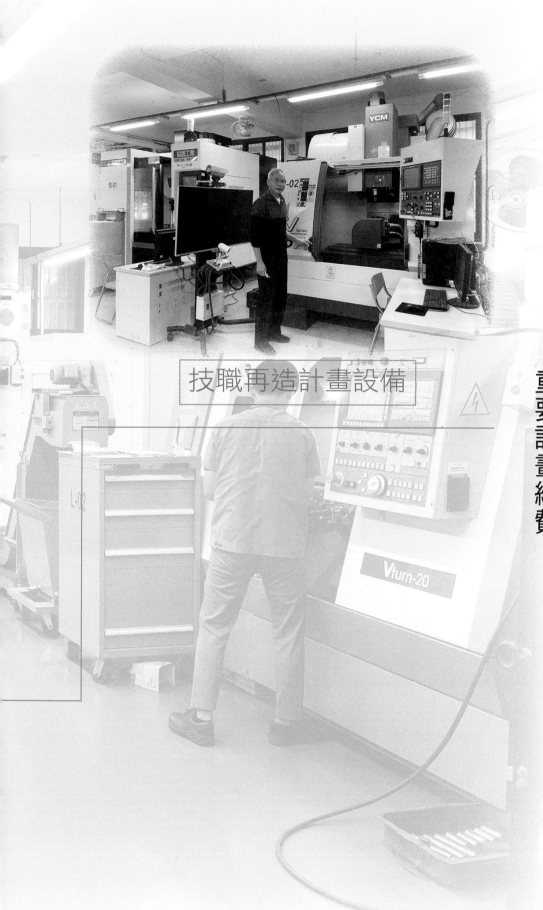

技職再造計畫設備

重要計畫經費

第三章

## 前 言

　　臺灣光復之初，各類職業學校之設備簡陋不足，校舍亦殘闕不全。此時期之工業教育由教育當局嘗設法商請撥贈，如省立新竹工職獲撥汽車修理工廠及油漆工廠，商請空軍指揮部撥贈省立工職廢機一批，商請國防部撥贈省立彰化工職等校模式汽車一批，商請行政院撥贈省立工職機械工具一批[66]。

　　從政府遷臺後到民國70年，我國經濟發展的歷程大致可分為五個時期：[67]

### 一、 光復後重建時期(民國34年至39年)

　　光復後初期，經濟建設主要在從事復舊工作，但由於人力、物力缺乏，工業復建工作非常緩慢。中央政府遷臺後，為增加工業生產，優先發展電力工業、農業生產以及紡織工業。至民國41年，復建工作大抵完成，經濟建設已初步奠定了發展基礎。

### 二、奠定經濟發展基礎時期(民國40年至49年)

　　為使經濟能更快速成長，政府自民國42年起，著手推動第一期四年經建計畫，依據：

(1) 國內通貨膨脹尚未完全穩定，必須增加生產以供內需。

(2) 政府遷臺，人口驟然增加，失業問題亟待解決。

(3) 外匯短絀，必須節省進口、拓展出口，優先發展資金少、技術低、建廠時間短的勞力密集性民生輕工業。由國外進口原料、半成品及零組件在國內加工裝配，創造更多的就業機會。

第二期四年經建計畫，已擴大至非民生必需品的進口替代產業，及其他新興工業之建立。紡織業、食品、合板、水泥、平板玻璃、味精、化學品、電器業等規模逐漸擴大，不僅逐漸形成工業生產之主流，而且已逐漸蛻變為出口產業。

### 三、經濟快速發展時期(民國50年至59年)

40年代末期，進口替代的輕工業，無論生產技術與生產成本的控制皆無法與已開發國家競爭，政府為促進工業的進一步發展及擴展外銷，首先於47年實施外匯貿易改革；48年擬訂「加速經濟發展方案」，公佈19點財經改革措施，消除經濟發展的限制，積極全面革新投資環境；在49年9月「獎勵投資條例」頒佈實施，以租稅減免方式鼓勵儲蓄、投資與外銷，及積極排除投資障礙，協助投資人取得工業用地等，並在高雄、楠梓、臺中成立加工出口區。50年代我經濟成功地自進口替代轉變為出口拓展的策略，長期保持快速成長與穩定。許多早期發展之勞動密集性輕工業，以低廉工資的利益，迅速打開國外市場。而出口需求帶動生產的增加，使輕工業的成長非常訊速，例如紡織業、塑膠製品業、合板業、電子(裝配)業等。而一些屬於高技術必須投下較多資金的重化工業，例如人造纖維、塑膠原料、鋼鐵、機械、汽車、造船等，亦有相當的發展。至50年代末期，我國工業發展已趨多面化。我國50年代工業生產加速成長，平均每年增產164%，而在國際間也是工業成長最快的國家之一。

---

66 教育部中部辦公室（民89）：《臺灣省教育發展史料彙編-職業教育補述篇》，國立臺中圖書館。

67 王昭明(民72)：我國當前經濟建設，陽明山莊，頁5。

## 四、發展重化工業時期(民國60年至69年)

民國60年代初期，國內經濟已略具規模，資本形成較前容易，乃循50年代末期工業發展趨勢，積極發展資本密集的重化工業。政府所推行的十項建設中，中鋼、中船、石化工業均於此一時間成立。嗣後，塑膠工業及合成纖維工業所需的基本原料，各種石油化學產品，也大部分能在國內生產，供應下游加工業的需要，是所謂「第二次進口替代」時期，從此，製造業結構由輕工業逐漸轉變為重化工業。

## 五、積極發展技術密集產業時期(自民國70年起)

由於能源短絀，石油價格上漲，因此當以發展技術密集而耗用能源少的工業，由政府積極發展策略性工業。考慮的因素為：(1) 關聯效果大，(2) 市場發展潛力大，(3) 技術密集度高，(4) 附加價值高，(5) 能源密集度低，(6) 污染程度低。根據以上選擇標準，選定機械工業(包括一般機械、電腦、精密及自動化機械、運輸工具等)及資訊工業(包括電腦軟體、微電腦及週邊設備、數據通訊及其相關電子工業)列為策略性工業，應予積極推動。

就政府對工職學校教育經費投資，以分年、分階段敘述其重要措施，可以分為十個計畫，即一、日治時期與戰後初期（民國元-40年）；二、美金援助教育計畫（民國41-59年）；三、世界銀行貸款計畫（民國59-63年）；四、工職教育改進計畫與後續計畫（民國68-86年）；五、行政院教育改革總諮議報告書教育部行動方案（民國87年7月至民國92年6月）；六、技職教育再造計畫（民國99-111年）；七、振興經濟擴大公共建設投資計畫-教育設施部分；八、職業教育中程發展計畫（民國107年至110年度）；九、前瞻基礎建設計畫-教育建設部分；十、原住民與新住民職業教育改進計畫（民國77年迄今）。這些經費勾畫出工業職業教育發展的軌跡，以作為鑑往知來之參考，分別說明如后。[68]

---

[68] 省府教育廳（民88）：《臺灣工業職業教育五十年》，臺中，省政府。臺灣省政府教育廳(民74)：《臺灣教育發展史料彙編 - 職業教育篇》，臺中，臺灣省立臺中圖書館。

# 第一節 日治時期與戰後初期（民國元-40年）

日治時期設置八所州立工業學校，1937年中日戰爭開始，總督府設置七所州立工業學校沒能提供足夠的經費購置教學與實習設備。戰後初期國民政府播遷臺灣，省政府財政拮据，無法撥經費購置教學與實習設備。隨著1950年(民國39年)韓戰爆發，美國援助臺灣，臺灣的教育遂有突破性的發展。

## 一、日治時期

日治時期總督府設置八所州立工業技術練習生養成所（台灣總督府臺北第一工業技術練習生養成所、台灣總督府臺北第二工業技術練習生養成所、台灣總督府臺中工業技術練習生養成所、台灣總督府彰化工業技術練習生養成所、台灣總督府臺南工業技術練習生養成所、台灣總督府嘉義工業技術練習生養成所、台灣總督府高雄工業技術練習生養成所、台灣總督府花蓮工業技術練習生養成所）[69]，最早成立的臺北工業學校是由工業講習所(於1912年創設)改制擴充的，教學與實習設備良好；戰後改名為省立臺北工業職業學校，惟於民國38年升格為臺北工業專科學校後停辦。

總督府自1935年起至1940年，增設五所專修工業學校，其中臺南工業專修學校可使用臺南高等工業學校的設備，其它四所因為1937年中日戰爭開始，總督府沒能提供足夠的經費購置教學與實習設備。總督府在1938-1944年間又創設了七所州立工業學校，也因為中日戰爭及太平洋戰爭財政困窘，這七所州立工業學校也無從獲得足夠的教學與實習設備。

## 二、戰後初期

戰後初期因為復建需要大筆的費用，復因國民政府播遷臺灣，省政府財政拮据，無法撥經費購置教學與實習設備。

隨著1950年(民國39年)韓戰爆發，美國援助臺灣，臺灣的教育遂有突破性的發展。在中等工業職業教育方面，除了施行單位行業訓練制外，也資助經費購置教學實習設備。其後，獲得世界銀行教育計畫貸款，用於增購實習設備，民國60年代臺灣經濟起飛，政府財政大有起色，遂有各種工職教育改進計畫用於補助工業職業學校，對工職教育的發展裨益甚大。

---

[69] 臺灣總督府臺學二九號（民國31）：《第八類學校及幼稚園－第六章實業補習教育》，臺灣總督府告示第四百三十五號，昭和十七年四月二十九日，頁702/14。

## 第二節　美金援助教育計畫（民國41-59年）

### 一、計畫

　　民國40年起，美國決定大力撥款援助臺灣以後，派出專家來臺考察，並與臺灣教育部、教育廳等單位多方會商，針對當時職業教育的缺失提出改革對策，並列為四年經建計畫的重要工作來推動，以改革農、工職業教育為重心。美援用於教育計畫始於41會計年度，臺幣相對基金之支援則於40會計年度開始。全部費用美金援款約達950萬美元及相對基金新臺幣7億350餘萬元。其中用於工業職業教育佔相對基金9.01%（工業職業學校佔相對基金5.38%），佔美金援款26.58%（工業職業學校佔美金援款16.69%），比率相當高。[70]

　　在美援協助下，職業學校器材與設備得以增加，例如各工業職業學校實施單位行業訓練者，分別建有機工廠、電工廠、鑄工廠、熔接工廠、板金工廠、工廠、木工廠、印刷工廠、汽車修護工廠等。此外，擴充圖書儀器設備、修建教室及實習工場、改善課程、加強實習等亦在協助範圍內。[71]

　　另外，自民國51年起，美援教育經費從贈與性質轉為貸款或重點補助，而教育則被列為後者，如民國51年度的贈款為1億2800萬元，52年度贈款預算為8800餘萬元。[72]

### 二、執行情形 [73]

1. 民國41會計年度美金援助教育計畫，教育計畫由於事實需要，逐年擴增，包括工職教育、科學教育、僑生教育、視聽教育、家政教育、水產教

---

[70] 趙既昌：《美援的運用》，聯經出版事業公司，民國74年，頁188-193。

[71] 安後暐：《美援與臺灣的職業教育》，國史館，2010年，頁90。

[72] 前引書，頁101。

[73] 省府教育廳（民88）：前引書；教育部中部辦公室（民89）：同前引。

育等十餘項，迄民國五十四年美援結束為止，歷時十餘年，全部費用約達950萬美元(約新臺幣38億餘萬元)及相對基金新臺幣7億3,500餘萬元。

2. 民國44學年度起，政府選定八所示範工職為單位行業訓練之實驗學校，以美援大量充實實習場房及設備。

3. 民國56年至59年，分別於新竹、臺中、彰化、嘉義、臺南、高雄、花蓮、瑞芳、屏東、沙鹿、東勢、臺北等十二所高級工職，增加及新添電子修護、汽車修護、板金、機工、電工、管鉗、印刷、建築製圖等科共二十八班（每班五十人），所需實習工場及設備，由中美基金資助新臺幣2,840萬元。另撥援款臺幣4,100萬元，選擇規模較大之農職學校，其所在地環境以漸近工業需要者，增辦工科（計有桃園、苗栗、宜蘭、新莊、岡山、西螺、曾文等校），共計二十八班。

4. 民國41年開始由賓大提供技術援助，派員協助建立與發展工業教育學系，以及訓練臺灣工業職業學校師資，此項合作計畫所需經費均由美援基金項下撥付，賓大並派有顧問小組常駐與工教系合作。為配合此項計劃，工教系並增建專業教室及工教大樓兩棟，分設各種專業工場，以利學生實習操作，培養業界所需技術人才的師資。在此項美援計劃中，臺灣師大工教系總計獲得美金574,882元和臺灣的「美援相對基金」新臺幣14,842,000元的經費，家政系獲得美金50,728元和「美援相對基金」新臺幣6,951,000元的經費，當時正值臺灣國家財力貧乏，此一美援經費可說對本校的發展助益甚大[74]。

---

[74] 師大維基（民104）：美援計畫。資料來源：http://history.lib.ntnu.edu.tw/wiki，日期2016-06-27。

## 第三節　世界銀行貸款計畫（民國59-63年）

### 一、計畫 [75]

　　民國60年至84年世界銀行教育計畫貸款：民國60年後，美援方式大部分由援助改為貸款，由中央教育部統籌辦理。以貸款後的第十一年起，分三十年無息償還，迄2004年1月積欠美方的貸款已全部清償完畢。

　　民國53年美援中止，行政院為配合工業發展，同年即開始申請世界銀行教育計畫貸款，歷經波折，世界銀行自民國58年1月起，先後派遣計畫考察團與計畫準備團來臺實地考察、協助研擬計畫，經多次修改計畫後，該銀行再派計畫評估團來臺評估後，於民國59年簽訂貸款合約書。教育計畫貸款總額確定為19,390,000美元，向世界銀行貸款部分為11,954,300美元，約佔貸款總額60%，其餘7,435,700美元由我政府自籌配合。[76]

　　教育計畫貸款總額為新臺幣600,000千元，其中用於購買設備高達261,017千元，佔43.5%；省政府部分有158,650千元，佔26.4%，如表3-3-1所示。

表3-3-1 世界銀行教育計畫貸款金額「設備部分」分配表

|  | 貸款96% | 配合款4% | 合　計 | 百分率% |
|---|---|---|---|---|
| 中央部分 | 42,553.9 | 1,773.1 | 44,327.0 | 16.98 |
| 省政府部分 | 152,304.0 | 6,346.0 | 158,650.0 | 60.78 |
| 臺北市部分 | 55,718.4 | 2,321.6 | 58,040.0 | 22.24 |
| 合　計 | 250,576.3 | 10,440.7 | 261,017.0 | 100.00 |

＊金額單位為新臺幣千元。

　　獲得貸款開始執行是在九年國教時期（民國57-68年）發展高職教育之中間時段，由教育部統籌辦理，採購新穎教學與實習設備，自60年起分三年執行。接受貸款之工職學校，計有下列12所，工職學校7所(瑞芳高工、東勢高工、

---

[75] 省府教育廳（民88）：《臺灣工業職業教育五十年》，臺中，省政府。

[76] 臺灣省政府教育廳（民74）：《臺灣教育發展史料彙編－職業教育篇》，頁185-187，臺中，省立臺中圖書館。

沙鹿高工、臺中高工、嘉義高工、臺南高工，屏東高工），及農工學校五所(宜蘭農工、桃園農工、苗栗農工、岡山農工、臺東農工)，這些職校同受其惠，於實習場房與教學設備之充實，助益至鉅。[77]

此外，政府為配合工業發展，自55學年度起，增設工業職業學校及工業類科。56至59年，分別於新竹、臺中、彰化、嘉義、臺南、高雄、花蓮、瑞芳、屏東、沙鹿、東勢、臺北等十二所高級工職，增加及新添電子修護、汽車修護、板金、機工、電工、管鉗、印刷、建築製圖等科共28班，所需實習工場及設備，由中美基金資助新臺幣2,840萬元。[78] 另撥援款臺幣4,100萬元，選擇規模較大之農職學校，其所在地環境以漸近工業需要者，增辦工科，共計28班。

## 二、執行情形 [79]

1. 臺灣省執行情形：(1) 貸款金額為美金458萬8,955元，折合新臺幣18億3,055萬8,300元；(2) 臺灣省配合款為美金272萬9,920元，折合新臺幣2億9,275萬5,000元。(3) 原訂計畫三年完成（自民國60年2月至63年2月）。(4) 貸款本金償還部分，由省府自民國69年10月15日至84年4月15入（16年）逐年分二期攤還。(5) 貸款付息部分，由省府自民國60年至84年完成還清。(6) 本計畫省府在廿五年中總支出合計為新臺幣5億3,393萬7,800元，包括配合款支出新貸款發展工專、工職教育，增建實習場所，充實實習設備，改進課程，加強輔導以提昇工職教育，有關世銀貸款金額及臺灣省配合款利息償還情形。

2. 計畫執行情形：臺灣省接受貸款之工職學校，計有下列12所，工職7所、農工五所。省立瑞芳高工、省立東勢高工、省立沙鹿高工、省立臺中高工、省立嘉義高工、省立臺南高工，省立屏東高工、省立宜蘭農工（目前改名為宜蘭農工專校）、省立桃園農工、省立苗栗農工、省立岡山農工、省立臺東農工等十餘職校，同受其惠，於實習場房與教學設備之充實，助益至鉅。

[77] 前引書，頁190。

[78] 趙既昌：《美援的運用》，聯經出版事業公司，臺北市，民國74年，頁195。

[79] 臺灣省政府教育廳（民74）：同前引；臺灣省教育廳（民76）：同前引。

## 第四節　工職教育改進計畫與後續計畫（民國68－86年）

### 壹、工職教育改進計畫（民國68－77年）

#### 一、計畫[80]

　　教育部為配合經濟建設與工業發展，民國68至70學年度開始執行「工職教育改進計畫」第一期計畫，民國71至73學年度開始執行「工職教育改進計畫」第二期計畫，民國74至76學年度開始執行「工職教育改進計畫」第三期計畫。民國77至81年學年度開始執行「改進及發展工業職業教育五年計畫」，民國82年度起開始執行「工業職業教育重要計畫」，民國99年度起至111年執行「技職教育再造計畫」。其中延長以職業教育為主之國民教育在民國72年8月開設並補助延教班與實用技能班，在民國82年8月開設並補助國中技藝教育班。在民國77年度起實施原住民與新住民職業教育改進計畫。

#### 二、執行情形[81]

（一）第一期「工職教育改進計畫」（民國68年至70學年度）

1. 民國68至70學年度執行第一期計畫，行政院撥款十八億餘三年內實施「工業教育改進計畫」。

2. 工職教育改進計畫第一期為期三年，其執行重點為：(1) 加強師資培育、羅致及在職進修；(2) 重點充實教學實習設備；(3) 實驗改進重點類科課程內容及教材教法。

3. 計畫之主要執行對象為公立之工業職業學校，充實公立工職之教學及實習(機械實習)設備。選擇機工、電工、板金、鑄工、木模、機械製圖、化工、電子、電器、建築、建築製圖、汽車修護、土木測量、模具、儀表、重機械等十六重點類科，分別充實其教學及實習設備、擴充場房設備，並補助優良私立工職充實教學及實習設備。

（二）第二期「工職教育改進計畫」（民國71年至73學年度）

1. 第二期工職改進計畫三年計畫之執行乃行政院71年7月15日通過，於71年至73學年度執行。

2. 第二期三年計畫在擴大科別及範圍，充實公私立職校中與工業發展相關之農業機械、農業土木、海事水產之輪機、電訊等教學實習及場房設備，並充實與工商業相關之職校電腦設備，以配合資訊工業之發展。

3. 民國71年6月，運用經費三十二億改進與工業生產技術有關之職業教育設備、課程、教材、教學媒體及師資之進修。

4. 自72學年度起，在職業學校實施資訊教育，分年充實各校電腦教室。自76學年度起，為推展計算機應用教學，開始補助各省立職業學校設立第二間電腦教室。

（三）第三期「工職教育改進計畫」（民國74年至76學年度）

1. 第三期工職教育改進計畫於民國75年2月12日奉行政院臺（75）教字第二八三六號函核定實施。

2. 民國75年2月教育部奉行政院核定『第三期工職教育改進計畫』，花費經費近二十二億元。

3. 本計畫目標包含配合新課程，加強辦理工職師資培育與在職進修，進行新課程實驗、研究、推廣及改進教材法，充實公、私立工職教學所需之實習場所與設備等。

---

[80] 省府教育廳（民88）：同前引。

[81] 臺灣省政府教育廳（民74）：同前引；臺灣省教育廳（民76）：同前引；省府教育廳（民88）：同前引。

## 貳、後續計畫（民國77－86年）

## 一、改進及發展工業職業教育五年計畫（民國77年7月至81年6月）[82]

### （一）計畫

　　民國77年7月至民國81年6月為期五年改進及發展工業職業教育五年計畫：省府教育廳（民77）對於「改進與發展工職教育五年計畫」之更新校舍建築，充實教學實習場所及設備：民國79年臺灣省教育廳配合教育部補助款項，撥款補助55所學校工科實習設備之維修與更新。

### （二）執行情形

1. 經費需求：本計畫五年所需經費總額計121億4,186萬5仟元，其中教育廳自籌部份67億9,478萬元，教育部補助53億4,708萬5仟元。
2. 經費籌措方式：除私立學校建築、設備及輔導工作等原則由各校自籌部份67億9,478萬元外，其餘部份53億4,708萬5仟元其籌措原則如下：(1) 省立學校建築部份17億3,172萬5仟元，由臺灣省教育廳分年納入學校資本門核實分配，或編列專款辦理。

## 二、工業職業教育重要計畫（民國82年度起）[83]

### （一）計畫

　　省教育廳為落實工業職業教育，自民國82年度起積極推動幾個重要計畫，包括：(1) 職業教育改進計畫，(2) 繼續推展職業學校資訊教育，(3) 在校生丙級技能檢定計畫，(4) 輪調式建教合作教育。

臺灣工程教育史

---

[82] 省府教育廳（民88）：同前引；臺灣省政府教育廳（民81b）：同前引；教育部中部辦公室（民89）：同前引。

[83] 省府教育廳（民88）：同前引；教育部中部辦公室（民89）：同前引。

職業教育改進計畫(民國82至85年度)重要措施：(1) 補助私立高職及高中附設職業類科學校充實教學實習設備，重點設備。(2) 改進高職教材教法及推動媒體教學。(3) 辦理各類科教師研習及進修。

（二）執行情形

1. 職業教育改進計畫(民國82至85年度)充實教學實習重點設備，經費合計3億9098萬元，辦理各類科教師研習及進修經費共3022萬元。

2. 繼續推展職業學校資訊教育(民國77至85年度)包括83至85年度分年補助私立職校(含兼辦職業類科之高中)充實微電腦教學網路系統，所需經費總共5億2602萬元。

3. 在校生丙級技能檢定計畫(民國81至84年度)：包含八十三學年度將延、建教班納入，所需經費共1億8896萬元。

4. 輪調式建教合作教育(民國80年度起)：每年約編列2000萬元經常辦理。

5. 補助私校增購儀器設備(民國81至86年度)：民國81年起每年均補助私校增購儀器設備與改善學校環境，86年度編列四億五千萬元，以更新工業類科實習設備，至86年止總共二十五億元。

6. 各校所需設備及師資進修、教材、媒體編撰及輔導工作等所需經費，其中1/3由省府負擔，2/3由中央負擔，臺灣省部份每年編列2億4,102萬4仟元，中央每年編列4億8,204萬8仟元，分五年辦理。

## 三、工職技術教學中心（民國74年至86年度）[84]

（一）計畫

1. 民國75年10月，省府教育廳在臺中高工規劃設置臺灣省中區工職技術教學中心，77年10月在省立新營高工及省立嘉義高工分別設置工職技術教學中心與汽車教學資源中心，78年3月於省立鳳山高工成立高屏區

---

84 省府教育廳（民88）：同前引；教育部中部辦公室（民89）：同前引。

工職技術教學中心，78年9月於省立桃園農工成立北區工職技術教學中心，85年8月在省立花蓮高工設立東區工職技術教學中心。總括臺灣省共有六所工職技術教學中心。

2. 民國八十二學年度充實技術教學中心，籌設六個技術教學中心：(1) 桃園農工：北區技術教學中心。(2) 臺中高工：中區技術教學中心。(3) 嘉義高工：汽車資元教學中心。(4) 新營高工：南區技術教學中心。(5) 鳳山商工：高屏區技術教學中心。(6) 花蓮高工：東區技術教學中心。

（二）執行情形

民國74年至86年度臺灣省各區工職學校技術教學中心經費編列如下[85]：

1. 民國79年至86年度北區工職學校技術教學中心合計設備費8,704萬、行政費1,708.25萬、建築費4,320萬元。

2. 民國75年至86年度中區工職學校技術教學中心合計設備費4,356.6萬、行政費3,711.05萬、建築費1,275萬元、軟體推廣教學296.89萬元。

3. 民國78年至86年度南區工職學校技術教學中心合計設備費100萬、行政費730萬、建築費5,000萬元、教育廳補助款2,750萬元。

4. 民國78年至86年度高屏區工職學校技術教學中心合計設備費2,060萬、業務費2,300萬元。

5. 民國84年至86年度東區工職學校技術教學中心合計設備費3,900萬、業務費6,250萬元。

6. 民國82年至86年度臺灣省汽車教學資源中心合計設備費2,376萬、行政費2,670萬元。

---

[85] 國立臺中高級工業職業學校（民90）：《臺灣工業職業教育五十年》，臺北市，臺灣書店，頁 221-223。

## 第五節　行政院教育改革總諮議報告書教育部行動方案
　　　　　（民國87年7月至民國92年6月）[86]

## 一、計畫

　　政府為有效推動教育改革工作，於教育部召開第七次全國教育會議之後，在83年9月21日成立「行政院教育改革審議委員會」，該委員會歷經兩年審慎研議，於85年12月2日提出「教育改革總諮議報告書」，揭櫫教育改革五大方向：一、教育鬆綁；二、帶好每位學生；三、暢通升學管道；四、提升教育品質；五、建立終身學習社會，及八大改革之重點項目。嗣後，教育部融合「教育改革總諮議報告書」之具體建議，及「中華民國教育報告書--邁向二十一世紀的教育遠景」，於86年7月提出「教育改革總體計畫綱要」，並根據三十大項計畫綱要，研提具體的中長程計畫十八種、實施方案十二種，以為全面推動落實教育改革工作之依據。惟因整體教育改革工程，所涉範圍含蓋教育部整體業務，為明教育改革重點，乃根據行政院教育改革推動小組第六次會議之決議，綜合「教育改革總議報告書」及「教育改革總體計畫綱要」，擇取重點關鍵項目，彙成本行動方案，一以整合行政院各相關部會之力量戮力促成，二為嗣後考核教改成效之指標。教育改革之目標，在於結合國家資源和全民力量，透過對當前教育問題的省思，及前瞻新世紀發展之趨勢，建構現代化教育體制。期使多元化的制度、人本化的環境、科技化的設施、生活化的課程、專業化的師資，提升學校教育水準：並連結正規教育、非正規教育與非正式教育，形成全民終身學習的社會。

## 二、執行情形

　　據行政院教育改革推動小組第六次會議之決議，有關本行動方案之主要內涵為：

　　1. 健全國民教育

　　2. 普及幼稚教育

---

[86] 教育部(民87)：教育改革行動方案。

3. 健全師資培育與教師進修制度

4. 促進技職教育多元化與精緻化

5. 追求高等教育卓越發展

6. 推動終身教育及資訊網路教育

7. 推展家庭教育

8. 加強身心障礙學生教育

9. 強化原住民學生教育

10. 暢通升學管道

11. 建立學生輔導新體制--補救教學

12. 充實教育經費與加強教育研究

## 三、實施期程：

88會計年度至92會計年度(民國87年7月至民國92年6月)。

## 四、經費：

十二項行動方案五年總經費需求，為新臺幣1570億7241萬6000元，其中88年度為208億3099萬7000元，89年度為308億5647萬9000元，90年度322億9758萬2000元，91年度為360億4221萬7000元，92年度為370億4514萬1000元。以88年度經費為基數，佔算各年度須增列金額，總計自89年度至92年度，需增列金額為532億4743萬1000元。

# 第六節 技職教育再造計畫 [87]（民國99-111年）

　　技職教育再造計畫乃依據民國98年5月教育部陳報「技職教育再造方案－培育優質專業人力」報告，經行政院第3144次院會決議，准予備查。院長提示：「過去我國的技職教育為臺灣的經濟發展提供了大量的優質人力，也為社會的經濟繁榮作出重大貢獻。現在面對全球化國際競爭及產業轉型，技職教育也必須在內容、方法及體系上有所檢討，俾與時俱進。教育部所提出的「技職教育再造方案」，主要在於展現技職教育務實致用的精神，逐年提升教師業界經驗及增加學生校外實習，並且鼓勵技職體系學生取得專業證照，逐步建立專業證照制度，讓專業證照獲得社會公認的地位及價值此計畫不是將技職教育狹隘的視為只是促進就業的訓練班，它也應該在高等教育中培育出頂尖的專技人才。教育部應依照方案落實推動，培育出具實作力、就業力及競爭力的優質人才，並請經濟部、勞委會等相關部會協助辦理，以竟全功」。技職教育再造計畫分為三期，說明如下。

## (一)、第一期技職教育再造計畫 [88] (99-101年、2010-2012 年)

### 1. 緣起

　　近十年來技職教育正面臨傳統觀念(社會錯誤刻板印象、技職教育定位模糊)、教學資源(技職教育資源不足、教學品質有待提升、教師實務工作經驗不足)、學生因素(國際化程度不足，基礎學科能力有待加強)、產學變化(產學落差，無法學以致用)等許多問題與挑戰。故制訂了「強化高職教師實務教學能力實施計畫草案」、「98年度國立高級中等學校充實實習教學設備實施計畫」。時程自98年3月至98年12月，所需經費由教育部「推動振興經濟新方案—擴大公共建設投資計畫特別預算—加速高中職老舊校舍及相關設備補強整建計畫」之子計畫「充實職業學校實習設備改善計畫」經費項下支應。

[87] 行政院全球資訊網（2022）：行政院第3144次院會決議。首頁/新聞與公告/行政院會議，資料來源：https://www.ey.gov.tw/Page

[88] 技職教育再造方案-培育優質專業人力手冊，教育部首頁/教育資料/出版品，99年2月公布。來源：https://ws.moe.edu.tw/

## 2. 研擬過程

　　為研提技職教育再造方案，教育部邀集一般大學、技職校院資深校長、教育相關學者、及有關單位人員，自97年10月起共召開8次專家諮詢會議，確立未來技職教育定位與技職教育再造方案，本方案並獲98年5月14日行政院第3144次院會准予備查。

## 3. 方案內涵

(1). 為配合產業創新發展重點，縮短產學落差，教育部於99年至101年推動〈第一期技職教育再造方案〉，在「強化務實致用特色發展」及「落實培育技術人力角色」之定位下，從「制度」、「師資」、「課程與教學」、「資源」、「品管」5個面向訂定10個策略實施，達成「改善師生教學環境、強化產學實務連結、培育優質專業人才」之目標。

(2). 在「強化務實致用特色發展」及「落實培育技術人力角色」定位下，分5個推展面向，提出10項施政策略，以達到「改善師生教學環境、強化產學實務連結、培育優質專業人才」的目標。

策略1)：強化教師實務教學能力：

　①「強化高職教師實務教學能力實施計畫」，推動高職教師研習活動，提升教學品質。

　②擴大辦理高職教師寒假及暑期赴公民營機構研習，參加研習教師取人數自2009年起逐年成長20%。

　③並加強教師教學品質，吸引社區國中畢業生就近入學，提升社區學生就近入學情形：社區國中畢業生就近入學比率逐年提升1%（就近入學率）。

策略2)：引進產業資源協同教學

　①高職部分採由申請審查方式，於高職學校「實用技能學程及產業特殊需求類科」導入「雙師制度」。

②業界專家教師共同規劃課程，並指導學生實務專題、校外競賽、證照考試及展演等。

③預期目標.2010年高職學校預計遴聘業界專家400人次，自2011年起逐年成長10％。

策略3)：落實高職學生校外實習課程

①修訂「學生校外實習成就或教育訓練審查及學分採計要點」，鼓勵學生利用課餘校外學習專業知能及職場經驗。校外學習或教育訓練場所，得由校方推薦或自行接洽；學校應受理校外學習成就或教育訓練學分採計申請及審查相關事宜。

②訂定「教育部補助增進高級中等學校學生國際視野要點」，且於職業學校學生成績考查辦法中明定海外教育實習採計學分之規定。鼓勵進行海外技能實習活動，補助高職學生赴海外學校或訓練機構定點學習專業技能及相關課程。

③預期目標高職學生海外技能實習活動98年預估參與師生100人次，99年起逐年成長20％。

策略4)：改善高職設備提升品質

①配合新課綱充實實習設備：透過擴大公共建設投資計畫，充實高職課綱所需一般實習設備。98年度採用公式分配方式，核定 各校經費額度。（98年度國立高級中等學校充實實習教學設備實 施計畫，詳如附件6）

②建立區域技術教學中心及充實區域產業教學設備：100年度辦理職業學校群科中心相關經費42,311千元，101年度辦理職業學校群科中心相關經費42,311千元。[89]

---

[89] 教育部會計處，2022。首頁/財務公告事項/本部/預算/單位預算，網站：https://depart.moe.edu.tw/

③ 預期目標於2010年達成課綱設備基準之科目數100％。並協助學校發展區域產業特色，縮短城鄉差距，達資源均衡化，以培育產業優質基層技術人力。

策略5)：建立技專特色發展領域：研定補助技專校院建立特色典範計畫要點。

策略6)：建立符合技專特色評鑑機制：針對現行技專校院評鑑及技專特色進行整體 評鑑制度之檢討（含評鑑指標項目及權重、評鑑作業及機制等），提出具體改進策略。

策略7)：擴展產學緊密結合培育模式：目前透過「產」「學」互動方式，來推動專班/學程有如下6種：

① 實用技能學程：(1) 銜接國中技藝教 育學生。 (2) 課程以技能實習為主，培育學生就業 能力。 (3) 96學年度入學學生起，逐年實施3年免學費。預計3年內約有 57,000人受惠。

② 高職建教合作：(1) 辦理模式分為輪調式、階梯式及實習式等，其中以輪調式最多。(2) 98學年度起一、二、三年級學生3年免學費。三年級3年免學費，受惠人數 47,400 人。

③ 產業特殊需求類科班：(1)3年免繳學費。(2)各校依需求，辦理免試入學。(3) 辦理免試入學學校，由本部專案補助，充實教學設備及實習材料費，以強化實習教學。2012年起每年3年免學費受惠人數約14,200人。

④ 產學攜手合作：以3合1(高職+技專+廠商)方式，發展3+2、3+2+2、3+4或5＋2之縱向學制。每年培育3,000名學生

⑤ 產業研發碩士：邀集合作企業共同規劃課程，作為強化產學合作基礎。預計每年核定開辦名額 1,600名。

⑥ 大學最後一哩學程：(1) 學生畢業前1年開設，縮短產業界晉用新進人員教育時程與成本。(2) 自97年度起本部與勞委會合作，依據該會評鑑結果，擇優予以獎助。預計每年核定 30 件學程。

策略8)：強化實務能力選才機制

① 修正中等以上學校技藝技能優良學生甄審及保送入學辦法，鼓勵技優學生參加甄審及保送入學。

② 研議將學校推薦改為個人申請，並鼓勵採口試、實作、作品展示、在校實作成績或書面審查等方式，考評學生所具實務能力。

③ 調增甄選入學招生名額比例。

④ 強化選習國中技藝教育學生透過「輔導分發」機制，順利就讀高中職實用技能學程，讓弱勢學生經由非紙筆測驗入學高中職 校。

⑤ 預期目標：技優入學報到人數逐年增加2%；甄選入學報到人數逐年增加5%；透過輔導分發機制入學高中職學生預計每年有15,000人。

策略9)：試辦五專菁英班紮實人力：五專畢業人數自90年3萬4,232人降至96年1萬8,919)，且受少子女化(新生兒自87年27萬人降至97年19萬人)及廣設大學(自86年139所成長至97年164所)等影響，五專學制宜重新定位。

策略10)：落實專業證照制度

① 97學年度全國公私立高級職業學校（含北、高二市）學生擁有公私立機構核發之證照計540,560張，其中丙級技能檢定證照佔54.98%；乙級技能檢定證照僅佔 3.657%。

② 鼓勵高職學生參加在校生丙級技能檢定取得證照，以提升技能水準，為就業作準備，並進而鼓勵學生參加乙級技能檢定，以利將來就業；另協調行政院勞工委員會開發新技檢職種，以符應高職開設之類科，讓學生能依所學類科取得相同職種之證照。

③ 鼓勵高職教師參加乙級技能檢定，以提升實務技能及教學品質--規劃補助教師參加檢定之報名費，並於通過檢定後，增加補助其參加訓練時預繳之訓練費用；另協調行政院勞工委 員會恢復辦理「重點技能檢定專班」（原教師即訓即評），鼓勵教師踴躍參加乙級技能檢定。

④ 研擬教師取得甲級證照提敘薪級一級。

## (二)、第二期技職教育再造計畫 [90] (102-106年)

### 1. 推動緣由

　　為強化產業人才培訓及平衡國內人力供需，教育部於102年元月份研提「第二期技職教育再造計畫」，爰於本（102）年8月30日核定，自102年至106年推動。

　　「第二期技職教育再造計畫」總經費為202億8,950萬元，包括「制度調整」（政策統整、系科調整、實務選才）、「課程活化」（課程彈性、設備更新、實務增能）及「就業促進」（就業接軌、創新創業、證能合一）等3大面向9項策略，係依據臺灣整體環境與社會變化需求，並參考德國、澳大利亞及日本等先進國家技職教育的作法所提出，期達成「無論高職、專科、技術學院及科技大學畢業生都具有立即就業的能力」、「充分提供產業發展所需的優質技術人力」、及「改變社會對技職教育的觀點」，以提升技職教育整體競爭力，各項策略務求從點至面深根落實，逐步逐階段執行。以落實經濟動能推升方案，平衡國內人力供需及回應外界對技職教育的期待。

　　教育部表示，透過「第二期技職教育再造計畫」，將引導技職學校緊密鏈結產業需求，培育畢業生具備立即就業能力，學用合一，打造實用技職，達到提供產業所需技術人力之「人才培育」、協助企業轉型或發展之「技術開發」、及擴散校園研發成果及產學人才交流加乘效應，促進「經濟發展」之效益。透過各部會及產、學、研之通力合作及教、考、訓、用合一，以提升技職教育競爭力及社會地位，再現臺灣技職教育榮景。

### 2. 計畫目標

　　(1). 無論高職、專科、技術校院畢業生都具有立即就業的能力。

　　(2). 充分提供產業發展所需的優質技術人力。

---

90 第二期技職教育再造計畫業奉行政院核定102年至106年落實推動，技術及職業教育司，首頁/即時新聞102-09-17公布。來源：https://depart.moe.edu.tw/

(3). 改變社會對技職教育的觀點。

## 3. 政策內容

(1). 計畫期程：102年1月1日至106年12月31日。

(2). 適用對象：高職及技專校院。

(3). 經費需求：如表3-2所示各策略名稱與經費分配。

表3-2 各策略名稱與經費分配

| 名稱 | 策略2 系科 調整 | 策略3 實務 選才 | 策略4 課程 彈性 | 策略5 設備 更新 | 策略6 實務 增能 | 策略7 就業 接軌 | 策略8 創新 創業 | 策略9 證能 合一 | 合計 (單位 /億元) |
|------|------|------|------|------|------|------|------|------|------|
| 總經費 | 2.03 | 0.83 | 9.25 | 80.015 | 54.12 | 33.2 | 20.2 | 3.25 | 202.895 |

## 4. 推動策略：執行計推動9項策略

(1). 政策統整：

1). 結合產業發展、職業訓練及教育主管機關，成立跨部會小組，定期召開會議，共同研商技職教育人才培育及畢業生就業轉銜機制等縮短學用落差議題。

2). 建置高職及技專校院與產業公協會交流平臺，發展產學人才培育模式及技術合作機制。

3). 訂定技職教育專法，明確規範技職教育學校與職訓機構及職業團體合作之權利義務關係。

(2). 系科盤點：定期盤點高職及技專校院系科設置情形，並協同相關部會，依產業發展需求，核定學校系科設置、調整及學生數總量，以均衡產業人才供需。

(3). 實務選才：增加四技二專入學考試採非選擇題型之技術實作能力考試比率。

(4). 課程彈性：配合十二年國民基本教育，建立高職及技專校院課

程銜接及對應產業需求之機制，並引導學校依各校特色發展，建立強化就業銜接、職場倫理及實作實習之彈性課程。

(5). 設備更新：鼓勵學校調整實作課程學分比率，以就業銜接為導向，依技術人力缺乏產業別分三階段更新教學設備：1). 製造業與重點產業；2). 醫護、農業、海事與水產；3). 其他產業，以培育及平衡產業所需技術人力需求。

(6). 實務增能：安排學生於校內外、海內外實作實習，強化實作能力、提早體驗職場及增強國際就業能力；遴聘業界專家協同教學、教師赴公民營機構研習，以瞭解產業發展趨勢、強化編撰實務教材及實務教學能力。

(7). 就業接軌：

1). 擴大辦理「產業學院」契合式人才培育專班，以合作廠商「準員工」需求，培育專班學生完成就業準備，畢業後獲合作廠商留用。

2). 建立從國中到高中職到大專校院之學生生（職）涯歷程檔案及銜接機制，引導學生適性升學、就業及生涯發展。

3). 跨部會合作，建立畢業生就業轉銜、追蹤調查及輔導機制。

(8). 創新創業：透過教育部六個區域產學合作中心結合區域內典範科技大學能量，推動校園創新創業文化，協助區域內學校研發成果衍生新創事業及國際發明展得獎作品商品化，媒合區域產業所需就業人力，促進區域經濟發展。

(9). 證能合一：完成具法規效用及產企業認可之專業證照盤點作業，鼓勵學生取得，提升學生就業能力。

## (三)、第三期技職教育再造計畫 [91、92] (107-111年)

　　行政院編列技職再造三期經費，針對5+2創新產業技術人才推動「優化技職校院實作環境計畫」，包含支持技專校院建置95處類產業實習場域。經費來自於前瞻基礎建設計畫80億，技專校院共補助50億255案、技術型高中則補助30億元928案，從106年9月起至110年8月分三期投資23.85億、28.221億、27.929億。5+2創新產包括農業（含生技、新農業）、食品（含食安、餐飲）、機械（含智慧機械、國防航太、軌道建設）、電子電機（含循環經濟、綠能科技）等11項領域，由學校與在地產業合作，建立緊密技職教育培育體系。

　　民國107年啟動「第三期技職再造計畫」，每年投入至少40億元，5年超過200億元改造技職體系，使技職學生都有動手做能力。將在全國22縣市設置至少有一所高中職「創客實驗室」，並擴大業界、高職及科大三方合作的「產學攜手計畫」，讓學生讀高職時在合作企業實習，畢業後直接被聘為員工，並以半工半讀方式由企業派至合作的科大進修，完成「3＋4」學業。未來將更落實高職與科技大學「3+4」的產學合作模式，讓更多弱勢生可以兼顧課業與生活。

　　另外，教育部協助更多技職體系的老師到國外實習，第一批有20位高職老師及20位科大老師到德國進修。配合「行政院生產力4.0發展方案」，教育部規劃「高中職生產力4.0實務致用特色課程」及「技專校院生產力4.0人才培育」等政策，並提出從2018年起展開的技職教育第三期再造計畫，期盼培養出具備就業力、創新力與全球移動力的技職生。

---

[91] 臺灣第一個技職平臺（2018）：技職再造三期編列80億培育5＋2創新產業人才，技職3.0 Craftsmanship Insights/，黃偉翔報導。資料來源：https://www.tvet3.info/20180208/。

[92] 中國時報（2015）：技職3.0再造 5年投入200億，2015/11/27，林志成報導。資料來源：https://www.chinatimes.com/newspapers/。

## 第七節　振興經濟擴大公共建設投資計畫－教育設施部分 [93]
　　　　（民國98-101年）

　　2008年美國金融風暴引發全球信貸緊縮，世界各國均推出鉅額公共投資計畫，我國亦採四年擴大公共建設投資的振興經濟新方案，政策主軸推動「愛臺12建設」。行政院第3131次院會通過「振興經濟擴大公共建設投資計畫」，審定共計6大目標、20大重點投資建設、64項執行計畫。立法院於98年1月13日第7屆第2會期第17次會議通過「振興經濟擴大公共建設特別條例」， 總統業於98年1月23日公佈施行，四年總經費5,000億元。98年編列特別預算1,506.64億元。此計畫除了振興經濟擴大公共建設投資計畫的執行，使得產業得以持續發展外，教育部5項計畫，涵蓋教育設施部分、教育設施的興革，總經費841.577億元，包括老舊校舍整建、培育優質人才、助學貸款、安定就學等，使校園環境與教學設備、學生學習環境與就學安全、畢業生出路等皆有顯著提升。

　　教育部特別預算對「老舊校舍補強整建」工作項目，完成高中職及國中小老舊校舍之拆除重建及補強，並包括校園環境與教學設備，將有關能對於學生學習環境提升（如班班有電腦與冷氣、圖書館環境優化），另從中提列預算10億元做為運動設施改善費用，作為學生之運動安全及增加運動場之設施。在「老舊校舍補強整建計畫」項目98年編列共計151億7,200萬元（規劃4年度內共花費398億元）。其他如「就學安全網計畫」項下37億7,800萬元、「提供中小學優質化均等教育環境計畫」項下71億元、及「促進大專以上畢業生就業計畫」項下204億元，以上各計畫預算合計464億5,000萬元。

　　教育部中部辦公室（現今為國民教育署）依「振興經濟擴大公共建設投資計畫」規劃如下有關工作計畫名稱與子計畫名稱說明如下，並臚列計畫補助執行情形、計畫成果簡要說明。

---

[93] 中華民國總統府（2022）：98年度中央政府振興經濟擴大公共建設 特別預算案審查報告（修正本）．來源：https://www.president.gov.tw/Portals/0/Bulletins/paper/pdf/6861-1.pdf

# 一、加速高中職老舊校舍及相關設備補強整建計畫

## （一）加速高中職改善無障礙設施計畫 [94]

1. 計畫補助執行情形：

   (1). 補助598校次：98年度368校次、99年度230校次。

   (2). 補助6億元金額：98年度4意4,300萬元、99年度1億5,700萬元。

2. 計畫成果簡要說明：

   (1). 緣起：依內政部96年7月11日修正通過之身心障礙者權益保障法及97年新修正建築物無障礙設施設計規範等規定，各國私立高級中等學校亟需建構合規範之無障礙設施，打造最少限制物理環境，俾利行動不便教職員工生進出及使用，是政府人文關懷及對弱勢扶助政策的體現。故無障礙校園環境改善，有其特殊性、迫切性與必要性。

   (2). 執行成果：98年至99年度已補助598校次，依內政部新修正「建築物無障礙設施設計規範」，規劃辦理亟須改善的無障礙設施，如：1.無障礙通路(室外通路、室內通路走廊、出入口、坡道、扶手等)、2.樓梯（扶手與欄杆、警示設施等）、3.廁所盥洗室、4.浴室、5.輪椅觀眾席位、6.停車空間、7.無障礙電梯、昇降設備等，以符合行動不便教職員工生實際需求。各校竭盡心力，透過規劃、設計、依法採購與施作，且各校優先進用本國勞工，扶植國內產業，並具擴大內需、振興經濟，厚植國家競爭力實益。

---

[94] 教育部中部辦公室（2012）：振興經濟擴大公共建設投資計畫(四年五千億計畫)-教育部中部辦公室經辦項目執行成果彙編98-100，2012年11月出版，臺中市。

（二）未設特教學校縣市特殊教育措施[95]

1. 計畫補助執行情形：

（1）. 補助13校次：98年度3校次、99年度5校次、100年度5校次。

（2）. 補助9億多元金額：98年度980萬元、99年度2億6,150萬3,662元、100年度6億4,792萬695元。

2. 計畫成果簡要說明：

（1）. 緣起：多位立法委員及縣市政府自96年起屢次關心未設特殊教育學校縣市應設校（班）及國立特教學校應增設國中部及國小部特殊教育班，以滿足重度、極重度身心障礙學生就近入學，接受適性教育之需求。本部爰於96年4月19日邀集民間團體及相關單位召開會議研議並獲致共識略以，應以社區化就近、適性安置為原則，並增設特殊教育學校（班）。

（2）. 執行成果：目前未設特教學校縣市中，新竹縣市、屏東縣及臺東縣均已成立國立特殊教育學校籌備處並定於100學年度起開始招生。新竹特殊教育學校新建工程於99年10月29日開工，第一階段工期預訂於100年6月19日竣工，第二階段工期預訂於100年10月30日竣工；屏東特殊教育學校新建工程於99年11月4日開工，預訂於100年7月31日竣工。另增設特教設施方面，國立澎湖高級海事水產職業學校特教教學大樓新建工程預訂於100年7月31日竣工；國立臺中啟明學校綜合大樓興建工程預訂100年12月竣工。

（三）國立高級中等學校老舊校舍改建工程[96]

1. 計畫補助執行情形：

（1）. 計畫補助棟數：在98-100年完成國立中等學校老舊危險校舍拆除整建計畫。

---

95 教育部中部辦公室（2012）：前引書。

96 教育部中部辦公室（2012）：前引書。

1). 98年度：核定補助39校拆除75棟整建成40棟

2). 99年度：核定補助18校拆除62棟整建成19棟

3). 100年度：核定補助5校拆除7棟整建成5棟

(2). 補助金額：98-100年經費為60.28億元整。

1). 98年度：38.22億元整。

2). 99年度：18.13億元整。

3). 100年度：3.91億元整。

2. 計畫成果簡要說明：

鑒於臺灣位處地震帶上，每遇地震常造成重大傷亡，為確保高中職校師生安全，並配合振興經濟景氣之政策，教育部擬具「振興經濟新方案　擴大公共建設投資　加速高中職老舊校舍及相關設備補強整建計畫」。

(1). 核定對象之選擇條件

希冀藉由本計畫有效改善全國老舊校舍之拆除整建，給予師生有安全無虞之學習環境，並有效提升學校教學品質，並作為緊急時之避難場所。有關整建工程核定對象之選擇條件如下：

1). 已依規定完成建物耐震力詳細評估，結果須整建者

2). 詳評結果雖可補強，惟經費不符合經濟效益，或建物老舊維修不易，已使用年限者

3).依「國立高級中等學校老舊校舍拆除、補強及改建工程編列概算先期作業計畫訪視小組」教育部中部辦公室訪視結果，併案考量學校整體規劃之需求，建議整建者。

(2). 學校申請條件(補助學校準則)

依序補助國立高級中等學校辦理校舍「改建工程」，申請條件及辦理方式如下：

1). 初步評估：推動高中職校委託建築師公會或相關專業(土木、結構等)技師公會、專業機構或學術團體針對校內建物辦理初步評估。當初評分數顯示建物安全有疑慮或確有疑慮者，進入詳細評估階段。

2). 詳細評估：建築師公會或相關專業(土木、結構等)技師公會專業機構或學術團體針對校內建物辦理初步評估，以確定校舍耐震能力足夠與否。

3). 拆除重建工程：

① 依詳細評估結果，認為應進行「拆除改建」者。

② 鑑定結果雖可補強但不符經濟效益者。

③ 本室「國立高級中等學校老舊校舍拆除、補強及改建工程編列概算先期作業計畫訪視小組」訪視結果，併案考量學校整體規劃之需求，建議拆除改建者。

(3). 經費分配原則

經審查會議確定改建工程後，由本部建置，學校查填之「耐震能力評估及補強方案」網路填報平臺核對擬拆除改建建物之總樓地板面積、併案考量每生使用教學面積及少子化等因素，依下列原則核給樓地板面積，並據以推算各案補助經費。

(4). 核定程序

本部推動高中職舊校舍改建計畫，係以「建築物耐震能力評估及補強方案」之詳評結果為主要依據，再分北、中、南、東4區由專門委員帶隊，邀請專業人員會同行政人員辦理實地勘查，並召開審查會議後核定改建之。

(5). 補助學校名單

因尚有數百棟建物未辦理詳評，加以考量個案改建工程是否能立即進行之相關因素(例如建物是否完成報廢？有無需補照之情形?及土地所有權等因素)，本部採分批核定方式辦理，能立即執行之案件優先核定後立即辦理。第1批針對97年第3季以前完成詳評之建物經前述核定程序核定18校改建21棟新建物。

（四）高中職專科教室、科學實驗室及圖儀設備（施）改善[97]

1. 計畫補助執行情形：

(1). 計畫緣起：為配合新課綱之實施，充實國立高職教學設備，教育部於擴大公共建設投資計畫，訂定「高中職專科教室、科學實驗室及圖儀設備」子計畫。

(2). 計畫補助金額：行政院經濟設委員會編列之振興經濟新方案　擴大公共建設投資特別預算投入經費，98年經費10億元整。

2. 計畫成果簡要說明：

「高中職專科教室、科學實驗室及圖儀設備改善」計畫中，將10億元整經費分為：基本需求補助(約9億元)及整體性需求補助(約1億元整)，其中基本需求補助部分，國立高中職及特教學校所定額度，各校提出具體執行計畫，教育部再於額度內核實撥給；整體性需求補助部分，由普通高中針對校內整體性需求，提出競爭性計畫，教育部審核通過後予以助。

教育部所屬國立高中職在精省後，雖經95、96兩個年度由教育部籌措經費6.6億餘元整，補助各國立高中職充實95暫網所需之設備。為配合99(新)課綱之實施，俾國立高中職學校在國家總體經濟建設成長的進程中，能扮演培育戰家經建人才的重要搖籃。

(1). 學校申請條件(補助學校的準則)

1). 考量「加速高中職老舊校舍及相關設備補強整建計畫」中另有「加速充實實習教學設備實施方案之子計畫，該子計畫補助對象為各高職及高中附設職業類科學校，因此本子計畫以補助普通高中為主。

2). 訂定各校基本補助額度，並參採各校之班級數等加權計分後匡列各校之總額度。學校再於額度內擬定細部執行計畫報部核定，各校於教育部核定計畫後執行採購事宜。

3). 另預留約2億元辦理競爭性需求審查，以符合個別學校之特殊需求。

---

[97] 教育部中部辦公室（2012）：前引書。

(2). 相關經費分配原則

1). 補助內容：補助項目為「專科教室及科學實驗室設備(施)(設有數理、語文資優班及音樂、美術、舞蹈等特殊才能者予以加權補助)及圖儀設備(施)

2). 補助原則：高中部分應依據新課綱設備標準，高職部分則應依據99課綱設備標準，優先充實相關教學設備及資源；補助對象分為國立高中、高職、設普通科之高職及特教學校、特教學校4類，其補助標準分別說明如下：

① 高中：參照普通級中學設備標準，將各校之班級數分為24班以下，25至36班，37至48班，49至60班，60班以上等5個等級，訂定基本補助額度。另依各校辦理數理、語文資優班及音樂、美術、舞蹈等特殊才能班之班級數訂定加權補助額度。依基本補助額度與加權補助額度所定之金額合計則為各校「專科教室及科學實驗室設備(施)補助」之補助金額。

② 高職：依據學校班級數之級距訂定基本補助額度，匡定各校補助金額。

③ 特教學校：依據學校班級數之級距訂定基本補助額度，匡定各校補助金額。

④ 設有並通科之高職及特教學校：依班級酌定加權補助額度。

(A). 另保留2億元額度似各國立高中提報整體性需求計畫，稚內容不得兩「專科教室及科學實驗室設備(施)補助」及圖儀設備(施)相重，俟教育部審查後，依各校需求匡定補助金額。

(B). 各校依據本部匡定之補助額度擬定；具體執行計畫，需詳列各預計採購項門品名、單價及數量。

(3). 核定程序：學校應召開校內各處室會議，依據本部匡列額度討論並訂定細部執行計畫後報教育部核定。

(4). 補助學校名單：補助學校包含各國立高中、高職及特教學校，在各國立高級中等學校原有設備基礎上繼續充實科學實驗室、語文專科教室及圖書等相關教學設備及資源，除達雨露均霑、加權計分之理想外，亦重點提供各國立高中提報整體性特別需求計畫之機會，兼顧公平競爭之理念。

（五）加速高中職老舊校舍詳評及補強工程[98]

1. 計畫補助執行情形：

    (1). 計畫補助棟數：本計畫目標預計在98-100年完成900棟高中職校舍詳評、515棟高中職校舍補強。

    1). 98年度：核定補助921棟校舍詳評、708棟校舍補強
    2). 99年度：核定補助68棟校舍詳評、159棟校舍補強
    3). 100年度：核定補助33棟校舍詳評、21棟校舍補強

    (2). 補助金額：98-100年經費為59.42億元整。

    1). 98年度：核撥30億8,924萬2,077元整。
    2). 99年度：核撥17億9,425萬7,113元整。

2. 計畫成果簡要說明：

    (1). 臺灣位於全球地震活動最為激烈頻繁的環太平洋地震帶上，隨時受到地震災害的威脅。921地震後本部除了加強主管之國私立高中職（含特教學校）學校防震教育的推動外，自94年度起即依據民國89年行政院內政部核定「建築物實施耐震能力評估及補強方案(核定本)」辦理民國86年以前興建之校舍進行耐震能力初評、詳評及補強，並依據上述規定，要求學校耐震能力評估及補強應由專業單位辦理，包括建築師公會、相關專業技師公會、專業機構或學術團體等。依據初評結果，優先對危險度較高之建築物補助經費辦理詳評作業，並依據詳評結果核定辦理補強工程。

    (2). 自98年迄今，教育部及直轄市、縣(市)政府等已推動98至100年度「振興經濟擴大公共建設投資　加速國中小老舊校舍及相關設備補強整建計畫」及「加速高中職老舊校舍及相關設備補強整建計畫」。97年度補助各「國立高職實施校務基金推動校務發展及老舊危險建物汰建工程」經費90,277千元。98年度各國立高級中等學校辦理老舊危險建物耐震評估、補強與整建312,720千元，國立高中職老舊危險建物汰建暨教育資源新建工程482,949千元。[99]

---

[98] 教育部中部辦公室（2012）：前引書。

[99] 教育部會計處，（2022）。首頁/財務公告事項/本部/預算/單位預算。
網站：https://depart.moe.edu.tw/

(3). 本計畫98-100年共編列經費59.42億元，預計完成900棟高中職校舍耐震力詳評，已核定補助1022棟校舍辦理詳評，已完成987棟校舍詳評，超出預計目標達87棟校舍；預計完成515棟高中職校舍補強工作，已核定補助888棟校舍辦理補強，已通過補強設計技術審查845棟（含審查通過不需補強155棟），已完成工程發包688棟，已竣工612棟，超出預計目標達173棟校舍。

(4). 本計畫將使耐震能力不符合規範之校舍能獲得有效之補強，提升耐震能力，以確保學校全體師生安全。

## （六）加速充實實習教學設備實施方案計畫[100]

1. 計畫補助執行情形：

(1). 計畫補助：98年度核定補助包含臺灣省、新北市、澎湖縣與金門縣之各國立高中職123校，98年度核撥30億8,924萬2,077元整。

(2). 補助金額：98年度針對高工類科(技術高中)學校臚列22校，31個計畫補助案，核定總經費11億521萬6,000元。

2. 計畫成果簡要說明：

(1). 宜蘭羅東高工東部地區電動載具設計與維護人才特色教室教學設備新增案核定總經費350萬元。

(2). 花蓮高工石材資源加值與再利用之產業教學特色發展計畫核定總經費500 萬元、花蓮高工東區光纖技術實驗室核定總經費383萬6千元、花蓮高工花蓮地區石材廢料再利用與再生綠建材之專題教學研究與實驗計畫核定總經費400萬元。

(3). 南投水里商工水里地區梅子產業融入餐飲實務計畫核定總經費79萬6千元。

(4). 南投埔里高工植物、花卉精油萃取技術核定總經費174萬2千元。

(5). 屏東內埔農工：特殊區域產業教育資源整合暨教學特色發展計畫核定總經費499萬8千元。

---

[100] 教育部中部辦公室（2012）：前引書。

(6). 屏東屏東高工製圖科屋頂防漏水改善工程核定總經費384萬7千
　　元、汽車科大樓隔熱防漏工程核定總經費190萬元、汽車及機車
　　實習工廠增建工程核定總經費24萬元、屏東高工區域技術教學
　　中心設備核定總經費696萬5千元、屏東高工區域產業教學特
　　色發展設備核定總經費492萬元。

(7). 苗栗大湖農工草莓加工實習特色發展核定總經費140萬元。

(8). 苗栗苗栗農工推展苗栗地區產業特色-製茶人才培育計畫核定總
　　經費557萬元。

(9). 桃園桃園農工重機械操作核定總經費489萬5千元。

(10). 桃園龍潭農工培養學生為大臺北地區之景觀工程之先進工作人
　　員計畫核定總經費387萬5千元。

(11). 高雄岡山農工區域產業教學特色發展設備－太陽能產業教學特
　　色發展計畫核定總經費480萬元。

(12). 雲林西螺農工食品加工科核定總經費300萬元。

(13). 新北市三重商工區域產業教學特色發展設備核定總經費450萬元。

(14). 新北市海山高工機器腳踏車技術北區研習中心核定總經費500萬
　　元。

(15). 嘉義高工冷凍空調區域產業教學特色發展設備核定總經費300萬
　　元、嘉義高工數控機械教育訓練中心核定總經費440萬元。

(16). 彰化秀水高工區域產業技職創意教學特色發展計畫核定總經費
　　500萬元。

(17). 彰化員林農工農園藝及藥植物標本體驗園核定總經費570萬2千
　　元。

(18). 彰化彰師附工區域產業教學特色發展設備類-鑄造機模稀有類科
　　之浴火與重生核定總經費394萬2千元。

(19). 臺中沙鹿高工區域產業教學特色發展設備計畫核定總經費240萬
　　元。

(20). 臺中東勢高工東勢木作產業資源中心發展計畫核定總經費445萬

元、臺中東勢高工水力發電實境模擬設施建置計畫核定總經費360萬元。

(21). 臺南玉井工商化工科提升芒果烘焙、咖啡烘焙教學計畫核定總經費193萬8千元。

(22). 臺南高工板金科成立機械板金教育訓練中心計畫核定總經費300萬元、臺南高工精密鑄造藝術教學推廣中心核定總經費300萬元。

## （七）改善國立高中職（含特殊學校）校園安全衛生、體育運動設施及電力安全[101]

1. 計畫補助項目：分為節能、安全、衛生、健康等4類。

   （1）改善省電設備及節水系統等

   （2）改善電力安全設施等

   （3）改善廁所及飲水設備等

   （4）改善老舊體育設施。

2. 施作項目：非標案財務採購項目158項，工程標案發包項460項，總計618項目，含括改善體育運動設施及飲水衛生等項，其撥付分類經費及主要施作內容：

   （1）節能類：省水省電器材94校次；電力監控28校次

   （2）安全類：電力安全28校次；排水系統30校次

   （3）衛生類：廁所56校次；飲水設備33校次

   （4）健康類：運動場整建45校次；球場82校次；游泳池26校次

3. 計畫補助執行情形：

   (1). 計畫補助校數：補助國立高中職(含特殊教育學校)預計180所學校。

   1). 98年度：核定補助139校次

   2). 99年度：核定補助11校次(泳起來專案)

---

[101] 教育部中部辦公室（2012）：前引書。

(2). 補助金額：辦理期程為98年3月至100年12月，編列經費為14.6億元。

　　1). 98年度：5.85億元整。

　　2). 99年度：9千936萬元整。

4. 計畫成果簡要說明：

(1). 更換省水省電器材94校次，換裝傳統式燈具及高耗電燈具為T5及LED燈具，提高用電效能，提供舒適明亮的教學環境，達到校園節能減碳之目的

(2). 新設電力監控28校次，加強校園用電管理，有效控制用電需求，提升用電效率。

(3). 整建廁所55校次，改善師生衛生條件及使用廁所的舒適度，提升學校整體環境品質。

(4). 改善飲水設備33校次，改善飲水設備系統，提供安全衛生飲用水，確保師生身心健康。

5. 執行效益：

(1). 落實行政院節能減碳政策，減少學校水電費用支出，以挹注教學設備及教學活動之改善。

(2). 改善校園照明設備、學校體育設施，減少運動傷害及意外之發生。

(3). 有效改善飲水系統之安全衛生，確保學校飲用水安全。

(4). 整建老舊廁所，改善校園環境，提升學習品質。

(5). 提升電力配置及控制設備之效能，確保學校用電安全

## （八）國立高中職老舊校舍報廢拆除計畫 [102]

1. 計畫補助執行情形：

(1). 補助校數：

1). 98年度：核定補助65校次

---

[102] 教育部中部辦公室（2012）：前引書。

2). 99年度：核定補助39校次

(2). 補助金額：

1). 98年度：核撥4,908萬6,630元整。

2). 99年度：核撥2,089萬4,025元整。

2. 計畫成果簡要說明：

(1). 依行政院訂頒「財物標準分類」，建物依其建築構造與建築材料，皆訂有一定使用年限。早期興建建物，或因興建時設計使用空間狹小，部分老舊建物長久閒置無法使用。

(2). 為全面解決學校潛藏之建物安全問題，並賦予學校師生更為寬廣之活動範圍，據以全面重新整理及佈置校園，增加綠美化的空間。

(3). 具體的執行成果，98、99年共核定補助國立和美實驗學校等104校次、拆除總樓地板面積93,742平方公尺、回復綠地美化面積65,329平方公尺，解決校園老舊潛在危機，並解決長期以來閒置而無法使用建物，並配合各校提報之改建、重建計畫及整體校園規劃，執行老舊校舍之拆除作業，全面重新整理及佈置校園，增加綠美化的空間並提供學校師生安全無虞之優質學習環境。

(4). 106-108年度校舍耐震能力改善經費中，在公立國中小校舍耐震力及設施設備改善計畫另外臚列高中資本門5.37億。[103]

## （九）國立高級中等學校補照 [104]

1. 計畫補助執行情形：

(1).補助校數(人次)：

1). 98年度：17校

2). 99年度：12校

---

[103] 教育部（2019）。公立高級中等以下學校校舍耐震能力改善計畫(109-111年)，108年4月。

[104] 教育部中部辦公室（2012）：前引書。

(2). 補助金額：

1). 98年度：核撥8,000萬元整。

2). 99年度：核撥1億元整。

2. 計畫成果簡要說明：

(1). 為落實建築法及國有公用財產管理手冊第28、29點規定，建物所有權之登記，應依土地登記規則有關規定辦理建物所有權第1次登記。本項計畫之執行可解決少數學校之建築改良物未依法登記之困擾，有助於儘早完成國立高級中等學校校產的合法性，並建構校園法治之觀念。

(2). 98年度補助臺中高工等17校，均已完成發包，臺中高工、羅東高商、苗栗農工、東石高中、海山高工、武陵高中、嘉義高中、苗栗高商、新營高中、嘉義家職、桃園高中、臺中高農及華南高商等13校業已完成補照計畫，順利取得使用執照或完成第1次所有權登記。

(3). 99年度補照三重商工等12校，均已完成發包，臺中家商業已完成補照計畫。

## 二、建置中小學優質化均等數位教育環境計畫[105]

1. 計畫補助執行情形：

(1). 補助校數(人次)：

1). 98年度：513校

2). 99年度：0

(2). 補助金額：

1). 98年度：28億元整。

2). 99年度：0

---

[105] 教育部中部辦公室（2012）：前引書。

2. 計畫成果簡要說明：

    (1). 資訊科技教育的首要目標是培養學生善用資訊科技解決學習及日常生活問題的能力，以因應在資訊化的社會的學習、生活與職場的需求，以及實踐終生學習。故首要策略是增進學生於學習及生活中運用資訊科技的機會，以促使學生運用資訊科技解決實際的問題；並落實資訊科技課程與教學，以確保學生具備資訊科技基本的知能；最後，則是資訊科技教師專業知能的提升，以增進資訊科技教學的品質。

    (2). 為落實各校優質化數位教育環境，本項子計劃為高中職資訊設備E化，98年度特別預算完成全國高級中等學校817間電腦教室更新、完成建置19,932班，班級教室e化設備及完成建置61校多媒體互動教師學習中心。

    (3). 本計畫實際執行經費為27億8,408萬8,000元，有效執行率99.34%。

    (4). 針對本計畫國立高職資訊設備E化統計80校數(15%)、實際執行經費為5億6,668萬元(21%)；私立高職資訊設備E化統計50校數(10%)、實際執行經費為3億1,517萬元(11%)。

### 三、就學安全網計畫-家庭遭遇困境之高級中等學校學生就學安全措施[106]

### （一）失業家庭子女就學費用補助計畫

1.補助執行情形：

    (1). 補助校數(人次)：

    1). 98年度：2,274人次

    2). 99年度：374人次

    (2). 補助金額：

    1). 98年度：1,210萬4千元整。

    2). 99年度：186萬8千元整。

---

[106] 教育部中部辦公室（2012）：前引書。

2. 計畫成果簡要說明：

    (1). 98年度為協助非自願性失業人士子女減輕其就學經濟負擔，本部辦理高中職校失業家庭子女補助，以補助其就學費用。

    (2). 補助對象係針對失業1個月以上未逾6個月之非自願性失業家庭子女，高中職公立學校學生每學期補助4,000元，私立學校學生8,000元。

    (3). 98年度該項助學措施，補助經費共計新臺幣1,210萬4,000元，受惠學生2,274人次；99年度補助經費計新臺幣186萬8,000元，受惠學生374人次。

    (4). 99年度申請高中職校失業家庭子女補助之學生人數已逐漸趨緩，本計劃推動期程亦至99年度止。檢視其成果，確實達成本補助因應失業潮特別規劃之就學補助，並符應其計畫之成效目標。

## （二）緊急紓困助學金計畫

1. 補助執行情形：

    (1). 補助校數(人次)：

    1). 98年度：全國高中職4,782人次

    2). 99年度：全國高中職4,766人次

    (2). 補助金額：

    1). 98年度：2.5億元整。

    2). 99年度：1.8億元整。

2. 計畫成果簡要說明：

    (1). 緊急紓困助學金針對於新貧、近貧或家庭發生急難之學生，由高中職學校依學生困難實際狀況給予以生活補助每1個案給予1至3萬元之補助金，協助學生順利就學，家庭發生急難之學生，各校得依本部學產基金設置急難慰問金實施要點之規定申請補助。

    (2). 秉持「體貼關懷、及時協助、資源整合、擴大照顧」理念，協助經濟弱勢者維持生計，落實政府照顧弱勢目標。提升資源可近性

與可及性外，擴大照顧弱勢對象，對於生活陷入緊急危難之非低收入戶提供急難救助金，使其及時、立即感受政府關懷。

### （三）工讀助學金

1.補助執行情形：

　　(1).補助校數(人次)：

　　1). 98年度：全國高中職2,443人次

　　2). 99年度：全國高中職8,083人次

　　(2). 補助金額：

　　1). 98年度：4,300萬元整。

　　2). 99年度：9,000萬元整。

2.計畫成果簡要說明：本計畫針對家庭經濟收入不敷學生就學費用，造成學生非自願性輟（休）學而影響就學權益，教育部為協助非自願性失業人士子女順利就學，減輕其經濟負擔，特於「就學安全網計畫」中採取本項「工讀助學金」配套措施，補助每位學生每月2,000元之工讀經費，由學校優先安排失業者子女於校內工讀，提供其賺取生活費用管道。

### （四）高中職建教合作班學生就學安全措施

1. 私立南強工商等43校：98年度10.61億元整。

2. 私立光隆家商等53校：99年度12.63億元整。

　　(1). 因逢全球經濟不景氣影響，致產業人力培育需求減少，學生無法正常進場實習，且98學年度招生人數亦較為下降，故建教合作班就讀學生數較原估算人數減少，故99年支用經費計新臺幣12億6,346萬6,146元整。

　　(2). 另為落實照顧弱勢學生受教權益，剩餘經費報准支應緊急紓困助學金、國教司國民中小學學生無力繳交代收代辦費、技職司公私立技專院校就學貸款利息、技職司大專院校就學貸款利息，總計新臺幣6億6,953萬3,854元整。

3. 私立光隆家商等48校：100年度2.5億元整。

## 四、培育優質化人力促進就業計畫-高中職引進科技產業人力服務方案[107]

1. 補助執行情形：

    (1).補助人次：

    1). 98年度：累計進用1,509人次

    2). 99年度：累計進用1,816人次

    (2). 補助金額：

    1). 98年度：4億8,103萬1千元整。

    2). 99年度：1億5,526萬4千元整。

2. 計畫成果簡要說明：

    (1). 為紓緩科技相關產業閒置人力失業問題，短期間，由政府提供1520個就業機會，協助失業之科技人才儘速就業。

    (2). 本計畫補助地方政府暨國私立高中職學校聘任碩士以上具有科技特殊專長、資訊教育、相關高科技及文化創意(包括人文、藝術、音樂及美學等方面) 產業之人才，藉以深化高中職學習潛能及職場導向之實務教學，並活絡產學合作之人才流通；

    (3). 本計畫在功能上可維持該等人員的就業能力，亦可強化整體實務人才培育機制。

    (4). 本方案進用人次累計進用達1,816人，媒合率達119.47%。

---

[107] 教育部中部辦公室（2012）：前引書。

## 第八節　職業教育中程發展計畫 [108]（民國107年至110年度）

### 一、緣起與法令依據

#### (一)、緣起

　　「職業教育」乃指高級中等以下學校推動職業試探教育、職業準備教育、職業繼續教育等技職教育相關事務。十二年國民基本教育自103學年度開始推動，十二年國教課程綱要總綱亦於103年11月公布，技術型高級中等學校專業群科領綱亦已完成審議，為落實新課綱的理念與願景，配合當前其他職業教育相關政策的推動，教育部國教署乃規劃「職業教育中程發展計畫」，作為107年至110年學年度的施政依據。

　　職業教育中程發展計畫之規劃，以適性揚才、務實致用的技術型高中課程綱要規劃理念為基礎，進一步將職業教育中程發展計畫的人才培育理念，以「成就每個孩子—讓天賦自由發展」為最高指導原則，並承續統合各項政策及計畫。

#### (二)、法令依據

　　「職業教育中程發展計畫」於107年9月17日函頒。此計畫含「技術及職業教育法」、「技術及職業教育政策綱領」、「前瞻基礎建設—人才培育促進就業之建設優化技職校院實作環境計畫」、「轉型與突破—教育部人才培育白皮書」、「十二年國民基本教育課程綱要總綱」等。

---

[108] 教育部國民及學前教育署（2022k）：職業教育中程發展計畫-107年至110年度，民國107年9月 資料來源：https://www.hpsh.tn.edu.tw/ischool/

## 二、實施內容與執行成果 [109]

「配合重要計畫「職業教育中程發展計畫」項目，針對高職實施內容包括：

（一）、引進業界專家協同教學銜接教室與職場，並鼓勵赴業界研習提升教師實務教學能力；

（二）、推動就業導向專班提升就業能力，

（三）、加強學生校外實習結合理論與實務。

故針對高職辦理109學年度相關策略成果之執行情形為：

（一）、教師赴公民營機構研習服務，辦理271梯次，共6,718名教師參與研習。另業師協同教學，補助181校933位業師。

（二）、就業導向課程專班共辦理156班，培育3,824人。

（三）、產業特殊需求類科班之受益學生人數達2萬9,207人，另補助學生3,793人次至業界實習，10萬5,688人次赴實常體驗。

## 三、計畫目標 [110]

### （一）、五大面向、十項策略與其願景

職業教育中程發展計畫係從「入學與輔導面向」、「設備與環境面向」、「課 程與教學面向」、「實習與產學面向」、「國際與族群面向」等五大面向，擬定十項策略，落實十二年國教技術型高中群科課程綱要以「學生主體」、「適性揚才」、「務實致用」及「終身學習」之理念，透過產、官、學、研通力合作，縮短學用落差，培育產 企業所需之優質基層人才，達成本計畫「跨域培力、多元展能」之願景。

---

[109] 教育部國民及學前教育署（2022a）：首頁/政府資訊公開/預算決算，網站：https://www.k12ea.gov.tw/

[110] 教育部國民及學前教育署（2022k）：前引書。

## (二)、經費來源

本計畫的實施期間自107至110學年度（107年8月1日至111年7月31日）為止，為期4年整，並逐年檢討實施。本計畫各項目所需經費參照年度預算同性質 項目經費支用標準編列，由教育部國民及學前教育署視年度狀況逐年編列年度 經費預算支應，4年總計預估需新臺幣154億2,431萬元。

## (三)、主要推動十大項目與具體作法

### 1. 強化職業試探 ，引導適性發展

1-1 強化國中小職業試探與體驗教育

1-2 加強辦理國中生涯與技藝教育，提供學生適性發展

### 2. 精進招生模式，加強職涯知能

2-1 精進辦理技術型高中多元入學招生模式，落實實務選才。

2-1-1 完備國民中學技藝技能優良學生甄審入學機制。

2-1-2 擴大辦理高級中等學校特色招生專業群科甄選入學。

2-1-3 規劃辦理完全免試招生機制及六年一貫課程與合作策略。

2-1-4 規劃各招生管道以群為單位招生之可行作法，並鼓勵學校試辦。

2-2 強化高級中等 學校辦理學生職 涯輔導機制，協助學生規劃未來(提升學生職業 價值觀)

2-2-1 建置生涯輔導網，研發、蒐集及彙整生涯規劃教學資源、建置生涯規劃學科諮詢輔導機制、充實生涯規劃網站平臺服務。

2-2-2 統籌規劃高級中等學校生涯輔導相關活動與措施，促進高級中等學校學生生涯適性發展。

2-2-3 建置學生學習歷程檔案。

### 3. 優化實作環境 ，深化實作能力

3-1 配合十二年國教課綱，充實並改善教學實習設備設施：111年度教育部國民及學前教育署補助高級中等校充實教學及實習設備計畫-改善實習教學環境及設施、充實一般科目教學設備計畫、專

業群科有關「工具機產業人才培育暨振興計畫」設備財產移撥作業流程等。修正「教育部國民及學前教育署補助高級中等學校充實一般科目教學設備要點」，名稱並修正為「教育部國民及學前教育署補助高級中等學校充實教學及實習設備要點」。公告日期：2022/01/12。教育部國民及學前教育署 令 (111年1月12日臺教國署高字第1110000422A號)。

3-1-1 建置高級中等學校設備調查系統，健全教學設備維護及管理制度。

3-1-2 盤點十二年國民基本教育課綱實習科目設備需求，確定補助範圍及項目。

3-1-3 研修「補助高級中等學校優化實作環境要點」。

3-1-4 編列補助經費協助學校充實及更新實習教學之設備及設施。

3-1-5 補助校訂務實致用課程(含試辦類產線工廠)所需設備。

3-1-6 鼓勵業界捐贈教學資源。

3-2 精進技術教學中心教學設備，落實務實致用教學

3-2-1 研訂「技術教學中心設置要點」。

3-2-2 精進技術教學中心教學設備，落實技術教學中心教學設備資源共享，提供鄰近學校學生實習實作使用，並提供教師專業技術研習場地。

3-3 擴大發揮群科中心功能

3-3-1 補助群科中心設備，以研發課程教材並推廣優良示例，辦理因應十二年國教課綱之實務教學研習。

3-4 推動學生就業能力加值，提升專業能力

3-4-1 建置實作評量場地，強化並輔導學生實作技能。

3-5 辦理新造實習船相關作業，落實推動航海實務實習

3-5-1 新造海事實務實習船。

3-5-2 擴大辦理海事與水產群學生航海實務實習。

4. 辦理多元競賽 ， 營造創新園地

4-1 辦理專題及創意製作競賽活動，提升創新研發知能。

4-1-1 修訂「全國高級中等學校專業群科專題及創 意製作競賽辦法」。

4-1-2 辦理全國高級中等學校專業群科專題及創意製作競賽與專題成果巡迴展示，提供學生創新發展園地並獎勵學生參與。

4-1-3 獎勵專業群科專題暨創意實作競賽入圍決賽之跨群作品。

4-1-4 強化師生創新產品申請國內外發明專利之相關知能。

4-2 促進技藝交流活動，強化產學人才媒合。

4-2-1 補助學生參加國際技藝能競賽及發明展活動。

4-2-2 補助全國高級中等學校技藝競賽金手獎1名學生赴海外研習。

4-2-3 提供產業與優秀技藝競賽選手媒介與溝通的管道，辦理產學人才媒合。

4-2-4 精進全國高級中等學校技藝競賽職業交流網站及資料庫，促進師生技能交流活動。

4-3 建構創新發展園地，激發創意思維。

4-3-1 補助建置各縣市自造者實驗中心，提供學生創新園地。

5. 引導跨域學習，廣化專業

5-1 建構實務導向課程型態能力。

5-1-1 結合高職優質化方案、課程推動工作圈、群科中心學校及前導學校，研議辦理十二年國教課綱宣導及諮詢輔導工作。

5-1-2 研訂課程計畫書撰寫格式，引導學校規劃務實致用之課程計畫。

5-1-3 編製勞動教育教材，鼓勵學校於相關課程中導入「勞動教育」之概念。

5-1-4 鼓勵學校與產業機構合作發展課程。

5-1-5 引導學校開設同群跨科、同校跨群或跨校選修課程，並補助所需費用。

5-1-6 規劃以群為教學單位之課程運作方式，試辦開課實務。

5-2 持續精進教師創新教學模式。

　　5-2-1 補助學校辦理跨專業教師協同教學衍生增加鐘點費。

　　5-2-2 鼓勵學校實施班群適性分及PBL教學設計。

　　5-2-3 落實素養導向教學及評量。

6. 提升職場外語，促進國際移動

6-1 配合十二年國教課綱，強化英語學習環境，提升學生英語文能力。

6-2 建置職場外語環境，促進國際交流。

7. 鏈結學校產學，厚植就業能力

7-1 建置教師與業界互動機制。

　　7-1-1 補助學校配合發展特色及教師教學領域，利用寒暑假、學期中假日或帶職帶薪，以廣度研習、深度研習或深耕研習等模式赴公民營機構研習。

　　7-1-2 鼓勵教師於研習結束後編撰實務教材或開授實務課程。

　　7-1-3 檢討修訂「高級中等學校遴聘業界專家協同 教學實施辦法」及「遴聘業界專家協同教學 作業要點」(於法規中增列職場達人的相關措 施)等相關產學合作育才法規。

　　7-1-4 補助學校推動遴聘業界專家協同教學，推動業界專家協同教學數位化教材建置，分享及推廣職場能力的傳承與引進。

7-2 整合產學教育資源，共同培育產業實務人才。

　　7-2-1 檢視並適時修訂職業繼續教育班、推廣教育 班及員工進修班人才相關法規。

　　7-2-2 持續推動職業繼續教育班、推廣教育班及員工進修班。

7-3 推動補助學生業界實習和職場體驗計畫。

　　7-3-1 補助學校高二以上學生至業界進行一至六週 之實務實習，以增進其職場實務知能。

　　7-3-2 補助學校規劃高一至高三學生至相關產業參訪，實際體驗職場工作環境。

8. 落實就業導向，符應業界需求

8-1 辦理就業導向課程專班。

8-1-1 鼓勵學校與產業機構、訓練機構或大專校院，針對產業機構之需求，共同規劃以實務為導向之校訂課程，開設就業導向課程專班。

8-1-2 導引實用技能學程辦理就業導向課程專班提升就業能力。

8-2 推動產業人才共同培育模式。

8-2-1 配合國家社會經濟建設發展需求與產業趨勢，評估並規劃新設科別及相關配套措施，培育新興產業人力。

8-2-2 補助學校辦理製造業或重點產業類科專班。

8-2-3 強化技術型高中與業界合作資料庫，建置產學資源共享平臺。

9. 推動新民職教，擴展生涯進路

9-1 補助辦理新住民子女職業技能國際產學活動。

9-2 促進與東南亞文化交流。

10. 精實原民技能，促進學生就業

10-1 補助職業學校推展原住民職業教育。

10-2 培植原住民藝術及傳統技藝優秀人才。

## 第九節　前瞻基礎建設計畫-教育建設部分（民國106年至114年）

### 一、緣起 [111]

　　「瞻未來臺灣發展需求，為因應國內外新產業、新技術、新生活關鍵趨勢，規劃自106年9月至114年8月推動「前瞻基礎建設計畫」，內容涵括八大建設主軸：「建構安全便捷之軌道建設、因應氣候變遷之水環境建設、促進環境永續之綠能建設、營造智慧國土之數位建設、加強區域均衡之城鄉建設、因應少子化友善育兒空間建設、食品安全建設，以及人才培育促進就業建設」。透過盤點地方建設需求，優先執行配合區域聯合治理之跨縣市建設，以及過去投入不足、發展相對落後地區之重要基礎設施，藉以促進地方整體發展及區域平衡，提升交通、環境整備、數位、綠能、教育社福等基礎建設水準。

　　「前瞻基礎建設計畫」依106年7月7日總統公布施行之「前瞻基礎建設特別條例」，以及立法院審查結果，編列2階段之4年計畫，期程計8年，經費總額上限8,400億元。該計畫於106至111年分3期投入5,598億元特別預算，第1期（106年9月至107年12月）、第2期（108至109年)及第3期（110至111年)分別編列1,071億元、2,229億元及2,298億元。

### 二、法令依據

◎ 民國106年7月10日行政院核定前瞻基礎建設「校園社區化改造計畫」。

◎ 民國107年09月11日發布「教育部國民及學前教育署補助高級中等學校辦理前瞻基礎建設計畫-數位建設計畫經費要點」。110年1月15日修正，臺教國署高字第1100000524B號令。

---

[111] 中華民國國家發展委員會（2022）：前瞻基礎建設計畫。首頁/主要業務/國土空間規劃與發展/重大公共建設計畫。(資料來源：https://www.ndc.gov.tw)

◎ 民國107年9月17日函頒「職業教育中程發展計畫」。

◎ 民國107年11月30日107年度前瞻基礎建設「校園社區化改造計畫-學校社區共讀站」成果分享會。

◎ 民國107年12月11日107年度前瞻基礎建設「校園社區化改造計畫-高中職青少年樂 活空間」成果分享會。

◎ 民國108年6月21日修正發布「教育部獎勵補助私立高級中等學校經費實施要點」部分規定。

◎ 民國108年8月22日修正發布「教育部國民及學前教育署補助高職優質化輔助方案經費要點」，

◎ 民國108年10月4日教育部國民及學前教育署發布「教育部國民及學前教育署補助高級中等學校充實一般科目教學設備要點」。

◎ 民國108年3月26日修正發布「教育部國民及學前教育署補助高級中等學校提升學生實習實作能力計畫經費作業要點」。

◎ 民國108年4月10日修正發布「教育部國民及學前教育署補助高級中等學校產業特殊需求類科要點」。

◎ 民國109年7月30日修正發布「教育部國民及學前教育署補助高級中等學校產業特殊需求類科要點」。

◎ 民國109年8月28日發布「教育部國民及學前教育署資優教育優質發展中程計畫第二期五年計畫(109學年度至113學年度)」。

◎ 民國109年8月公布「教育部校園社區化改造計畫(110至114年)」。

◎ 民國109年9月2日行政院核定「前瞻基礎建設-城鄉建設-公立高級中等以下學校電力系統改善暨冷氣裝設計畫」。

◎ 民國109年10月21日修正發布「教育部國民及學前教育署補助推動國際教育經費作業要點」。

◎ 民國109年10月23-24日「迎向課程教學革新之教師培力與實踐」學科中心十五週年回顧與前瞻成果展。

◎ 民國110年2月8日修正發布「教育部國民及學前教育署補助改善無障礙校園環境原則」。

◎民國110年11月12日修正發布「公立高級中等以下學校電力系統改善暨冷氣裝設計畫執行作業要點」。

## 三、計畫內容 [112、113]

教育部依據前瞻基礎建設有關教育部分規劃「數位建設」、「優化技職校院實作環境計畫」及「營造休閒運動環境」三部分內容。

(一)、「數位建設」部分：提出5項計畫(約100.2億)，包括(1) 建置校園智慧網路(2) 強化數位教學暨學習資訊應用環境、(3) 高中職學術連網全面優化頻寬等計畫、(4) 建構公教體系綠能雲端資料中心(本部部屬機關構及教育體系中小學機房向上集中)、以及(5) 普及國民寬頻上網環境－公共圖書館作為社區公共資訊站與數位機會中心行動近用計畫。

(二)、「優化技職校院實作環境計畫」部分：教育部二期再造計畫多數經費源自公共建設經費預算支應，且執行期於106年底屆滿，故自106年9月至110年8月4年編列80億元（首期編列23.85億元）經費，以「為學生找到未來、讓工作找到人才」為目標，推動策略如下：

1. 成立產業菁英訓練基地：配合國家重點創新產業，由學校與法人共同合作成立區域性技術訓練基地，提供師資培訓及強化學生專業實作能力，培育專業師級技術人才。

2. 建置類產業環境工廠：以產業實際環境為模組，具體規劃產業環境課程，提供學生實習實作場域，及區域師生技能強化與產業接軌之訓練，培養具就業力之多元人才，以縮短產學落差，降低產業培訓成本。

---

[112] 教育部全球資訊網（2017a）：教育部針對報載有關前瞻計畫部分回應說明，資訊及科技教育司，首頁/訊息公告/即時新聞，106-07-16。(資料來源：https://www.edu.tw)

[113] 教育部全球資訊網（2017b）：前瞻基礎建設－人才培育促進就業之建設優化技職校院實作環境計畫。技術及職業教育司，首頁/訊息公告/即時新聞，106-07-11。(資料來源：https://www.edu.tw/)

3. 建置跨域實作場域：連結產業需求課程與設備，整合跨系、跨院教學資源，落實跨領域或深化技術課程，強化學生實作教育。

4. 充實新課綱所需基礎教學實習設備及設施：因應技術型高中設備基準，逐年補足設有專業群科之高級中等學校所需教學實習設備，並藉由技術型高中實作評量之辦理，盤整並建構所需之設備、設施。

(三)、「營造休閒運動環境」部分：

1. 本計畫為建構優質休閒運動環境及健全職業運動發展環境，改善各類型室內外運動場地、運動場館設施及自行車道，提供便利、可及性高、優質且安全的休閒娛樂空間，吸引民眾直接參與運動或觀賞運動賽事。

2. 計畫期程為106年9月至110年8月，特別預算經費計100億元。第一期（106及107年）編列36億元。

## 四、第1期前瞻基礎建設計畫-技職教育建設部分 [114]

第1期（106年9月至107年12月)編列1,071億元，教育部國民及學前教育署106-107年度歲出預算數4,088,094,000元，執行結果歲出實現數3,834,278,640元，轉下年度保留數231486547元，賸餘數22,328,813元由國庫停止撥付。

### (一)、工作計畫

因「少子化友善育兒空間建設」、「營造休閒運動環境」二部分不屬技術高中(高職) 主要範疇，故依本書工業教育部分之工作計畫敘述分述如下：

1. 「數位建設」：建立數位教學暨學習環境，預算數999,994,000元，歲出實現數987,915,285元，賸餘數12,078,715元。

2. 「城鄉建設」：藉由學校空餘基地或老舊校舍補強、拆除重建。預

---

[114] 教育部國民及學前教育署（2022h）：106-107年度中央政府前瞻基礎建設第一期特別決算審訂本。

算數839,100,000元，歲出實現數830,979,214元，賸餘數8,120,786元。

3.「人才培育促進就業建設」：逐年補足射有專業群科之基礎教學實習設備，並配合實作評量之規劃，於各技術型高中設立評量所需增添之設備。預算數1,079,000,000元，歲出實現數846,684,141元，保留數231,486,547元，賸餘數829,312元。

## (二)、辦理執行情形

1.「數位建設」：建置校園智慧網路計畫已核定補助111校、強化數位教學暨學習資訊應用環境計畫已核定補助196校、高中職學術連網全面優化頻寬提升計畫已核定補助111校。

2.「城鄉建設」：業核定擴建教室共330間教室、建置完成53所社區多元學習中心、完成372校之風雨球場與夜間照明及跑道改善及樂活運動空間之建置、核定補助364校改善校園閱讀空間以塑造更利於社區與學校的閱讀共學空間。

3.「人才培育促進就業建設」：106年10月27日發布「教育部優化技職校院實作環境計畫補助要點」及107年5月18日發布「教育部國民及學前教育署補助高級中等學校優化實作環境要點」。核定補助「充實基礎教學實習設備」239校、核定補助「改善實習教學環境及設施」191校、核定補助「校訂課程所需設備」45校、核定補助「業界捐贈教學設備」13校、核定補助「群科中心設備」13所、核定補助「技術教學中新設備」6校。

## 五、第2期前瞻基礎建設計畫-技職教育建設部分 [115]

第2期（108至109年)編列2,229億元，教育部國民及學前教育署108-109年度歲出預算數6,107,422,000元，執行結果歲出實現數6,021,908,377元，轉下年度保留數37,003,673元，賸餘數48,509,950元由國庫停止撥付。

[115] 教育部國民及學前教育署（2022i）：108-109年度教育部國民及學前教育署中央政府前瞻基礎建設計畫第2期特別決算(院修本。

## （一）、工作計畫

因「少子化友善育兒空間建設」、「營造休閒運動環境」二部分不屬技術高中(高職) 主要範疇，故依本書工業教育部分之工作計畫敘述分述如下：

1. 「數位建設」：建立數位教學暨學習環境，預算數1,378,442,000元，歲出實現數1,367,054,636元，賸餘數11,387,364元。

2. 「城鄉建設」：藉由學校空餘基地或老舊校舍補強、拆除重建。預算數1,234,599,000元，歲出實現數1,195,861,723元，保留數33,452,673元，賸餘數5,284,604元。

3. 「人才培育促進就業建設」：逐年補足射有專業群科之基礎教學實習設備，並配合實作評量之規劃，於各技術型高中設立評量所需增添之設備。預算數2,729,986,000元，歲出實現數2,723,858,006元，賸餘數6,127,994元。

## （二）、辦理執行情形

1. 「數位建設」：建置校園智慧網路計畫已核定補助315所公立高級中學、強化數位教學暨學習資訊應用環境計畫已核定補助高級中等以下833間資訊科技教室、2,623間生活科技教室、54,493間智慧學習教室，並已補助建置100間國中小階段科技中心及建置10所高級中等學校新興科技區域推廣中心。另補助學校辦理推動科技領域課程及各項活動、學術連網全面優化頻寬提升計畫已核定補助315所公立高中職校。

2. 「城鄉建設」：業核定擴建教室共311間教室、累計建置完成104所社區多元學習中心、累計建置316校社區資訊站建置、累計完成700校之風雨球場與夜間照明及跑道改善及樂活運動空間之建置、累計核定補助737校改善校園閱讀空間以塑造更利於社區與學校的閱讀共學空間。

3. 「人才培育促進就業建設」：核定補助「充實基礎教學實習設備」486校次、核定補助「改善實習教學環境及設施」408校次、核定補助「校訂課程所需設備」223校次、核定補助「業界捐贈教學設

備」14校次、核定補助「群科中心設備」12所、核定補助「技術教學中新設備」6校。

## 六、第3期前瞻基礎建設計畫-技職教育建設部分 [116]

第3期（110至111年)編列2,298億元，教育部國民及學前教育署110-111年度歲出預算數26,130,140,000元，截至111年5月31日止分配數為25,196,040,000元。

### (一)、工作計畫

因「少子化友善育兒空間建設」、「營造休閒運動環境」二部分不屬技術高中(高職) 主要範疇，故依本書工業教育部分之工作計畫敘述分述如下：

1. 「數位建設」：數位建設總預算數654,000,000元，基礎建設環境預算數214,500,000元、285,500,000元、數位人才淬煉107,800,000元、46,200,000元。

2. 「城鄉建設」：城鄉建設總預算數23,000,000,000元，公立高級中等以下學校電力系統改善暨冷氣裝設23,000,000,000元。

3. 「人才培育促進就業建設」：人才培育促進就業建設26,230,140,000元。

---

[116] 教育部國民及學前教育署（2022j）：11105_教育部國民及學前教育署中央政府前瞻基礎建設計畫第3期特別預算月報。

## 第十節　原住民與新住民職業教育改進計畫（民國77年迄今）[117]

## 壹、原住民職業教育改進計畫

### 一、緣起[118]

　　自中央政府遷臺以來，政府對於原住民族教育的政策發展歷程，大致可分為4個時期：

1. 山地平地化時期(自臺灣光復至51年)：將日治時代的蕃童教育所改為國民學校，並比照邊疆學生優待。民國38年訂定〈臺灣省教育廳改善山地教育設施三年計畫〉，40年公布實施〈改進山地教育實施方案〉，41年的〈臺灣省各縣加強山地教育行政設施要點〉對山地教育的行政強化、師資補足、學生照顧及設施的充實，都有進展。

2. 融合整體社會時期(52年至76年)：在促使原住民與一般社會融合，仍採平地化目標及保護扶植精神，並加強國家意識，推行國語，傳授技藝等。52年訂定「山地行政改進方案」，69年公布「臺灣省加強山地國民教育辦法」，鼓勵教師任教，學生享有書籍、文具等免費優惠，住校者免住宿費並補助伙食費，增設分班分校等。

3. 開放發展時期(77年至89年)：教育部於77年成立「原住民教育委員會」，以「適應現代生活，維護傳統文化」為目標。82年訂定〈發展與改進原住民教育五年計畫〉，87年繼續推動「發展與改進原住民教育第二期五年計畫」，並納入教育改革行動方案實施，編列專款執行原住民族教育工作。同年，總統公布「原住民族教育法」，奠定法制基礎。

4. 主體發展時期(90年起至今)：89年精省後原臺灣省教育廳的業務由教育部直接處理，持續推動「教育改革行動方案」的「加強原住民學生教育方案」，於94年核定「發展原住民族教育五年中程個案計畫（95－99年）」，為推動原住民族教育之政策主軸。100年教育部與行政院原住

---

[117] 省府教育廳（民88）：《臺灣工業職業教育五十年》，臺中，省政府。

[118] 教育部部史網站（2022a）：101年-110年教育大事紀。資料來源：https://history.moe.gov.tw/

民族委員會共同訂定發布「原住民族教育政策白皮書」及「發展原住民族教育五年中程個案計畫（100－104年）」；104年教育部與原民會會銜發布「發展原住民族教育五年中程計畫（105－109年）」，整併103年會銜發布「原住民族教育人才培育四年計畫」，並於106年配合總統原住民族政策酌修發布前開之5年計畫，俾強化原住民族學生在各級教育的學習競爭力。

另外，教育部依據「原住民族教育法」、「學校型態實驗教育實施條例」、「公立高級中等以下學校辦理部分班級原住民族實驗教育辦法」及「教育部國民及學前教育署補助高級中等學校辦理原住民族實驗教育要點」推動原住民族實驗教育班，以完善原住民族實驗教育之十二年國民基本教育規劃。

## 二、法令依據 [119]

◎ 民國91年4月25日教育部（91）臺技（一）字第91057582號令訂定發布「教育補助技職校院及高級中學辦理原住民教育實施要點」。並自九十一學年度起生效，民國109年11月23日教育部臺教技（一）字第1090159819B號令等歷經八次修正。

◎ 民國103年修正「發展原住民族教育五年中程計畫(100-104年)」。

◎ 民國103年1月8日發布「高級中等學校經濟弱勢學生就學費用補助辦法」。

◎ 民國103年7月1日起辦理「全國高中職學生原住民暑期研習營」，共計3場。

◎ 民國103年7月8日召開103學年度補助推展原住民技能教育計畫藝能班及一般課業輔導鐘點費審查確認會議。

◎ 民國103年8月7日起辦理103年度高級中等學校原住民學生青年領袖營，共計3場。

◎ 民國103年8月9日辦理「103年發展與改進高級中等學校原住民民教學設備成效」訪視，計屏東女中等20校。

---

[119] 教育部部史網站（2020a）：前引書。

◎ 民國104年7月4-7日104年度全國高中職原住民研習營。

◎ 民國104年7月13-14日辦理偏鄉教師暑假教學專業成長研習。

◎ 民國104年4月30日修正發布「教育部國民及學前教育署補助執行外籍及大陸配偶子女教育輔導計畫作業原則」。

◎ 民國104年5月11日發布「教育部國民及學前教育署推動大學協助偏鄉地區國民中小學發展課程及教學作業要點」。

◎ 民國104年12月9日函頒「新住民子女教育發展五年中程計畫第一期五年計畫」。

◎ 民國104年12月31日「發展原住民族教育五年中程計畫（105-109年）」

◎ 民國105年1月24日辦理偏鄉教育創新發展方案期中成果發表會。

◎ 民國106年7月2-5日辦理高級中等學校原住民學生青年領袖培育營。

◎ 民國106年12月6日總統華總一義字第10600147221號令公布「偏遠地區學校教育發展條例」。

◎ 民國108年1月29日訂定發布「教育部補助偏遠地區學校及非山非市學校教育經費作業要點」

◎ 民國108年8月9日修正發布「教育部國民及學前教育署補助高級中等學校設置原住民族藝能班要點」

◎ 民國108年12月26日修正發布「高級中等學校原住民學生助學金補助辦法」

◎ 民國109年6月4日起辦理109年度原住民族教育計畫暨原鄉地區課後輔導相關計畫經費申辦說明會(中區、南區、北區場)。

◎ 民國109年12月17日修正公布「教育部國民及學前教育署補助高級中等學校新住民子女國際交流作業要點」。

◎ 民國110年11月2日修正發布教育部國民及學前教育署補助高級中等以下學校原住民學生助學金及住宿伙食費原則。

◎ 民國110年11月19日修正發布「教育部國民及學前教育署辦理高級中等學校學生學習扶助方案補助要點」。

## 三、原住民職業教育計畫 [120]

1. 民國77年成立「原住民教育委員會」、「原住民職業教育改進計畫」，自78學年度開始辦理發展與改進原住民職業教育改進計畫。民國85學年度教育部技職司針對其中職業教育方面，研訂「發展與改進原住民職業教育五年計畫」。

2. 民國82年度至86年度為止共五年，省府教育廳執行教育部「發展與改進原住民教育五年計畫綱要」。

3. 民國91年4月教育部依據執行原住民族教育法規定及發展原住民族教育五年中程個案計畫，為推展原住民技職教育，特訂定「教育補助技職校院及高級中學辦理原住民教育實施要點」，並自91學年度起生效。

   (1). 補助對象：原住民學生人數一百人以上或占全校學生人數百分之二十以上之職業學校（包括普通型高級中等學校附設專業群科、技術型高級中等學校、綜合型高級中等學校專門學程）。

   (2). 補助項目：有關職業教育部分包括

   1). 配合地區產業特色與專業人才，辦理原住民學生職場培訓及實習。

   2). 辦理各校與職訓中心或事業單位建教合作，加強技能專精訓練，提升學生就業能力，項目包括：

   (A) 與職訓中心或事業單位辦理建教合作計畫。

   (B) 辦理原住民學生技能檢定輔導取得技能證照。

   (C) 辦理原住民學生產業技能培訓，參加技能競賽，提升人力資源素質，藉以擴展就業管道。

   3). 建立與維護原住民民族技職教育網站，連結各技職學校，提供網路學習訊息及查詢各校辦理原住民技職教育成果

   4). 推展各校教育特色，充實其相關教學設備及設施（資本門）。

   (2). 補助基準：有關職業教育部分包括

---

[120] 教育部（2020）：〈教育補助技職校院及高級中學辦理原住民教育實施要點〉。技術及職業教育司，主管法規查詢系統網/法規內容，資料來源：https://edu.law.moe.gov.tw。

１). 一般課業輔導，依學生人數及補助基準原則如下：

① 十四人以下，補助新臺幣二萬元。

② 十五人至二十四人，補助新臺幣四萬五千元。

③ 二十五人至三十九人，補助新臺幣五萬元。

④ 四十人至六十九人，補助新臺幣十五萬元為限。

⑤ 七十人至九十九人，補助新臺幣二十萬元為限。

⑥ 一百人補助新臺幣二十萬元，每增加一百人以內，以增加補助臺幣五萬元為限。

2). 原住民教育班：補助開設原住民教育班開辦費及外聘教師鐘點費；外聘教師鐘點費每節補助新臺幣四百元。

3). 一般教學設備經費：針對原住民學生人數達五十人以上學校，或原住民學生數達學校學生總數三分之一以上學校，補助購置設備，以供不同族群學生使用。

## 四、原住民職業教育執行情形 [121]

原住民職業教育執行主要依據教育部、原住民族委員會合作公布之兩期「發展與改進原住民教育五年計畫(83~92年)、「發展原住民族教育五年中程計畫(95~99年)、(100-104年)、（105-109年）」。在中等教育有關技職內容方面，包括：

(1)、原住民族學生在技職體系之學習，加強原住民族學生專業訓練，鼓勵學生取得證照，預期每年取得各職類合計約2,800張。

(2)、辦理技職學校與職訓中心或事業單位建教合作，加強技能專精訓練，預期每年原住民族學生短期訓練、赴職場培訓及實習人數約有1,200人次。

---

[121] 教育部（2017）：102-110年教育部原住民族教育執行概況報告，教育部原住民族及少數族群教育資訊網，原力網資料來源：https://indigenous.moe.gov.tw/Files/。教育部會計處（2022）。首頁/財務公告事項/本部/預算/單位預算，網站：https://depart.moe.edu.tw/。

(3)、辦理原住民族學生課業及生活輔導，解決原住民族學生在學習與生活等問題，受惠學生每年約9,400人次，進而加強學生學習成效，避免延畢、退學現象增加。

(4)、辦理原住民族學生返鄉社區服務每年10個梯次活動，增進原住民族學生應用專業知識與服務之機會，學習回饋深耕社區並善盡社會責任。

(5)、技職校院辦理邀請原住民傑出人士到校演講或座談，每年辦理5場次，提升原住民學生自信心。

原住民職業教育執行情形說明調列如下：

1. 民國85學年度教育部為執行「偏遠地區職業學校改進計畫」與「發展與改進原住民職業教育五年計畫」，核定補助項目及經費如下：(1)「偏遠地區職業學校改進計畫」：總暨補助新臺幣四、三一五萬五、〇八〇元。(2)「發展與改進原住民職業教育五年計畫」：執行學校增為十八校。

2. 民國86年度起凡就讀臺灣省高中職校之原住民，除規劃原住民國中學生甄審保送高職外，每年均可獲四萬二千元之助學金。委請關山商工等七校成立實務性建教式之實用技能班，以期畢業後可獲得一技之長。自81年以來共增設九所特殊教育學校，期使每縣市至少一所特殊教育學校之目標能早日達成。為安置及教育輕度智障學生，試辦高職設立特殊教育班。照顧貧困私校學生，編列助學金幫助需要協助之學生，每位學生每年一萬元。

3. 民國88學年度教育部為執行「偏遠地區職業學校改進計畫」與「發展與改進原住民職業教育五年計畫」，核定補助項目及經費如下：(1)「偏遠地區職業學校改進計畫」：總暨補助新臺幣四、三一五萬五、〇八〇元。(2)「發展與改進原住民職業教育五年計畫」：執行學校增為十八校。

4. 民國98年度補助臺灣省高級職業學校原住民學生住宿及伙食37,573千元，補助臺北及高雄原住民學生住宿及伙食2,000千元，充實原住民職校教學設備及設施31,300千元。

5. 民國99年度補助臺灣省高級職業學校原住民學生住宿及伙食44,000千元，補助高中職原住民族學生助學金278,020千元，補助高職原

住民族學生學雜費減免103,280千元。

6. 民國100年度補助臺灣省高級職業學校原住民學生住宿及伙食44,000千元。

7. 民國101年度補助臺灣省高級職業學校原住民學生住宿及伙食44,000千元，補助臺北及高雄原住民學生住宿及伙食2,000千元，充實原住民職業學校教學設備與改善措施31,300千元。

8. 民國96-102年教育部與原民會歷年原住民教育預算編列情形表(單位：新臺幣千元)如表3-10-1所示。

9. 民國101學年度補助31所原住民高中、高職重點學校發展及改進原住民教育，補助資本門新臺幣28,759千元，經常門新臺幣36,000千

表3-10-1　民國96-102年教育部與原民會歷年原住民教育預算編列情形

| 年度 | 教育部 | 占原住民教育經費預算 | 原民會 | 占原住民教育經費預算 | 合計 | 原住民教育總經費占中央主管教育機關預算比例 |
|---|---|---|---|---|---|---|
| 96 | 1,642,528 | 59.4% | 1,124,883 | 40.6% | 2,767,411 | 1.87% |
| 97 | 1,768,170 | 60.6% | 1,148,967 | 39.4% | 2,917,137 | 1.91% |
| 98 | 1,920,283 | 63.6% | 1,097,567 | 36.4% | 3,017,850 | 1.79% |
| 99 | 2,207,990 | 66.8% | 1,098,059 | 33.2% | 3,306,049 | 1.98% |
| 100 | 2,509,721 | 68.6% | 1,146,593 | 31.4% | 3,656,314 | 2.05% |
| 101 | 2,590,501 | 69.2% | 1,150,773 | 30.8% | 3,741,274 | 1.94% |
| 102 | 2,590,871 | 67.0% | 1,273,274 | 33.0% | 3,864,145 | 1.95% |
| 103 | 2,618,788 | 67.7% | 1,251,035 | 32.3% | 3,869,823 | 1.87% |
| 104 | 2,885,312 | 69.8% | 1,247,613 | 30.2% | 4,132,925 | 1.90% |
| 105 | 3,003,467 | 69.6% | 1,312,867 | 30.4% | 4,316,334 | 1.92% |
| 106 | 3,441,665 | 72.9% | 1,278,215 | 27.1% | 4,719,880 | 1.96% |
| 107 | 3,522,872 | 74.4% | 1,209,302 | 25.6% | 4,732,174 | 1.98% |
| 108 | 3,523,400 | 74.6% | 1,198,241 | 25.4% | 4,721,641 | 1.92% |
| 109 | 3,796,152 | 76.0% | 1,195,521 | 24.0% | 4,991,673 | 1.95% |

資料來源：102年度原住民教育推動成效概況報告/教育部會計處提供

元，共計新臺幣64,759千元，以增進就學及就業能力，並奠定社會適應能力及培育更多原住民人才。另外，輔導培育3所原住民高職重點學校設置原住民藝能班，共計新臺幣5,861千元。補助5所原住民分區輔導中心學校辦理各分區原住民學生生涯規劃巡迴講座、文化研習、教師輔導知能研習經費經常門共計新臺幣1,758千餘元。補助高職學生助學金7,955人次、新臺幣204,401千元，伙食費8,643人次、新臺幣86,176千元，住宿費1,400人次、新臺幣3,640千元；補助高級中等進修學校助學金4,652人次、新臺幣101,050千元，伙食費5,281人次、新臺幣52,810千元。

10. 民國103學年度補助辦理發展及改進原住民高職技職教育28所學校經費2,168萬元，提升高級中等學校原住民學生學習成就並發展潛能，增進就學及就業能力。補助原住民分區輔導中心學校辦理研習8所學校經費392萬餘元。補助高級中等學校設置原住民藝能班(學程) 9所學校計692萬餘元。辦理原住民族重點學校與大專校院攜手精進教學輔導計畫20所學校641萬餘元，與高中職原住民重點學校共同合作強化語文及數理基礎科學及實驗（習）學科之課程教學、專題實驗（習）輔導研究、課程發展、適性學習輔導、教師專業發展等多面向。補助高級中等學校原住民學生就學，高職學生助學金6,130人次、經費1億5,261萬5,000元，伙食費8,849人次、經費9,138萬1,000元；補助高級中等進修學校助學金3,395人次、經費7,844萬7,000元，住宿伙食費4,604人次、經費4,604萬元。

11. 民國104學年度補助29所學校辦理發展及改進原住民高職技職教育，補助經費2,116萬餘元。補助直轄市2所及仁愛高農等5所原住民分區輔導中心學校辦理各分區原住民學生生涯規劃巡迴講座、文化研習、教師輔導知能研習經費306萬餘元。補助高級中等學校設置原住民藝能班(學程) 8所學校計654萬餘元。辦理原住民族重點學校與大專校院攜手精進教學輔導計畫21所學校719萬餘元，與高中職原住民重點學校共同合作強化語文及數理基礎科學及實驗（習）學科之課程教學、專題實驗（習）輔導研究、課程發展、適性學習輔導、教師專業發展等多面向。補助高級中等學校原住民學生就學，高職學生助學金5,090人次、經費1億3,362萬

餘元，伙食費7,840人次、經費8,143萬餘元；補助高級中等進修學
助學金2,864人次、經費6,647萬餘元，住宿伙食費3,850人次、經費
3,850萬元。

12. 民國105學年度補助國立光復商工等51校充實原住民學生一般教
學設備經費，計3,795萬1,000元。補助高中職原住民住宿生住宿
及伙食費用，編列預算3億334萬4,000元，補助2萬5,650人次。補
助11所高級中等學校辦理建教合作，並輔導原住民學生取得乙、
丙級證照計2,885張。核定補助30所高級中等學校辦理原住民學生
社團經費，整合原住民學生所需相關助學、考試、交流、就業等
政府資源，建置教育部原力網，於105年1月1日正式啟用，另原力
網APP亦於3月31日完成上架。

13. 民國106學年度依據「教育部國民及學前教育署補助高級中等學
校原住民族社團要點」，補助高級中等學校辦理原住民族社團
計30校。補助國立光復商工等59校充實原住民學生一般教學設備
經費約4,276萬餘元。補助高中職原住民住宿生住宿及伙食費用編
列預算3億2,966萬餘元，補助2萬7,157人次。原民會與教育部協
商合作辦理職業類科高中職原住民族傳統技藝專班，本部於106
年5月19日召開108學年度關山工商申請新設「原住民藝能科」
審查會議，同意修正後試辦，並於106年9月21日同意該校自108
學年度招生試辦。補助13所原住民重點高級中等學校辦理建教合
作，輔導原住民學生取得乙、丙級證照計2,013張。

14. 民國107學年度計12校(106學年度計5校)辦理原住民族實驗教育
班，逐步發揮適性揚才之精神。107學年度補助高級中等以下學
校辦理原住民族社團計144校。補助國立仁愛高農等49校充實原
住民學生一般教學設備經費約3,650萬餘元。補助高中職原住民住
宿生住宿及伙食費用編列預算3億993萬餘元，補助2萬7,499人
次。補助21所高級中等學校建教合作及補助32所學校辦理業界實
習經費，並輔導原住民學生取得證照累計3,038張。

15. 民國108年推動教育優先區計畫「發展原住民教育文化特色及充
實設備器材」項目，補助309校，補助經費4,518萬餘元。補助國
立仁愛高農等48校充實原住民學生一般教學設備經費約1,356萬
餘元。補助南港高工等7所學校辦理原住民親職教育種子教師工

臺灣工程教育史

作坊、補助高級中等以下學校辦理原住民族社團計113校、核定補助8 所高級中等學校原住民藝能班（學程）計畫經費。補助高中職原住民住宿生住宿及伙食費用編列預算2億2,254萬餘元，補助2 萬6,289 人次。補助47所高級中等學校辦理建教班，並輔導原住民學生合計取得334張證照。

16. 民國109年度補助140校中原住民學生參與學生學習扶助計6,727人次、補助68校原住民學生一般課業輔導鐘點費經費723 萬餘元、核定補助7所高級中等學校原住民藝能班（學程）計畫經費。補助國立埔里高工等47校充實原住民學生一般教學設備經費約2,308萬餘元。補助高中職原住民住宿生住宿及伙食費用編列預算3 億800萬元，補助2萬4,682人次。105 至109年度已補助高級中等學校輔導原住民學生取得各職類技能證照達計8,536 張。

17. 民國110學年度補助高級中等以下學校原住民族社團計200校，總金額為1,020 萬餘元。教育部國教署推動高級中等學校發展原住民技職教育，110學年度補助26校辦理發展及改進原住民技職教育，經費1,250萬餘元。辦理原住民學生技能檢定輔導取得技能證照、技能培訓，參加技能競賽 23校。辦理原住民學生企業參觀活動1校（私立中山高級工商職業學校）、開辦認識原住民文化、技藝選修課程或學分班8校、原住民重點學校辦理建教合作共10校。

## 貳、新住民職業教育計畫(105-112年)

## （一）緣起 [122]

　　截至民國110年新住民人數已逾56萬人，新住民子女就學人數逐漸上升。教育部自105年推動「新住民教育揚才計畫」， 109年延續推動第2期「新住民教育揚才計畫（109-112）」，持續新住民及其子女教育發展，提供新住民更友善多元的入學管道與環境。針對新住民子女補助參加國

---

[122] 教育部（2020）：新住民教育揚才計畫-109-112年，109年3月12日公布。

際職場體驗活動、職業技能精進訓練。

教育部「職業教育中程發展計畫-107年至110年學年度」第四點涵蓋精進原住民及新住民職業教育，用以提升學生就業能力與生涯發展。

國民及學前教育署於民國106年 09月28日發布教育部國民及學前教育署「補助辦理新住民子女教育要點」，依此辦理技術型高級中等學校及高級中等學校設有專業群、科（含進修學校、實用技能學程以及建教合作班）或綜合高中專門學程之在學新住民子女職業訓練教育。

## (二) 法令依據 [123]

民國106年09月28日國民及學前教育署發布教育部國民及學前教育署「補助辦理新住民子女教育要點」，民國 109 年 12 月 01 日修正，臺教國署原字第1090142204B號 令。

依據教育部國民及學前教育署補助辦理新住民子女教育要點三之補助項目下，第(七)辦理教學支援人員增能培訓及相關專業成長、與(七)辦理教學支援人員增能培訓及相關專業成長。

1. 實施對象：技術型高級中等學校及高級中等學校設有專業群、科（含進修學校、實用技能學程以及建教合作班）或綜合高中專門學程之在學新住民子女為優先。

2. 內容及時數：訓練課程於學期中實施者以120小時為限，於寒暑假期間實施者以160小時為限，實施期間包含寒暑假及學期中者，以160小時為限，但學期中實施時數仍以120小時為限。

3. 課程實施：學校辦理新住民子女職業技能精進訓練課程於課後時間及寒暑假期間實施，並得跨校辦理，成班人數十五人以上為原則。

## (三)、執行情形 [124]

國教署依據「新住民子女職業技能精進計畫」自107年度起實施，補助對象以技術型高中及高中設有專業群、科（含進修部、實用技能學程以及建教合作班）或綜合高中專門學程在學新住民學生為優先。每學年上學期訓練課程應於4月30日前提出申請，下學期則於10月31日前提出辦

理特定技能訓練課程。期學校以完善規劃設計特色創新及創業等訓練課程，結合校內外相關資源，並引進業界師資完整規劃與執行運用，提升職業技能與訓練品質，使學生符合區域產業需求，具備就業及創業競爭力。107至110年度已補助逾110件，受惠新住民子女人數為1,661人，持續辦理，以利新住民子女順利從學校聯結就業。

[123] 教育部國民及學前教育署補助辦理新住民子女教育要點，民國106年9月28日國民及學前教育署發布。

[124] 教育部國民及學前教育署(2022l)：推動新住民子女職業技能精進翻轉未來競爭力，教育部全球資訊網，首頁/訊息公告/即時新聞：https://www.edu.tw，11-04-06發布。

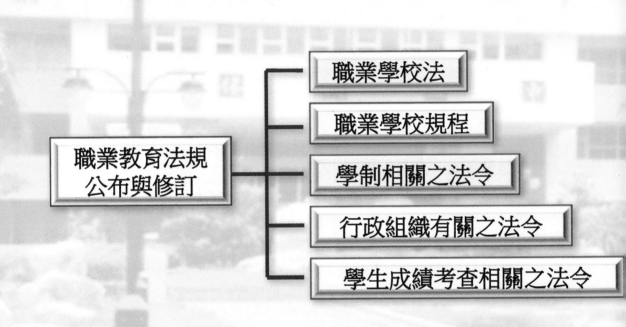

職業學校法

職業學校規程

學制相關之法令

行政組織有關之法令

學生成績考查相關之法令

職業教育法規
公布與修訂

臺灣工業教育史從

民國建立至
抗戰復原時期

臺灣光復政
府遷台後時期

實施九年國
民教育後時期

延長以
主之國

第四章

教育法令沿革

發展沿革

教育為
育時期

綜合高級
中學時期

十二年國民教
育實施時期

## 前 言

教育法規之釐訂，係國家制定百年樹人大計之張本，而平時教育政策之實施，亦必以教育法令為依歸。時代日趨進步，且以時移而勢異，為適應進步之需要，教育政策不得不時有更張，教育行政上之措施，亦不免常有改革；故教育法規亦時有補充、修正、廢止、或新增種種變更。因此，對於教育法規之適時整理，乃至加以編輯印行，至為需要，以期及時昭告國人周知，俾有所適從。中央政府遷臺，教育部於民國42年1月出版「教育法令」一冊，所輯教育法規254種，較前減少41種。近年來我國政經建設，突飛猛進，教育事業亦有長足發展，教育法規因應情勢，自亦時有變易[125]。

本章教育法令沿革先從職業教育法規公布與修訂談起，再敘述臺灣工業教育史依據歷史發展沿革可以分為六個時期，即(1) 民國建立至抗戰復原時期；(2) 臺灣光復政府遷臺後時期；(3) 實施九年國民教育後時期；(4) 延長以職業教育為主之國民教育時期；(5) 綜合高級中學時期；(6) 十二年國民教育實施等時期。說明如下：

---

[125] 教育部（民63）：第四次中華民國教育年鑑，教育年鑑編纂委員會，第二篇教育行政第七章教育法規整理，正中書局。

## 第一節 職業教育法規公布與修訂

職業教育之法規可分為三種層次,即:

1. 法令:法令係由立法院通過,送請總統公佈,全國一律遵循著,係屬母法。

2. 規程:規程則由主管機關制定實施,其內容與法令牴觸時無效。

3. 實施要點:實施要點一般屬於第三層法令,由地方機關制定實施,其內容與規則,若與法令牴觸時無效。說明如后。[126]

### 一、職業學校法

「職業學校法」最早於民國21年(1932)12月17日由國民政府公布實施。其內容凡十七條。民國65年5月總統(六五)臺統(一)義字第一四四五號令修,民國84年1月18日總統華總(一)義字第〇一號修正公布第四條及第十四條條文。

### 二、職業學校規程

「職業學校規程」乃根據「職業學校法」第十六條訂定,民國21年(1932)9月,教育部訂頒,民國22年(1933)公布,計十三章九十六條。修訂於民國67年6月25日臺參字第二六六三一號令、修訂於民國73年3月9日臺參字第八三七七號令、民國88年12月14日臺(八八)參字第八八一五五五四三號令發布修訂。

### 三、學制相關之法令

1. 民國35年(1946),訂定「臺灣省職業學校新舊制調整辦法」。

2. 民國35年,教育處訂頒「各種實業補習學校調整辦法。

---

[126] 省府教育廳(民88):《臺灣工業職業教育五十年》,臺中,省政府;教育部中部辦公室(民89):《臺灣省教育發展史料彙編-職業教育補述篇》,國立臺中圖書館。

3. 民國46年（1957）11一月，教育廳擬訂「臺灣省各中等學校附設實用技藝訓練中心試辦計畫」。

4. 民國54年（1965），訂頒「五年制高級職業學校設置暫行辦法」

5. 民國56年（1967）9月4日，臺灣省政府以府教二字第七二四五三號令頒布「各縣市擬訂九年國民教育實施計畫作業要點」，規定縣市立職業學校處理原則；同年12月5五日，以府財教二字第九六二三八號令公布職業學校改制之命令。

6. 民國56年（1967）3月，以教三字第〇一二五〇號函，訂頒「臺灣省貧民實用技藝訓練計畫實施要點」。

7. 民國57年，教育廳訂頒「輔導私立中等學校發展原則」，允許私立中學附設高級職業類科，輔導一般省立高中兼辦職業類科。

8. 民國57年，訂定「臺灣省實施九年國民教育省接辦縣市立職業學校計畫」。

9. 民國57年（1968），訂頒「學校附設實用技藝訓練中心應行注意事項」。

10. 民國60年10月18日，以教三字第〇四三六四號函訂定「臺灣省各公立中等學校附設收費辦理實用技藝訓練中心實施要點」。

11. 民國61年（1972），教育廳合併修訂「臺灣省貧民實用技藝訓練計畫實施要點」、「各附設實用技藝訓練中心與當地國民就業輔導中心加強聯繫要點」、「臺灣省中等以上學校附設實用技藝訓練中心兼課時數限制要點」、及「附設實用技藝訓練中心應行注意事項」四種，以教三字第〇四九三一號令頒布「臺灣省中等以上學校附設實用技藝訓練中心應行注意事項」，其與民國57年公布者略有不同。

## 四、行政組織有關之法令 [127]

1. 民國35年（1946）臺灣省行政長官公署核定公布之「臺灣省中等學校行政組織辦法」之中。

---

[127] 教育部中部辦公室（民89）：前引書。

2. 民國42年（1953），臺灣省政府教育廳依據民國35年之「臺灣省中等學校行政組織辦法」，另頒「臺灣省各縣（市）立中等學校行政組織辦法」，以統一本省各縣（市）立中等學校行政組織。職業學校之行政組織亦循此辦法辦理。

3. 民國53年，臺灣省政府教育廳將民國35年訂頒之「臺灣省中等學校行政組織辦法」、及民國42年訂頒之「臺灣省各縣（市）立中等學校行政組織辦法」，合併修訂為「臺灣省中等學校組織規程」，依照中學、師範、職校之性質與類別，分別訂定組織及員額設置標準。

4. 民國62年，省府修訂「臺灣省中等學校組織規程」，同年7月10日經行政院核定，省府乃於11月19日以教人字第七七九五三號令頒布。

5. 臺灣省政府為健全省立高級職業學校行政組織，特依據「職業學校規程」研訂「臺灣省高級職業學校組織員額設置基準」，於民國71年經省府委員第一六一六次會議修正通過，並報請教育部同意，於民國72年5月19日以府教人字第一四七五六一號函頒布。

6. 民國72年，省府頒布「臺灣省高級職業學校組織員額設置基準」之外，並訂頒「臺灣省高級中學組織員額設置基準」，依據此二種學校組織員額設置基準，省府於民國73年2月8日，以府教人字第一四二一四九號函，頒發「臺灣省立高級中等學校依組織員額設置基準增加員額編制及兼職人員自74會計年度至76會計年度分年配置表」，以逐年充實高中、高職員額編制。

7. 臺灣省政府教育廳於民國39年6月6日，已府絃丙字第四四三二六號代電頒布「臺灣省中等以上學校附屬作業組織管理辦法」、與「臺灣省中等以上學校附屬作業組織管理委員會組織規程」。「臺灣省中等以上學校附屬作業組織管理辦法」於民國42年5月4日，省府以府教三字第四一五〇三號令，補充規定其第七條條文，說明附屬作業組織年終結算所得純益之處理方法。

8. 民國69年，「臺灣省高級中等以上學校附屬作業組織管理辦法」，並於同年6月六日以府教三字第三七〇七八號函頒布。

9. 臺灣省政府教育廳於民國71年研訂「臺灣省高級中等以上學校附屬作業組織管理委員會設置要點」，於同年4月13日，以府教三字第一四四二二〇號函頒發。

## 五、學生成績考查相關之法令 [128]

1. 民國41年，為配合本省職業教育之整體發展，教育廳於2月21日以教三字第〇八〇二八號代電，公布「臺灣省高初級職業學校學生畢業成績考查辦法」。

2. 民國54年6月25日，以府教二字第四六〇〇號令，修正公布「臺灣省職業學校學生畢業成績考查辦法」。

3. 民國57年，省府再修正「臺灣省職業學校學生畢業成績考查辦法」，於6月11日以府教三字第四九三四一號令公布實施。

4. 臺灣省政府教育廳遂於民國37年（1948）8月26日，以教三字第一七九八七號函，頒發「職業學校學生成績考查補充辦法」。

5. 民國39年6月28日，公布「修正臺灣省職業學校學生學業成績考查補充辦法」。

6. 民國76年7月22日，教育部訂定發布「職業學校學生成績考查辦法」。

7. 民國77年4月8日，教育部修正發布「職業學校學生成績考查辦法」。

---

[128] 教育部中部辦公室（民89）：《臺灣省教育發展史料彙編-職業教育補述篇》，臺中市，國立臺中圖書館。

## 第二節　臺灣工業教育史從歷史發展沿革

臺灣工業教育史從歷史法令沿革可以分為六個時期，即說明如下 [129、130]：

### 一、民國建立至抗戰復原時期（民國元年至33年）

1. 民國2年教育部頒佈實業學校令及實業學校規程。

2. 民國元年9月公布壬子學制。

3. 民國11年11月教育部公佈新學制「壬戌學制」。

4. 民國11年學校系統改革案，規定乙種實業學校改為職業學校，甲種實業學校改為職業學校或高級中學農、工、商科，其屬於高等教育者，仍稱專門學校。

5. 民國21年9九月由教育部頒布職業學校規程，計十三章九十六條。後經教育部於民國24年6月28日，民國36年4月9日，再次修訂該規程。民國65年，修正公布「職業學校法」之後，民國73年及民國75年，教育部復行修訂職業學校規程，不分章，計四十九條。現行條文如附錄三所示，係教育部臺（83）參字第○三○七一七號令修正發布。職業學校規程為實施職業教育之依據，對於學校組織、員額編制、入學資格及成績考查等方面均有詳細規定。

6. 民國21年12月17日國民政府公佈「職業學校法」，分職業學校為初職、高職兩級，其內容凡十七條。

7. 民國22年3月教育部公布「職業學校規程」。

8. 民國23年教育部曾頒行「職業學校各科課程表教材大綱設備概要彙編」，此為職業學校課程標準之濫觴。

9. 民國29年訂頒職業學校實習設備標準。我國職業教育創始於清朝末年，大部份稱為「實業學堂」或「實業學校」。

---

[129] 省府教育廳（民88）：《臺灣工業職業教育五十年》，臺中，省政府。

[130] 教育部中部辦公室（民89）：前引書。

10. 民國29年教育部釐訂各種職業學校之「教學科目及每週教學時數表」，「教材大綱」及「教學要點」等共計四十八科，並訂頒「職業學校實習設備標準」內容共計十九種 [131]。

## 二、臺灣光復政府遷臺後時期（民國34年至56年）

1. 民國34年政府公佈「職業學校法」。

2. 民國34年9月20日政府公佈「臺灣省行政長官公署條例」。

3. 民國35年教育處訂頒「各種實業補習學校調整辦法」。

4. 民國35年1月7日核定公布「臺灣省立各中學及職業學校三十四學年度第二學期招生辦法」。

5. 民國35年2月3日，行政院核定「臺灣省行政長官公署教育處組織規程」，臺灣省行政長官公署教育處，處內設四科、五室、四委員會。其中主管職業教育者為第二科。

6. 民國35年3月5日臺灣省行政長官公署令頒「臺灣省中等學校組織辦法」。

7. 民國35年6月25日至28日在草山（陽明山）召開臺灣省第一屆教育行政會議，討論通過「臺灣省各級教育實施方案」。

8. 民國35年6月28日臺灣省行政長官公署教育處訂頒「臺灣省職業學校新舊制度調整辦法」。

9. 民國35年7月13日在臺北市召開臺灣學術企業聯席會議，通過聯合會議簡則，為臺灣省建教合作之開端。

10. 民國36年初長官公署公布「臺灣省高初級中學學生學業成績考查辦法」其後職業學校學生學業成績考查辦法亦參照修正公布。

11. 民國36年4月臺灣省行政長官公署改制為臺灣省政府，教育處隨之改為教育廳，組織並未改變。

[131] 教育部（民63）：《第四次中華民國教育年鑑》，臺北市，正中書局。

12. 民國36年4月修正公布「職業學校規程」，規定職業學校為實施生產教育之場所。

13. 民國37年4月省府教育廳增設第五科，第三科則改為掌管中學及職業教育。

14. 民國37年6月28日教育廳頒發「職業學校學生成績考查補充辦法」。

15. 民國37年8月公布「臺灣省建教合作委員會組織規程」。

16. 民國41年教育部公布「職業學校暫行課程標準」，簡化各類職業學校科別，歸併為六類廿二科，並規定各類職業學校普通科目及專業科目教學時數比例暨每週教學時數標準。

17. 民國41年臺灣省政府教育廳頒發「臺灣省各級學校課程調整辦法綱要」。

18. 民國42年4月公布「縣市立中等學校分年充實教職名額要點」。

19. 民國42年臺灣省政府教育廳頒「臺灣省建教合作辦法」。

20. 民國42年臺灣省政府教育廳頒「臺灣省高初級職業學校學生畢業成績考查辦法」。教三字第○八○二八號。

21. 民國44年7月省府教育廳計增至六科、四室、八委員會，其中第三科改為職掌省立及私立職業學校。

22. 民國53年教育部公布「農業、工業、商業、水產、護理助產暨家事職業學校課程標準實施辦法」。

23. 民國53年10月2日省府教育廳「臺灣省中等學校組織規程」：府教人字第六七四四二號令，民國62年11月19日府教人字第七七九五三號令修正公布。

24. 民國53年10月10日省府教育廳公布「工業職業學校課程新標準」，係以單位行業訓練之精神設計。

25. 民國54年6月2日訂頒「五年制高級職業學校設置暫行辦法」，教育部臺中字第八○五六號令。

26. 民國54年6月14日訂頒「修正臺灣省職業學校學生學業成績考查辦法」。府教二字第四六○○○號令。

### 三、實施九年國民教育後時期（民國57年至72年）

1. 民國57年秋季實施九年國民義務教育。

2. 民國57年省府教育廳的組織編製為六科、九室、二委員會，職掌工業職業民國56年10月，重新調整的教育廳組織體系中，職掌職業教育的第三科，其下分為第一股掌理國立職業學校事宜，第二股掌理私立職業教育事宜。

3. 民國57年9月實施九年國教以後，於民國57年由前經合會提出之「人力發展計畫草案」。

4. 民國57年修正「臺灣省職業學校學生學業成績考查辦法」。

5. 民國57年教育廳訂頒「臺灣省實施九年國民教育省接辦縣市職業學校計畫」。

6. 民國57學年教育廳訂頒「輔導私立中等學校發展原則」，允許私立中學附設高級職業類科，另同時輔導一般省立高中兼辦職業類科。

7. 民國58年教育廳指定沙鹿工職試辦「輪調式建教合作班」。

8. 民國58年臺灣省教育廳在當時「工業職業訓練協會」合作協助下，指定省立沙鹿高工試辦「輪調式建教合作班」。

9. 民國60年8月創設三重商工職業學校試辦西德職業教育階梯式教學，工職部設機工、模具工、汽車修護工、電焊工四科。

10. 民國61學年度起開始執行「世界銀行貸款計畫」。

11. 民國62年至63年間教育部依次完成並公布再度修訂「高級工業職業學校之課程標準」。

12. 民國63年訂頒「建教合作實施辦法」，臺（63）參字第二四八二五號令公布。

13. 民國63年擬訂「臺灣省發展職業教育實施方案」。

14. 民國63年10月教育廳正式公佈「職業學校應屆畢業生技能檢定實施要點」。

15. 民國63年教育部修訂頒佈「高級工業職業學校課程標準」。

16. 民國64年省教育廳又指定三重及基隆商工附設職業補習學校，試辦「進修式建教合作班」。

17. 民國65年訂頒「專科及職業學校加強推行建教合作補充要點」，臺（65）技字第二七二四六號。

18. 民國65年5月7日修正「職業學校法」，以總統令公布（中華民國6月5日教育部教三字第四〇八八八號），全文共十七條。

19. 民國65年5月7日修訂公佈「職業學校法」第一條規定與九年國民義務教育實施後，修正將五年制職校停辦。

20. 民國65年教育部實施「技術及職業教育配合發展經濟建設六年計畫」。

21. 民國67年9月修正公佈的職業學校規程第二條規定「職業學校為實施職業教育之場所」。

22. 民國67年公布「新職業學校規程」。

23. 民國68年8月教育部配合行政院核頒之「科學技術發展方案」，成立「工職教育改進小組」，推動「工職教育改進計畫」。自民國68學年度起實施「工職教育改進計畫」第一期三年計畫。

24. 民國69年5月教育部成立「研究規劃小組」，70年4月1日教育部函送「延長以職業教育為主的國民教育、加強職業教育及補習教育」研究大綱，自民國72學年度起進行延長以職業教育為主的國民教育（即實用技能班）試辦工作[132]。

25. 民國71年核定第二期工職教育改進計畫。

---

[132] 臺灣省教育廳（民74）：臺灣省政府資助教育人員出國考察進修辦法，臺灣省教育法令彙編，頁27。

## 四、延長以職業教育為主之國民教育時期 （民國72年至103年）

1. 民國72年審定四十二校，試辦延長以職業教育為主之國民教育。

2. 民國70年2月行政院院會通過「中華民國臺灣經濟建設十年計畫人力發展部門計畫」，此計畫自民國69年起至78年底。

3. 民國71年訂頒「加強職業學校輪調式建教合作教育訓練實施要點」，行政院臺（70）職字第一三七七八號。

4. 民國71年發佈「臺灣省加強公立高級職業學校充實視聽教學媒體實施計劃」，臺灣省為教學媒體有效運用於教學上，並選定海山高工、桃園農工、苗栗農工、臺中高農、臺南高工、嘉義家職、臺南家職等七校成立教學資料中心，賦與教學資料蒐集轉介與媒體製作與推廣之責。

5. 民國72年5月19日「臺灣省高級職業學校組織員額設置基準」：府教人字第一四七五六一號函。民國86年4月28日府教人字第○三四五三六號函修正公布。

6. 民國72年6月，將工職類科予以歸併調整，採職業群集之精神修訂新課程，並在民國75年2月公布新課程標準。

7. 民國72年6月29日「工職教育改進小組」第十五次會議決議工職類科應予歸併調整。

8. 民國72年4月研訂「臺灣省高級職業學校實施電腦教學計畫」。

9. 民國72年行政院核定「試辦延長以職業教育為主的國民教育實施計畫」，民國72年起開始試辦「延長以職業教育為主的國民教育」。

10. 民國74年教育廳公布「臺灣區高級職業學校教師及教育廳行政人員專題研究獎勵要點」。

11. 民國74學年度起在臺中高工設立中區技術教學中心，提供中部地區十一所工職機械科學生實施「電腦輔助繪圖」、「數值控制機械」、「自動化概論」等科目之教學。

12. 民國75年2月實施第三期工職教育改進計畫，並正式推動群集教育課程。

13. 民國75年2月正式修訂頒佈「工業職業學校課程標準」，在75年8月正式實施工職群集課程，為我國職業教育史開啟新紀元。省政府教育廳

為使產業界與工職教育能相互契合圓融，完成各公職技術教學中心之課程設備系統規畫及教學計畫，臺灣省各工職技術教學中心成立共計六所工職技術教學中心。

14. 民國75年實施工職群集新課程，並決定於省立臺中高工試辦中區工業職業學校技術教學中心，以改善臺灣省職業教育。

15. 民國75年，訂定「臺灣省公私立職業學校加強推展能力本位教育實施計畫」，推廣建教合作。

16. 民國76年行政院「加強職業學校輪調式建教合作教育訓練實施要點」，行政院臺（76）教字第一五五〇七號修訂。

17. 民國85年6月5日，修正「建教合作實施辦法」，臺（85）參字第八五五〇四四一〇號令修正發布。

18. 民國76年教育部「職業學校學生成績考查辦法」。教育部教臺（76）參字第三三一九九號令訂定發布。

19. 民國76學年度起臺灣省政府教育廳舉辦「高級中學等學校成績考查命題競賽」。

20. 民國77學年度起擇校試辦「綜合高中」，以配合延長十二年國民教育之趨勢。

21. 民國77年成立「原住民教育委員會」，「原住民職業教育改進計畫」。

22. 民國77學年度於新營高工與南區職訓中心合作設立南區技術教學中心，嘉義高工也同時設立汽車資源教學中心。

23. 民國78學年度起規劃在鳳山商工及桃園農工設立兩個技術教學中心。

24. 民國78年6月15日七八教三字第〇四八三號函頒「臺灣省加強培養高職學生創造力與特殊才能輔導計畫」。

25. 民國78年教育廳積極遵照教育部實施十二年國民教育政策，高級職業學校將定位於：(1) 以培育基層技術人力為主要功能。(2) 分為正規班與實務班：正規班(上課時間為日間或夜間)。實務班：(1) 著重技能教育。(2) 與國中技藝教育結合。(3) 予以專任名額編制。(4) 上課時間彈性化。

26. 民國七十八年起辦理「原住民職業教育改進計畫」及「偏遠地區職業教育改進計畫」。教育部技職司依據「發展與改進原住民教育五年計畫」，針對其中職業教育方面研訂「發展與改進原住民職業教育五年計畫」。

27. 民國79年教育廳依據「第六次全國教育會議」及民國80年「臺灣省教育行政會議」結論，釐訂「臺灣省教育發展方案」。

28. 民國80年行政院「加強職業學校輪調式建教合作教育訓練實施要點」，行政院臺（80）教字第三三五四一號核定。

29. 民國80年度起規劃辦理長青專案補助教師赴國外考察教育。

30. 民國80年實施高職「學年學分制」，彈性調整高職學生就學年限。

31. 民國81年省府教育廳頒布「臺灣省舉辦學術論文發表會實施計畫」。

32. 民國81學年度起加強技術教學及技能訓練成效，使職業教育與職業證照結合，以期職校生於畢業之同時取得畢業證書及技術士證。開始施行採專案辦理職業學校在校生技能檢定。

33. 民國81年教育部修改職業學校法，將延教班正式納入學制，並正名為實用技能班。

34. 民國81年8月實施「發展與改進國中技藝教育方案——邁向十年國教」，提供國中學生接受二年之技藝教育，並於民國88年公布「設備經費補助要點以及設備管理要點」。

35. 民國82年奉行政院核定推動「發展與改進國中技藝教育方案－邁向十年國教目標」。

36. 民國82年度至86年度為止共五年，省府教育廳執行教育部「發展與改進原住民教育五年計畫綱要」。

37. 民國82學年度推動「高職多元入學方案」。

38. 民國83年為配合延教班課程的發展，教育部成立「延教班課程修訂委員會」。

39. 民國83年訂定「臺灣省獎勵教育人員研究著作實施計畫」，自民國84年度起實施。

40. 民國83年起辦理「高職特殊教育實驗班」，提供殘障學生就讀職業教育機會。

41. 民國84年1月18日修正「職業學校法」，第三條規定職業學校可經考試、甄選、登記、分發或等方式招生入學，建立多元入學管道。

42. 民國84年7月教育部展開規劃「工職新課程」修訂，於民國87年9月30日以臺（八七）技（三）字第八七一一一○八號函公佈實施。

43. 民國84學年度分別成立南投水里商工及花蓮光復商工，並為利於社會青年轉業或補充教育，而擴大辦理高職第二專長班。

44. 民國88年4月教育部修正發布「職業學校規程」。

45. 民國89年1月教育部修正發布「職業學校學生成績考查辦法」。

46. 民國89年1月臺灣省立高中、高職、特殊學校自2月1日改名為國立高中、高職、特殊學校。

47. 民國92年1月總統令修正公布「職業學校法」部分條文。

48. 民國93年6月總統令修正公布「職業學校法」部分條文。

49. 民國97年12月教育部修正發布「十二年國民基本教育計畫」及「十二年國民基本教育先導計畫」。

50. 民國99年6月行政院核定「齊一公私立高中職（含五專前三年）學費方案」，自99學年度起實施。

51. 民國100年9月行政院核定「十二年國民基本教育實施計畫」，計畫包含7大工作要項（10個方案），11項配套措施（19個方案），共29個方案。

52. 民國101年8月教育部十二年國民基本教育諮詢會成立暨十二年國民基本教育專案辦公室完成改組。[133]

---

[133] 教育部部史網站（2022b）：91年-110年教育大事紀。資料來源：https://history.moe.gov.tw/

## 五、綜合高級中學時期 [134、135]（民國91年-迄今）

1. 民國91年5月教育部發布「綜合高級中學課程綱要」。

2. 民國93年8月教育部發布「後期中等教育共同核心課程指引」及歷史科外之各科課程指引。

3. 民國93年9月教育部發布95學年度起實施「後期中等教育共同核心課程」，明訂高中、高職、五專、綜合高中四種學制學生，前3年必須修習48個共同必修學分。

4. 民國94年4月教育部修正發布「後期中等教育共同核心課程指引」。

5. 民國94年8月教育部修正發布「綜合高中暫行課程綱要」。

6. 民國99年度推動綜合高中方案與充實教學設備及高職發展74,626千元，100年度推動綜合高中方案與充實教學設備及高職發展89,592千元，

7. 民國105年2月16日辦理「106學年度教育部主管高級中等學校招生科班調整會議」。

8. 民國106年1月26日教育部訂定「高級中等學校轉型輔導作業要點」。

## 六、十二年國民教育實施時期 [136]（民國103年8月1日起）

### （一）法令依據與沿革

1. 民國102年6月27日立法院三讀通過「高級中等教育法」及「專科學校法」部分條文修正案，確立十二年國民基本教育實施法源。

2. 民國103年3月28日修正發布「國民教育法施行細則」。

3. 民國104年7月23日以臺教國署高字第1040069392B號令發布「十二年國民基本教育課程綱要前導學校暨機構作業要點」。

4. 民國104年9月22日教育部廢止「高級中學法施行細則」。

5. 民國105年5月11日廢止「高級中學法」、「職業學校法」。

6. 民國105年6月1日總統令公布修正(或增修)「高級中等教育法」第14條、第25條、第43條、第43條之1、第43條之2、第52條至第55條及第67條相關條文。

7. 民國106年9月13日起宣導前導學校試行「十二年國教課程綱要」，天下雜誌631期P.96-101；天下雜誌634期P.112-115。

8. 民國106年10月12日修正「十二年國民基本教育實施計畫」，並經行政院核定通過。

9. 民國106年12月22-23日十二年國民基本教育課程綱要全國教育行政領導人員研習。

10. 民國108年3月26日修正發布「教育部國民及學前教育署補助辦理十二年國民基本教育宣導作業要點」。

11. 民國108年10月20日108年度自學進修技術型高級中等學校畢業程度學力鑑定考試。

12. 民國109年4月14日修正發布「教育部國民及學前教育署補助辦理十二年國民基本教育宣導作業要點」。

13. 民國110年3月15日修正發布「十二年國民基本教育課程綱要總綱」。

---

134 同上。

135 教育部會計處（2022）：首頁/財務公告事項/本部/預算/單位預算，網站：https://depart.moe.edu.tw/。

136 教育部部史網站（2022a）：101年-110年教育大事紀。資料來源：https://history.moe.gov.tw/

| 機械設計大意 | 數值控制機械 | | 工廠管理 | 機械力學 | 精密量測 | 工模與夾具 | 氣油壓概論 | 工業安全與衛生 | 機件原理 | 機械製圖 | 電工大意 | 機械材料 | 機械製造 |
|---|---|---|---|---|---|---|---|---|---|---|---|---|---|
| | | | | | | | | | | 專業科目 | | | |
| | | | | | | 52節（23.4%） | | | | | | | |
| 2 | 4 | | 2 | 6 | 2 | 1 | 2 | 1 | 4 | 18 | 2 | 4 | 4 |
| | | | | | | | | | | 3 | 1 | 2 | 2 |
| | | | | | | | | | | 3 | 1 | 2 | 2 |
| | | | | | | | 2 | 1 | 2 | 3 | | | |
| | | | | | 2 | 1 | | | 2 | 3 | | | |
| | 2 | | 2 | 3 | | | | | | 3 | | | |
| 2 | 2 | | | 3 | | | | | | 3 | | | |

# 第五章　課程變革

| 科目類別 | 科目名稱 | 節數 | 第一學年 上 | 第一學年 下 | 第二學年 上 | 第二學年 下 | 第三學年 上 | 第三學年 下 | 備註 |
|---|---|---|---|---|---|---|---|---|---|
| 一般科目　64節（28.8%） | 三民主義 | 4 | | | | | 2 | 2 | |
| | 社會科學概論 | 8 | 2 | 2 | 2 | 2 | | | 含公民、倫理道德、中國史地、法律常識　應加強職業服務道德之培養 |
| | 國文 | 20 | 4 | 4 | 3 | 3 | 3 | 3 | 第二、三學年應加強應用文習作 |
| | 英文 | 12 | 2 | 2 | 2 | 2 | 2 | 2 | |
| | 音樂、美術 | 2 | 1 | 1 | | | | | 音樂、美術任選一學年或各選一學期 |
| | 體育 | 6 | 1 | 1 | 1 | 1 | 1 | 1 | |
| | 軍訓 | 12 | 2 | 2 | 2 | 2 | 2 | 2 | |
| 專業基礎科目　30節（13.5%） | 數學 | 16 | 4 | 4 | 4 | 4 | | | |
| | 物理 | 6 | 3 | 3 | | | | | |
| | 化學 | 4 | | | 2 | 2 | | | |
| | 計算機概論 | 4 | | | 2 | 2 | | | 含實習 |

## 前　言

　　為因應時代的變遷、企業界的需求，工業教育的課程內容必須進行變革：群集課程、能力本位課程、校定彈性選修特色課程等，始能培育出企業界所需的人力。教育內容亦要因應行業的提升，在學校打好學科基礎，讓學生具備繼續學習的能力，學生利用寒暑假到企業界短暫實習或進行產學合作，將理論與專業技術的核心原理融會貫通，習得動手操作專業機具的能力，使學生一進入職場就能適應。如此培養出企業界真正需要的人才，讓企業界有能力在國際上競爭。

　　教學上要以學生為主體，適性揚才，教師要適時擔起鷹架作用，引導學生探究問題、解決問題，教師是教學成敗的關鍵人物。教學成果的評鑑，亦要朝能力本位的目標去達成，因此，科技整合、善用教學科技、教學工學的應用，企業界提供的教材、資源、專業人才的指導，也都是必要的手段。實習教學也可試探製造實際有用的成品，師生也可參與企業界委託的研究案，在實習前先讓學生認識擬加工的材料及成品可做何用途。

　　民國88年推出的教改諮議報告書以及教育部的行動方案，已經替我們打造出一個完美的工職教育環境，讓課程、教學都有所依據，教師、學生的行動與態度都有所遵循。在課程內容的改變，教學方法的更活潑，教學設備的更提升，讓工職生的進路更寬廣，為技職學生打造一個完整的技職教育體系。可以像高中生一樣，在讀完高職或工作後，繼續深造，成為高階的人才，技職教育不再被視為終極教育，技職畢業生不再被視為黑手或二流的人才。

　　本章從課程教學的變革，分為六個時期來探討臺灣工業教育史：一、民國初立與光復初期時期；二、單位行業時期；三、能力本位時

期；四、群集課程時期；五、工職新課程時期；六、技術型高級中等學校新課程時期。教學實習設備因工職類科繁多，另於第七小節說明。每一時期皆從課程沿革、教育宗旨與教育目標及教學科目與時數等面向來說明，參照歷次課程變革修訂之課程標準、教材綱要及設備標準。

## 第一節 民國初立與光復初期時期（民國初年至41年）

### 一、課程沿革 [137、138、139]

1. 民國初年的職業學校課程，最初大都由各地、各校參照歐、美、日本情形自行擬訂。其後民國二十三年六月教育部刊行職業學校各科課程表、教材大綱、設備概要彙編三冊統一標準。抗戰時期的職業學校，設校之時應與生產機關合作，如當地尚無某項生產機關時，則與當地有關業者聯絡辦理。教學方法，先注重實習，再予以學理印證，實習科目至少占百分之五十。學校應組織建教合作顧問委員會，以協助學校進行一切事宜。以上各項規定雖然是適應戰時的要求，實際上是辦理職業學校的正確途徑 [140]。

2. 民國21年2月17日國民政府公布「職業學校法」。

3. 民國22年3月教育部公布「職業學校規程」，將職業學校分為七大類：即農業、工業、商業、海事、醫事、家事及其他等，每類職業學校又有詳細分科之設置；但各校課程仍自行擬訂，並未訂頒課程標準。

4. 民國23年教育部曾頒行「職業學校各科課程表教材大綱設備概要彙編」，此為職業學校課程標準之濫觴。

---

[137] 省府教育廳（民88）：《臺灣工業職業教育五十年》，臺中市，省政府。

[138] 臺灣省政府教育廳（民81c）：《臺灣省政府教育廳志第七卷職業教育篇》，第四章實施概況，第五節課程，國立中央圖書館。

[139] 教育部中部辦公室（民89）：《臺灣教育發展史料彙編－職業教育補述篇》，臺中圖書館。

[140] 中華百科全書（民105）：職業學校，資料來源：http://ap6.pccu.edu.tw/Encyclopedia_media/，搜尋日期：2016-06-26。

5. 民國35年臺灣省行政長官公署教育處訂頒「三十四學年度第二學期本省省立各職業學校舊生教學科目及每週教學時數調整綱要」，作為職業學校課程調整的依據，由各校依據原則擬定各科各年級教學科目及每週教學時數，其所訂的原則中多數工廠實習科目隨年級增加而減少，理論課程反而增加。每週教學時數42小時，講授30小時，實習12小時。並擬定「臺灣省推進職業教育計畫」，規畫臺灣省推進職業教育之方針如下：(1)分區調整設置，力謀均衡發展。(2)逐年增加班級，促進生產組織。(3)充實職業設備，促進生產組織。(4)實施分區輔導，考察辦理成績。

6. 民國35年8月8日訂頒「編訂職業學校教學科目及每週教學時數表原則」，由各校參照，並編訂教學科目及每週教常數表。特別注重實習，工職實習不得少於24小時(含理化實驗、製圖等)。

7. 民國35年8月公布畫分全省之職業學校區域為八大區域，每一區域組織一教學研究會，從事教學研究與改進，其八大學區依次為：第一職業學校區，基隆市、臺北縣、臺北市、宜蘭縣屬之。第二職業學校區，桃園縣、新竹縣、新竹市、苗栗縣屬之。第三職業學校區，臺中縣、臺中市、彰化縣、彰化市、南投縣屬之。第四職業學校區，雲林縣、嘉義縣、嘉義市、臺南縣、臺南市屬之。第五職業學校區，高雄縣、高雄市、屏東縣、屏東市屬之。第六職業學校區，澎湖縣屬之。第七職業學校區，臺東縣屬之。第八職業學校區，花蓮縣屬之。復計畫於每一職業學校區內，至少應設立省立工職業學校各一所。[141]（省府教育廳，民88）

8. 民國36年4月，「修正職業學校規程」第37條規定：職業學校每週教學44至48小時，職業學科佔30%，普通學科佔20%，實習佔50%為原則。

9. 民國36年臺灣省甫離日人統治之時，職業教育偏重低級職業教育，僅農、工、商、水產四類，私人創辦職業教育者亦極罕見。依據民國36年教育部修正公布之職業學校規程，職業教育之目標為實施生產教育。

---

[141] 省府教育廳（民88）：前引書。

10. 民國39年11月頒訂「各類高級職學校教學科目及每週教學時數總表」，普通學科佔20%~30%，職業學科佔30%，實習佔40~50%為原則。每週36小時為準，不得超過40小時。

11. 民國41年7月「高級工業職業學校暫行課程標準」，分設機械、電機、土木、化工、礦冶等五科課程標準。其課程分配為，一般科目佔20%～30%，專業科目佔40%～65%，實習科目佔15%～40%。

12. 民國41年臺灣省政府教育廳頒發「臺灣省各級學校課程調整辦法綱要」，以「使課業及作業與實際生活密切聯繫，以配合非常時期教育之各項設施」為目標，於工業學校方面，「專業科目加強技能知識，工作法及場地實習等，教學內容，以配合理論教材之實施」。

13. 民國41年10月起教育部先後公布二十種職業學校課程標準，復以專業科目均在試行階段，故上項職業學校課程標準，一律稱為「暫行標準」，亦即為職業學校現行課程標準。

## 二、教育宗旨與教育目標 [142、143、144]

1. 臺灣省光復之前，民國21年12月17日國民政府公布「職業學校法」，第一條云：「職業學校應遵照中華民國教育宗旨及其實施方針，以培養青年生活之知識與生產之技能。」

2. 臺灣省光復之後，於民國34年修訂「職業學校規程」第四條、第五條分別規定：「初級職業學校、授與青年較簡易之生產知識與技能，以養成其從事職業知能力」、「高級職業學校，授與青年較高深之生產知識與技能，以養成實際生產及管理人才，並培育其向上研究之基礎」。

3. 民國36年依據教育部修正公布之「職業學校規程」，職業教育之目標係為實施生產教育，以訓練學生「一、鍛鍊強健體格」、「二、陶冶公民道德」、「三、養成勞動習慣」、「四、充實職業知能」、「五、增進職業道德」、「六、啟發創業精神」，而初級職業學校與高級職業

142　省府教育廳（民88）：前引書。

143　臺灣省政府教育廳（民81c）：前引書。

144　教育部中部辦公室（民89）：《臺灣教育發展史料彙編－職業教育補述篇》，臺中圖書館。

學校之教育目標，其深度有別，前者「授與青年較簡易之生產知識與技能，以養成其從事職業之能力」，後者「授與青年較高深之生產知識，以養成其實際生產及管理能力，並培養其向上研究之基礎」。

4. 民國39年公布及民國41年公布，職業學校之教育目標應仍沿用職業學校法及職業學校規程之規定。惟民國41年公布之課程標準內有進一步之區分：「初級職業學校以培養各種初級技術人員為主，其課程應注重實際技能之訓練」、「高級職業學校以培養各種中級技術人員為主，其課程除注重實際技能之訓練外，並兼顧基本理論之講述」。

5. 民國41年教育部公布「職業學校暫行課程標準」，確定各級職業學校訓練重心：1. 初級職業學校，以培養各種初級技術人員為主，其課程應注重實際技能之訓練。2. 高級職業學校，以培養各種中級技術人員為主，其課程內容除注重際技能之訓練外，並須兼顧基本理論之講述。職業教育之目標，除技術之外，復兼及理論。

## 三、教學科目與時數

　　民國35年臺灣省行政長官公署教育處轉頒的高級工業職業學校教學科目與時數表(附表五-一-1至附表五-一-4)，一般科目有公民、應用國文、應用外國文、應用物理、實用化學、理化實驗、數學和實習，第三學年排了4小時的參觀；當時科目表列有「軍訓」。

　　民國39年教育部頒佈的科目表(附表五-一-5至附表五-一-9)，在一般科目中新加入「三民主義」；應用國文、應用外國文及應用物理三科目皆刪除「應用」二字，不複有實用化學及理化實驗二科目，數學改為工業數學，各科皆有「製圖」科目；「軍訓」則被刪除。

民國41年的科目表與民國39年大致相同，但是新加入下列三科目：

軍訓訓練：第一、二學年每學期每週4小時；

公民訓練：每學期每週1小時；

生產訓練、勞動服務，實習：每學期每週4 -12小時。

## 四、實習場所及設備歷史照片— 請參見第七節

(九)高級工業職業學校電訊科教學科目及之每週教學時數表

民國三十五年八月二十九日 教育處署教字第一九三六號代電轉頒

| 學年 | 學期 | 公民 | 應用國文 | 應用外國文 | 應用物理 | 數學 | 實用物理 | 實用力學 | 理化 | 電動機原理 | 原動機學 | 電訊應用 | 有線電 | 無線電訊 | 電訊學理 | 工業經濟 | 工廠實習 | 機械實驗及理論 | 電工廠實習 | 參觀 | 電訊傳送 | 蓄電池 | 每週講授時數 | 每週實習時數 | 每週總時數 |
|---|---|---|---|---|---|---|---|---|---|---|---|---|---|---|---|---|---|---|---|---|---|---|---|---|---|
| 第一學年 | 上 | 一 | 二 | 三 | 四 | 三 | 三 | 三 | | | | | | | | | | | | | | 四 | 一六 | 二七 | 四三 |
| 第一學年 | 下 | 一 | 二 | 三 | 四 | 三 | 三 | 三 | | | | | | | | | | | | | | 四 | 一六 | 二七 | 四三 |
| 第二學年 | 上 | 一 | 二 | 三 | 四 | | | | 四 | 四 | 二 | | | | | | | | | | | 〇 | 一九 | 二四 | 四三 |
| 第二學年 | 下 | 一 | 二 | 三 | 四 | | | | 六 | 二 | 三 | | 四 | 四 | | | | | | | | 三 | 二〇 | 二四 | 四四 |
| 第三學年 | 上 | | | | 六 | | | | 四 | 六 | | | 四 | 四 | | 三 | 三 | | | | | 三 | 一九 | 二四 | 四三 |
| 第三學年 | 下 | | | 四 | 二 | 四 | | | 二 | 四 | 四 | | 八 | 六 | 八 | | | | | | | 〇 | 二〇 | 二四 | 四四 |

表五-一-1 民國35年高級工業職業學校電訊科教學科目表

臺灣工程教育史

第肆篇：臺灣初、高級工業職業教育史概要

㈩ 高級工業職業學校電機科教學科目及每週教學時數表
民國三十五年八月二十九日
教育處署教字第一九九三六號代電轉頒

| 科目時數 學年/學期 | 公民 | 應用國文 | 應用外國語 | 數學 | 實用化學 | 實化實驗 | 理程力學 | 工程力學 | 機構學 | 原動機學 | 電力輸送 | 電力實驗 | 電工實習 | 應用電學 | 工廠管理 | 電機原理 | 參觀及實習 | 原動機廠實習 | 設計及製圖 | 機械廠實習 | 電工廠實習 | 每週講授時數 | 每週實習時數 | 每週總時數 |
|---|---|---|---|---|---|---|---|---|---|---|---|---|---|---|---|---|---|---|---|---|---|---|---|---|
| 第一學年 上 | 一 | 二 | 三 | 四 | 三 | 三 | 三 | | | | | | | | | | | | 四 | 六 | 四 | 一六 | 二七 | 四三 |
| 第一學年 下 | 一 | 二 | 三 | 四 | 三 | 三 | 三 | | | | | | | | | | | | 四 | 六 | 四 | 一六 | 二七 | 四三 |
| 第二學年 上 | 一 | 二 | 三 | 三 | | | | 四 | | 二 | 二 | | | 四 | | | | | 〇 | 〇 | 四 | 二〇 | 二〇 | 四〇 |
| 第二學年 下 | 一 | 二 | 三 | 三 | | | | 六 | | 二 | 四 | 四 | 四 | | | | | | 〇 | 二 | 四 | 二〇 | 二〇 | 四〇 |
| 第三學年 上 | | 二 | | | | | | 六 | 四 | 四 | 八 | | 四 | | 三 | | | | 八 | 四 | 二 | 二四 | | 四二 |
| 第三學年 下 | | | | | | | 六 | 四 | 三 | 四 | 四 | 四 | 四 | | 一 | 二 | | | 八 | 四 | 二 | 二四 | | 四二 |

表五-一-2 民國35年高級工業職業學校電機科教學科目表

㈩ 高級工業職業學校土木科教學科目及每週教學時數表
民國三十五年八月二十九日
教育處署教字第一九九三六號代電轉頒

| 科目時數 學年/學期 | 公民 | 應用國文 | 應用外國語 | 數學 | 實用化學 | 實化實驗 | 理程力學 | 工程力學 | 材料試驗 | 結構設計 | 製圖 | 測量 | 施工計畫 | 土工學 | 軍訓作 | 分組專習課程（市政水利組） | | 水力學 | 水利工程 | 水政工程 | 市政工程 | 建築組 建築法 | 建築設計 | 營造設備 | 衛生計畫 | 路工組 道路工程 | 道路設備 | 鐵道設計 | 鐵橋設計 | 每週講授時數 | 每週實習時數 |
|---|---|---|---|---|---|---|---|---|---|---|---|---|---|---|---|---|---|---|---|---|---|---|---|---|---|---|---|---|---|---|---|
| 第一學年 上 | 一 | 二 | 三 | 三 | 三 | 三 | 四 | | | | | | | | 二〇 | | | | | | | | | | | | | | | 一六 | 二六 |
| 第一學年 下 | 一 | 二 | 三 | 三 | 三 | 三 | 四 | | | 三 | | | | | 二〇 | | | | | | | | | | | | | | | 一六 | 二六 |
| 第二學年 上 | 一 | 二 | 三 | | 三 | 三 | | | | | | | | | 二〇（三一） | | | | | | | | | | | | | | | 一七 | 二五 |
| 第二學年 下 | 一 | 二 | 三 | | 三 | 三 | | 三 | 三 | | 二 | 六 | | | 一六（三二） | | | | | | | | | | | | | | | 一七 | 二五 |
| 第三學年 上 | | | | | | | | | | | | 三 | 三 | 三 | 二〇（三二） | | | | | | | 三 三 三 | | | 市建路六 市建路九九六 | | | | 三三三 | 三三三 |
| 第三學年 下 | | | | | | 六 | 三 | | | | | | | | 一六（三二） | | | | | | | 三 三 三 | | | 市建路一一七 市建路一五三三 | | | | 三三三 | 三三三 |

表五-一-3 民國35年高級工業職業學校土木科教學科目表

（十一）高級工業職業學校機械科教學科目及每週教學時數表

| 學年／學期 | 公民 | 應用國文 | 應用外國文 | 應用物理 | 應用化學 | 理化實驗 | 數學 | 應用力學 | 材料力學 | 機械（工機） | 熱機 | 電機 | 製圖 | 工廠管理 | 工業簿記 | 工業實習 | 工業參觀 | 軍訓 | 每週講授時數 | 每週製圖實習 | 合計 |
|---|---|---|---|---|---|---|---|---|---|---|---|---|---|---|---|---|---|---|---|---|
| 第一學年 上 | 一 | 二 | 三 | 三 | 三 | | 三 | 四 | | | | | 六 | | | 六 | | | 二五 | 一六 | 四一 |
| 第一學年 下 | 一 | 二 | 三 | 三 | 三 | | 三 | 四 | | | | | 六 | | | 六 | | | 二五 | 一六 | 四一 |
| 第二學年 上 | 一 | 二 | 三 | | | 三 | 三 | | 二 | 二 | 二 | 二 | 六 | | | 二〇 | | | 二六 | 一五 | 四一 |
| 第二學年 下 | 一 | 二 | 三 | | | 三 | 三 | | 二 | 二 | 二 | 二 | 六 | | | 二〇 | | | 二六 | 一五 | 四一 |
| 第三學年 上 | 三 | 二 | | | | | 三 | | 三 | 六 | 二 | | 四 | | 二 | 三 | 三 | 三 | 三〇 | | 四三 |
| 第三學年 下 | 三 | 二 | | | | | 三 | | 三 | 六 | 二 | | 四 | 二 | 〇 | 三 | | 三 | 三〇 | | 四三 |

民國三十五年八月二十九日教育處參教字第一九九三號代電頒

表五-一-4 民國35年高級工業職業學校機械科教學科目表

高級工業職業學校電機科教學科目及每週教學時數總表

| 學年／學期 | 三民主義 | 公民 | 國文 | 工業數學 | 外國語 | 體育 | 製圖 | 物理 | 機械工作法 | 機械構造 | 電工原理 | 交直流電機 | 電磁測定 | 通訊電學 | 輸配電學 | 選修科目 | 機械工廠實習 | 電機工廠實習 | 合計 |
|---|---|---|---|---|---|---|---|---|---|---|---|---|---|---|---|---|---|---|---|
| 第一學年 第一學期 | 二 | | 四 | 四 | 三 | 一 | 三 | 四 | 四 | | | | | | | | | 三 | 三七 |
| 第一學年 第二學期 | 二 | | 四 | 四 | 三 | 一 | 三 | 四 | 四 | | | | | | | | | 三 | 三七 |
| 第二學年 第一學期 | 一 | | 四 | 四 | 三 | 一 | 三 | | | 二 | 四 | 四 | 二 | | | | | 九 | 三七 |
| 第二學年 第二學期 | 一 | | 四 | 四 | 三 | 一 | 三 | | | 二 | 四 | 四 | 二 | | | | | 九 | 三七 |
| 第三學年 第一學期 | 一 | | 四 | 四 | 三 | | | | | | | | | 一 | 二 | 四－六 | | 一五 | 三七／三九 |
| 第三學年 第二學期 | 一 | | 四 | 四 | 三 | | | | | | | | | 二 | 三 | 四－六 | | 一五 | 三七／三九 |
| 備註 | | | | | | | | | （一）包括實驗 | | （二）可免授電學 | | | | | | | | |

民國三十九年十一月教育部頒

表五-一-5 民國39年高級工業職業學校電機科教學科目表

高級工業職業學校機械科教學科目及每週教學時數總表

| 學年 | 學期 | 三民主義 | 公民 | 國文 | 外國語 | 工業數學 | 體育 | 製圖 | 物理 | 工作法 | 機構學 | 應用力學 | 熱機概論 | 金屬材料 | 工作機械 | 機械設計原理 | 選修科 | 工廠實習 | 合計 |
|---|---|---|---|---|---|---|---|---|---|---|---|---|---|---|---|---|---|---|---|
| 第一學年 | 第一學期 | 二 | 四 | 四 | 三 | 一 | 三 | 四 | 四 | | | | | | | | | 三 | 三七 |
| 第一學年 | 第二學期 | 二 | 四 | 四 | 三 | 一 | 三 | 四 | 四 | | | | | | | | | 三 | 三七 |
| 第二學年 | 第一學期 | 一 | 四 | 四 | 三 | 一 | 五 | 四 | 二 | 三 | 二 | | | | | | | 九 | 三八 |
| 第二學年 | 第二學期 | 一 | 四 | 四 | 三 | 一 | 五 | 四 | 二 | 三 | 二 | | | | | | | 九 | 三八 |
| 第三學年 | 第一學期 | 一 | 四 | 四 | 三 | | 一 | | | | | | | 二 | 二 | 四 | 二 | 一五 | 三八／三六 |
| 第三學年 | 第二學期 | 一 | 四 | 四 | 三 | | 一 | | | | | | | 二 | 二 | 四 | 二 | 一五 | 三八／三六 |

備註：包括實驗

民國三十九年十一月 教育部頒

表五-一-6 民國39年高級工業職業學校機械科教學科目表

高級工業職業學校土木科教學科目及每週教學時數總表

| 學年 | 學期 | 三民主義 | 公民 | 國文 | 外國語 | 體育 | 物理 | 測量 | 製圖 | 美術 | 土木及建築材料學大要 | 應用力學 | 鐵筋混凝土 | 構造設計 | 施工法 | 營造業與營造法規 | 選修科 | 實習 | 合計 |
|---|---|---|---|---|---|---|---|---|---|---|---|---|---|---|---|---|---|---|---|
| 第一學年 | 第一學期 | 二 | 四 | 四 | 三 | 一 | 四 | 五 | 三 | 二 | | | | | | | | 九 | 三七 |
| 第一學年 | 第二學期 | 二 | 四 | 四 | 三 | 一 | 四 | 五 | 三 | 二 | | | | | | | | 九 | 三七 |
| 第二學年 | 第一學期 | 一 | 四 | 四 | 三 | 一 | 三 | 三 | 二 | 三 | 三 | 二 | | | | | | 九 | 三八 |
| 第二學年 | 第二學期 | 一 | 四 | 四 | 三 | 一 | 三 | 三 | 二 | 三 | 三 | 二 | | | | | | 九 | 三八 |
| 第三學年 | 第一學期 | 一 | 四 | 四 | 三 | 一 | 三 | | | | | | 五 | 四 | 二 | | 一～三 | 一五 | 三九／三七 |
| 第三學年 | 第二學期 | 一 | 四 | 四 | 三 | 一 | 三 | | | | | | 五 | 四 | 二 | | 一～三 | 一五 | 三九／三七 |

備註：物理包括實驗；構造設計、施工法包括實習；實習包括實習

民國三十九年十一月 教育部頒

表五-一-7 民國39年高級工業職業學校土木科教學科目表

表五-一-8 民國39年高級工業職業學校礦冶科教學科目表

| 學年 | 學期 | 三民主義 | 公民 | 國文 | 國語 | 外國語 | 工業數學 | 體育 | 製圖 | 機械工程概要 | 物理 | 化學 | 地質 | 測量 | 第一組選採礦 | 選礦 | 第二組選修科目相 分析化金 | 冶金 | 爐灶概論 | 金相 | 機械工廠實習 | 實習 | 合計 |
|---|---|---|---|---|---|---|---|---|---|---|---|---|---|---|---|---|---|---|---|---|---|---|---|
| 第一學年 | 第一學期 | 二 | | 四 | 四 | 三 | 一 | 三 | 三 | | 四 | 四 | | | | | | | | | | 九 | 三七 |
| 第一學年 | 第二學期 | 二 | | 四 | 四 | 三 | 一 | 三 | 三 | | 四 | 四 | | | | | | | | | | 九 | 三七 |
| 第二學年 | 第一學期 | | 一 | 四 | 四 | 三 | 一 | | | 四 | | 四 | | 五 | 四 | 六 | 三 | | | | | 三 | 三八 |
| 第二學年 | 第二學期 | | 一 | 四 | 四 | 三 | 一 | | | 四 | | 四 | | 五 | 四 | 六 | 三 | | | | | 三 | 三八 |
| 第三學年 | 第一學期 | | 一 | 四 | 四 | 三 | 一 | | | | | 三 | | 三 | 三 | 三 | | 五‑| | 五‑ | | 一‑ | 三七‑三九 |
| 第三學年 | 第二學期 | | 一 | 四 | 四 | 三 | 一 | | | | | 三 | | 三 | 三 | 三 | | 五‑ | | 五‑ | | 一‑ | 三七‑三九 |
| 備註 | | | | | | | | | | | 包括實驗 | | | | 包括實習 | | 包括實驗 | | | | | | |

表五-一-9 民國39年高級工業職業學校化工科教學科目表

高級工業職業學校化工科教學科目及每週教學時數總表

| 學年 | 學期 | 三民主義 | 公民 | 國文 | 國語 | 外國語 | 工業數學 | 體育 | 製圖 | 機械工作法 | 物理 | 化學 | 化工機械 | 分析化學 | 電氣工業化學 | 化學工業概要 | 選修科目 | 機械工廠實習 | 化學工廠實習 | 合計 |
|---|---|---|---|---|---|---|---|---|---|---|---|---|---|---|---|---|---|---|---|---|
| 第一學年 | 第一學期 | 二 | | 四 | 四 | 三 | 一 | 三 | 四 | 四 | 五 | | | | | | | 六 | | 三六 |
| 第一學年 | 第二學期 | 二 | | 四 | 四 | 三 | 一 | 三 | 四 | 四 | 五 | | | | | | | 六 | | 三六 |
| 第二學年 | 第一學期 | | 一 | 四 | 四 | 三 | 一 | | | 三 | | 六 | | | | | | 三 | | 三七 |
| 第二學年 | 第二學期 | | 一 | 四 | 四 | 三 | 一 | | | 三 | | 六 | | | | | | 三 | | 三七 |
| 第三學年 | 第一學期 | | 一 | 四 | 四 | 三 | 一 | | | | 四 | | 三 | 四‑ | 二‑ | | | 五‑ | | 三七‑三九 |
| 第三學年 | 第二學期 | | 一 | 四 | 四 | 三 | 一 | | | | 四 | | 三 | 四‑ | 二‑ | | | 五‑ | | 三七‑三九 |
| 備註 | | | | | | | | | | | 包括實驗 | | | 包括實驗 | | | | | 包括實驗 | |

民國三十九年十一月 教育部頒

## 第二節 單位行業時期（民國42-72年）

### 一、課程沿革 [145、146、147]

1. 民國42年2月教育部為檢討工業教育，舉行中美工業教育座談會，決定採行美國工業職業學校之「單位行業訓練」方式。民國72年至75年導入能力本位教學。

2. 民國42年開始政府實施五期「四年計畫」推動經濟建設，乃致力發展職業教育，此階段配合「以農業培養工業，以工業發展農業」為主軸，並積極擴充工、農兩類職業教育。

3. 民國43年將工業職業學校課程改採單位行業式（unit trade）之課程，加強職業學校學生專業技能之培養。

4. 民國44年秋選定臺北市立工職和新竹工職、彰化工職、嘉義工職、臺南工職、高雄工職、花蓮工職、臺中工職等七所省立工職，共八校為示範工職，辦理單位行業科實施教學訓練。課程架構仿照美國單位行業訓練方式設計，以兩人可輪流使用一套為準，使每人均可自己動手實習操作之機會，期使學生之技術可達熟練之境界。課程修訂每週教學時間，示範學校之工場實習時間增加至每週不少於十五小時，較前增加一倍。在美援資助下，增添設備，編製教材，研訂教法，共設機工、電工、鑄工、木模工、汽車修護工、板金工、管鉗工、電子修護工、木工、印刷工等十種單位行業科，以培養工業界所需要的行業技工。

5. 民國44年至56年八所示範學校設科，已增至十六科之多（機工、電工、鑄工、木模、製圖、電子修護、建築木工、板金工、電焊、電器修護、儀表修護、管鉗工、測量工、土木工、印刷工及化驗工），學生人數自每年1,086人增至9,877人，超過九倍。

---

[145] 省府教育廳（民88）：《臺灣工業職業教育五十年》，臺中，省政府。

[146] 臺灣省政府教育廳（民81d）：《臺灣省政府教育廳志第七卷職業教育篇》，第四章實施概況第七節 單位行業教學，國立中央圖書館。

[147] 教育部中部辦公室（民89）：《臺灣省教育發展史料彙編－職業教育補述篇》，臺中市，國立臺中圖書館。

6. 民國46年試辦「實用技藝中心」，民國49年正式推廣，選定部分職業學校附設「實用技藝訓練中心」，辦理各項短期技藝訓練。

7. 民國50年雙十節公布「職業學校課程標準」之修訂，普通學科佔30.7%，專業科目佔30.7%，實習佔38.6%。職業學校課程包括農、工、商、水產、護理助產及家事六類，共五十三個科別（高農十一科、高工二十四科、初工五科、高初商各一科、水產五科、護理助產四科、高初家事各一科），教學科目共達五百六十四種，並於五十四學年度起自一年級開始實施[148]。

8. 民國53年10月10日公布「工業職業學校課程新標準」，設科亦有調整，工業職業學校恢復設立初級部，分機械、電機、土木、紡織及化工五科。並設立五年一貫制，招收國民小學畢業生連續修業五年，取得高工畢業資格。

9. 民國53年正式頒佈「高級工業職業學校課程標準」，各教學科目比重約為一般科目佔30%，相關科目佔30%，實習科目佔40%，課程內容是一種以社會為中心的課程型態。

10. 民國57學年臺灣省四十所縣（市）立職業學校之中的三十六所，開始分三年改為省立，其中部分改制為省立高中兼辦職業類科。職業學校初級部及五年制，亦自57學年開始停止招生逐年結束[149]。而在國民中學課程中增列必修之工藝、家事、職業簡介等科目，以及農、工、商等職業選修科目[150]。

11. 民國62年教育部指定師範大學工教系負責研修工職課程標準，在民國63年修訂頒佈「高級工業職業學校課程標準」。而此次課程在教學時數比例上，一般科目佔30%，專業科目及相關科目佔20%，專業及相關實習科目佔50%。

[148] 李大偉、王昭明（民78）：《技職教育課程發展理論與實務》，臺北市，師大師苑。

[149] 教育部統計處（2022）：我國教育制度簡介。搜尋日期2022年3月16日，資料來源：https://stats.moe.gov.tw/files/ebook/Education_Statistics/104/104edu_app1.pdf

[150] 袁立錕（民72）：《工業教育學》，頁43～44，臺北，三民書局。

12. 民國63年2月、64年1月修正公布「工業職業學校課程及設備標準」。當時共設廿三科，隨後因應國家建設需求，逐漸增加至卅三科。

13. 民國63年公布新課程標準，其所訂之工業職業學校教育目標與53年之課程標準完全相同，未作修正，只是教學科目及教學大綱之更新，課程上普通學科佔31.6%，專業科目佔26.3%，實習佔42.1%。課程採取先廣後專及較具彈性之精神，前二年為實習基礎課程，第三年由學校彈性運用(可專精教學、建教合作)。

14. 民國65年5月7日修正之職業學校法，其修正的要點為：(1) 為提高國民素質，我國國民教育由六年延長為九年，兼以工商業高度發達，所需技術人才之素質相對提高，初級職業學校畢業生已無法適應工商界需求，初級職業學校亦無設立必要，故刪除之。(2) 原有法令規定，職業學校之設立以單科為原則，經修正為「以分類設立為原則，必要時得併設二類」（如工農或商工），以適應社會需求。(3) 職業學校修業年限，三年修正為二至四年，課程以實用為主，並加強實習，不復偏重理論之學習，期使學生畢業後，得以手腦並用，實際操作。(4) 九年國民教育實施之後，五年制職校已停辦，故將原法規中「招收小學畢業生或具有相當程度者，其修業年限為五年或六年」等字刪除。初級職業學校既經取消，則本法所稱職業學校，均為高級職業學校。(5) 增訂職業學校得設夜間部及推行建教合作條文，以拓展青年學習技能之機會，發揮職業教育之功能。(6) 增訂國立職業學校之設立條文（如國立復興戲劇學校、國立金門農工職業學校），以示政府重視職業教育，並為職業教育樹立楷模。(7) 本法所有修正或新增條文，均根據實際需要而訂定。

15. 民國65年5月7日修正之職業學校法，綜觀此次修訂具備下列五項特點：（省府教育廳，民88）(1) 刪除初級職業學校，並加強國中職業陶冶課程之教學。國民教育既已延長為九年，則初級職業學校已納入國中範圍。無繼續設立之必要，故予停辦。然為建立職業學校之基礎，故於第八條中規定，國民中學之職業科目與技藝訓練，應參照職業學校辦理。(2) 就戲劇學校作特殊規定。一班職業學校入學資格，均須國中或初中畢業，經入學試驗及格，並規定修業年限為二至四年，然為顧及戲劇職業學校之特殊情形，乃於第四條規定其不受資格、年齡及修業年限之限制。(3) 設立夜間部及推行建教合作。增訂條文（第五

條、第九條），規定職業學校得設夜間部及推行建教合作，以擴大職業教育範圍，配合社會需要。(4) 教學科目以實用為主。為使學生確能手腦並用，且學有專精，故於第八條中規定職業學校之教學科目應著重實用，並應加強實習與實驗。(5) 設置技術及專業教師。為配合職業學校之需要，第十一條規定得設置技術及專業教師，遴選富有實際經驗之人員，擔任專業或技術科目之教學，並授權教育部訂定辦法，俾資依據。

16. 民國71年教育廳進行能力本位教育實驗教學，先後於72、73及74學年度，分別於新竹高工等三十所學校，臺中高工等二十六所學校及海山高工等四十六所學校，辦理能力本位教育實驗教學研討會（觀摩會）。

## 二、教育宗旨與教育目標 [151、152、153]

　　單位行業課程之教育目標有下列四點：(一) 培養青年為工業基層技術人才，以配合國家建設需要。(二) 傳授各類行業之實用知識與熟練技能，以增進工業生產能力。(三) 養成青年之服務精神與領導能力，以促進工業社會之發展。(四) 建立工業學校為當地工業社會之建教中心，以增進職工之技能。

　　據此，將單位行業課程之教育目標一併說明如下：

1. 民國53年教育部公布「農業、工業、商業、水產、護理助產暨家事職業學校課程標準實施辦法」，重訂職業教育總體目標為：「培養並增進青年實用之職業知識、技能及服務道德，以配合國家發展、經濟建設、人力資源之需求。」並確立工業職業學校教育目標為：(1) 培養青年為工業基層技術人才，以配合國家建設需要。(2) 傳授各類行業之實用知識與熟練技能，以增進工業生產力量。(3) 養成青年之服務精神與

151 省府教育廳（民88）：前引書。

152 臺灣省政府教育廳（民81d）：前引書。

153 教育部中部辦公室（民89）：前引書。

領導能力，以促進工業社會之發展。(4) 建立工業學校為當地工業社會之建教中心，以增進職工之技能。

2. 民國53年10月10日公布「工業職業學校課程標準」，對於職業學校之教育目標規定為：「職業教育之目標在培養並增進青年實用知職業知識、技能及服務道德，以配合國家發展經濟建設、人力資源之需求。」

3. 民國62年至63年間，教育部依次完成並公布再度修訂之高級工業職業學校之課程標準中，教育目標亦調整為：(1) 培養青技術年為工業基層技術人才，以配合國家建設需要。(2) 傳授各類行業之實用知識與熟練技能，以增進工業生產能力。(3) 養成青年之服務精神與領導能力，以促進工業社會之發展。(4) 建立工業學校為當地工業社會之建教中心，以增進職工之技能。

4. 民國63年至66年臺灣省職業教育中期發展方針：(1) 提高高職入學學生比例，以高中改辦職業科班為原則。(2) 賦予各職業學校設置科班充分的彈性，並配合產業及技術結構變化，增加新科別，或原有科別於三年級時予以分組。(3) 各職業學校應具特色，其所開辦之科組，應配合當地需要，以地方主要產業為該校之發展重點。(4) 都市地區之職業學校採專業化，以一類為原則；鄉間地區則採多元化，建立地區性職業學校，開辦各種類別課程。(5) 為使公私立職業學校均衡發展，日後公立職業學校，應以辦理經濟發展急需，且設備投資高昂之科組為重點，至於一般科組，則可委由私校辦理。(6) 為確保各職業學校之教學水準，並配合內政部頒佈之技能檢定及發證制度，實施畢業生技能檢定。(7) 個別生產事業單位所需特殊技術人力，則採擴大各種建教合作班之方式辦理。(8)配合工商企業技藝進展及就業人力素質之變遷，繼續實驗及發展階梯教學新課程，並視其成效予以推廣。(9) 政府編列充分預算，充實公立職業學校設備，並輔導私立學校，改善其教學設施。(10) 各類職業學校應重視研究發展。(11) 及推廣工作，並將研究、教學與推廣結為一體，繼續辦理各種教育實驗班。(12) 擴大辦理各科專業教師師資在職進修計畫，以改善教學效果，提高教師素質。(13) 建立職業教育與技術教育銜接之體系，俾便職校學生進修。(14) 建立示範性職業學校設科規畫研究，加強在職師資訓練，實施新課程標準，推廣建教合作班。

5. 民國65年公布之「職業學校法」其第一條為：「職業學校依中華民國憲法第一百五十八條之規定，以教授青年職業智能，培養職業道德，養成健全之基層技術人員為宗旨」，民國67年公布新職業學校規程，此時之職業教育規程較強調職業準備教育，而將一般公民教育列為較次要之目標。

6. 民國67年9月修正公佈的職業學校規程第二條規定：「職業學校為實施職業教育之場所」，依本法（職業學校法）第一條之規定，實施下列各項教育與訓練：（一）充實職業知能，（二）增進職業道德，（三）養成勞動習慣，（四）陶冶公民道德，（五）鍛鍊強健體格，（六）啟發創業精神。

7. 臺灣省職業教育長期發展目標（63年至73年）：職業教育之重點在充實專業及相關知識、訓練基礎及行業技能、培養勞動及安全習慣、陶冶敬業樂群之精神、啟發追求真善美之理想。(1) 建立職業平等之正確觀念，重視職業教育之價值，使職業教育成為人人樂於接受之教育。(2) 其招生入學人數，預計至七十二學年度時，高職與高中之比例為七比三。

8. 民國70年12月完成課程標準修訂草案。

## 三、教學科目與時數

這段時期因為高級職業學校施行單位行業制，除了傳統的機械、電機、化工、土木及礦冶五科外，陸續增設二十餘科，而且安排的教學科目與時數也時有變動，下面就以民國53年施行的科目表(附表五-二-1)作簡要的說明：

屬施行單位行業制的科組施行的科目有三類：1.「相關數學」(代數、三角、解析幾何，每週共20小時；機工科另加平面幾何)；2.「相關科學」(每週共約30小時)；3.「實習」(每週90小時)。傳統的科組施行的科目與上一時期大致相同。不論屬施行單位行業制的科組或傳統的科組，普通科目都相同，有三民主義(4)、公民(8)、國文(30)、外國文(12-18)、體育(6)和軍訓(12)六科目。(括弧內的數字表示每週上課的時數。

在實施九年國民教育之前，初級工業職業學校至多設有機械、電機、土木、紡織、化學等五科，各科的科目表如附表五-二-2所示。

民國63年施行的高級職業學校科目表(附表五-二-3)不再分相關數學、相關科學和實習三類，而是改為「專業科目」及「普通科目與相關科目」二類。普通科目與相關科目包括三民主義(4)、公民(8)、國文(24)、外國文(12)、體育(6)、軍訓(12)、數學(12-20)和物理(6)等八科目。

(二) 初級工業職業學校各科教學科目及每週教學時數表（括弧內數字係學年每週小時數）（民國五三年）

| 科別 / 教學科目及每週教學時數 | 機械科 | 電機科 | 土木科 | 紡織科 | 化學科 | 普通科目 |
|---|---|---|---|---|---|---|
| | 1.製圖(12) | 1.製圖(6) | 1.製圖(12) | 1.製圖(8) | 1.製圖(6) | 1.公民(12) |
| | 2.機械大意(8) | 2.電工大意(12) | 2.測量(8) | 2.機紡(8) | 2.小工藝品製造(6) | 2.國文(36) |
| | 3.機械工作法(6) | 3.電磁測定(4) | 3.施工法(6) | 3.機織(8) | 3.工業化學大意(8) | 3.外國語(24) |
| | 4.實習(24) | 4.應用電學(4) | 4.實習(24) | 4.染整(4) | 4.分析化學大意(6) | 4.歷史(10) |
| | | 5.實習(24) | | 5.實習(24) | 5.實習(24) | 5.地理(10) |
| | | | | | | 6.算術(4) |
| | | | | | | 7.代數(8) |
| | | | | | | 8.幾何(12) |
| | | | | | | 9.博物(6) |
| | | | | | | 10.生理衛生(4) |
| | | | | | | 11.物理(8) |
| | | | | | | 12.化學(8) |
| | | | | | | 13.音樂(2) |
| | | | | | | 14.體育(6) |
| | | | | | | 15.童訓(6) |
| | | | | | | 16.美術(4) |

表五-二-2 民國53年初級工業職業學校各科教學科目表

（三）高級工業職業學校各科教學科目及每週教學時數（括弧內數字係學年每週小時數） （民國五十三年）

| 科別 | 教學科目及每週教學時數 |
|---|---|
| 機工科 | 1.場 工 實 習(22) 2.相關數學、機械物理(33)、幾何、三角、代數、解析 機械學、輪電、電工、流體力學、熱工、科學、機械設計(8)、工學、應用力學、材料力學 3.識圖製圖(8) 4.實 習(60) |
| 電工科 | 1.相關數學(33)、幾何、三角、代數、解析 2.相關物理、電機學(22)、輪電、磁性科學、交流、直流電原理 3.識 圖(12) 4.實 習(60) |
| 電子設備修護科 | 1.相關數學(33)、幾何、三角、代數、解析 2.相關物理、電子機械(22)、動真空工、定自原、設備電工、磁原理 3.識 圖(12) 4.實 習(60) |
| 電器修護科 | 1.相關數學(33)、幾何、三角、代數、解析 2.相關物理、電機學(22)、流、用程、電學、用電工、大機直應工、直程家工意 3.識 圖(6) 4.實 習(60) |
| 汽車修護科 | 1.相關數學(33)、幾何、三角、代數、解析 2.相關物理、機力、學(22)、機力、用程、電學、車、汽柴油原引理處料 3.識 圖(6) 4.實 習(60) |
| 家具木工科 | 1.相關數學(40)、幾何、三角、代數 2.相關材料科、木材料科、材料學、家具工料、設機、塑工意、像機械 3.識 圖(15) 4.實 習(60) |
| 印刷工科 | 1.相關數學(40)、幾何、三角、代數 2.印刷料學、色化理、印刷科學、印刷機械、接意字、氧氣料 3.製 圖(6) |
| 板金工科 | 1.相關科學(40)、幾何、三角、代數 2.相關工業理科、材料學、應機、材料力、應 3.識圖製圖(6) |
| 木模科 | 1.相關數學(33)、幾何、三角、代數、解析 2.木模用木材、木模力學、材料科學、熱機、應 3.識圖製圖(8) |
| 鑄工科 | 1.相關數學(33)、幾何、三角、代數、解析 2.造相關機構科、鑄機、材料學、熱機、應 3.識圖製圖(8) |
| 鉗接科 | 1.相關數學(33)、幾何、三角、代數、解析 2.相關大學工理科、管工學、金應用力材 3.製 圖(8) |
| 熔接科（二年制） | 1.相關數學(33)、幾何、三角、代數、解析 2.相關熔物物理、焊物料科、學、金屬應用力材 3.製 圖(8) |
| 管鉗科 | 1.相關數學(33)、幾何、三角、代數、解析 2.相關工理科(34)、應用材料力學、工材料力、管材電鉗材料 3.製 圖(8) |

| 科別 | |
|---|---|
| 建築工科 | 1.相關數學(33)、幾何、三角、代數、解析 2.相關物理、房材料科、材用料力、建築學、造築料料、凝建材、土築料應 3.製 圖(8) |
| 製圖科（機械組） | 1.製圖實習(60) 幾何、三角、代數、解析 2.相關物理、機械電科理科、設大機、熱工力、論材料力 3.工場實習(8) |
| 製圖科（建築組） | 1.相關數學(33)、幾何、三角、代數、解析 2.混凝土、材用料力、房屋建築、設計大機、造築料應 3.工場實習(8) |
| 儀錶修護科 | 1.製圖實習(60) 幾何、三角、代數、解析 2.儀錶物理、電科學、電材料科、論材料 3.化學(4) |
| 化驗科 | 1.工業化學(6) 4.製 圖(6) 7.分析化學(19) 2.物 理(4) 5.無機化學(6) 8.化學品製造(6) 3.化學計算(4) 6.有機化學(6) 9.理論化學(4) 生 物(4) |
| 機械科 | 1.數 學(19) 4.工作法(6) 7.應用力學(6) 2.物 理(4) 5.金屬材料(4) 8.材料力學(6) 3.電工學(4) 6.機構學(6) 9.機械製造(6) 10.熱機概論(6) 11.幾械設計大意(8) 12.電工學(4) 總實習(40) |

| 科別 | |
|---|---|
| 電機科 | 1.數 學(19) 4.機械工作法(4) 7.直流電機(6) 2.物 理 5.電機原理 8.交流電機 3.製 圖 6.機械學 9.交流電機(6) 10.輪配電學 11.電機實習(6) 12.無線電修護學(6) |
| 測量科 | 1.數 學(19) 4.測量學(8) 7.測量實習 2.物 理 5.製 圖 8.土工法 3.應用力學 6.材料力學 9.測量平差法(4) 10.測量定(8) 11.營造工程(4) 12.金屬材料學 13.測量實習 14.測量實習(12) |
| 土木工科 | 1.數 學 4.製 圖 7.應用力學(6) 2.物 理 5.測量學 8.工程材料(4) 3.地質學(2) 6.材料力學 9.鋼筋混凝土 10.測量實習 11.營造法規 12.結構學 13.工程實習 14.道路工程(8) 15.工場實習(12) |
| 採礦工科 | 1.數 學 4.製 圖 7.應用力學(6) 2.物 理 5.礦物學(6) 8.坑內支柱(4) 3.化 學 6.採煤學 9.礦物試驗(4) 10.採礦學(6) 11.礦山機械(4) 12.金屬礦床法(4) 13.選礦場設計實習 14.礦山災變預防 15.相關測量實習(3) 22.坑內測量實習 23.礦山機械實習(4) 24.選礦實習(6) |
| 紡織科 | 1.數 學 4.化 學(6) 7.機織學(6) 2.物 理 5.紡織原理 8.紡織學 3.棉 紡 6.紡織組合與分析(4) 9.紡織機械 10.工廠管理(2) 11.紡織試驗(6) 12.織 印(6) 13.梁(4) |
| 電訊科 | 1.數 學(19) 4.製 圖 7.內燃機概要(2) 2.幾 何(4) 5.無線電學 8.內燃機 3.三 角 6.電晶體學(4) 9.電訊法規及譯電(2) 10.通訊製圖(4) 11.實 習(50) |
| 伐木機械科 | 1.數 學 4.製 圖 7.應用幾何(4) 2.幾 何(4) 5.內燃機 8.解析幾何(4) 3.三 角 6.應用工程學(4) 9.伐木機械學(4) 10.森林學(4) 11.木材機械學(4) 12.內燃機(6) 13.道路工程(4) 14.伐木(4) 15.測量學(4) 16.森 林(16) 17.製 圖 18.營造法規 19.材料科(4) 20.木 材(8) 21.集 材 22.木 材(16) |
| 普通科目 | 1.三民主義 4.外國文(32)(35) 2.代 數(8) 5.公民(5) 6.軍 訓(32) 3.幾 何(14) 體 育(5) 國 文 製 圖 鉗 工(8) |

表五-二-1 民國53年高級工業職業學校各科教學科目表

## (廿) 高級工業職業學校各科教學科目及每週教學時數表（括弧內數字係學年每週小時數）（民國六三年）

| 科別 | 教學科目 |
|---|---|
| 電工科 | 1.電工原理(6) 2.電儀表(4) 3.電工機械(10) 4.輪配電學(4) 5.基本電學(2) 6.工業電子學(2) 7.選修科目(8)~(16) 8.電子學(9) 9.電工實習(84) |
| 電子設備修護科 | 1.基本電學(6) 2.電子學(6) 3.識圖與製圖(12) 4.電子儀表(6) 5.電子電路(6) 6.電視學(3) 7.自動控制(4) 8.彩色電視學(4) 9.電子識圖(12) 10.選修科目(8)~(16) 11.選修科目(6)~(14) |
| 電器冷凍修護科 | 1.電工原理(6) 2.機械大意(4) 3.電工機械(4) 4.冷凍空調工程(12) 5.冷凍空調之自動控制(4) 6.識圖與製圖(6) 7.電器冷凍修護(92) 8.選修科目(8)~(16) |
| 汽車修護科 | 1.汽車原理(8) 2.汽車電學(4) 3.汽車柴油引擎(4) 4.力學(4) 5.機構學(4) 6.汽車材料學(2) 7.識圖與製圖(6) 8.汽車修護實習(84) 9.選修科目(6)~(24) |
| 飛機修護科 | 1.航空材料(4) 2.應用力學(4) 3.航空學概論(6) 4.電工原理(4) 5.飛機電學概論(6) 6.飛機學概論(6) 7.識圖與製圖(10) 8.識圖與製圖(10) 9.專業實習(84) |
| 家具木工科 | 1.家具科目：①概論及家具材料(6) ②塗裝(2) ③結構及配件(2) ④家具設計(6) 2.木工機具(8) 3.識圖與製圖(18) 4.木工實習(80) 5.選修(16) |
| 印刷科 | 1.化學(6) 2.印刷工業概論(6) 3.印刷攝影學(6) 4.照相製版材料(8) 5.照相製版學(8) 6.印刷材料(4) 7.印刷機械(8) 8.識圖與製圖(6) 9.印刷設計(6) 10.印刷實習(84) 11.選修科目(6)~(14) |

表五-二-3 民國63年高級工業職業學校各科教學科目表-A

| 科別 | 教學科目 |
|---|---|
| 機械木模科 | 1.木模學(4) 2.木模材料學(2) 3.機械結構與設計(8) 4.鑄工大意(2) 5.應用力學(2) 6.材料力學(2) 7.識圖與製圖(20) 8.木模實習(84) 9.識圖與製圖(18) 10.電工實習(4) 11.選修科目(8)~(16) 12.選修科目(4)~(12) |
| 鑄工科 | 1.鑄工學(4) 2.鑄工大意(4) 3.鑄工(4) 4.工業力學(4) 5.鑄工化驗(6) 6.金工實習(2) 7.木模實習(4) 8.鑄工實習(84) 9.識圖與製圖(18) 10.電工實習(2) 11.木模實習(2) 12.選修科目(4)~(12) |
| 配管科 | 1.建築材料(4) 2.建築製圖(8) 3.配管學(8) 4.工業力學(8) 5.焊接學(4) 6.工業安全衛生(2) 7.材料力學(4) 8.專業實習(42) 9.識圖與製圖(18) 10.選修科目(8)~(8) |
| 建築科 | 1.建築學(8) 2.建築製圖(8) 3.工業圖(14) 4.水電實習(6) 5.工地實習(6) 6.建築素描 7.施工估價實習(14) 8.施工圖(一)(12) 9.施工圖(二)(14) |
| 建築製圖科 | 1.建築學(22) 2.測量實習(8) 3.建築實習 4.造型實習(22) 5.應用力學(4) 6.測量實習(10) 7.施工估價實習(14) 8.選修科目(8)~(16) 9.建築實習 |
| 機械製圖科 | 1.工業材料(4) 2.機械工作法 3.工業圖 4.基本製圖(20) 5.施工圖(一)(12) 6.施工圖(二) 7.機械概論(8) 8.機械設計大意(2) 9.機械製圖實習(84) 10.建築製圖(一)(12) 11.建築製圖(二)(14) 12.選修科目(8)~(16) |
| 儀錶修護科 | 1.儀錶材料(4) 2.機構學(6) 3.基本儀錶學(8) 4.應用儀錶學(10) 5.自動控制(6) 6.電工原理(4) 7.電子學(4) 8.識圖與製圖(12) 9.鐘錶實習(24) 10.選修科目(6)~(12) |
| 化工科 | 1.生物(4) 2.無機化學(9) 3.有機化學(9) 4.機械大意(2) 5.電工大意(2) 6.分析化學(4) 7.電工學(4) 8.識圖與製圖(4) 9.有機化學(9) 10.工業儀錶實習(24) 11.物理實驗(6) 12.選修科目(8)~(16) 13.電工實習(6) 14.電子實習(6) 15.選修科目(8)~(16) |

表五-二-3 民國63年高級工業職業學校各科教學科目表-B

## 表五-二-3 民國63年高級工業職業學校各科教學科目表-C

| 染整科 | 土木測量科 | 美術工藝科 | 電訊科 | 化工科 |
|---|---|---|---|---|
| 1.實用電工(4) | 1.測量學(4) | 1.美術工藝概論(2) | 1.電工學(6) | 7.化工機械(6) |
| 2.機構學(4) | 2.機構學(4) | 2.工藝材料科學(4) | 2.電工原理(6) | 8.工業儀器(3) |
| 3.化學(4) | 3.工程測量(4) | 3.藝術史(2) | 3.通訊電學(4) | 9.品質管制(3) |
| 4.有機化學(4) | 4.都市計畫定樁測量(36) | 4.人體工學(2) | 4.電工原理(6) | 10.工業分析(4) |
| 5.紡織學(4) | 5.應用力學(3) | 5.工藝材料科學(4) | 5.電子學(8) | 11.化工材料(4) |
| 6.織維製品檢驗(4) | 6.材料力學(4) | 6.色彩(4) | 6.電訊實習(98) | 12.物理化學(6) |
| 7.紡織學(8) | 7.土木施工法(4) | 7.人體工學(2) | 7.電視學(4) | 13.工業化學(10) |
| 8.紡織織維學(4) | 8.識圖與製圖(8) | 8.基本設計(12) | 8.選修科目(8)~(20) | 14.識圖與製圖(6) |
| 9.圖案設計(4) | 9.土木測量實習(54) | 9.素描(18) | | 15.無機化學實驗(9) |
| 10.有機理化(4) | 10.道路工程(4) | 10.圖學(4) | | 16.有機化學實驗(9) |
| 11.分析化學(4) | | 11.攝影(4) | | 17.分析化學實驗(6) |
| 12.工業安全衛生(2) | | 12.木竹工藝(4) | | 18.工業分析實驗(12) |
| 13.練漂學(6) | | 13.編織工藝(4) | | 19.工業化學實驗(6) |
| 14.染色學(10) | | 14.塑膠工藝(4) | | 20.工業化學實驗(9) |
| 15.工業整理加工(4) | | 15.印刷設計(4) | | |
| 16.識圖與製圖(6) | | 16.插畫(4) | | |
| 17.練漂實習(14) | | 17.國畫(6) | | |
| 18.染色實習(24) | | 18.水彩(6) | | |
| 19.織物整理加工實習(8) | | 19.油畫(6) | | |
| 20.選修科目(4)~(12) | | 20.雕塑(6) | | |
| | | 21.商業美術設計(4) | | |
| | | 22.電視美術(4) | | |
| | | 23.室內設計(4) | | |
| | | 24.裝飾工藝(4) | | |
| | | 25.金屬工藝(4) | | |
| | | 26.陶瓷工藝(4) | | |
| | | 27.景觀設計(4) | | |
| | | 28.專題設計(8) | | |
| | | 29.選修科目(4) | | |

## 表五-二-3 民國63年高級工業職業學校各科教學科目表-D

| 紡織科（機紡組） | 紡織科（機織組） | 紡織科（針織組） | 礦冶科（採礦工組） | 礦冶科（金屬工業組） | 普通及相關科目 |
|---|---|---|---|---|---|
| 1.化學(4) | 1.化學(4) | 1.化學(4) | 1.地質礦床學(2) | 1.化學(6) | 1.三民主義(4) |
| 2.實用電工(4) | 2.實用電工(4) | 2.實用電工(4) | 2.普通採礦學(4) | 2.金屬材料(4) | 2.公民(8) |
| 3.機構學(4) | 3.機構學(4) | 3.機構學(4) | 3.礦物岩石學(4) | 3.應用力學(4) | 3.國文(24) |
| 4.紡織織維學(4) | 4.紡織織維學(4) | 4.紡織織維學(4) | 4.測量學(4) | 4.材料力學(2) | 4.外國文(12) |
| 5.紡織維學(4) | 5.紡織製品檢驗(4) | 5.織維製品檢驗(4) | 5.礦床學(4) | 5.金屬冶金學(4) | 5.體育(6) |
| 6.機構學(4) | 6.織維理化(4) | 6.工業安全衛生(2) | 6.採煤學(4) | 6.非鐵冶金學(4) | 6.軍訓(12) |
| 7.工業安全衛生(2) | 7.紡織學(4) | 7.紡織織維學(4) | 7.識圖與製圖(4) | 7.電工原理及實習(8) | 7.數學(12)~(20) |
| 8.紡織學(26) | 8.織維製品檢驗(4) | 8.經編針織學(4) | 8.地質礦床實習(4) | 8.工廠實習(8) | 8.物理（美術工藝科無）(6) |
| 9.紡紗實習(26) | 9.識圖與製圖(4) | 9.針織物設計及分析(4) | 9.普通化學及實驗(12) | 9.識圖與製圖(12) | |
| 10.識圖與製圖(10) | 10.染整實習(8) | 10.紡織學(8) | 10.機電原理及實習(12) | 10.金相學及實習(4) | |
| 11.織維理化(4) | 11.織布實習(4) | 11.成衣加工(4) | 11.分析化學及實驗(12) | 11.材料試驗(4) | |
| 12.紡紗實習(44) | 12.織布實習(44) | 12.識圖與製圖(4) | 12.測量實習(6) | 12.鑄造學及實習(10) | |
| 13.選修(6)~(14) | 13.選修(6)~(14) | 13.染整實習(8) | 13.識圖與製圖(12) | 13.分析化學及實驗(12) | |
| | | 14.緯編針織實習(26) | 14.選礦學及實習(8) | 14.熱處理及實習(8) | |
| | | 15.經編針織實習(26) | 15.普通採礦實習(6) | 15.選礦學及實習(8) | |
| | | 16.選修(6)~(14) | 16.礦物岩石實習(8) | 16.電化冶金學及實習(12) | |
| | | | 17.採礦實習(18) | 17.金屬加工及實習(10) | |
| | | | 18.礦山測量實習(8) | 18.物理冶金實驗(6) | |
| | | | 19.礦山保安實習(16) | 19.選修科目(8)~(16) | |

**民國七十五年教育部所公布工業職業學校土木建築群建築科甲乙類課程之教學科目及每週教學節數對照表**

**工業職業學校土木建築群建築科（甲）教學科目及每週教學節數表**

| 科目類別 | 科目名稱 | 節數 | 備註 |
|---|---|---|---|
| 一般科目 64節(28.8%) | 三民主義 | 4 | |
| | 社會科學概論 | 8 | 含公民、倫理道德、中國史地、法律常識、應加強職業服務道德之培養 |
| | 國文 | 20 | |
| | 英語 | 12 | |
| | 音樂、美術 | 2 | 音樂、美術任選一學年或各選一學期 |
| | 體育 | 6 | |
| | 軍訓 | 12 | |
| 專業基礎科 32節(14.4%) | 數學 | 16 | |
| | 物理 | 8 | |
| | 化學 | 4 | |
| | 土木建築工程概要 | 4 | |
| 專業科目 35節(15.8%) | 工程材料 | 4 | |
| | 工程安全衛生 | 2 | |
| | 工程力學概要 | 6 | |
| | 機電設備 | 2 | |
| | 建築設備 | 4 | |
| | 施工估價 | 4 | |
| | 鋼筋混凝土 | 4 | 含實習 |
| | 結構學 | 4 | |
| 實習選修科目 60節(27.0%) | 工程圖學 | 6 | |
| | 建築製圖 | 16 | 含實習 |
| | 測量實習 | 30 | 含實習 |
| | 普建法規 | 8 | |
| | 房屋構造 | 3 | 含實習 |
| | 建築素描 | 3 | 含實習 |
| | 材料試驗 | 3 | 含實習 |
| | 施工規劃及控制概要 | 4 | 含實習 |
| | 專題製圖 | 4 | 含實習 |
| | 工程測量 | 4 | 含實習 |
| | 計算機應用 | 4 | |
| 共同 19節(8.6%) | 其他（至少應授） | 19 | 表列各選修科目節數，各校得酌予增減 |
| 活動 12節(5.4%) | 班會 | 6 | 含週會 |
| | 團體活動 | 6 | |
| | 總計 | 222 | |

各學年每週節數：第一學年上 37、下 37；第二學年上 37、下 37；第三學年上 37、下 37

表五-二-3 民國63年高級工業職業學校各科教學科目表-E

---

**工業職業學校建築科（乙）教學科目及每週教學節數表**

| 科目類別 | 科目名稱 | 節數 | 備註 |
|---|---|---|---|
| 一般科目 64節(28.8%) | 三民主義 | 4 | |
| | 社會科學概論 | 8 | 含公民、倫理道德、中國史地、法律常識、原加強職業服務道德之培養 |
| | 國文 | 20 | |
| | 英語 | 12 | |
| | 音樂、美術 | 2 | 音樂、美術任選一學年或各選一學期 |
| | 體育 | 6 | |
| | 軍訓 | 12 | |
| 專業基礎科 30節(13.51%) | 數學 | 16 | |
| | 物理 | 8 | |
| | 化學 | 4 | |
| | 計算機概論 | 4 | |
| 專業科目 22節(9.9%) | 房屋構造 | 2 | |
| | 材料材料 | 3 | |
| | 應用力學（靜力學） | 3 | |
| | 結構學 | 4 | |
| | 鋼筋混凝土 | 4 | |
| | 營造概要 | 2 | |
| | 建築法規 | 4 | |
| 實習選修科目 88節(39.6%) | 建築製圖 | 36 | 同甲類建築科 |
| | 營造實習 | 26 | 同甲類土木施工科 |
| | 測量實習 | 6 | 同甲類土木施工科 |
| | 施工估價實習 | 8 | 同甲類土木施工科 |
| | 計算機應用 | 12 | 同甲類建築科 |
| | 營建工程管理 | 4 | 同甲類土木建築群 |
| | 其他 | 2 | |
| 共同 6節(2.71%) | 至少應授 | — | |
| 活動 12節(5.4%) | 班會 | 6 | 含週會 |
| | 團體活動 | 6 | |
| | 總計 | 222 | |

各學年每週節數：第一學年上 37、下 37；第二學年上 37、下 37；第三學年上 37、下 37

表五-二-3 民國63年高級工業職業學校各科教學科目表-F

## 第三節 能力本位教學時期（民國72-75年）[154、155、156]

　　能力本位教育，又稱為素養導向教育，起源於1967年由美國聯邦教育署研究局所倡導，是一種對傳統教育方式的改革，推廣最主要受績效要求運動、改革教學重量不重質呼聲、教學方式改變、注重學生個人發展、系統科學發展的結果等因素所興起的背景。[157]

### 一、背景與沿革

1. 民國71年頒佈「臺灣省高級中等學校能力本位教育實施要點」（教育廳71.10.7教三字第08943號函）。

2. 能力本位教育之進程：1.71學年起選定九所學校辦理機工科及農機科實驗；2. 71年12月，指定學校規畫化工科等三十個類科實施能力本位教育。

### 二、課程內涵

　　能力本位職業教育具有明確的目標導向、以行為目標敘寫教學目標、學習要適應學生個別差異、效果評量為合格／不合格、課程採用自學教材與輔助教具、重視學生補救教學、導入協同教學法等特質。[158]

　　能力本位時期的教育目標並未作修訂，仍沿用民國63年公布新課程標準所訂之工業職業學校教育目標。

167

第五章 • 課程變革

---

[154] 省府教育廳（民88）：《臺灣工業職業教育五十年》，臺中，省政府。

[155] 臺灣省政府教育廳（民81e）：《臺灣省政府教育廳志第七卷職業教育篇》，第四章實施概況第五節　課程(含能力本位)，國立中央圖書館。

[156] 教育部中部辦公室（民89）：《臺灣省教育發展史料彙編–職業教育補述篇》，臺中市，國立臺中圖書館。

[157] 楊朝祥（民74b）：《技術職業教育理論與實務》，頁60-62，臺北市，三民書局。

[158] 黃孝棪（民73）：《能力本位職業教育》，林清山、陳陷陞校正，頁2-11。臺北市：正文書局。

### 三、執行情形

1. 民國71年教育廳進行能力本位教育實驗教學之教學觀摩：(1) 校內教學觀摩會，工職校內無論普通科目、專業科目等各科皆成立教學研究會，教學研究會每年或每學期舉辦教學觀摩會。(2) 校際教學觀摩會。

2. 民國72年起教育廳進行能力本位教育實驗教學，先後於72、73及74學年度，分別於新竹高工等三十所學校，臺中高工等二十六所學校及海山高工等四十六所學校，辦理能力本位教育實驗教學研討會（觀摩會）。

3. 民國75學年度除繼續辦理專業科目之教學觀摩會外，另增加國文、英文、三民主義、數學、理化及資訊等基礎學科之教學研究會，且每年持續的辦理。78學年度，高職工科教材教法研討會。

### 三、教學科目與時數

　　這一時期約為工職教育改進期（民國68-79年）的中段，各科組的課程仍沿用63年公布的新課程標準。惟教育廳先後推行能力本位教育實驗教學之教學觀摩及實驗教學，在數十所學校辦理能力本位教育實驗教學研討會或觀摩會。

# 第四節 群集課程時期（民國75-87年）[159、160、161]

## 一、課程沿革

群集職業教育課程是以學生的職業準備為目的，故包括職業試探、職業準備二部分。並具有提供學生較大的行業選擇彈性、提供學生較大的就業變動能力。[162]。故群集課程的設計為先廣後專，一年級為基礎教育，二年級為專業教育，三年級為專精教育。並加強基礎學科及外國語文，以增進工職學生學習科技新知及技術之基本能力。[163]

群集課程之課程結構大致有如下之共同特色：(1) 一年級均為修習職業群之基本能力課程，二年級再依開設科別設置專業課程，第三年則以各科專經課程，再輔以專精選修課程。其架構建立在先廣後精的群集觀念上。(2) 實習課程一年級著重在基礎技能之培養，二年級為各科基本技能之訓練，三年級再深入養成各科入行實用技能，使實習課程具有連貫之特性。(3) 各群均開列較多之選修課，可依學生之意願及學校之師資設備選開課程，使各校發展更具特色。(4) 各群課課程之構成均注意到先後的連貫性與一致性。(5) 各群之甲類課程加強基礎學科知識之培育，乙類課程著重於專業技術的養成。

工業職業學校課程共分為二十四科，其各科以兼顧文化陶冶、人文素養、博雅教育並著重專業基礎知識與基本技能，培養相關實務工作的能力規劃。課程內容兼顧養成學生就業與繼續進修的能力，除包括本國語文、外國語文、數學、自然、社會、藝術、生活、體育及活動等九大類基礎領域，可依學校特色依部定及校定兩部分開設必選修科目。

[159] 省府教育廳（民88）：《臺灣工業職業教育五十年》，臺中，省政府。

[160] 臺灣省政府教育廳（民81f）：《臺灣省政府教育廳志第七卷職業教育篇》，第四章實施概況第五節課程(含群集課程實驗)。國立中央圖書館。

[161] 教育部中部辦公室（民89）：《臺灣省教育發展史料彙編－職業教育補述篇》，臺中市，國立臺中圖書館。

[162] 楊朝祥（民74b）：《技術職業教育理論與實務》，頁60-62，臺北市，三民書局。

[163] 楊朝祥（民74c）：前引書，頁86-90。

群集課程之類科規範，係依據職業領域的分類以及我國工業發展政策，參考行政院經建會72年1月所提出工職類科歸併建議及臺灣省72年美、日工職教育考察團意見，於民國72年6月29日「工職教育改進小組」第十五次會議決議工職類科應予歸併調整，並建議分為機械、電機電子、化工、土木建築、工藝等五群發展課程。教育部遂於72年7月訂定工職課程標準暨設備標準修訂計畫，組成課程標準暨設備標準修訂委員會。並於民國74年6月教育部召開課程修訂委員會，改稱甲類課程（偏重群集教育課程）及乙類課程（偏重單位行業式課程）。並經教育部於民國75年2月公佈，各校應斟酌自身條件，選擇甲類或乙類課程，自75學年度一年級新生開始逐年適用，並自77學年度起正式使用 [164]。

民國75年2月修訂頒佈「工業職業學校課程標準」，其課程架構為趨向人本中心型的課程，內容著重人格修養文化陶冶，並強調職業道德的培育。強調先廣候精，第一階段為基礎課程，為適應學生之能力與產業界人力之需求將課程分成甲、乙兩類，甲類課程注重基礎學科，來培養學生適應工業變遷與自我能力的發展。而乙類課程則偏重學業技術的養成，來培養熟練的行業技術基層人力，開創了我國職業教育課程雙軌並行的架構。75學年度起高一新生開始實施，分為甲類課程(偏重群集階梯式)及乙類課程(偏重單位行業式)。甲類課程有五群十七科，乙類課程設有五群廿八科組。

1. 民國75年修正公佈「工職課程標準暨設備標準」，75學年度起高一新生開始實施。工職課程依據我國工業發展之趨勢將原有群集課程甲類五群十七科，乙類五群十八科組，歸併為廿四科。甲類包括：(1) 機械類：機械科、模具科、製圖科、汽車科、板金科、配管科、鑄造科、機械木模科、重機科及機電科等十科。(2) 電機、電子類：電機科、電子科、資訊科、控制科及冷凍空調科等五科。(3)建築、土木類：建築科、土木科、家具木工科及室內空調設計科等四科。(4) 化工類：化工科及環境檢驗科二科。(5) 美術工藝類：美工科、印刷科及金屬工藝科等三科。

李大偉、王昭明（民78）：《技職教育課程發展理論與實務》，臺北市，師大師苑。

2. 群集課程之各科組依教學目標之差異分為甲、乙兩類課程，其總授課時數為每周37節，六學期共222節，較單位行業少1節。各科組科目主要分為一般科目、專業必修科目、選修科目與共同活動等四項目。各科目所占比例為一般科目甲、乙兩類各群佔28.8%，共同活動佔5.4%，其餘專業基礎科目、專業科目、實習科目、選修科目依各群集課程各項科目所佔比例而不同。

## 二、教育宗旨與教育目標

民國75年教育部修訂課程標準之後，工業職業教育目標再次呈現新貌，除了繼續強調培育基層技術人才，教授實用知識技能之外，並具備三大特色：(1) 注重人格修養及文化陶冶之教育。(2) 列舉應予特別重視之職業道德項目。(3) 注重適應變遷，創造發明及自我發展之能力。

民國79年全於發展職業教育方面，其要點如下：(1) 整合職業教育課程：調整招生類科及學校發展方向，兼顧人文與科技，加強課程及設備整合，適度調整選修科目。(2) 加強與職業訓練機構及企業界協調與合作。(3) 貫徹延長國民教育政策。

民國79年繼續促進教育革新，職業教育方面將規畫高職課程多樣化，與學制密切配合，並於執行中賦予彈性，期以因人因地而制宜，如規畫高職之群集課程、單位行業課程，延教班之專修課程，綜合高中之學程式課程等。為適應社會變遷及職校實施新課程，教育廳擬訂各項目職業教育改進重點實施計畫。增進學生學習效果，推動職校實施能力本位教育。為因應延長十二年國民教育，提高學生適性教育之機會，試行高中普通科學生選修職業類科課程。

## 三、教學科目與時數 [165]

這一時期約為工職教育改進期的後段至工職教育調整期前段，課程分機械、電機電子、化工、土木建築、工藝等五群規畫；每群再分

---

[165] 教育部(民75)：《工業職業學校○○裙課程標準暨設備標準》(75年2月公布)，正中書局印行。

甲、乙兩類：甲類課程加強基礎學科，以培養學生適應變遷及自我發展能力。乙類偏重專業技術之養成，以培育熟練之行業技術基層人員。現在就民國75年施行的科目表(附表五-四-1至附表五-四-3)作簡要的說明：

（一）新修訂的科目表分「一般科目」、「專業必修科目」、「選修科目」三大項。

1. 一般科目有三民主義(4)、社會科學概論(8)(原為公民)、國文(20)、英文(12)(原為外國文)、音樂或美術(2)(新排入)、體育(6)和軍訓(12)等七科目；

2. 專業必修科目包括「專業基礎科目」、「專業科目」及「實習科目」。專業基礎科目含數學(16)、物理(6)、化學(4)(新排入)和計算機概論(4)(新排入)。此前除化工科、化驗工科和礦冶科等三科的課程有「化學」外，其它科組皆沒有排入；「計算機概論」則是因應新科技產品的廣被使用，教育當局希望學生都能瞭解及使用計算機。

（二）教學科目中，甲、乙類科的「一般科目」和「專業基礎科目」都相同，但是「專業科目」、「實習科目」及「選修科目」就大不一樣，請參見附表五-四-3和附表五-四-4。

1. 資訊科教育目標
(1)培養資訊器材及事務機器等資訊工業之基層技術人員。
(2)傳授有關電子應用及資訊應用等電子設備的基本知識。
(3)培養安裝、操作、測試、維修各種資訊器材及事務機器的能力。

2. 資訊科教學科目及每週教學節數表

| 科目類別 科目名稱 | | | | | | | | | | | | | | | | | | | | | | 名稱 節數 |
|---|---|---|---|---|---|---|---|---|---|---|---|---|---|---|---|---|---|---|---|---|---|
| 一般 科目 (64節 28.8%) | | | | | | | 專業基礎科目 (30節 13.5%) | | | | 專業科目 (46節 20.7%) | | | | | | | | 實習科目 (52節 23.4%) | | |
| 三民主義 | 社會科學概論 | 國文 | 英文 | 音樂、美術 | 體育 | 軍訓 | 數學 | 物理 | 化學 | 計算機概論 | 基本電學 | 製圖大意 | 機械大意 | 電子學(一)(二) | 數位電子學(一)(二) | 資訊技術(一)(二) | 系統技術(一)(二) | 電工數學 | 工業基礎實習 | 資訊實習(一)(二)(三)(四) | 節數 |
| 4 | 8 | 20 | 12 | 2 | 6 | 12 | 16 | 6 | 4 | 4 | 6 | 3 | 3 | 10 | 6 | | | 3 | 16 | 36 | 第一學年 上 |
| | 2 | 4 | 2 | 1 | 1 | 2 | | 3 | 4 | | | 3 | | 2 | | | | | 8 | | 第一學年 上 |
| | 2 | 4 | 2 | 1 | 1 | 2 | | 3 | | 4 | | | 3 | 2 | | | | | 8 | | 第一學年 下 |
| | 2 | 3 | 2 | | 1 | 2 | 4 | | | | | | | 3 | 3 | | | | | 8 | 第二學年 上 |
| | 2 | 3 | 2 | | 1 | 2 | 4 | | | | | | | 3 | 3 | | | | | 8 | 第二學年 下 |
| 2 | | 3 | 2 | | 1 | 2 | | | | | | | | 2 | | | | 3 | | 10 | 第三學年 上 |
| 2 | | 3 | 2 | | 1 | 2 | | | | | | | | 2 | | | | 3 | | 10 | 第三學年 下 |
| | 含公民、倫理道德、中國史地、法律常識。 | 第一、二、三學年應加強職業服務道德培養。 | 第一、二、三學年應加強道德培養。 | 音樂、美術任選一學年或各選一學期。 | | | | | | | | | | | | | | | 含實習 | | 備註 |

表五-四-1 民國75年高級工業職業學校電機電子群教學科目表

表五-四-1 民國75年高級工業職業學校電機電子群教學科目表

| 總計 | 共同活動 12節(5.4%) | | 選修科目 18節 | | | | | | | | | | | | | 週(8.1%) | | |
|---|---|---|---|---|---|---|---|---|---|---|---|---|---|---|---|---|---|---|
| | 團體活動 | 班會 | 至少應授 | 其他 | 機械概論 | 工業英(日)文 | 工業測定 | 電子儀錶(二) | 錄放影機原理 | 通訊電子學 | 數位電視 | 電視原理 | 品管檢驗 | 生產實務 | 自動控制 | 專題製作 | 事務機械原理 | 微電腦週邊設備 |
| 222 | 6 | 6 | 18 | | 3 | 3 | 2 | 3 | 3 | 4 | 3 | 3 | 3 | 3 | 3 | 3 | 3 | 3 |
| 37 | 1 | 1 | | | | | | | | | | | | | | | | |
| 37 | 1 | 1 | | | | | | | | | | | | | | | | |
| 37 | 1 | 1 | | | | | | | | | | | | | | | | |
| 37 | 1 | 1 | | | | | | | | | | | | | | | | |
| 37 | 1 | 1 | | 6 | | | | | | | | | | | | | | |
| 37 | 1 | 1 | | 12 | | | | | | | | | | | | | | |
| | 含週會 | | 可加重選修時數或自選 | | | 閱讀設備儀器材料說明書 | | | | | | | | | | 參觀、座談、分組報告、使用圖書館。 | | |

表五-四-1 民國75年高級工業職業學校電機電子群教學科目表

2. 電子科教學科目及每週教學節數表

| 科目類別 名稱 | 一般科目 64節(28.8%) | | | | | | | | | | 專業基礎科目 30節(13.5%) | | | | 專業科目 47節(21.2%) | | | | | | | | | 實習科目 52節(23.4%) | |
|---|---|---|---|---|---|---|---|---|---|---|---|---|---|---|---|---|---|---|---|---|---|---|---|---|---|---|
| 科目名稱 | 三民主義 | 社會科學概論 | 國文 | 英文 | 音樂、美術 | 體育 | 軍訓 | 數學 | 物理 | 化學 | 計算機概論 | 基本電學 | 製圖 | 機械大意 | 電子學(一二三四) | 數位電子學(一) | 電子儀錶(一) | 電視原理 | 感測器 | 電工數學 | 工業電子電路 | | 工業基礎實習 | 電子實習 |
| 節數 | 4 | 8 | 20 | 12 | 2 | 6 | 12 | 16 | 6 | 4 | 4 | 6 | 3 | 3 | 10 | 6 | 6 | 3 | 3 | 4 | 4 | | 16 | 36 |
| 第一學年 上 | 2 | 2 | 4 | 2 | 1 | 2 | 2 | 4 | 3 | | | 3 | 3 | 2 | | | | | | | | | 8 | |
| 下 | 2 | 2 | 4 | 2 | 1 | 2 | 2 | 4 | 3 | | | 3 | 3 | 2 | | | | | | | | | 8 | |
| 第二學年 上 | 2 | 2 | 3 | 2 | 1 | 2 | 2 | 2 | | 2 | 2 | | | | 3 | 3 | | | | | | | | 8 |
| 下 | 2 | 2 | 3 | 2 | 1 | 2 | 2 | 2 | | 2 | 2 | | | | 3 | 3 | | | | | | | | 8 |
| 第三學年 上 | 2 | | 3 | 2 | | 1 | | | | | | | | | 3 | | 3 | 3 | | | | | | 10 |
| 下 | 2 | | 3 | 2 | | 1 | | | | | | | | | | | | | | | 4 | | | 10 |
| 備註 | | 第三學年應加強職業服務道德之培養。 | 含公民、倫理道德、中國史地、法律常識，應加強應用文習作。 | | 音樂、美術任選一學年或各週一學期。 | | | 含實習 | | | | | | | | | | | | | 高三分應用、通訊、儀器三組。 | | | |

表五-四-1 民國75年高級工業職業學校電機電子群教學科目表

## 1. 控制科 教育目標

(1) 培養自動化裝置所需的基層技術人員。

(2) 傳授有關電子、電工、數位電路、微電腦原理、控制、介面技術等的基本知識。

(3) 培養安裝、操作、測試及維修具有電腦程式、微電腦控制、介面控制、量測應用等的自動化裝置的能力。

## 2. 控制科教學科目及每週教學節數表

| 科目類別 | 科目名稱 | 節數 | 第一學年 上 | 第一學年 下 | 第二學年 上 | 第二學年 下 | 第三學年 上 | 第三學年 下 | 備註 |
|---|---|---|---|---|---|---|---|---|---|
| 一般（28.8％）64節 | 三民主義 | 4 | 1 | 1 | 1 | 1 | | | 第一、二學年應加強德之培養。 |
| | 國文 | 20 | 4 | 4 | 4 | 4 | 2 | 2 | 第一、二學年應加強應用文之習作。 |
| | 英文 | 12 | 2 | 2 | 2 | 2 | 2 | 2 | |
| | 社會科學概論 | 8 | 2 | 2 | 2 | 2 | | | 合公民、倫理道德、中國史地、法律常識，應加強職業服務道德之培養。 |
| | 音樂、美術 | 2 | | | | | 1 | 1 | 音樂、美術任選一學年或各選一學期。 |
| | 體育 | 6 | 1 | 1 | 1 | 1 | 1 | 1 | |
| | 軍訓 | 12 | 2 | 2 | 2 | 2 | 2 | 2 | |
| 專業基礎（13.5％）30節 | 數學 | 16 | 4 | 4 | 4 | 4 | | | |
| | 物理 | 6 | 3 | 3 | | | | | |
| | 化學 | 4 | | | 2 | 2 | | | |
| | 計算機概論 | 4 | | | 2 | 2 | | | |
| 專業（22.1％）49節 | 電子學(一)(二) | 10 | 2 | 2 | 3 | 3 | | | |
| | 電工機械 | 6 | | | 3 | 3 | | | |
| | 電子儀表(一) | 3 | | | | 3 | | | |
| | 機械大意 | 3 | 3 | | | | | | |
| | 製圖 | 3 | | 3 | | | | | |
| | 基本電學 | 6 | 3 | 3 | | | | | 含實習 |
| | 數位電子學(一) | 6 | | | 3 | 3 | | | |
| | 自動控制 | 3 | | | | | 3 | | |
| | 電工數學 | 3 | | | | | | 3 | |
| | 介面電路 | 3 | | | | | 3 | | |
| | 數位控制 | 3 | | | | | | 3 | |
| 實習（23.4％）52節 | 工業基礎實習 | 16 | 8 | 8 | | | | | |
| | 控制實習 | 36 | | | 8 | 8 | 10 | 10 | |

表五-四-1 民國75年高級工業職業學校電機電子群教學科目表

| | 科目名稱 | 節數 | 第一學年 上 | 第一學年 下 | 第二學年 上 | 第二學年 下 | 第三學年 上 | 第三學年 下 | 備註 |
|---|---|---|---|---|---|---|---|---|---|
| 總計 | | 222 | 37 | 37 | 37 | 37 | 37 | 37 | |
| 共同活動（5.4％）12節 | 團體活動 | 6 | 1 | 1 | 1 | 1 | 1 | 1 | 含週會 |
| | 班會 | 6 | 1 | 1 | 1 | 1 | 1 | 1 | |
| 選修（7.7％）17節 | 至少應授 | 17 | | | | | | | |
| | 其他 | 3 | | | | | 6 | 11 | 可加重選修時數或自選 |
| | 機械概論 | 3 | | | | | | | |
| | 專題製作 | 3 | | | | | | | 參觀、座談、分組報告、使用圖書館。 |
| | 事務機械原理 | 3 | | | | | | | |
| | 系統技術(一) | 3 | | | | | | | |
| | 數位電視 | 3 | | | | | | | |
| | 自動控制 | 3 | | | | | | | |
| | 微電腦週邊設備 | 4 | | | | | | | |
| | 音響技術 | 3 | | | | | | | |
| | 錄放影機原理 | 4 | | | | | | | |
| | 通訊電子學 | 3 | | | | | | | |
| | 微電腦控制 | 4 | | | | | | | 閱讀設備儀器材料說明書 |
| | 工業英(日)文 | 3 | | | | | | | |
| | 觀聽器材 | 3 | | | | | | | |

表五-四-1 民國75年高級工業職業學校電機電子群教學科目表

表五-四-1 民國75年高級工業職業學校電機電子群教學科目表

| 類別 | 共同活動 12節(5.4%) | | 科目修 15節 | 選修 (7.1%) | | | | | | | | | | | | | | | 備註 |
|---|---|---|---|---|---|---|---|---|---|---|---|---|---|---|---|---|---|---|---|---|
| 科目 | 團體活動 | 班會 | 其他(至少應授) | 機械概論 | 工業英(日)文 | 工業測定 | 程序控制概論 | 空油壓控制 | 伺服控制 | 工業儀器 | 感測器 | 微電腦控制 | 品管檢驗 | 工業配電 | 電力設備 | 電工法規 | 生產實務 | 總計 | |
| 節數 | 6 | 6 | 15 | 3 | 3 | 2 | | | 3 | 3 | 3 | 3 | 3 | 3 | 3 | 3 | 3 | 222 | |
| 第一學年 上 | 1 | 1 | | | | | | | | | | | | | | | | 37 | |
| 第一學年 下 | 1 | 1 | | | | | | | | | | | | | | | | 37 | |
| 第二學年 上 | 1 | 1 | | | | | | | | | | | | | | | | 37 | |
| 第二學年 下 | 1 | 1 | | | | | | | | | | | | | | | | 37 | |
| 第三學年 上 | 1 | 1 | 6 | | | | | | | | | | | | | | | 37 | |
| 第三學年 下 | 1 | 1 | 9 | | | | | | | | | | | | | | | 37 | |
| 備註 | 含週會 | | 可加重選修時數或自選 | | | | | | | | 閱讀設備、儀器、材料說明。 | | | | | | | | | |

---

表五-四-1 民國75年高級工業職業學校電機電子群教學科目表

（四）電機科

1. 電機科教育目標
(1) 培養高低壓電力輸配及消防水電衛生設施之操作、規劃、繪圖、施工等基層技術人員。
(2) 傳授有關發電變電輸電配電設施、各種電機機械及工廠自動化設備應用等的基本知識。
(3) 培養電機設備的檢修、操作及維護能力。

2. 電機科教學科目及每週教學節數表

| 科目類別 | 科目名稱 | 節數 | 第一學年 上 | 第一學年 下 | 第二學年 上 | 第二學年 下 | 第三學年 上 | 第三學年 下 | 備註 |
|---|---|---|---|---|---|---|---|---|---|
| 一般科目 (28.8%) | 三民主義 | 4 | | | | | 2 | 2 | 含公民、倫理道德、中國史地、法律常識,應加強職業服務道德之培養。 |
| 64節 | 社會科學概論 | 8 | | | 2 | 2 | 2 | 2 | |
| | 國文 | 20 | 4 | 4 | 2 | 2 | 3 | 3 | 第二、三學年應加強應用文習作。 |
| | 英文 | 12 | 2 | 2 | 2 | 2 | 2 | 2 | |
| | 音樂、美術 | 2 | 1 | 1 | | | | | 音樂、美術任選一學年或各選一學期。 |
| | 體育 | 6 | 1 | 1 | 1 | 1 | 1 | 1 | |
| | 軍訓 | 12 | 2 | 2 | 2 | 2 | 2 | 2 | |
| 專業基礎科目 (13.5%) 30節 | 數學 | 16 | 4 | 4 | 4 | 4 | | | |
| | 物理 | 6 | 3 | 3 | | | | | |
| | 化學 | 4 | | | 2 | 2 | | | |
| | 計算機概論 | 4 | | | 2 | 2 | | | |
| 專業必業 (20.7%) | 基本電學 | 4 | 3 | 3 | | | | | 含實習 |
| | 製圖 | 3 | 3 | | | | | | |
| | 機械大意 | 4 | 3 | 3 | | | | | |
| | 電子學(一)(二) | 4 | 2 | 2 | | | | | |
| | 電子電錶 | 3 | | | 3 | | | | |
| | 電儀表 | 3 | | | 3 | | | | |
| 科目修 46節 | 電工機械 | 6 | | | | | | | |
| | 電力設備 | 3 | | | | 3 | | | |
| | 工業電子學 | 3 | | | | 3 | | | |
| | 輪配電學 | 3 | | | | | 3 | | |
| | 電工數學 | 3 | | | | | 3 | | |
| | 自動控制 | 3 | | | | | 3 | | |
| | 工業配電 | 3 | | | | | | 3 | |
| 實習科目修 (23.4%) 52節 | 工業基礎實習 | 16 | 8 | 8 | | | | | |
| | 電機實習 | 36 | | | 8 | 8 | 10 | 10 | |

表五-四-1 民國75年高級工業職業學校電機電子群教學科目表

## 表五-四-1 民國75年高級工業職業學校電機電子群教學科目表（一）

| 總計 | 共同活動 12小時(5.4%) | | 至少應授 | 科目　修　18節(8.1%) | | | | | | | | | | | | | | | 選修 | | |
|---|---|---|---|---|---|---|---|---|---|---|---|---|---|---|---|---|---|---|---|---|---|
| | 團體活動 | 班會 | | 其他 | 空油壓控制 | 微電腦控制 | 電力電子學 | 感測器 | 電機控制 | 邏輯設計 | 機械概論 | 工業英(日)文 | 電工器材 | 電工法規 | 數位控制 | 數位電子學(二) | 配線設計 | 電機設計 | | | |
| 222 | 6 | 6 | 18 | | 3 | 3 | 3 | 3 | 3 | 3 | 3 | 3 | 3 | 3 | 3 | 3 | 3 | 3 | | | |
| 37 | 1 | 1 | | | | | | | | | | | | | | | | | | | |
| 37 | 1 | 1 | | | | | | | | | | | | | | | | | | | |
| 37 | 1 | 1 | | | | | | | | | | | | | | | | | | | |
| 37 | 1 | 1 | | | | | | | | | | | | | | | | | | | |
| 37 | 1 | 1 | 6 | | | | | | | | | | | | | | | | | | |
| 37 | 1 | 1 | 12 | | | | | | | | | | | | | | | | | | |

備註：團體活動「含週會」；其他「可加重選修時數或自選」；工業英（日）文「閱讀設備、儀器、材料說明書。」

### 表五-四-1 民國75年高級工業職業學校電機電子群教學科目表

1. 冷凍空調科教育目標
   (1) 培養冷凍、空調的基層技術人員。
   (2) 傳授有關基本電學、電子學、自動控制及冷凍空調學的基本知識。
   (3) 培養安裝和維護冷凍空調設備的能力。

2. 冷凍空調科教學科目及每週教學節數表

| 科目類別 | 科目名稱 | 節數 | 第一學年上 | 下 | 第二學年上 | 下 | 第三學年上 | 下 | 備註 |
|---|---|---|---|---|---|---|---|---|---|
| 一般科目 (28.8%) 64節 | 國文 | 20 | 4 | 4 | 3 | 3 | 3 | 3 | 第二、三學年應加強應用文習作。 |
| | 社會科學概論 | 8 | | | 2 | 2 | 2 | 2 | 含公民、倫理道德、中國史地、法律常識，應加強職業服務道德之培養。 |
| | 三民主義 | 4 | 2 | 2 | | | | | |
| | 英文 | 12 | 2 | 2 | 2 | 2 | 2 | 2 | |
| | 音樂、美術 | 2 | | | | | | | 音樂、美術任選一學年或各選一學期。 |
| | 體育 | 6 | 1 | 1 | 1 | 1 | 1 | 1 | |
| | 軍訓 | 12 | 2 | 2 | 2 | 2 | 2 | 2 | |
| 專業基礎科目 (13.5%) 30節 | 數學 | 16 | 4 | 4 | 4 | 4 | | | |
| | 物理 | 6 | 3 | 3 | | | | | |
| | 化學 | 4 | | | 2 | 2 | | | |
| | 計算機概論 | 4 | | | 2 | 2 | | | 含實習 |
| 專業必修 (22.1%) | 基本電學 | 6 | 3 | 3 | | | | | |
| | 製圖 | 3 | 3 | | | | | | |
| | 機械大意 | 3 | 3 | | | | | | |
| | 電子學(一)(二) | 4 | | | | | | | |
| | 工業電子學 | 3 | | | 3 | | | | |
| | 冷凍工程 | 6 | | | 3 | 3 | | | |
| 科目修 49節 | 電工機械 | 6 | | | 3 | 3 | | | |
| | 機械概論 | 3 | | | 3 | | | | |
| | 電工製圖 | 3 | | | | 3 | | | |
| | 電工數學 | 3 | | | | | | | |
| | 空調工程 | 6 | | | | | 3 | 3 | |
| | 冷凍空調設備製圖 | 3 | | | | | 3 | | |
| 目科實習 (23.4%) 52節 | 工業基礎實習 | 16 | 8 | 8 | | | | | |
| | 冷凍空調實習 | 36 | | | 8 | 8 | 10 | 10 | |

表五-四-1 民國75年高級工業職業學校電機電子群教學科目表

| 總計 | 活動 12小時(5.4%) | | 共同 | 選修科目 15節(6.7%) | | | | | | | | | | | | 備註 |
|---|---|---|---|---|---|---|---|---|---|---|---|---|---|---|---|---|
| | 團體活動 | 班會 | 至少應授 | 其他 | 食品細菌學 | 太陽能理論及應用 | 冷凍空調工程規劃 | 汽車冷氣與貨櫃冷凍 | 空氣污染學 | 工業英(日)文 | 工業配電 | 自動控制 | 電工法規 | 冷凍食品加工學 | 微電腦控制 | |
| 222 | 6 | 6 | 15 | 3 | 3 | 3 | 3 | | 3 | 3 | 3 | 3 | 3 | 3 | 3 | |
| 37 | 1 | 1 | | | | | | | | | | | | | | |
| 37 | 1 | 1 | | | | | | | | | | | | | | |
| 37 | 1 | 1 | | | | | | | | | | | | | | |
| 37 | 1 | 1 | 6 | | | | | | | | | | | | | |
| 37 | 1 | 1 | 9 | | | | | | | | | | | | | |
| | 含週會 | | | 可加重選修時數或自選 | | | | | | 閱讀設備、儀器、材料說明書。 | | | | | | |

表五-四-1 民國75年高級工業職業學校電機電子群教學科目表

2. 機械科教學科目及每週教學節數表

| 科目類別 | 一般科目 64節(28.8%) | | | | | | | 專業基礎科目 30節(13.5%) | | | 專業必修科目 52節(23.4%) | | | | | | | | | | |
|---|---|---|---|---|---|---|---|---|---|---|---|---|---|---|---|---|---|---|---|---|---|---|
| 科目名稱 | 三民主義 | 國文 | 英文 | 社會科學概論 | 音樂、美術 | 體育 | 軍訓 | 數學 | 物理 | 化學 | 計算機概論 | 機械製造 | 機械材料 | 機械製圖 | 電工大意 | 機件原理 | 工業安全與衛生 | 氣油壓概論 | 工模與夾具 | 精密量測 | 機械力學 | 工廠管理 | 數值控制機械 | 機械設計大意 |
| 節數 | 4 | 20 | 12 | 8 | 12 | 12 | 16 | 6 | 4 | | 4 | 4 | 4 | 18 | 1 | 4 | 1 | 2 | 1 | 2 | 6 | 2 | 4 | 2 |
| 第一學年 上 | | 4 | 2 | | 1 | 2 | 3 | | | | | | | 3 | | | | | | | | | | |
| 第一學年 下 | | 4 | 2 | | 1 | 2 | 3 | | | | | | | 3 | | | | | | | | | | |
| 第二學年 上 | 2 | 3 | 2 | 2 | | 2 | 4 | | | | | | | | 2 | 1 | 2 | 3 | | | | | | |
| 第二學年 下 | 2 | 3 | 2 | 2 | | 2 | 4 | | | | | | | | | 2 | 1 | | 2 | 3 | | | | |
| 第三學年 上 | | 3 | 2 | 2 | | 1 | 2 | | | | | | | | | | | | | 3 | | 2 | 2 | 3 |
| 第三學年 下 | | 3 | 2 | 2 | | 1 | 2 | | | | | | | | | | | | | 3 | | 2 | 2 | 3 |

備註：食良民、倫理道德、中國史地、法律常識應加強職業服務道德之培養。第二、三學年應加強應用文習作。音樂、美術任選一學年或各選一學期。（含實習）

表五-四-2 民國75年高級工業職業學校機械群教學科目表?

臺灣工程教育史

第肆篇：臺灣初、高級工業職業教育史概要

表五-四-2 民國75年高級工業職業學校機械群封面

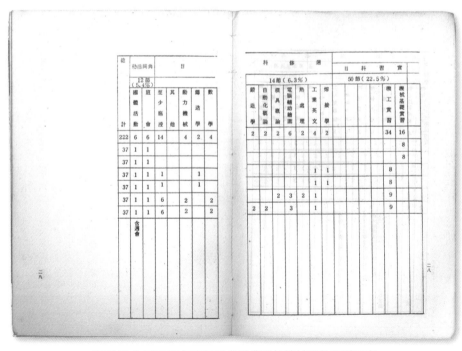

表五-四-2 民國75年高級工業職業學校機械群教學科目表

表五-四-2 民國75年高級工業職業學校機械群教學科目表

**鑄造科教學科目及每週教學節數表**

一般科目 64節（28.8%）／專業科目總 30節（13.5%）

| 科目名稱 | 節數 | 第一學年上 | 第一學年下 | 第二學年上 | 第二學年下 | 第三學年上 | 第三學年下 | 備註 |
|---|---|---|---|---|---|---|---|---|
| 三民主義 | 4 | | | 2 | 2 | | | 含公民、倫理道德、中國史地、法律常識 |
| 社會科學概論 | 8 | 2 | 2 | 2 | 2 | | | 應加強職業服務道德之培養 |
| 國文 | 20 | 4 | 4 | 3 | 3 | 3 | 3 | 第二、三學年應加強應用文習作 |
| 英文 | 12 | 2 | 2 | 2 | 2 | 2 | 2 | |
| 音樂、美術 | 2 | | | | | | | 音樂、美術任選一學年或各選一學期 |
| 體育 | 6 | 1 | 1 | 1 | 1 | 1 | 1 | |
| 軍訓 | 12 | 2 | 2 | 2 | 2 | 2 | 2 | |
| 數學 | 16 | 4 | 4 | 2 | 2 | 2 | 2 | |
| 物理 | 6 | 3 | 3 | | | | | |
| 化學 | 4 | | | 2 | 2 | | | |
| 計算機概論 | 4 | | | 2 | 2 | | | 含實習 |

（三四）

專業必修科目／專業基礎科目 50節（22.5%）

| 科目名稱 | 節數 | 第一學年上 | 第一學年下 | 第二學年上 | 第二學年下 | 第三學年上 | 第三學年下 |
|---|---|---|---|---|---|---|---|
| 機械製造 | 4 | 2 | 2 | | | | |
| 機械材料 | 4 | 1 | 1 | 2 | | | |
| 機械製圖 | 4 | 2 | 2 | | | | |
| 電工大意 | 12 | 3 | 3 | 3 | 3 | | |
| 機件原理 | 4 | | | 2 | 2 | | |
| 工業安全與衛生 | 1 | 1 | | | | | |
| 鑄造學 | 5 | | | | | 3 | 2 |
| 機械力學 | 6 | | | | 3 | 3 | |
| 工廠管理 | 2 | | | | | 2 | |
| 熱處理 | 2 | | | | | | 2 |
| 精密鑄造 | 2 | | | | 2 | | |
| 鑄件檢驗 | 2 | | | | | | 2 |
| 氣油壓概論 | 2 | | | | | 2 | |

（三五）

選修科 16節（7.2%）／實習科目 50節（22.5%）

| 科目名稱 | 節數 | 第一學年上 | 第一學年下 | 第二學年上 | 第二學年下 | 第三學年上 | 第三學年下 | 備註 |
|---|---|---|---|---|---|---|---|---|
| 冶金學 | 2 | | | | | | 2 | 同機械科 |
| 機械基礎實習 | 16 | | | 4 | 4 | 4 | 5 | 同機械科 |
| 鑄造實習 | 18 | 18 | | | 4 | 4 | 4 | |
| 木模實習 | 16 | 16 | | | 4 | 4 | 4 | |
| 工業英文 | 4 | | | | 1 | 1 | 2 | |
| 精密量測 | 4 | | | 2 | 1 | 1 | | |
| 數值控制機械 | 6 | | | 4 | 1 | 1 | | |
| 機械製圖 | 2 | | | | | | 2 | |
| 銲接學 | 2 | | | | 1 | 1 | | |
| 機械設計大意 | 2 | | | | | | 2 | |

（三六）

共同活動 12節（5.4%）

| 科目名稱 | 節數 | 第一學年上 | 第一學年下 | 第二學年上 | 第二學年下 | 第三學年上 | 第三學年下 | 備註 |
|---|---|---|---|---|---|---|---|---|
| 自動化概論 | 2 | | | | | | 2 | |
| 數學 | 4 | | | | | 2 | 2 | |
| 動力機械 | 4 | | | | | 2 | 2 | |
| 其他 | 16 | | | 1 | 1 | 7 | 7 | |
| 至少應授 | | | | | | | | |
| 班會 | 6 | 1 | 1 | 1 | 1 | 1 | 1 | |
| 團體活動 | 6 | 1 | 1 | 1 | 1 | 1 | 1 | 含週會 |
| 計 | 222 | 37 | 37 | 37 | 37 | 37 | 37 | |

（三七）

表五-四-2 民國75年高級工業職業學校機械群教學科目表

臺灣工程教育史

第肆篇：臺灣初、高級工業職業教育史概要

## 表格（右上）2汽車科教學科目及每週教學節數表

一般科目

| 科目類別 | 科目名稱 | 節數 | 第一學年 上 | 下 | 第二學年 上 | 下 | 第三學年 上 | 下 | 備註 |
|---|---|---|---|---|---|---|---|---|---|
| 一般科目 | 三民主義 | 4 | | | 2 | 2 | | | |
| | 社會科學概論 | 8 | 2 | 2 | 2 | 2 | | | 含公民、倫理道德、中國史地、法律常識 |
| | 國文 | 20 | 4 | 4 | 4 | 4 | 2 | 2 | 第二、三學年應加強應用文習作 |
| | 英文 | 12 | 2 | 2 | 2 | 2 | 2 | 2 | |
| | 音樂、美術 | 2 | 1 | 1 | | | | | 音樂、美術任選一學年或各選一學期 |
| | 體育 | 12 | 2 | 2 | 2 | 2 | 2 | 2 | |
| | 軍訓 | 16 | 2 | 2 | | | | | |
| | 數學 | 6 | 4 | | | | | | |
| | 物理 | 4 | 3 | | | | | | |
| | 化學 | 4 | 3 | | | | | | |
| | 計算機概論 | 4 | | | 2 | 2 | | | |

專業基礎科目 30節（13.5%）

## 表格（左上）業必修科目

業必修科目 52節（23.4%）　專業科目

| 科目 | 節數 | | | | | |
|---|---|---|---|---|---|---|
| 機械製造 | 4 | | | | | |
| 機械材料 | 4 | | | | | |
| 機械大意 | 4 | 3 | 1 | 2 | | |
| 電工學 | 4 | 3 | 1 | 2 | | |
| 機械製圖 | 6 | | | 3 | 3 | |
| 機件原理 | 2 | | | | 2 | |
| 工業安全與衛生 | 1 | | | | | |
| 電子學 | 4 | | | | | |
| 汽車學(一)、(二) | 6 | | | 2 | 3 | 1 2 |
| 氣油壓概論 | 2 | | | | | 3 3 |
| 機械力學 | 6 | | | | | |
| 工廠管理 | 2 | | | | 2 | 2 3 3 |
| 汽車材料 | 2 | | | | | 3 3 |

## 表格（右下）實習科目 50節（22.5%）　選修科目 14節（6.3%）

| 科目 | 節數 | | | | | |
|---|---|---|---|---|---|---|
| 交通法規 | 2 | | | | | |
| 機械基礎實習 | 16 | 8 8 | | | | |
| 汽車實習 | 34 | | 8 8 8 9 9 | | | |
| 汽車空調 | 2 | | | | 2 | |
| 工業英文 | 4 | 2 2 | | | | |
| 精密量測 | 2 | | 1 1 | | | |
| 柴油引擎 | 2 | | 1 1 | | | |
| 熔接學 | 2 | | 1 1 | | | |
| 汽車引擎 | 2 | | 2 | | | |
| 汽車駕駛 | 2 | | | 2 | | |

## 表格（左下）

| 科目 | 節數 | | | | | |
|---|---|---|---|---|---|---|
| 鍛造學 | 2 | | | | | |
| 自動化概論 | 2 | | | | | 2 |
| 數學 | 4 | | | | 2 | 2 |
| 動力機械 | 4 | | | 2 | | 2 |
| 其他 | 4 | | | | | 6 |
| 至少應授 | 14 | 1 1 1 1 1 | | | | |
| 班會 | 6 | 1 1 1 1 1 1 | | | | 含週會 |
| 團體活動 | 6 | 1 1 1 1 1 1 | | | | |
| 總計 | 222 | 37 37 37 37 37 37 | | | | |

共同活動 12節（5.4%）

表五-四-2 民國75年高級工業職業學校機械群教學科目表

表五-四-2 民國75年高級工業職業學校機械群教學科目表

## 2.板金科（甲）教學科目及每週教學節數表

**一般科目 64節（28.8%）／專業基礎科目 30節（13.5%）**

| 科目類別 | 科目名稱 | 節數 | 第一學年 上 | 第一學年 下 | 第二學年 上 | 第二學年 下 | 第三學年 上 | 第三學年 下 | 備註 |
|---|---|---|---|---|---|---|---|---|---|
| 一般科目 64節（28.8%） | 三民主義 | 4 | | | | | 2 | 2 | 含公民、倫理道德、中國史地、法律常識 |
| | 社會科學概論 | 8 | 2 | 2 | 2 | 2 | | | 應加強職業道德之培養 |
| | 國文 | 20 | 4 | 4 | 3 | 3 | 3 | 3 | 第二、三學年應加強應用文習作 |
| | 英文 | 12 | 2 | 2 | 2 | 2 | 2 | 2 | |
| | 圖文 | 2 | 1 | 1 | | | | | |
| | 音樂、美術 | | 1 | 1 | 1 | 1 | | | 音樂、美術任選一學年或各選一學期 |
| | 體育 | 12 | 2 | 2 | 2 | 2 | 2 | 2 | |
| | 軍訓 | 16 | | | | | | | |
| | 數學 | 6 | 4 | 4 | 2 | 2 | | | |
| | 物理 | 6 | 3 | 3 | | | | | |
| | 化學 | 4 | | | | | | | |
| 專業基礎科目 30節（13.5%） | 計算機概論 | 4 | | | | | | | |

**專業必修科目 52節（23.4%）**

| 專業科目 | 專業基礎科目 | | | | | | | | |
|---|---|---|---|---|---|---|---|---|---|
| 機械製造 | 機械材料 | 機械製圖 | 電工大意 | 機件原理 | 機械製圖 | 工業安全與衛生 | 氣油壓概論 | 熔接學 | 機械力學 | 工廠管理 | 機械概論 | 數值控制機械 | 空調概論 |
| 4 | 2 | 4 | 18 | 4 | 1 | 3 | 2 | | 6 | 2 | 4 | 2 | |
| 2 | 1 | 3 | | | | | | | | | | | |
| 2 | 2 | 3 | | | | | | | | | | | |
| 3 | 2 | 1 | 2 | | 2 | | | | | | | | |
| 3 | 2 | | | | | 3 | | | | | | | |
| 3 | | | | | | | | | 3 | 2 | 2 | | |
| 3 | | | | | | | | | 3 | 2 | 2 | 2 | 2 |
| | | | | | | | | | | | 同機械科 | | |

**實習科目 50節（22.5%）／選修 14節（6.3%）**

| 選修 14節（6.3%） | | | | | 實習科目 50節（22.5%） | |
|---|---|---|---|---|---|---|
| 塑性加工 | 機械設計大意 | 鑄造學 | 冲壓概論 | 精密量測 | 工業英文 | 板金實習 | 機械基礎實習 |
| 2 | 2 | 2 | 2 | 2 | 4 | 34 | 16 |
| | | | | | | | 8 |
| | | | | | | | 8 |
| | 1 | | 1 | 1 | | 8 | |
| | 1 | | 1 | 1 | | 8 | |
| 2 | | 2 | | 1 | | 9 | |
| 2 | | | | 1 | | 9 | |
| | | | | | 同機械科 | | |

**科目 12節（5.4%）／共同活動／總計**

| 總計 | 共同活動 12節（5.4%） | | | 科目 | | | | |
|---|---|---|---|---|---|---|---|---|
| 計 | 團體活動 | 班會 | 至少應授 | 其他 | 動力機械 | 熱處理 | 體育 | 數學 | 自動化概論 | 工業配管 |
| 222 | 6 | 6 | 14 | | | | | | 4 | 2 |
| 37 | 1 | 1 | | | | | | | | |
| 37 | 1 | 1 | | | | | | | | |
| 37 | 1 | 1 | 1 | | | | | | | |
| 37 | 1 | 1 | 1 | | | | | | | |
| 37 | 1 | 1 | 6 | | | | 2 | 2 | 2 | |
| 37 | 1 | 1 | 6 | 2 | | | 2 | 2 | 2 | 2 |
| | | 含週會 | | | | | | | | |

表五-四-2 民國75年高級工業職業學校機械群教學科目表

表五-四-2 民國75年高級工業職業學校機械群教學科目表

### 3.工業職業學校土木建築群土木施工科教學科目及每週敎學節數表

| 科目類別 | 科目名稱 | 節數 | 第一學年 上 | 第一學年 下 | 第二學年 上 | 第二學年 下 | 第三學年 上 | 第三學年 下 | 備註 |
|---|---|---|---|---|---|---|---|---|---|
| 一般 64節(28.8%) | 三民主義 | 4 | 2 | 2 | | | | | |
| | 社會科學概論 | 8 | | | 2 | 2 | 2 | 2 | 含公民、倫理道德、中國史地、法律常識，應加強職業服務道德之培養 |
| | 國文 | 20 | 4 | 4 | 3 | 3 | 3 | 3 | |
| | 英文 | 12 | 2 | 2 | 2 | 2 | 2 | 2 | 第二、三學年應加強應用文 |
| | 晉樂、美術 | 2 | 1 | 1 | | | | | 晉樂、美術任選一學年或各選一學期 |
| | 體育 | 12 | 2 | 2 | 2 | 2 | 2 | 2 | |
| | 軍訓 | 6 | 2 | 2 | 1 | 1 | | | |
| 專業基礎科目 32節(14.4%) | 數學 | 16 | 4 | 4 | 4 | 4 | | | |
| | 物理 | 8 | 4 | 4 | | | | | |
| | 化學 | 4 | 2 | 2 | | | | | |
| | 計算機概論 | 4 | | | 2 | 2 | | | |
| | 測量學 | 6 | | | 2 | 2 | 2 | | |
| | 土木建築工程概要 | 4 | 2 | 2 | | | | | |
| | 工程力學概要 | 6 | | | 2 | 4 | | | |
| 專業必修 46節(20.7%) | 工程材料 | 4 | | | 2 | 2 | | | |
| | 機電概論 | 3 | | | | 3 | | | |
| | 工程安全衛生 | 2 | | | | | 2 | | |
| | 工程估價 | 2 | | | | | | 2 | |
| | 施工材料 | 4 | | | | | 2 | 2 | |
| | 材料試驗 | 4 | | | | | 2 | 2 | 含實習 |
| | 鋼筋混凝土 | 4 | | | | | 2 | 2 | |
| | 結構學 | 4 | | | | | | | |
| 實習科目 49節(22.1%) | 工程圖學 | 6 | 3 | 3 | | | | | 含實習 |
| | 測量實習 | 6 | 3 | 3 | | | | | |
| | 施工實習 | 21 | | | 4 | 4 | 4 | 4 | |
| | 施工製圖 | 16 | | | 4 | 4 | | | |
| | 工程測量 | 3 | | | | | | | 含實習 |
| | 契約與規範 | 3 | | | | | | | |
| | 營建設備 | 3 | | | | | | | |
| | 建築設備 | 4 | | | | | | | |
| | 計算機應用 | 4 | | | | | | | 含實習 |
| | 施工規畫與控制概要 | 3 | | | | | | | |
| 選修科目 19節(8.6%) | 其他 | 0 | | | | | | | |
| | 至少應授 | 19 | 0 | 0 | 0 | 0 | 8 | 11 | 表列選修科目節數各校得酌予增減 |
| 共同活動 12節(5.4%) | 班會 | 6 | 1 | 1 | 1 | 1 | 1 | 1 | |
| | 團體活動 | 6 | 1 | 1 | 1 | 1 | 1 | 1 | 含週會 |
| | 總計 | 222 | 37 | 37 | 37 | 37 | 37 | 37 | |

表五-四-3 民國75年高級工業職業學校土木建築群教學科目表

### 3.工業職業學校土木建築群建築科(甲)教學科目及每週教學節數表

| 科目類別 | 科目名稱 | 節數 | 第一學年 上 | 第一學年 下 | 第二學年 上 | 第二學年 下 | 第三學年 上 | 第三學年 下 | 備註 |
|---|---|---|---|---|---|---|---|---|---|
| 一般 64節(28.8%) | 三民主義 | 4 | 2 | 2 | | | | | |
| | 社會科學概論 | 8 | | | 2 | 2 | 2 | 2 | 含公民、倫理道德、中國史地、法律常識，應加強職業服務道德之培養 |
| | 國文 | 20 | 4 | 4 | 3 | 3 | 3 | 3 | |
| | 英文 | 12 | 2 | 2 | 2 | 2 | 2 | 2 | 第二、三學年應加強應用文習作 |
| | 晉樂、美術 | 2 | 1 | 1 | | | | | 晉樂、美術任選一學年或各選一學期 |
| | 體育 | 12 | 2 | 2 | 2 | 2 | 2 | 2 | |
| | 軍訓 | 6 | 2 | 2 | 1 | 1 | | | |
| 專業基礎科目 32節(14.4%) | 數學 | 16 | 4 | 4 | 4 | 4 | | | |
| | 物理 | 8 | 4 | 4 | | | | | |
| | 化學 | 4 | 2 | 2 | | | | | |
| | 計算機概論 | 4 | | | 2 | 3 | | | |
| | 土木建築工程概要 | 6 | 2 | 4 | | | | | |
| | 工程力學概要 | 4 | | | 2 | 4 | | | |
| 專業必修 35節(15.8%) | 工程材料 | 6 | | | 4 | | | | |
| | 工程安全衛生 | 2 | | | | | | | |
| | 機電概論 | 4 | | | | 2 | | | |
| | 建築設備 | 3 | | | 2 | | | | |
| | 施工估價 | 4 | | | | | | | |
| | 鋼筋混凝土 | 2 | | | | | 2 | | |
| | 結構學 | 4 | | | | | | 2 | |
| 實習科目 60節(27.0%) | 工程圖學 | 6 | 3 | 3 | | | | | |
| | 建築製圖 | 30 | 5 | 5 | 9 | 9 | 4 | 4 | 含實習 |
| | 建築表現 | 8 | | | | | | | 含實習 |
| | 材料試驗 | 3 | | | | | | | 含實習 |
| | 建築素描 | 3 | | | 2 | | | | 含實習 |
| | 房屋構造 | 3 | | | | | | | |
| | 營建法規 | 4 | | | | | | | |
| | 測量實習 | 4 | | | | | | | |
| 選修科目 19節(8.6%) | 施工規劃及控制概要 | 4 | | | | | | | 含實習 |
| | 專題製圖 | 4 | | | | | | | |
| | 計算機應用 | 4 | | | | | | | |
| | 其他 | 0 | | | | | | | |
| | 至少應授 | 19 | 0 | 0 | 0 | 0 | 8 | 11 | 表列各選修科目節數，各校得酌予增減 |
| 共同活動 12節(5.4%) | 班會 | 6 | 1 | 1 | 1 | 1 | 1 | 1 | |
| | 團體活動 | 6 | 1 | 1 | 1 | 1 | 1 | 1 | 含週會 |
| | 總計 | 222 | 37 | 37 | 37 | 37 | 37 | 37 | |

表五-四-3 民國75年高級工業職業學校土木建築群教學科目表

### 3. 工業職業學校土木建築群家具木工科（甲）教學科目及每週教學節數表

| 科目類別 | 科目名稱 | 數節 | 一上 | 一下 | 二上 | 二下 | 三上 | 三下 | 備註 |
|---|---|---|---|---|---|---|---|---|---|
| 一般科（64節 28.8%） | 三民主義 | 6 | 1 | 1 | 1 | 1 | 1 | 1 | |
| | 國文 | 20 | 4 | 4 | 3 | 3 | 3 | 3 | 第二、三學年應加強應用文習作 |
| | 英語 | 12 | 2 | 2 | 2 | 2 | 2 | 2 | |
| | 社會科學概要 | 8 | | | 2 | 2 | 2 | 2 | 常識、公民、應加強職業道德、中國歷史地理、法律；服務道德之培養 |
| | 音樂、美術 | 2 | | | | | | | 音樂、美術任選一學年或各選一學期 |
| | 體育 | 6 | 1 | 1 | 1 | 1 | 1 | 1 | |
| | 軍訓 | 12 | 2 | 2 | 2 | 2 | 2 | 2 | |
| 專業基礎科目（32節 14.4%） | 數學 | 16 | 4 | 4 | 2 | 2 | 2 | 2 | |
| | 物理 | 8 | 4 | 4 | | | | | |
| | 化學 | 4 | | | 2 | 2 | | | |
| | 計算機概論 | 4 | | | | | 2 | 2 | |
| 專業科目（38節 17.1%） | 土木建築工程概要 | | | | | | | | |
| | 木工材料 | | | | | | | | |
| | 家具機具 | | | | | | | | |
| | 塗裝工程 | 6 | | | | | | | |
| | 工程力學概要 | 4 | | | | | | | |
| | 機電概要 | 6 | | | | | | | |
| | 工程安全衛生 | 2 | | | | | | | |
| | 家具結構 | 4 | | | | 2 | 4 | 4 | |
| | 家具設計概要 | 4 | | | | | | 4 | |
| 實習科目（58節 26.1%） | 工程圖學 | 6 | 3 | 3 | | | | | 含實習 |
| | 工場實習 | 36 | 5 | 5 | 6 | 6 | 7 | 7 | |
| | 木工製圖 | 16 | | | 4 | 4 | 4 | 4 | |
| 選修科目（18節 8.1%） | 模型製作 | 6 | | | | | | | 含實習 |
| | 製品估價 | 4 | | | | | | | |
| | 工廠佈置 | 4 | | | | | | | |
| | 人體工學 | 4 | | | | | | | |
| | 造型 | 4 | | | | | | | |
| | 工廠管理 | 4 | | | | | | | |
| | 室內裝潢 | 4 | | | | | | | |
| | 模板工程 | 6 | | | | | | | |
| | 計算機應用 | | | | | | | | |
| | 其他 | | | | | | | | 表列選修科目節數，各校得酌予增減 |
| | 至少應授 | 18 | | | | 8 | 8 | 10 | |
| 共同活動（12節 5.4%） | 班會 | 6 | 1 | 1 | 1 | 1 | 1 | 1 | 含週會 |
| | 團體活動 | 6 | 1 | 1 | 1 | 1 | 1 | 1 | |
| 總計 | | 222 | 37 | 37 | 37 | 37 | 37 | 37 | |

表五-四-3 民國75年高級工業職業學校土木建築群教學科目表

### 3. 工業職業學校土木建築群測量科教學科目及每週教學節數表

| 科目類別 | 科目名稱 | 數節 | 一上 | 一下 | 二上 | 二下 | 三上 | 三下 | 備註 |
|---|---|---|---|---|---|---|---|---|---|
| 一般科（64節 28.8%） | 三民主義 | 6 | 1 | 1 | 1 | 1 | 1 | 1 | |
| | 國文 | 20 | 4 | 4 | 3 | 3 | 3 | 3 | 第二、三學年應加強應用文習作 |
| | 英語 | 12 | 2 | 2 | 2 | 2 | 2 | 2 | |
| | 社會科學概要 | 8 | | | 2 | 2 | 2 | 2 | 常識、公民、應加強職業道德、中國歷史地理、法律；服務道德之培養 |
| | 音樂、美術 | 2 | | | | | | | 音樂、美術任選一學年或各選一學期 |
| | 體育 | 6 | 1 | 1 | 1 | 1 | 1 | 1 | |
| | 軍訓 | 12 | 2 | 2 | 2 | 2 | 2 | 2 | |
| 專業基礎科目（32節 14.4%） | 數學 | 16 | 4 | 4 | 2 | 2 | 2 | 2 | |
| | 物理 | 8 | 4 | 4 | | | | | |
| | 化學 | 4 | | | 2 | 2 | | | |
| | 計算機概論 | 4 | | | | | 2 | 2 | |
| 專業科目（42節 18.9%） | 土木建築工程概要 | 14 | 3 | 3 | 4 | 4 | | | 含實習 |
| | 測量學 | 6 | 3 | 3 | | | | | |
| | 工程力學概要 | 2 | | | 2 | | | | |
| | 工程材料 | 4 | | | 2 | 2 | | | |
| | 機電概要 | 2 | | | | 2 | | | |
| | 工程安全衛生 | 4 | | | | 2 | 2 | | |
| | 道路工程 | 4 | | | | | 2 | 2 | |
| 實習科目（48節 21.6%） | 工程圖學 | 6 | 3 | 3 | | | | | 含實習 |
| | 測量實習 | 36 | 6 | 6 | 6 | 6 | 6 | 6 | |
| | 測量製圖 | 6 | | | | | 3 | 3 | |
| 選修科目（24節 10.8%） | 都市計畫定樁測量 | 7 | | | | | | | 含實習 |
| | 地政法規 | 3 | | | | | | | |
| | 營建法規 | 3 | | | | | | | |
| | 路工定線 | 6 | | | | | | | |
| | 契約與規範 | 3 | | | | | | | |
| | 地圖與像片判讀 | 2 | | | | | | | |
| | 航測概要 | 3 | | | | | | | |
| | 計算機應用 | 4 | | | | | | | |
| | 施工估價 | 3 | | | | | | | |
| | 其他 | | | | | | | | 表列選修科目節數，各校得酌予增減 |
| | 至少應授 | 24 | | | | 4 | 8 | 12 | |
| 共同活動（12節 5.4%） | 班會 | 6 | 1 | 1 | 1 | 1 | 1 | 1 | 含週會 |
| | 團體活動 | 6 | 1 | 1 | 1 | 1 | 1 | 1 | |
| 總計 | | 222 | 37 | 37 | 37 | 37 | 37 | 37 | |

表五-四-3 民國75年高級工業職業學校土木建築群教學科目表

## 2. 工業職業學校建築科（乙）教學科目及每週教學節數表

| 科目類別 | 科目名稱 | 節數 | 備註 |
|---|---|---|---|
| 一般科目 64節（28.8%） | 三民主義 | 4 | 音樂、美術任選一學年或各選一學期 |
| | 社會科學概論 | 8 | |
| | 國文 | 20 | 第二、三學年應加強應用文 |
| | 英文 | 12 | |
| | 音樂、美術 | 2 | |
| | 體育 | 6 | |
| | 軍訓 | 12 | |
| 專業基礎科目 30節（13.51%） | 數學 | 16 | |
| | 物理學 | 6 | |
| | 化學 | 4 | |
| | 計算機概論 | 4 | |
| | 房屋構造 | 3 | 含實習 |
| | 建築材料 | 2 | 同甲類建築科 |
| 專業科目 22節（9.9%） | 材料力學 | 3 | |
| | 應用力學（靜力學） | 4 | " |
| | 結構學 | 4 | |
| | 鋼筋混凝土 | 4 | 同甲類土木施工科 |
| 實習科目 88節（39.6%） | 營建法規 | 2 | |
| | 建築製圖 | 36 | 同甲類建築科 |
| | 營造實習 | 26 | 同甲類土木施工科 |
| | 建築設備實習 | 6 | |
| | 測量實習 | 8 | |
| | 施工估價實習 | 12 | 同甲類土木建築群 |
| 選修科目 6節（2.71%） | 建築工程管理 | 2 | |
| | 其他 | 4 | |
| | 至少應授 | 6節 | |
| 共同活動 12節（5.4%） | 班會 | 6 | |
| | 團體活動 | 6 | 含週會 |

表五-四-3 民國75年高級工業職業學校土木建築群教學科目表

## 2. 工業職業學校建築製圖科教學科目及每週教學節數表

| 科目類別 | 科目名稱 | 節數 | 備註 |
|---|---|---|---|
| 一般科目 64節（28.8%） | 三民主義 | 4 | 音樂、美術任選一學年或各選一學期 |
| | 社會科學概論 | 8 | |
| | 國文 | 20 | 第二、三學年應加強應用文 |
| | 英文 | 12 | |
| | 音樂、美術 | 2 | |
| | 體育 | 6 | |
| | 軍訓 | 12 | |
| 專業基礎科目 30節（13.5%） | 數學 | 16 | |
| | 物理學 | 4 | |
| | 化學 | 4 | |
| | 計算機概論 | 2 | |
| | 房屋構造 | 4 | 同乙類建築科 |
| | 建築材料 | 3 | 同乙類建築科 |
| 專業科目 20節（9.0%） | 材料力學 | 4 | |
| | 應用力學（靜力學） | 3 | |
| | 結構學 | 4 | " |
| | 鋼筋混凝土 | 4 | 同乙類建築科 |
| 實習科目 88節（39.6%） | 建築製圖實習 | 62 | 同乙類建築科 |
| | 泥工實習 | 3 | |
| | 木工實習 | 6 | 同甲類土木施工科 |
| | 水電實習 | 6 | |
| | 造型實習 | | |
| | 測量實習 | 8 | 同甲類土木施工科 |
| 選修科目 10節（4.5%） | 計算機應用 | | |
| | 建築設備 | 4 | 同甲類建築群 |
| | 營建表現 | 4 | 同甲類土木建築科 |
| | 建築法規 | 4 | 同甲類建築科 |
| | 施工規劃及控制概要 | 3 | 同甲類土木施工科 |
| | 其他 | | 表列各選修科目節數各校得酌予增減 |
| | 至少應授 | | |
| 共同活動 12節（5.4%） | 班會 | 6 | |
| | 團體活動 | 6 | 含週會 |
| 總計 | | 222 | |

表五-四-3 民國75年高級工業職業學校土木建築群教學科目表

## 2 工業職業學校家具木工科（乙）教學科目及每週教學節數表

| 科目類別 | 科目名稱 | 節數 | 一上 | 一下 | 二上 | 二下 | 三上 | 三下 | 備註 |
|---|---|---|---|---|---|---|---|---|---|
| 一般科目 64節（28.8%） | 三民主義 | 4 | | | | | | | 含公民、倫理道德、中國史地、法律常路。應加強職業服務道德之培養 |
| | 社會科學概論 | 8 | | | | | | | |
| | 國文 | 20 | | | | | | | 第二、三學年應加強應用文 |
| | 英文 | 12 | | | | | | | |
| | 音樂、美術 | 2 | | | | | | | 音樂、美術任選一學年或各選一學期 |
| | 體育 | 12 | | | | | | | |
| | 軍訓 | 6 | | | | | | | |
| 專業基礎科目 30節（13.5%） | 數學 | 16 | | | | | | | |
| | 物理學 | 6 | | | | | | | |
| | 化學 | 4 | | | | | | | |
| | 計算機概論 | 4 | | | | | | | |
| 專業科業科目 38節（17.1%） | 家具材料 | 6 | | | | | | | |
| | 木工機具 | 4 | | | | | | | |
| | 家具結構 | 2 | | | | | | | |
| | 家具裝塗工 | 2 | | | | | | | |
| | 家具設計概要 | 6 | | | 3 | 3 | | | |
| | 識圖與製圖 | 18 | 3 | 3 | | | | | |
| 專業實習科目 66節（29.7%） | 木工實習 | 66 | 10 | 10 | 10 | 10 | 13 | 13 | 合實習 |
| 選修科目 12節（5.4%） | 機電概要 | 2 | | | | | | | 同甲類土木建築群 |
| | 工程安全衛生 | 2 | | | | | | | 同甲數土木建築群 |
| | 工廠管理 | 4 | | | | | | | 同甲類土木建築群 |
| | 室內裝潢 | 4 | | | | | | | 同甲類家具木工科 |
| | 模型製作 | 2 | | | | | | | 〃 |
| | 計算機應用 | 4 | | | | | | | 同甲類家具木工科 |
| | 其他 | | | | | | 6 | 6 | |
| | 至少應授 | 12 | | | | | | | |
| 共同活動 12節（5.4%） | 班會 | 6 | 1 | 1 | 1 | 1 | 1 | 1 | 含週會 |
| | 團體活動 | 6 | | | | | | | |
| 總計 | | 222 | 37 | 37 | 37 | 37 | 37 | 37 | |

表五-四-3 民國75年高級工業職業學校土木建築群教學科目表

2 工業職業學校土木測量科教學科目及每週教學節數表

## 2 工業職業學校土木測量科教學科目及每週教學節數表

| 科目類別 | 科目名稱 | 節數 | 一上 | 一下 | 二上 | 二下 | 三上 | 三下 | 備註 |
|---|---|---|---|---|---|---|---|---|---|
| 一般科目 64節（28.8%） | 三民主義 | 4 | | | | | | | 含公民、倫理道德、中國史地、法律常融，應加強職業服務道德之培養 |
| | 社會科學概論 | 8 | | | | | | | |
| | 國文 | 20 | | | | | | | 第一、三學年應加強應用文 |
| | 英文 | 12 | | | | | | | |
| | 音樂、美術 | 2 | | | | | | | 音樂、美術任選一學年或各選一學期 |
| | 體育 | 12 | | | | | | | |
| | 軍訓 | 6 | | | | | | | |
| 專業基礎科目 30節（13.5%） | 數學 | 16 | | | | | | | |
| | 物理學 | 6 | | | | | | | |
| | 化學 | 4 | | | | | | | |
| | 計算機概論 | 4 | | | | | | | |
| 專業科業科目 38節（17.1%） | 測量學 | 14 | | | | | | | |
| | 施工法 | 4 | | | | | | | 同甲類測量科 |
| | 材料力學（靜力學） | 3 | | | | | | | 同乙類建築科 |
| | 工程測量 | 3 | | | | | | | 同甲類測量科 |
| | 道路工程 | 4 | | | | | | | 〃 |
| | 鋼筋混凝土 | 6 | | | | | | | 同甲類土木施工科 |
| 專業實習科目 68節（30.6%） | 識圖與製圖 | 28 | 5 | 5 | 4 | 4 | 5 | 5 | |
| | 土木測量實習 | 40 | 7 | 7 | 5 | 5 | 8 | 8 | 合實習 |
| 選修科目 10節（4.5%） | 計算機應用 | 4 | | | | | | | 同甲類土木建築群 |
| | 地政法規 | 6 | | | | | | | 同甲類測量科 |
| | 結構學 | 6 | | | | | | | 同甲類土木施工科 |
| | 都市計劃定樁測量 | 6 | | | | | | | 同甲類測量科 |
| | 施工估價 | 6 | | | | | | | 同甲類土木施工科 |
| | 建築概要 | 6 | | | | | | | 同甲類測量科 |
| | 路工定線 | 6 | | | | | 3 | 3 | 同甲類測量科 |
| | 至少應授 | 10 | | | | | 5 | 5 | |
| 共同活動 12節（5.4%） | 班會 | 6 | 1 | 1 | 1 | 1 | 1 | 1 | 含週會 |
| | 團體活動 | 6 | | | | | | | |
| 總計 | | 222 | 37 | 37 | 37 | 37 | 37 | 37 | |

表五-四-3 民國75年高級工業職業學校土木建築群教學科目表

| 科目類別 | 一 般 科 目 | | | | | | | | | 專業基礎科目 | | | | | 專 業 必 修 科 目 | | | | | | | | | | 實習科目 | | 選 修 科 目 | | | | | | | 共同活動 | | 總 |
|---|---|---|---|---|---|---|---|---|---|---|---|---|---|---|---|---|---|---|---|---|---|---|---|---|---|---|---|---|---|---|---|---|---|---|---|---|
| | 64節（28.8%） | | | | | | | | | 30節(13.5%) | | | | | 46節(20.7％) | | | | | | | | | | 48節(21.6%) | | 22節（9.9%） | | | | | | | 12節(5.4%) | | 222 |
| 科目名稱 | 三民主義 | 社會科學概論 | 國文 | 英語 | 音樂 | 體育 | 軍訓 | 數學 | 物理 | 化學 | 計算機概論 | 電工原理 | 給水衛生工程 | 水電材料 | 電機機械 | 公用設備概論 | 營建水電概論 | 施工估價 | 施工管理 | 基本製圖 | 電工製圖 | 電線製圖 | 工業配線製圖 | 配管實習 | 配線實習 | 工業配線實習 | 配線設計習 | 電工法規 | 照明學 | 電儀錶學 | 空氣調節概論 | 自動控制 | 電機控制 | 工業英文 | 微電腦應用 | 至少應授 | 班會 | 團體活動 | 計 |
| 節數 | 4 | 8 | 20 | 12 | 2 | 6 | 12 | 16 | 6 | 4 | 6 | 4 | 6 | 4 | 6 | 4 | 2 | 4 | 4 | 3 | 3 | 3 | 3 | 16 | 16 | 16 | 4 | 4 | 2 | 4 | 4 | 3 | 3 | 3 | 3 | 22 | 6 | 6 | 222 |
| 第一學年 上 | 2 | 4 | 2 | 2 | 1 | 1 | 2 | 4 | 3 | | | 3 | | | | | | | | 3 | | | | 8 | | | | | | | | | | | | | 1 | 1 | 37 |
| 第一學年 下 | 2 | 4 | 2 | 2 | 1 | 1 | 2 | 4 | 3 | | | 3 | | | | | | | | 3 | | | | 8 | | | | | | | | | | | | | 1 | 1 | 37 |
| 第二學年 上 | | 3 | 2 | 2 | | 1 | 2 | 4 | | 3 | 2 | | | | | 1 | 2 | 3 | | | 3 | | | | 8 | | | | | | | | | | | | 1 | 1 | 37 |
| 第二學年 下 | | 3 | 2 | 2 | | 1 | 2 | 4 | | | 2 | | | | 1 | 2 | 3 | | | 3 | | | | 8 | | | | | | | | | | | | 1 | 1 | 37 |
| 第三學年 上 | 2 | | 3 | 2 | | 1 | 2 | | | | | | 4 | | | | | | 4 | | | | | | | | 8 | | | | | | | | 9 | 1 | 1 | 37 |
| 第三學年 下 | 2 | | 3 | 2 | | 1 | 2 | | | | | | | 4 | | | | | | | | | | | | | 8 | | | | | | | | 13 | 1 | 1 | 37 |
| 備註 | | 含公民、倫理道德、中國史地、法律常識，應加強職業服務道德之培養第一、二、三學年應加強應用文習作另加 | | 音樂、美術任選一學年或各選一學期 | | | | | | | | | | | 含實習 | | | | | | | | | | 含實習 | | 表列各選修科目節數各校得酌予增減 | | | | | | | | | 含週會 | | |

表五-四-3 民國75年高級工業職業學校土木建築群教學科目表

| 科目類別 | 一 般 科 目 | | | | | | | | 專業基礎科目 | | 專 業 必 修 科 目 | | | | | | | | | 選 修 科 目 | | | | 共同活動 | | 總 |
|---|---|---|---|---|---|---|---|---|---|---|---|---|---|---|---|---|---|---|---|---|---|---|---|---|---|---|---|
| | 64節（28.8%） | | | | | | | | 30節(13.5%) | | 40 節(18.0％) | | | | | | 54節(24.3%) | | | 22節（9.9%） | | | | 12節(5.4%) | | 222 |
| 科目名稱 | 三民主義 | 社會科學概論 | 國文 | 英文 | 音樂、美術 | 體育 | 軍訓 | 數學 | 物理 | 化學 | 計算機概論 | 基本製圖 | 營建材料 | 建築工程概論 | 土木工程概論 | 工程力學概論 | 工程安全衛生 | 施工管理 | 測量學 | 測量實習 | 營建實習（木工） | 施工製圖 | 施工估價 | 結構工程概要 | 鋼筋混凝土 | 施工機械 | 計算機應用 | 材料試驗 | 水電工程概論 | 至少應授 | 班會 | 團體活動 | 計 |
| 節數 | 4 | 8 | 20 | 12 | 2 | 6 | 12 | 18 | 4 | 4 | 6 | 4 | 8 | 4 | 4 | 6 | 8 | 2 | 4 | 4 | 24 | 14 | 16 | 4 | 3 | 6 | 22 | 6 | 6 | 222 |
| 第一學年 上 | 2 | 4 | 2 | 2 | 1 | 1 | 2 | 4 | 2 | | | 4 | 2 | | | | | | 2 | 2 | 3 | 3 | | | | | | 0 | 1 | 1 | 37 |
| 第一學年 下 | 2 | 4 | 2 | 2 | 1 | 1 | 2 | 4 | 2 | | | | 2 | 2 | 4 | | | | 2 | 2 | 3 | 4 | | | | | | 0 | 1 | 1 | 37 |
| 第二學年 上 | | 3 | 2 | 2 | | 1 | 2 | 4 | | 3 | | | 4 | | | 4 | 3 | 1 | | | 4 | 4 | | | | | | 0 | 1 | 1 | 37 |
| 第二學年 下 | | 3 | 2 | 2 | | 1 | 2 | 4 | | | 3 | | | 4 | | | 4 | 1 | | | 4 | 4 | | | | | | 0 | 1 | 1 | 37 |
| 第三學年 上 | 2 | | 3 | 2 | | 1 | 2 | | | | 3 | | | | | 2 | | | | | 4 | 0 | 2 | 4 | 3 | 0 | 4 | 11 | 1 | 1 | 37 |
| 第三學年 下 | 2 | | 3 | 2 | | 1 | 2 | | | | | | | | | 0 | | | | | 4 | 2 | 0 | 3 | 3 | 11 | | | 1 | 1 | 37 |
| 備註 | | 含公民、倫理道德、中國史地、法律常識，應加強職業服務道德之培養第一、二、三學年應加強應用文習作另加 | | 音樂、美術任選一學年或各選一學期 | | | | | | | | | | | | | 力學部份移至二年級工程力學概要課程講授 | | | | 含實習 | | | | | 含實習 | | 含實習 | | 含週會 | | |

表五-四-3 民國75年高級工業職業學校土木建築群教學科目表

2. 工業職業學校土木建築群營建科教學科目及每週教學節數表

## 1.工業職業學校化工科（甲）教學科目及每週教學節數表

| 科目類別 | 科目名稱 | 節數 | 第一學年 上 | 第一學年 下 | 第二學年 上 | 第二學年 下 | 第三學年 上 | 第三學年 下 | 備註 |
|---|---|---|---|---|---|---|---|---|---|
| 一般 64節（28.8%） | 三民主義 | 4 | | | | | 2 | 2 | 含公民、倫理道德、中國史、地、法律常識，應加強職業服務道德之培養 |
| | 社會科學概論 | 8 | | | | | | | |
| | 國文 | 20 | 4 | 4 | 4 | 4 | 2 | 2 | 二、三學年應加強應用文習作 |
| | 英文 | 12 | 2 | 2 | 2 | 2 | 2 | 2 | |
| | 音樂、美術 | 2 | | | | | | | 音樂、美術任選一學年或各選一學期 |
| | 體育 | 6 | 1 | 1 | 1 | 1 | 1 | 1 | |
| | 軍訓 | 12 | 2 | 2 | 2 | 2 | 2 | 2 | |
| 專業基礎 28節（12.6%） | 數學 | 16 | 4 | 4 | 4 | 4 | | | |
| | 物理 | 12 | | | | | | | |
| 專業 53節（23.9%） | 計算機概論 | 3 | | | | | | | 講解「識圖」一至一.五小時，其餘為實習 |
| | 製圖 | 3 | | | | | | | 含實習 |
| | 基礎化學（I）（II） | 14 | | | | | | | |
| | 化學工業（I）（II） | 6 | | | | | | | |
| | 基礎化工（I）（II） | 10 | | | | | | | |
| | 化工機械（I）（II） | 10 | | | | | | | |
| | 化工儀器（I） | 6 | | | | | | | |
| 實習 35節（15.8%） | 物理實習 | 6 | | 3 | 3 | | | | |
| | 基礎化學實習（I）（II）（III） | 14 | 5 | 6 | 3 | | | | 詳細說明如附件 |
| | 化工機械實習（I）（II）（III） | 9 | | | | 3 | 3 | 3 | |
| | 化工儀器實習（I）（II） | 6 | | | | | 3 | 3 | |
| 選修 30節（13.5%） | 系列課程 | 9-12 | | | | 3-4 | 3 | 3 | 各校視發展特色，「特色」方面之相關課程至少佔十五小時，其中實習至少佔六小時，詳細說明如附件 |
| | 系列課程實習 | 6 | | | | 3 | 3-4 | 3-4 | |
| | 其他選修科 | 12-15 | 0 | 0 | 2 | 4-5 | 3-4 | 3-4 | |
| | 至少應授 | 30 | 0 | 0 | 2 | 8 | 10 | 10 | |
| 共同活動 12節5.4% | 班會 | 6 | (1) | (1) | (1) | (1) | (1) | (1) | 含週會 |
| | 團體活動 | 6 | (1) | (1) | (1) | (1) | (1) | (1) | |
| 總計 | | 222 | 37 | 37 | 37 | 37 | 37 | 37 | |

（教學目標）
(1)訓練能勝任化工機械操作、化學品製造、檢驗及分析、品質管制等技能。
(2)傳授化學工業有關之基礎化學反應及分析、化工機械及安全工作習慣與工業衛生等知識。
(3)培養崇尚勞動的刻苦精神，敬業樂群的職業道德，創造進取的變動潛能。

表五-四-4 民國75年高級工業職業學校化工群教學科目表

## 2.工業職業學校化工科（乙）教學科目及每週教學節數表

| 科目類別 | 科目名稱 | 節數 | 第一學年 上 | 第一學年 下 | 第二學年 上 | 第二學年 下 | 第三學年 上 | 第三學年 下 | 備註 |
|---|---|---|---|---|---|---|---|---|---|
| 一般 64節（28.8%） | 三民主義 | 4 | | | | | 2 | 2 | 含公民、倫理道德、中國史、地、法律常識，應加強職業服務道德之培養 |
| | 社會科學概論 | 8 | 2 | 2 | | | 2 | 2 | |
| | 國文 | 20 | 4 | 4 | 4 | 4 | 2 | 2 | 二、三學年應加強應用文習作 |
| | 英文 | 12 | 2 | 2 | 2 | 2 | 2 | 2 | |
| | 音樂、美術 | 2 | | | | | | | 音樂、美術任選一學年或各選一學期 |
| | 體育 | 6 | 1 | 1 | 1 | 1 | 1 | 1 | |
| | 軍訓 | 12 | 2 | 2 | 2 | 2 | 2 | 2 | |
| 專業基礎科目 26節（11.7%） | 數學 | 12 | 4 | 4 | 2 | 2 | | | |
| | 物理 | 6 | 3 | 3 | | | | | |
| | 計算機概論 | 4 | | | 2 | 2 | | | 含實習 |
| | 識圖與製圖 | 4 | 2 | 2 | | | | | |
| 專業必修 72節（32.4%） | 化工大意 | 4 | 2 | 2 | | | | | |
| | （基礎）化學 | 12 | 6 | 6 | | | | | |
| | 化工機械 | 4 | | | | | 2 | 2 | |
| | 有機化學 | 6 | | | 3 | 3 | | | |
| | 分析化學 | 6 | | | 3 | 3 | | | |
| | 工業儀器 | 3 | | | | | 3 | | |
| | 品質管制 | 3 | | | | | 3 | | |
| | 物理化學 | 10 | | | | | | | |
| | 工業化學 | 6 | | | | | | | |
| | 工業分析 | 6 | | | | | | | |
| | 化工計算 | 6 | | | | | 3 | 3 | |
| 實習 38節（17.1%） | 物理化學實驗 | 6 | | | | | | | |
| | 工業化學實驗 | 6 | | | | | 3 | 3 | 包括儀器分析 |
| | 有機化學實驗 | 6 | | | | | | | |
| | 分析化學實驗 | 6 | | | 3 | 3 | | | |
| | （基礎）化學實驗 | 10 | | | | | | | 含儀器分析實驗 |
| | 化工實習 | 10 | | | | | 5 | 5 | |

表五-四-4 民國75年高級工業職業學校化工群教學科目表

第肆篇：臺灣初、高級工業職業教育史概要

臺灣工程教育史

| 總計 | 共同活動 12節(5.4%) | | 選修科目 10節(4.5%) |
|---|---|---|---|
| 計 | 團體活動 | 班會 | 選修科目 |
| 222 | 6 | 6 | 10 |
| 37 | 1 | 1 | |
| 37 | 1 | 1 | |
| 37 | 1 | 1 | |
| 37 | 1 | 1 | |
| 37 | | | 5 |
| 37 | 1 | 1 | 5 |
| | 含週會 | | 由各校樹酌的選修專業科目或專業實習 |

表五-四-4 民國75年高級工業職業學校化工群教學科目表

1.工業職業學校染整科教育目標

(1)訓練能勝任紡織纖維、纖維製品、染色、漂練、染色、織物整理加工、化學分析、圖案設計等技能。

(2)傳受實用電工原理、機械構造原理、有機化學理論、紡織纖維的分類、產地、理化性質及用途品質管制、檢驗與分析、紡織理論、染料的性質、合成應用、配色、繪圖、設計及安全工作習慣與工業衛生等知識。

(3)培養崇尚勞動的刻苦精神，敬業樂群的職業精神，創造進取的發展潛能。

2.工業職業學校染整科教學科目及每週教學節數表

| 科目類別 | 科目名稱 | 節數 | 第一學年 上 | 第一學年 下 | 第二學年 上 | 第二學年 下 | 第三學年 上 | 第三學年 下 | 備註 |
|---|---|---|---|---|---|---|---|---|---|
| 一般科目 (28.8%) 64節 | 三民主義 | 4 | | | 2 | 2 | | | |
| | 社會科學概論 | | | | | | 2 | 3 | 含公民倫理道德、中國史地、法律常識應加強職業服務道德之培養 |
| | 國文 | 20 | 4 | 4 | 3 | 3 | 3 | 3 | 二、三學年應加強應用文習作 |
| | 英文 | 12 | 2 | 2 | 2 | 2 | 2 | 2 | |
| | 晉樂、美術 | 2 | 1 | 1 | | | | | 晉樂、美術任選一學年或各任選一學期 |
| | 軍訓 | 12 | 2 | 2 | 2 | 2 | 2 | 2 | |
| | 體育 | 6 | 1 | 1 | 1 | 1 | 1 | 1 | |
| 專業基礎科目 (11.7%) 26節 | 數學 | 16 | 4 | 4 | 2 | 2 | 2 | 2 | |
| | 物理 | 6 | 3 | 3 | | | | | |
| | 計算機概論 | 4 | | | 2 | 2 | | | 含實習 |
| 專業必修科目 (30.6%) | 化學 | 4 | | | | | | | |
| | 織物整理加工學 | 4 | | | | | 3 | 3 | 包括織物整理及加工藥劑 |
| | 機件原理 | 4 | | | 1 | 2 | | | |
| | 電工原理 | 4 | | | 1 | 2 | | | |
| | 電工大意 | 4 | | | | | | | |
| | 紡織纖維學 | 6 | 3 | 3 | | | | | |
| | 紡織概論 | 4 | 2 | 2 | | | | | |
| | 紡織物檢驗及品管 | 4 | | | | | | | |
| | 練漂學 | 4 | | | 2 | 2 | | | 二年級用水及練漂包括藥劑。三年級印花 |
| | 染色學 | 12 | | | 3 | 3 | 3 | 3 | 二年級浸染包括染料。 |
| 實習科目 68節 | 識圖與製圖 | 4 | | | | | | | |
| | 圖案設計 | 6 | 2 | 2 | | | | | |
| | 有機化學 | 6 | | | 3 | 3 | | | |
| | 分析化學 | 6 | | | 3 | 3 | | | |
| 實習科目 42節 (18.9%) | 金工實習 | 4 | | | | | | | 合併上課，包括職業道德及工業安全與衛生 |
| | 練漂實習 | 16 | | | 8 | 8 | | | |
| | 侵染實習 | 8 | | | 3 | 3 | | | |
| | 印花實習 | 8 | | | | | 4 | 4 | |
| | 織物整理實習 | 8 | | | | | 4 | 4 | 共同性紡織物檢驗 |

表五-四-4 民國75年高級工業職業學校化工群教學科目表

## 1. 工業職業學校紡織科機紡組教育目標

(1)訓練能勝任長、短、纖維、紡紗、混紡之有關各型紡紗機構造、操作、維護與修理、及實際紡紗等技能。

(2)傳授實用電工理論、機械構造原理、有機化學理論、紡織纖維分類、性質、用途、品質管制、檢驗與分析紡紗理論、織布原理與應用及安全工作習慣與工業衛生等知識。

(3)培養崇尚勞動的刻苦精神，敬業樂群的職業道德，創造進取的發展潛能。

## (三)、紡織科機紡組

## 2.工業職業學校紡織科機紡組教學科目及每週教學節數表

| 科目類別 | 科目名稱 | 節數 | 第一學年 上 | 第一學年 下 | 第二學年 上 | 第二學年 下 | 第三學年 上 | 第三學年 下 | 備註 |
|---|---|---|---|---|---|---|---|---|---|
| 一般科目 64節 28.8% | 三民主義 | 4 | 2 | 2 | | | | | |
| | 社會科學概論 | 8 | 2 | 2 | 2 | 2 | | | |
| | 國文 | 20 | 4 | 4 | 3 | 3 | 3 | 3 | 加註 |
| | 英文 | 12 | 2 | 2 | 2 | 2 | 2 | 2 | 加註 |
| | 音樂、美術 | 2 | 1 | 1 | | | 2 | | 音樂、美術任選一學年或各選一學期 |
| | 體育 | 6 | 1 | 1 | 1 | 1 | 1 | 1 | |
| | 軍訓 | 12 | 2 | 2 | 2 | 2 | 2 | 2 | |

| 選修科目 10節（4.5%） | | 共同活動 12節（5.4%） | | 總計 |
|---|---|---|---|---|
| 進修科目 | | 班會 | 團體活動 | 計 |
| 10 | | 6 | 6 | 222 |
| | | 1 | 1 | 37 |
| | | 1 | 1 | 37 |
| | | 1 | 1 | 37 |
| | | 1 | 1 | 37 |
| 5 | | 1 | 1 | 37 |
| 5 | | 1 | 1 | 37 |
| 隨需要而訂 | | | 含週會 | |

表五-四-4 民國75年高級工業職業學校化工群教學科目表

| 總計 | 共同活動 12節（5.4%） | | 選修科目 10節（4.5%） | 實習科目 48節（21.6%） | | 專業科目 62節（27.9%） | | | | | | | | 專業基礎科目 26節（11.7%） | | | |
|---|---|---|---|---|---|---|---|---|---|---|---|---|---|---|---|---|---|
| 計 | 團體活動 | 班會 | 選修科目 | 紡紗實習（I）（II）III | 織造實習 | 機件原理 | 絲線加工 | 紗紡學（I）（II） | 紡織物檢驗及品管 | 紡織概論 | 紡織纖維學（I）（II） | 電工大意 | 化學（I）（II） | 識圖與製圖 | 計算機概論 | 物理 | 數學 |
| 222 | 6 | 6 | 10 | 42 | 6 | 4 | 4 | 22 | 6 | 2 | 8 | 4 | 8 | 4 | 4 | 6 | 16 |
| 37 | 1 | 1 | | 6 | | | | 5 | | | | | 2 | | | 3 | 4 |
| 37 | 1 | 1 | | 6 | | | | 5 | | 1 | 2 | | 2 | | | 3 | 4 |
| 37 | 1 | 1 | | 8 | | 2 | | 3 | | 1 | 2 | 2 | 2 | | | | 4 |
| 37 | 1 | 1 | | 8 | | 2 | | 3 | | | 2 | 2 | 2 | | | | 4 |
| 37 | 1 | 1 | 5 | 7 | | | 3 | 3 | | | 2 | 2 | | 2 | | | |
| 37 | 1 | 1 | 5 | 7 | | | 3 | 3 | | | 2 | 2 | | 2 | | | |
| | 含週會 | | 視需要而訂 | 含金工實習、職業道德、工廠管理及工業安全衛生。三年級時含共通性之紡織物檢驗。 | | | 一年級棉紡、二年級毛紡、三年級混紡 | | 上學期檢驗、下學期品管 | 包括織造、針織、染整 | 二年級纖維理化 | | 二年級普通化學。三年級有機化學 | | 包括相關知識 | | 含實習會 |

表五-四-4 民國75年高級工業職業學校化工群教學科目表

## （四）、紡織科機織組

1. 工業職業學校紡織科機織組教育目標

(1)訓練能勝任操作各型織布機、及有關機械操作、維護、修型、與實際織布等技能。

(2)傳授實用電工理論、機械構造原理、有機化學理論、紡織纖維分類、性質、用途、品質管制、檢驗與分析、織布理論與應用及安全工作習慣與工業衛生等知識。

(3)培養崇尚勞動的刻苦精神，敬業樂群的職業道德，創造進取的發展潛能。

2. 工業職業學校紡織科機織組教學科目及每週教學節數表

| 科目類別 | 科目名稱 | 節數 | 第一學年上 | 第一學年下 | 第二學年上 | 第二學年下 | 第三學年上 | 第三學年下 | 備註 |
|---|---|---|---|---|---|---|---|---|---|
| 一般科目 64節(28.8%) | 三民主義 | 4 | 1 | 1 | 1 | 1 | | | |
| | 社會科學概論 | 8 | 2 | 2 | 2 | 2 | | | |
| | 國文 | 20 | 4 | 4 | 3 | 3 | 3 | 3 | |
| | 英文 | 12 | 2 | 2 | 2 | 2 | 2 | 2 | |
| | 音樂、美術 | 2 | 1 | 1 | | | | | 音樂、美術任選一學年或各選一學期 |
| | 軍訓 | 6 | 1 | 1 | 1 | 1 | 1 | 1 | |
| | 體育 | 12 | 2 | 2 | 2 | 2 | 2 | 2 | |
| 專業基礎科目 26節(11.7%) | 數學 | 16 | | | | | | | |
| | 物理 | 6 | 3 | 3 | | | | | |
| | 計算機概論 | 4 | | | 2 | 2 | | | 含實習 |
| | 製圖 | 4 | | | 2 | 2 | | | |
| | 化學(I)(II) | 4 | | | 2 | 2 | | | 三年級有機化學 |
| 專業必修科目 58節(26.1%) | 機件原理 | 4 | | | 2 | 2 | | | 二年級普通化學 |
| | 電工大意 | 4 | | | 2 | 2 | | | |
| | 紡織纖維學 | 6 | | | | | | | 三年級有機化學 |
| | 紡織概論 | 6 | | | | | | | 三年級普通知識 |
| | 紡織物檢驗及品管 | 22 | | | 3 | 3 | 3 | 3 | 二年級多臂機、力織機 |
| | 織造學(I)(II)(III) | 6 | 1 | 1 | | | | | 包括紗、針織、染整 上學期檢驗、下學期品管 二年級有梭機、無梭機 三年級提花機 |
| | 織物組合分析 | 8 | | | 2 | 2 | 2 | 2 | |
| 實習科目 52節(23.4%) | 紡織實習 | 6 | | | | | 3 | 3 | |
| | 織造實習(I)(II)(III) | 42 | 6 | 6 | 8 | 8 | 7 | 7 | 含金工實習、職業道德、工廠管理及工業安全衛生。三年級時含共通性之紡織物檢驗 |

| 科目類別 | | 節數 | 第一學年上 | 第一學年下 | 第二學年上 | 第二學年下 | 第三學年上 | 第三學年下 | 備註 |
|---|---|---|---|---|---|---|---|---|---|
| 選修科目 10節(4.5%) | 選修科目 | 10 | | | | | 5 | 5 | |
| 共同活動 12節(5.4%) | 班會 | 6 | 1 | 1 | 1 | 1 | 1 | 1 | |
| | 團體活動 | 6 | 1 | 1 | 1 | 1 | 1 | 1 | 含週會 |
| 總計 | | 222 | 37 | 37 | 37 | 37 | 37 | 37 | |

表五-四-4 民國75年高級工業職業學校化工群教學科目表

表五-四-4 民國75年高級工業職業學校化工群教學科目表

## (五)、紡織科針織組

### 1. 工業職業學校紡織科針織組教育目標

(1)訓練能勝任操作各型針織機及有關機械操作、維護、修理、調整與實際經、緯針機等技能。

(2)傳授實用電工理論、機械構造原理、有機化學理論、紡織纖維分類、性質、用途、品質管制、檢驗與分析、針織理論與應用及安全工作習慣與工業衛生等知識。

(3)培養崇尚勞動的刻苦精神，敬業樂群的職業道德，創造進取的發展潛能。

### 2. 工業職業學校紡織科針織組教學科目及每週教學節數表

| 科目類別 | 一般科目（28.8%）64節 | | | | | | | |
|---|---|---|---|---|---|---|---|---|
| 科目名稱 | 節數 | 第一學年 上 | 第一學年 下 | 第二學年 上 | 第二學年 下 | 第三學年 上 | 第三學年 下 | 備註 |
| 三民主義 | 4 | | | | | 2 | 2 | 加註 |
| 國文 | 20 | 4 | 4 | 3 | 3 | 3 | 3 | 加註 |
| 英文 | 12 | 2 | 2 | 2 | 2 | 2 | 2 | |
| 社會科學概論 | 8 | 2 | 2 | 2 | 2 | | | |
| 音樂、美術 | 2 | | | | | | | 音樂、美術任選一學年或各選一學期 |
| 體育 | 6 | 1 | 1 | 1 | 1 | 1 | 1 | |
| 軍訓 | 12 | 2 | 2 | 2 | 2 | 2 | 2 | |

表五-四-4 民國75年高級工業職業學校化工群教學科目表

| 科目 | 專業基礎科目 26節（11.7%） | | | 專業必修 54節（26.1%） | | | | | | | | 實習科目 58節（24.3%） | | | 選修科目 8節（3.6%） | 共同活動 12節（5.4%） | | 總計 |
|---|---|---|---|---|---|---|---|---|---|---|---|---|---|---|---|---|---|---|
| | 數學 | 物理 | 計算機概論 | 識圖與製圖 | 化學(I)(II) | 機件原理 | 電工大意 | 紡織纖維學 | 紡織概論 | 紡織物檢驗及品管 | 針織學(I)(II)(III) | 針織物設計與成衣加工 | 染整實習 | 針織實習(I)(II)(III) | 選修科目 | 班會 | 團體活動 | 計 |
| 節數 | 16 | 6 | 4 | 4 | 8 | 4 | 4 | 4 | 2 | 6 | 22 | 8 | 8 | 42 | 8 | 6 | 6 | 222 |
| 第一學年上 | 4 | 3 | | 2 | | | | 2 | 1 | | 5 | | | 6 | | 1 | 1 | 37 |
| 第一學年下 | 4 | 3 | | 2 | | | | 2 | 1 | | 5 | | | 6 | | 1 | 1 | 37 |
| 第二學年上 | 4 | | 2 | | 2 | 2 | 2 | | | | 3 | 2 | | 8 | | 1 | 1 | 37 |
| 第二學年下 | 4 | | 2 | | 2 | 2 | 2 | | | | 3 | 2 | | 8 | | 1 | 1 | 37 |
| 第三學年上 | | | | | 2 | | | | | 3 | 3 | 2 | 4 | 7 | 4 | 1 | 1 | 37 |
| 第三學年下 | | | | | 2 | | | | | 3 | 3 | 2 | 4 | 7 | 4 | 1 | 1 | 37 |
| 備註 | | 含實習 | | 包括相關知識 | 二年級普通化學、三年級有機化學 | | | 包括紡紗、織造、染整 上學期檢驗、下學期品管 | | | 一年級緯編針織、二三年級經編針織 | 二年級成衣加工、三級針織物設計 | | 含金工實習、職業道德、工廠管理及工業安全衛生。三年級時含共通性之紡織物檢驗 | | 含週會 | | |

表五-四-4 民國75年高級工業職業學校化工群教學科目表

## 1. 工業職業學校礦冶科金屬工業組教育目標

(1) 訓練能勝任材料試驗與分析、鑄造操作、金屬熱處理、加工、冶金等技能。

(2) 傳授化學基礎、材料性質與應用、機械構造、鋼鐵冶金、非鐵冶金及安全工作習慣與工業衛生等知識。

(3) 培養崇尚勞動的刻苦精神，敬業樂群的職業道德，創造進取的發展潛能。

## 2. 工業職業學校礦冶科金屬工業組教學科目及每週教學節數表

| 科目類別 | 科目名稱 | 節數 | 第一學年上 | 第一學年下 | 第二學年上 | 第二學年下 | 第三學年上 | 第三學年下 | 備註 |
|---|---|---|---|---|---|---|---|---|---|
| 一般科目 (28.8%) 64節 | 三民主義 | 4 | | | | | 2 | 2 | 加註 |
| | 國文 | 20 | 4 | 4 | 4 | 4 | 2 | 2 | |
| | 英文 | 12 | 2 | 2 | 2 | 2 | 2 | 2 | |
| | 社會科學概論 | 8 | | | 2 | 2 | 2 | 2 | 加註 |
| | 體育 | 12 | 2 | 2 | 2 | 2 | 2 | 2 | |
| | 軍訓 | 6 | 1 | 1 | 1 | 1 | 1 | 1 | |
| | 音樂、美術 | 2 | 1 | 1 | | | | | 音樂、美術任選一學年或各選一學期 |
| 專業基礎科目 (17.1%) 38節 | 數學 | 8 | 4 | 4 | | | | | |
| | 物理 | 4 | | | 2 | 2 | | | |
| | 化學（無機化學） | 12 | 4 | 4 | 2 | 2 | | | 含實習 |
| | 計算機概論 | 4 | 2 | 2 | | | | | |
| | 電工大意 | 4 | | | 2 | 2 | | | |
| | 識圖與製圖 | 6 | 3 | 3 | | | | | |
| 專業必修科目 (17.1%) 38節 | 工業力學 | 4 | | | 2 | 2 | | | |
| | 金屬材料 | 6 | | | 3 | 3 | | | |
| | 鋼鐵冶金 | 4 | | | 3 | 2 | | | |
| | 非鐵冶金 | 4 | | | 3 | 2 | | | |
| | 機械概論 | 4 | 2 | 2 | | | | | |
| 實習必修科目 (28.8%) 64節 | 無機化學實驗 | 4 | 2 | 2 | | | | | |
| | 機工實習 | 4 | 2 | 2 | | | | | |
| | 金相實驗 | 6 | | | 3 | 3 | | | |
| | 分析化學實驗 | 6 | | | 3 | 3 | | | |
| | 材料實驗 | 8 | | | 4 | 4 | | | |
| | 鑄造實習 | 8 | | | 4 | 4 | | | |
| | 金屬加工實習 | 8 | | | | | 4 | 4 | |
| | 電化冶金實習 | 8 | | | | | 4 | 4 | |
| | 金屬熱處理實習 | 12 | | | | | 6 | 6 | |
| 選修科目 (2.7%) 6節 | 工業安全與衛生 | 1 | | | | | 1 | | |
| | 工廠管理 | 2 | | | | | 2 | 1 | |
| | 熱處理 | 2 | | | | | 2 | | |
| | 鑄造學 | 2 | | | | | 2 | | |
| | 自動化概論 | 2 | | | | | 2 | 2 | |
| | 其他 | | | | | | | | |
| 共同活動 12節 (5.4%) | 至少應授 | 6 | 1 | 1 | 1 | 1 | 1 | 1 | |
| | 班會 | 6 | 1 | 1 | 1 | 1 | 1 | 1 | |
| | 團體活動 | 6 | 1 | 1 | 1 | 1 | 1 | 1 | 含週會 |
| 總計 | | 222 | 37 | 37 | 37 | 37 | 37 | 37 | |

三、實施通則（同甲類，參見第二七頁）

表五-四-4 民國75年高級工業職業學校化工群教學科目表

表五-四-4 民國75年高級工業職業學校化工群教學科目表

1.美工科（甲）教育目標

傳授有關木屬、金屬、陶瓷、石材、塑膠、編織等類工藝的基本知識和實用技能。

2.工業職業學校工藝群美工科（甲）教學科目及每週教學節數表

| 科目類別 | 科目名稱 | 數節 | 第一學年 上 | 第一學年 下 | 第二學年 上 | 第二學年 下 | 第三學年 上 | 第三學年 下 | 備註 |
|---|---|---|---|---|---|---|---|---|---|
| 一般科目 | 三民主義 | 4 | | | | | 2 | 2 | 含公民、倫理道德、中國史地、法律常識 |
| | 社會科學概論 | 8 | 2 | 2 | 2 | 2 | | | 應加強職業服務道德之培養 |
| | 國文 | 20 | 4 | 4 | 3 | 3 | 3 | 3 | 第二、三學年應加強應用文習作 |
| | 英文 | 12 | 2 | 2 | 2 | 2 | 2 | 2 | |
| | 音樂、美術 | 2 | 1 | 1 | | | | | 音樂、美術任選一學年或各選一學期 |
| | 體育 | 6 | 1 | 1 | 1 | 1 | 1 | 1 | |
| | 軍訓 | 12 | 2 | 2 | 2 | 2 | 2 | 2 | |
| | 小計 | 64 | 12 | 12 | 10 | 10 | 10 | 10 | |
| 專業基礎科目 | 數學 | 16 | 4 | 4 | 4 | 4 | | | |
| | 物理 | 8 | | | 2 | 2 | 2 | 2 | |
| | 化學 | 4 | 2 | 2 | | | | | |
| | 計算機概論 | 4 | | | | | 2 | 2 | |

| 類別 | 科目名稱 | 數節 | 第一學年 上 | 第一學年 下 | 第二學年 上 | 第二學年 下 | 第三學年 上 | 第三學年 下 | 備註 |
|---|---|---|---|---|---|---|---|---|---|
| 專業必修科目（專業科目） | 工藝概論 | 2 | 2 | | | | | | |
| | 基礎描繪 | 8 | 4 | 4 | | | | | |
| | 製圖與識圖 | 8 | 4 | 4 | | | | | |
| | 基礎造形 | 8 | | | | | | | |
| | 工藝材料概說 | 2 | | 2 | | | | | |
| | 色彩計劃 | 4 | | | 2 | 2 | | | |
| | 工藝材料 | 2 | | | 1 | 1 | | | |
| | 工藝製圖 | 8 | | | 4 | 4 | | | |
| | 工藝材料 | 3 | | | | | | | |
| | 工藝實務 | 8 | | | | | 4 | 4 | 請見說明 |
| | 表現技法 | 3 | | | | | 3 | 3 | |
| 實習科目 | 基礎工藝實習 | 8 | 4 | 4 | | | | | |
| | 工藝專業實習（I）（II） | 12 | | | 6 | 6 | | | |
| | 工藝專業實習（III）（IV） | 24 | | | | | 12 | 12 | 請見說明 |
| | 小計 | 130 | | | | | | | |

表五-四-5 民國75年高級工業職業學校化工藝群學科目表

| 類別 | 工藝實習（輔修） | 選修 至少應授 | 其他 | 共同活動 班會 | 團體活動 | 總計 |
|---|---|---|---|---|---|---|
| 小計 | 16 | 16 | | 6 | 6 | 222 |
| 第一上 | | 0 | | 1 | 1 | 37 |
| 第一下 | | 0 | | 1 | 1 | 37 |
| 第二上 | 2 | 4 | | 1 | 1 | 37 |
| 第二下 | 2 | 4 | | 1 | 1 | 37 |
| 第三上 | 4 | 4 | | 1 | 1 | 37 |
| 第三下 | 4 | 4 | | 1 | 1 | 37（含週會） |
| 備註 | 請見說明 | | | | | |

附註：
一、本表所定節數為每週教學節數，每節教學時間為五十分鐘。
二、「輔導活動」雖未列入科目表內，但各校應依職業學校規程第卅六、四三條之規定，配合各科教學及學校各種活動確實施。
三、選修科目「其他」一欄，各校可依實際需要與地區特性，擬定科目名稱，每週授課節數及教材大綱，報請省市教育廳、局核備後實施。

二七

表五-四-5 民國75年高級工業職業學校化工藝群學科目表

1. 印刷科（甲）教育目標

傳授印刷、製版、照相及攝影等行業所需的基本知識和實用技能。

2. 工業職業學校工藝群印刷科（甲）教學科目及每週教學節數表

### 一般科目／專業基礎必修科目

| 科目類別 | 科目名稱 | 節數 | 第一學年 上 | 第一學年 下 | 第二學年 上 | 第二學年 下 | 第三學年 上 | 第三學年 下 | 備註 |
|---|---|---|---|---|---|---|---|---|---|
| 一般科目 | 三民主義 | 4 | | | | | 2 | 2 | |
| | 社會科學概論 | 8 | 2 | 2 | 2 | 2 | | | 含公民、倫理道德、中國史地、法律常識、應加強職業服務道德之培養 |
| | 國文 | 20 | 4 | 4 | 3 | 3 | 3 | 3 | 第二、三學年應加強應用文習作 |
| | 英文 | 12 | 2 | 2 | 2 | 2 | 2 | 2 | |
| | 音樂、美術 | 2 | 1 | 1 | | | | | 音樂、美術任選一學年或各選一學期 |
| | 體育 | 6 | 1 | 1 | 1 | 1 | 1 | 1 | |
| | 軍訓 | 12 | 2 | 2 | 2 | 2 | 2 | 2 | |
| | 小計 | 64 | 12 | 12 | 10 | 10 | 10 | 10 | |
| 專業基礎必修科目 | 數學 | 16 | 4 | 4 | 2 | 2 | 2 | 2 | |
| | 物理 | 8 | | | 2 | 2 | 2 | 2 | |
| | 化學 | 4 | 2 | 2 | | | | | |
| | 計算機概論 | 4 | | | | | 2 | 2 | |

### 專業必修科目

| 科目名稱 | 節數 | 第一學年 上 | 第一學年 下 | 第二學年 上 | 第二學年 下 | 第三學年 上 | 第三學年 下 |
|---|---|---|---|---|---|---|---|
| 印刷概論 | 4 | 2 | 2 | | | | |
| 印刷設計 | 6 | | | | | 3 | 3 |
| 色彩計劃 | 4 | | | 2 | 2 | | |
| 印刷圖學 | 4 | 2 | 2 | | | | |
| 基礎描繪 | 4 | 2 | 2 | | | | |
| 基礎攝影 | 6 | | | 3 | 3 | | |
| 照相製版學 | 4 | | | 2 | 2 | | |
| 印刷加工與裝訂 | 6 | | | | | 3 | 3 |
| 工商設計 | 4 | | | | | 2 | 2 |
| 印刷學 | 4 | | | 2 | 2 | | |
| 印刷機械 | 14 | | | 8 | 8 | | |
| 基礎印刷實習 | 14 | 7 | 7 | | | | |
| 印刷實習 | 36 | | | | | 10 | 10 |
| 小計 | 126 | | | | | | |

表五-四-5 民國75年高級工業職業學校化工藝群學科目表

### 選修科目／共同活動

| 科目名稱 | 計 | 一上 | 一下 | 二上 | 二下 | 三上 | 三下 |
|---|---|---|---|---|---|---|---|
| 印刷化學 | 4 | | | 2 | 2 | | |
| 凹版印刷學 | 4 | | | | | 2 | 2 |
| 照相製版實習 | 8-12 | | | | | 2-4 | 2-4 |
| 印刷企劃 | 4 | | | | | 2 | 2 |
| 特殊印刷 | 4 | | | | | 2 | 2 |
| 印刷資訊 | 4 | | | 2 | 2 | | |
| 其他 | | | | | | | |
| 至少應授 | 20 | 0 | 0 | 4 | 4 | 6 | 6 |
| 班會 | 6 | 1 | 1 | 1 | 1 | 1 | 1 |
| 團體活動 | 6 | | | | | 合週會 | |
| 總計 | 222 | 37 | 37 | 37 | 37 | 37 | 37 |

附註：

一、本表所定節數為每週教學節數，每節教學時間為五十分鐘。

二、「輔導活動」雖未列入科目表內，但各校應依職業學校規程第卅六、四三條之規定，配合各科教學及學校各種活動確實實施。

三、選修科目「其他」一欄，各校可依實際需要與地區特性，擬定科目名稱，每週授課節數及教材大綱，報請省市教育廳、局核備後實施。

表五-四-5 民國75年高級工業職業學校化工藝群學科目表

## 1. 美工科（乙）教育目標

傳授有關木屬、金屬、陶瓷、石材、塑膠、編織等類工藝的基本知識和實用技能。

## 2. 美工科（乙）教學科目及每週教學節數表

表五-四-5 民國75年高級工業職業學校化工藝群學科目表

| 科目類別 | 科目名稱 | 節數 | 第一學年上 | 第一學年下 | 第二學年上 | 第二學年下 | 第三學年上 | 第三學年下 | 備註 |
|---|---|---|---|---|---|---|---|---|---|
| 一般科目 | 三民主義 | 4 | | | | | 2 | 2 | |
| | 社會科學概論 | 8 | | | 2 | 2 | 2 | 2 | |
| | 國文 | 20 | 4 | 4 | 3 | 3 | 3 | 3 | |
| | 英文 | 12 | 2 | 2 | 2 | 2 | 2 | 2 | |
| | 音樂、美術 | 2 | 1 | 1 | | | | | |
| | 體育 | 6 | 1 | 1 | 1 | 1 | 1 | 1 | |
| | 軍訓 | 12 | 2 | 2 | 2 | 2 | 2 | 2 | |
| | 小計 | 64 | 12 | 12 | 12 | 12 | 8 | 8 | |
| 專業基礎必修科目 | 數學 | 8 | 2 | 2 | 2 | 2 | | | |
| | 物理 | 4 | | | 2 | 2 | | | |
| | 化學 | 4 | | | | | 2 | 2 | |
| | 計算機概論 | 4 | | | | | 2 | 2 | |
| | 小計 | | | | | | | | |
| 專業必修科目 | 基礎造形 | 6 | 3 | 3 | | | | | |
| | 工藝概論 | 6 | 3 | 3 | | | | | |
| | 工藝材料概說 | 6 | | | 2 | 2 | 1 | 1 | |
| | 製圖與識圖 | 8 | 4 | 4 | | | | | |
| | 基本設計 | 8 | 4 | 4 | | | | | |
| | 色彩計劃 | 4 | | | 2 | 2 | | | |
| | 工藝鑑賞 | 4 | | | 2 | 2 | | | |
| | 工藝製圖 | 8 | | | 4 | 4 | | | |
| | 印刷設計 | 4 | | | 1 | 1 | | | |
| | 產品攝影 | 4 | | | 2 | 2 | | | |
| | 工藝材料 | 2 | | | | | 1 | 1 | |
| | 表現技法 | 8 | 2 | 2 | | | 2 | 2 | |
| | 工藝設計 | 4 | | | | | 4 | 4 | |
| | 基礎工藝實習 | 8 | 4 | 4 | | | | | |
| | 工藝專業實習(I)(II) | 12 | | | 6 | 6 | | | |
| | 工藝專業實習(III)(IV) | 24 | | | | | 12 | 12 | |
| | 小計 | 130 | | | | | | | |

表五-四-5 民國75年高級工業職業學校化工藝群學科目表

| | | 選修科目 | | 共同 | 活動 | 總計 |
|---|---|---|---|---|---|---|
| | | 至少應授 | 其他 | 工藝實習（輔修） | 班會 | 團體活動 | |
| 數節 | | 16 | | 16 | 6 | 6 | 222 |
| 第一學年上 | | | | | 1 | 1 | 37 |
| 第一學年下 | | | | | 1 | 1 | 37 |
| 第二學年上 | | 4 | 2 | 2 | 1 | 1 | 37 |
| 第二學年下 | | 4 | 2 | 2 | 1 | 1 | 37 |
| 第三學年上 | | 4 | | 4 | 1 | 1 | 37 |
| 第三學年下 | | 4 | | 4 | 1 | 1 | 37 |
| 備註 | | | | | 含週會 | | |

第肆篇：臺灣初、高級工業職業教育史概要

## 1. 印刷科（乙）教育目標

(1) 訓練能勝任印刷行業的設計、製作、操作、維護等技能。

(2) 傳授印刷設計、色彩、性質及配色、應用、維護。印刷機械構造、應用、維護。印刷材料之性質、規格與用途。照相分色、製版。印刷估價及評鑑、安全工作、工業衛生等知識。

(3) 培養崇尚勞動的刻苦精神、敬業樂群的職業道德、創造進取的發展潛能。

## 2. 印刷科（乙）教學科目及每週教學節數表

| 科目類別 | 科目名稱 | 節數 | 第一學年 上 | 第一學年 下 | 第二學年 上 | 第二學年 下 | 第三學年 上 | 第三學年 下 |
|---|---|---|---|---|---|---|---|---|
| 一般科目 | 三民主義 | 4 | | | | | | |
| | 社會科學概論 | 8 | | | | | | |
| | 國文 | 20 | 4 | 4 | 3 | 3 | 3 | 3 |
| | 英文 | 12 | 2 | 2 | 2 | 2 | 2 | 2 |
| | 管樂、美術 | 2 | | | | | | |
| | 體育 | 6 | 1 | 1 | 1 | 1 | 1 | 1 |
| | 軍訓 | 12 | 2 | 2 | 2 | 2 | 2 | 2 |
| | 小計 | 64 | | | | | | |
| 相關科目 | 數學 | 16 | | | | | | |
| | 物理學 | 4 | | | | | | |
| | 化學 | 4 | | | | | | |
| | 計算機概論 | 4 | | | | | | |
| 專業科目 | 印刷工業 | 4 | | | | | | |
| | 印刷學(一) | 6 | | | | | | |
| | 印刷學(二) | 6 | | | | | | |
| | 印刷圖學 | 6 | | | | | | |
| | 基礎攝影 | 4 | | | | | | |
| | 印刷企劃 | 2 | | | | | | |
| | 特殊印刷 | 2 | | | | | | |
| 實習科目 | 印刷實習 | 78 | 13 | 13 | 13 | 13 | 13 | 13 |
| | 小計 | 138 | | | | | | |
| 選修科目 | 工商攝影 | 4 | | | | | 2 | 2 |
| | 印刷設計 | 4 | | | | | 2 | 2 |
| | 其他 | | | | | | | |
| | 至少應授 | 8 | | | | | 4 | 4 |
| 共同活動 | 班會 | 6 | 1 | 1 | 1 | 1 | 1 | 1（含週會） |
| | 團體活動 | 6 | 1 | 1 | 1 | 1 | 1 | 1 |
| 總計 | | 222 | 37 | 37 | 37 | 37 | 37 | 37 |

備註：社會科學概論包括職業服務道德。

表五-四-5 民國75年高級工業職業學校化工藝群學科目表

表五-四-5 民國75年高級工業職業學校化工藝群學科目表

臺灣工程教育史

# 第五節 工職新課程時期（民國87-108年）

民國87年以後實施的課程稱為工職新課程時期，主要有兩次課程變革，一為「88課綱」，另一為「98」課綱。

## 壹、背景與沿革 [166、167]

### 一、背景

群集課程於民國75年公佈實施後，臺灣的經濟發展快速提升，創造了令人稱羨的臺灣經濟奇蹟。由於高科技、資訊及自動化的影響，加快產業結構的轉變。基層技術人才的需要量減少，高科技人才需要量增加。由於技職教育已經發展到大學層級，又因基層技術人力待遇偏低，社會地位較差，加上人民生活已經富裕，所以高職學生想繼續升學的意願提高，也想擁有繼續升學的基本能力。有必要重新調整高職的課程，提供較大的彈性空間，並發展學校本位課程，建立學生繼續學習的基本能力，協助學生因應生涯發展之需，追求自我實現的理想。因此教育部於民國84年7月成立小組規劃新課程，於民國87年9月30日，以臺（八七）技（三）字第八七一一一〇八號函公佈實施。

高職新課程修訂流程於82年9月至83年6月進行「高職學校課程標準修訂方案之研究」，復於教育部技職司成立「職業學校課程修訂總綱小組」，由各課程發展中心及師大教研中心、工技系籌組各類課程修訂小組，負責實際修訂工作，民國85年1月完成「職業學校課程修訂總綱草案」（初稿）。在歷經八次總綱小組委員會議、四次總綱起草小組會議、四次總綱研討小組會議、九次修訂小組聯席會議及各類、群、科修訂小組多次會議後，完成各類科總綱及課程標準、設備標準之修訂工作。於民國87年9月30日以臺（八七）技（三）字第八七一一一〇八號函公佈，於88學年度開始實施，「稱為88課綱」。

---

[166] 教育部中部辦公室(民89)：《臺灣省教育發展史料彙編-職業教育補述篇》，臺中市，國立臺中圖書館。

[167] 教育部技職司（民87）：職業學校各類科課程標準總綱，教育部技術及職業教育司編印。

開始九年一貫教育課程後，於民國90年開始教育部重新修定課綱，民國93年教育部公布「普通高級中學暫行課程綱要」，針對職業學校發布「職業學校群科課程暫行綱要」於95年開始實施，被稱為「95暫綱」。民國97年通過修正，針對職業學校發布「職業學校群科課程綱要」，於98學年度開始施行，又稱「98課綱」。[168]

隨後又通過99課綱、101課綱、104課綱等多次針對高級中等教育法作課綱上的多次微調。本節工職新課程時期的課程內涵、教育宗旨與教育目標、教學科目與時數等，「88課綱」、「98課綱」說明如后。

## 二、沿革 [169、170]

### (一)、88課綱時期

1. 民國85年1月完成「職業學校課程修訂總綱草案-初稿」。

2. 民國85年試辦「綜合高中課程試驗」，選擇高職改制為綜合高中，便高職朝向精緻化發展，調高中職學生人數。

3. 民國85學年度試辦高職多元學制：(1) 自85學年度起試辦綜合高中課程學制。綜合高中係採學程制，高一統整，高二試探，高三分化之課程設計，即延後分化並為十二年國民教育作預備。85學年度計有關西高農等十二校試辦。(2) 自81學年度起試辦學年學分制，至86學年度計有省立花蓮高農等十一校參與試辦行列。亦規劃高職生赴四技二專預修選修課程，及師徒制實習教學之試辦。(3) 試辦高職附設普通科。

4. 民國85學年臺灣省高級職業學校之入學方式是呈現多元化之方式。(1) 傳統聯招方式。(2) 國中技（藝）能優良學生甄審保送入高職的方式。(3) 試辦國中推薦甄選入學高職方案。(4) 原住民國中學生推薦甄選入高職。(5) 登記分發入高職方式。

5. 民國85年，行政院教育改革審議委員會總諮議報告書(1996)，推動高中職學校發展學校本位課程，建立學校特色。

[168] 維基百科（2022）：一綱多本/課綱，https://zh.m.wikipedia.org/zh-tw/一綱多本。

[169] 教育部部史網站（2022b）：91年-110年教育大事紀。資料來源：https://history.moe.gov.tw/

[170] 教育部會計處（2022）：首頁/財務公告事項/本部/預算/單位預算，網站：https://depart.moe.edu.tw/。

6. 民國87年9月教育部公布「職業學校各類科課程標準暨設備標準」。

7. 民國87年9月17日教育部推動高職採行「學年學分制」。

8. 民國87年度起教育部位推動「綜合高中、實施高職免試登記入學及多元入學方案」，配合高職新課程實施。

9. 民國88年4月新修訂的「技術及職業校院法」

10. 民國89年修正公布「職業學校學生成績考查辦法」。臺（89）參字第八九－一九四六號令。

11. 民國88年4月行政院函送「技術及職業校院法」草案至立法院審議，並同時將「專科學校法」及「職業學校法」廢止。

## (二)、98課綱時期

1. 民國92年8月教育部召開全國技職教育會議。

2. 民國94年4月教育部發布「職業學校群科課程暫行綱要」。

3. 民國97年3月教育部發布「職業學校群科課程綱要」，並自99年8月起實施。

4. 民國98年度配合高職新課程實施，教科書送審所需相關經費6023千元，充實改善國立高職學校實習工廠設備200000千元，補助國立高職學校辦理新課程綱要業務與充實設備82044千元。

5. 民國99年度配合高職新課程實施，教科書送審所需相關經費5342千元。100年度配合高職新課程實施，教科書送審所需相關經費4565千元。101年度配合高職新課程實施，教科書送審所需相關經費3154千元。

6. 民國103年1月3日發布「高級中等學校群科學程設立變更停辦辦法」。

7. 民國103年1月7日發布「高級中等學校實習課程實施辦法」。

8. 民國104年7月27日召開104年度補助高級中等學校設備更新經費核定會議。

9. 民國105年1月11日起辦理「106學年度高級中等學校群科學程設立變更停辦及班級數調整申辦作業做業方式及線上填報系統操作操作說明會。

10. 民國105年1月21日辦理「106學年度教育部高級中等學校招生科班審查原則及核減原則研商會議」。

11. 民國105年7月12日召開105學年度活化課程與教學計畫審查會議。

12. 民國105年7月15日修正發布「高級中等以下學校課程審議會組成及運作辦法」。

13. 民國105年10月18-19日辦理105年度全國高級中等學校實習工作會議。

14. 民國行政院依104年1月14日制定公布之「技術及職業教育法」第4條第1項規定，制訂「技術及職業教育政策綱領」，106年3月2日院臺教字第1060165689號函訂定、108年2月21日院臺教字第1080002957號函修正、110年2月24日院臺教字第1100005046號函修正。

15. 民國106年6月16日修正「教育部獎勵補助私立高級中等學校經費實施要點」第6點、第7點。

16. 民國107年8月9日修正發布「高級中等學校實習課程實施辦法」。

## 貳、88課綱

### 一、課程內涵 [171]、[172]

1. 民國85年「職業學校課程修訂總綱草案」之工職新課程將原有群集課程甲類課程有五群十七科、乙類課程設有五群廿六科課程（廿八科組），歸併為廿四科。機械類十科、電機電子類五科、化工類二科、美術工藝類三科、土木建築群四科。主要分為部定科目與校定科目：其比例部定科目65～85％之間，校定科目15～35％之間，並規定應修最低學分數為162學分。

2. 總綱草案之工職新課程係配合高職學年學分制之實施設定，主要分為部定科目與校定科目；其比例部定科目65～85％之間，校定科目15～35％之間，並規定應修最低學分數為162學分。工職新課程以科目別分類則包括一般科目、專業科目、活動科目及軍訓護理體育三科目。

　　(1) 一般科目又分為本國語文、外國語文、數學、自然、社會、藝術、生活等領域。本國語文、外國語文、數學、社會等領域課程為指定的科目，各類科必須開設。另自然、藝術、生活等領域為指定

---

171 教育部中部辦公室(民89)：前引書。

172 教育部技職司（民87）：前引資料出處。

必須開設科目，則由各類課程視類科需求再指定開設，以符合該領域最低應修學分數要求。一般科目除各領域最低應修52學分之外，各類科課程尚得就科別性質，在13～29學分的範圍內規劃各科別之教學科目與學分數，其開設科目可自本科科目表中選擇，同時每一科目規畫以2～4學分為原則。

(2) 專業科目之部分則依各類科之領域及課程需要訂定，內容包含專業科目及實習、實驗科目，學分計算方式均與一般科目相同。校定科目則分為必修與選修，各校可參考教育部公佈之參考表自行訂定。其開設內容可包括專業科目、實習、實驗科目或一般科目，校定必修科目為5～15%，選修科目為10～20%。校定科目應由教學研究會議決定後，經教務會議討論通過並呈校長核准後實施。各類科應就學生畢業時必備之人文素養及專業知能，規畫開設必選修科目。學生必須修滿規定之應修科目及學分數始得畢業。此概略分析如下：

① 機械類十科，一般科目為72學分佔44.4%，專業及實習科目為55～56學分佔30～34.6%，校定科目為34～35學分佔21～21.6%。電機、電子類五科，一般科目為72學分佔44.4%，專業及實習科目為57學分佔35.2%，校定科目為33學分佔20.4%。土木建築類四科，一般科目為72學分佔44.4%，專業及實習科目為52～56學分佔32.1～34.6%，校定科目為34～38學分佔21～23.5%。化工類二科，一般科目為72學分佔44.4%，專業及實習科目為57學分佔35.2%，校定科目為33學分佔20.4%。美術工藝類三科，一般科目為65～72學分佔40.1～44.4%，專業及實習科目為54～56學分佔33.3～34.6%，校定科目為34～43學分佔21～26.6%。

② 依以上分析二十四科每科總學分為162學分，每學期各開27學分，畢業學分至少應修150學分。其他必修科目尚包括軍訓護理及體育合計24節，每學期每週授課4節，活動科目亦合計24節。包括班會每學期每週一節，聯課活動及週會每學期每週三節課，另預留彈性教學時間每學期每週二節可作為選修、補救教學、增廣教學、輔導活動、重補修或自修之用。新課程每學期每週授課37節。另男女學生一律修習軍訓及護理課程，男女生得合班上課，其教學內容相同。此一新課程依課程內容每校每學期開始時應擬妥教學計畫，經教學研究會通過後實施，並應先行備妥教學所需材料及有關教學計畫事項。

3. 民國八十九學年度實施(八十七年公佈)「職業學校課程標準暨設備標準」修訂「高職工業類課程」，其課程架構為：部訂一般科目佔65至81學分，所列之科目係為落實高中、職間之橫向共通性以利互通，部訂專業科目佔41至57學分，所列之科目係為各同類職校各科間共通之橫向互通科目，校訂專業必修(專業基礎)之8至24學分及選修(專業應用)之16至32學分，則在於給予各校、科彈性空間以發揮各校、科之特色。說明如下：

(1) 群集課程各科組科目表除區分為一般科目、專業必修科目及選修科目三部分外，並增列共同活動。① 一般科目著重於人格修養、文化陶冶及職業道德之培養。② 專業必修科目偏重於專業知識與技能之修習，其下區分為專業基礎科目、專業科目及實習科目三部份。③ 選修科目除依各科組之特性選列於課程表外，更賦予學校較大之彈性，以配合各校之發展。④ 共同活動之課程為新課程增列之科目，每週二節，以培養學生合群心性、適應民主生活，並增進自我認識、推展活動興趣。其內容包含「班會」及「團體活動」兩部份。團體活動有週會、聯誼活動、社區活動等，各科科目表內之課程每節教學時間均為五十分鐘。各科目所佔比例為一般科目甲、乙類各群均佔二八‧八％，共同活動佔五‧四％，專業基礎科目、專業科目、實習科目及選修科目依各群集課程各項科目所佔比例皆有不同。

(2) 群集課程授課時數分析。群集課程之各科組依教學目標之差異區分為甲、乙兩類課程，其總授課時數每週均為三十七節，六學期共計二二二節，較單位行業課程每週約減少一節。

(3) 群集課程授課內容分析。一般科目：（甲、乙類均相同）① 國文由現行24節調為20節（一年級4節二、三年級各3節）② 公民改為社會科學概論。③ 增開美術音樂2節（一年級上、下學期各1節）。

(4) 群集課程授課內容分析。專業科目：① 甲、乙兩類均將現行相關實習之製圖課，改列於專業科目中。② 甲、乙兩類各群共同專業科目之課程名稱均予以統一。③ 乙類課程專業科目之內容與現行課程相似無太大變化。④ 甲類課程增開較多之專業科目。

(5) 群集課程授課內容分析。專業基礎科目：（甲、乙兩類相似）①數學由現行12～20節一律調整為16節（於一、二年級各4節）。②

增開化學4節（二年級上、下學期各2節，化工群除外）。③增開計算機概論。④節（二年級上、下學期各2節）。

(6) 群集課程授課內容分析。實習科目：①乙類課程大致沿用現行課程內容，但時數均予酌減。②甲類課程依各群特性均予酌減，並依需要增列基礎實習。

(7) 群集課程授課內容分析。選修科目：甲、乙類均普遍增加時數，並可依各校特色選開課程。

(8) 群集課程之類科規範，經工職課程修訂規劃小組先行規劃為機械、電機電子、土木建築、化工、工藝等五類群。分別研訂設科組之方案。甲類課程設有五群十七科。乙類課程設有五群廿八科組。

(9) 發展學校本位課程 [173]：

①「學校本位課程」是指學校在法規授權範圍內，以學校為中心，以社會為背景，結合校內外資源與人力，衡量學校、社區、家長及學生的條件與需要，進行學校課程的規劃、實施與評鑑，以充分發揮學校辦學的特色。

②高職課程校訂科目佔畢業最低應修學分的比率增加，各校可利用此校訂科目，自主開設就業、升學進修或產學合作之課程，以發展各具特色的學校本位課程。

③高職實施「學校本位課程」，區分為課程計畫和教學計畫，其核心表現在學校自訂的教育目標、師資規劃、教材發展、教法特色和自我評鑑上。

④學校本位課程規劃之精髓表現在分享式決策，學生是主動建構的學習體，老師不但是課程的執行者，也是課程的研究發展者，兼顧社會、學校與學生的特殊需求為著力點，課程乃是教育現場與師生互動的過程與結果。

⑤學校本位課程規劃策略，須在校務會議訂定學校教育目標、召開學群課程發展委員會訂定各學群教育目標、召開各科教學研究會研討科教育目標，研訂升學、就業進路及宜開設之學程名稱、課程概要，規劃實習工場(專業教室)之使用及分配管理教

[173] 林俊彥(民89)：高級職業學校發展學校本位課程工作手冊。

師，訂定「科規劃表」，召開各學群課程研究小組合議，訂定學群教育目標，綜理各科資料定「學群規劃表」。

## 二、教育宗旨與教育目標 [174、175]

民國88年4月新修訂的「技術及職業校院法」第一條明定技術及職業校院之教育宗旨「以傳授、研究應用科學及實用技術、培育具有職業道德與文化素養之各級專門技術人才，以服務社會，促進國家發展」。工業職業學校教育目標以培養健全之工業基層技術人才為目標，除應注重人格修養及文化陶冶外並應訂定職業學校教育目標及工業職業學校教育目標如下：(一) 培養學生敬業、負責、勤奮、合作等職業道德。(二) 傳授各類科之基本知識及實用技能。(三) 奠定學生創造、適應變遷及自我發展之能力。

據此，工職新課程依各群教育目標說明如下：

1. 土木建築群教育目標乃依據工業職業學校教育總目標，培養土木建築工程之基層技術人員，除應加強人格修養、職業道德、安全習慣、自我發展能力外，並應傳授土木建築工程所需的基本知識和實用技能，使能熟悉各種工作材料之性能，從事有關機具之操作維修以及工程之設計施工。

2. 工藝群教育目標乃依據工業職業學校教育總目標，培養工藝的基層技術人員，具體目標如下：(1) 傳授產品工藝及印刷的基本知識。(2) 培養產品工藝及印刷設計、製作的實用技能。(3) 培養學生思考、創作及鑑賞等能力。(4) 養成學生嚴謹、整潔的工作習慣及敬業樂群的工作態度。

3. 化工群教育目標乃依據工業職業學校教育總目標，培養化學工業基層技術人員，除應加強人格修養、職業道德、安全習慣、自我發展能力外，並應傳授有關化學工業的基本知識和實用技能，使能擔任化學工場之操作、維護、及檢驗等工作。

4. 電機電子群教育目標乃依據工業職業學校教育總目標，培養電機電子工業之基層技術人員，除應加強人格修養、職業道德、安全習慣、自

---

[174] 教育部技職司（民87）：前引資料出處。

[175] 教育部中部辦公室（民89）：前引書。

我發展能力外，並應增進電機、電子、控制、冷凍、空調、資訊之基本知識和實用技能，使能從事安裝、操作、維護、測試等實務工作。

5. 機械群教育目標乃依據工業職業學校教育目標，培養機械工業基層技術人員，除應加強人格修養、職業道德、安全習慣、自我發展能力並應傳授機械工業有關之基本知識和實用技能，使能擔任機械之製圖、製造、操作、管制、檢驗、維護等工作。

　　依各科教育目標說明如下：

1. 機電科教育目標以培育機電整合自動化技術之基層人才為目標。為達成此一目標，應加強：(1) 傳授機電整合自動化技術之基本知識。(2) 訓練自動化機械之操作及管理技能。(3) 養成良好的安全工作習慣。

2. 電機科教育目標以培育電機行業之基層技術人才為目標。為達成此一目標，應加強：(1) 傳授電機技術之基本知識。(2) 訓練電機技術之基本知識。(3) 培育電機技術相關實務工作的能力。(4) 養成良好的安全工作習慣。

3. 電子科教育目標以培育電子行業之基層技術人才為目標。為達成此一目標，應加強：(1) 傳授電子技術之基本知能。(2) 訓練電子技術之基本技能。(3) 培育電子技術相關實務工作的能力。(4) 養成良好的安全工作習慣。

4. 資訊科教育目標以培育資訊行業之基層技術人才為目標。為達成此一目標，應加強：(1) 傳授資訊技術之基本知識。(2) 訓練資訊技術之基本技能。(3) 培育資訊技術相關實務工作的能力。(4) 養成良好的安全工作習慣。

5. 控制科教育目標以培育控制行業之基層技術人才為目標。為達成此一目標，應加強：(1) 傳授控制技術之基本知識。(2) 訓練控制技術之基本技能。(3) 培育控制技術相關實務工作的能力。(4) 養成良好的安全工作習慣。

6. 冷凍空調科教育目標以培育冷凍空調行業之基層技術人才為目標。為達成此一目標，應加強：(1) 傳授冷凍空調技術之基本知識。(2) 訓練冷凍空調技術之基本技能。(3) 培育冷凍空調技術相關實務工作的能力。(4) 養成良好的安全工作習慣。

7. 建築科教育目標以(1) 培育建築設計、施工及監造之基層技術人才。(2) 訓練繪圖、估價、施工及監造之實用技能。(3) 傳授建築相關專業知識與法規。(4) 養成良好的安全工作習慣。

8. 土木科教育目標以(1) 培育土木工程設計、施工及監造之基層技術人才。(2) 訓練繪圖、施工、測量及監造之實用技能。(3) 傳授工程管理之相關專業知識與營造法規。(4) 養成良好的安全工作習慣。

9. 家具木工科教育目標以(1) 培育從事家具製造及設計之基層技術人才。(2) 從事生產操作、製程安排及繪圖之實用技能。(3) 傳授家具設計及生產管理之相關專業知識與法規。(4) 養成良好的安全工作習慣。

10. 室內空間設計教育目標以(1) 培育室內整體設計及裝修技術基層人才。(2) 訓練設計、繪圖、監造及管理之實用技能。(3) 傳授室內設計相關專業知識與法規。(4) 養成良好的安全工作習慣。

11. 機械科教育目標以培育機械製造之基層技術人才為目標。為達成此一目標，應加強：(1) 傳授機械製造基礎知識。(2) 訓練機械製造、設備操作與維護之基本技能。(3) 養成良好的安全工作習慣。

12. 化工科教育目標以培育化學工業之基層技術人才為目標。為達成此一目標，應加強：(1) 傳授化學工業之基本知識。(2) 訓練與化學工業有關的操作、維護及檢驗之基本技能。(3) 養成良好的安全工作習慣。

13. 環境檢驗科教育目標以培育從事環境檢驗之基層技術人才為目標。為達成此一目標，應加強：(1) 傳授環境檢驗及品保品管之基本知識。(2) 訓練環境檢驗及採樣之實用技術。(3) 養成良好的安全工作習慣。

14. 美工科教育目標以培育從事美工創作與設計之基層技術人才為目標。為達成此一目標，應加強：(1) 傳授美工創作與設計之基本知識。(2) 訓練美工設計技巧。(3) 養成良好的安全工作習慣。

15. 印刷科教育目標以培育從事印刷技術之基層技術人才為目標。為達成此一目標，應加強：(1) 傳授印刷行業之基本知識。(2) 訓練印刷設備操作及印製之實用技能。(3) 養成良好的安全工作習慣。

16. 金屬工藝科教育目標以培育從事金屬工藝創作與設計之基層技術人才為目標。為達成此一目標，應加強：(1) 傳授金屬材料及作品設計之基本知識。(2) 訓練金屬工藝創作技巧。(3) 養成良好的安全工作習慣。

17. 模具科教育目標以培育各種模具加工之基層技術人才為目標。為達成此一目標，應加強：(1)傳授各種模具加工之基本知識。(2) 訓練模具加工設備及儀器操作與維護之實用技能。(3) 養成良好的安全工作習慣。

18. 製圖科教育目標以培育機械圖面繪製、閱讀及基礎設計人才為目標。為達成此一目標，應加強：(1) 傳授繪製、閱讀及基礎設計之基本知識。(2) 訓練使用製圖儀器及電腦設備繪製各類圖說之基本技能。(3) 養成良好的安全工作習慣。

19. 汽車科教育目標以培育汽車裝配、檢驗及維修之技術人才為目標。為達成此一目標，應加強：(1) 傳授檢驗及維修之基本知識。(2) 訓練汽車裝配、保養及修護之基本技能。(3) 養成良好的安全工作習慣。

20. 板金科教育目標以培育板金行業之基層技術人才為目標。為達成此一目標，應加強：(1) 傳授板金材料、機械及檢驗等基本知識。(2) 訓練板金製圖、成形、接合及塗裝等基本技能。(3) 養成良好的安全工作習慣。

21. 配管科教育目標以培育各種管線裝配、檢測及維修之技術人才為目標。為達成此一目標，應加強：(1) 傳授各種管線及其設備之基本知識。(2) 訓練管線製圖、電腦繪圖及電腦應用的基本技巧。(3) 養成良好的安全工作習慣。

22. 鑄造科教育目標以培育各種鑄造產品之設計與製作人才為目標。為達成此一目標，應加強：(1) 傳授鑄造產品之設計與製作之基本知識。(2) 訓練鑄模製作、各類鑄件熔鑄、成份檢驗等之基本技能。(3) 養成良好的安全工作習慣。

23. 機械木模科教育目標以培育機械木模製作之技術人才為目標。為達成此一目標，應加強：(1) 傳授各種模型之特性與工作原理之基本知識。(2)訓練機械木模製作之基本技能。(3) 養成良好的安全工作習慣。

24. 重機科教育目標以培育重機械之操作及維修人才為目標。為達成此一目標，應加強：(1) 傳授重機械的保養、修護及操作等基本知識。(2) 訓練重機械保養、修護及操作等基本技能。(3) 養成良好的安全工作習慣。

## 參、98課綱[176]

### 一、職業學校教育目標

1. 「職業學校群科課程暫行綱要」，業經教育部於中華民國 97 年 3 月 31 日以台技(三)字第 0970027618C 號令修正發布，名稱並 修正為「職業學校群科課程綱要」，即為「98課綱」。依據職業學校法之教學科目，以實用為主，並應加強通識、實習及實驗；其課程標準、設備標準及實習辦法，由教育部定之。

2. 職業學校教育目標：職業學校以教導專業知能、涵養職業道德、培育實用技術人才，並奠定其生涯發展之基礎為目的，為實現此一目的，預輔導學生達到下列目標： 1. 充實專業知能，培育行職業工作之基本能力。 2. 陶冶職業道德，培養敬業樂群、負責進取及勤勞服務等工作態度。 3. 提升人文及科技素養，豐富生活內涵，並增進創造思考及適應社會變 遷之能力。 4. 培養繼續進修之興趣與能力，以奠定其生涯發展之基礎。

### 二、各群教育目標

(一) 機械群教育目標：1. 培養學生具備機械群共同核心能力，並為相關專業領域之學習或高一層級專業知能之進修奠定基礎。 2. 培養健全機械相關產業之初級技術人才，能擔任機械領域有關元件製造、裝配、操作、保養及簡易修護等工作。

(二) 動力機械群教育目標：1. 培養學生具備動力機械群共同核心能力，並為相關專業領域之學習或高一層級專業知能之進修奠定基礎。2. 培養健全動力機械相關產業之初級技術人才，能擔任動力機械領域有關裝配、操作、保養及基本修護等技術服務工作。

---

[176] 教育部主管法規查詢系統(民97)：職業學校群科課程綱要。
資料來源：https://edu.law.moe.gov.tw/法規內容。

(三)電機與電子群教育目標：1.培養學生具備電機與電子群共同核心能力，並為相關專業領域之學習或高一層級專業知能之進修奠定基礎。2.培養健全電機與電子相關產業之實用技術人才，能擔任電機與電子領域有關操作、維修、測試及應用等工作。

(四)土木與建築群教育目標：1.培養學生具備土木與建築群共同核心能力，並為相關專業領域之學習或高一層級專業知能之進修奠定基礎。2.培養健全土木與建築相關產業之初級技術人才，能擔任土木與建築領域有關施工、營建、測量及繪圖之基礎技術能力等工作。

(五)化工群教育目標：1.培養學生具備化工群共同核心能力，並為相關專業領域之學習或高一層級專業知能之進修奠定基礎。2.培養健全之初級技術人才，能擔任化學工業及其相關產業之有關操作、維護及檢驗等基礎技術能力。

(六)各科教育目標：各校應依據職業學校教育目標、群教育目標、學校特色、產業與學生需求及群核心能力等條件，訂定明確之各科教育目標。

三、群科歸屬

(一)類科歸屬：工業類以相同屬性科別形成之專業群集，設有機械群、動力機械群、電機與電子群、土木與建築群、化工群等五群，各類群科之適用科別說明如表五-五-1至表五-五-5：

### 表五-五-1 機械群之類科歸屬表

| 適用學校類別 | 工業類 |
|---|---|
| 適用科別 | 機械科、模具科、製圖科、鑄造科、板金科、配管科、機械木模科、機電科、生物產業機電科 |
| | 其他依法設立之新科別 |

### 表五-五-2 動力機械群之類科歸屬表

| 適用學校類別 | 工業類 | 農業類 |
|---|---|---|
| 適用科別 | 汽車科、重機科 | 農業機械科 |
| | 農業機械科、飛機修護科 | |
| | 其他依法設立之新科別 | |

209

第五章．課程變革

### 表五-五-3 電機與電子群之類科歸屬表

| 適用學校類別 | 工業類 | 海事水產類 |
|---|---|---|
| 適用科別 | 電機科、電子科、資訊科、控制科<br>冷凍空調科、航空電子科 | 電子通信科 |
| | 其他依法設立之新科別 | |

### 表五-五-4 土木與建築群之類科歸屬表

| 適用學校類別 | 工業類 |
|---|---|
| 適用科別 | 土木科、建築科、消防工程科 |
| | 其他依法設立之新科別 |

### 表五-五-5 化工群之類科歸屬表

| 適用學校類別 | 工業類 |
|---|---|
| 適用科別 | 化工科、染整科、紡織科、(環境檢驗科) |
| | 其他依法設立之新科別 |

## 四、群科課程架構與教學科目與學分(節)數：

工業類設有機械群、動力機械群、電機與電子群、土木與建築群、化工群等五個專業群集，各類群科之課程架構與教學科目與學分(節)數如表五-五-6至表五-五-15。

### 表五-五-6 機械群課程架構表

| 類 別 | 部定必修 | | | 校訂(必修、選修) | |
|---|---|---|---|---|---|
| | 科 目 | 學分 | 百分比(%) | 學分 | 百分比(%) |
| 一般科目 | 1.國文(16)<br>2.英文(12)<br>3.數學(4-8)<br>4.社會領域(6-10)<br>5.自然領域(4-6)<br>6.藝術領域(4)<br>7.生活領域(4)<br>8.體育(12)<br>9.健康與護理(2)<br>10.全民國防教育(2) | 66-76 | 34.4-39.6% | 88-98 | 45.8-51.0% |
| 專業及實習科目 | 1.製圖實習(6)<br>2.機械基礎實習(3)<br>3.機械電學實習(3)<br>4.機械製造(4)<br>5.機件原理(4)<br>6.機械力學(4)<br>7.機械材料(4) | 28 | 14.6% | | |
| 小 | 計 | 94-104 | 49.0-54.2% | 88-98 | 45.8-51.0% |
| 彈性教學時間 | 0-8(可作為補救教學、輔導活動、重補修或自習之用) | | | | |
| 可修習總學分 | 184-192 學分 | | | | |
| 活動科目 | 18(含班會及綜合活動，不計學分) | | | | |
| 上課總節數 | 202-210 節 | | | | |
| 畢業學分數 | 160 學分 | | | | |

## 表五-五-7 動力機械群課程架構表

| 類　別 | | 部定必修 | | 校訂(必修、選修) | |
|---|---|---|---|---|---|
| | 科　目 | 學分 | 百分比(%) | 學分 | 百分比(%) |
| 一般科目 | 1.國文(16)<br>2.英文(12)<br>3.數學(4-8)<br>4.社會領域(6-10)<br>5.自然領域(4-6)<br>6.藝術領域(4)<br>7.生活領域(4)<br>8.體育(12)<br>9.健康與護理(2)<br>10.全民國防教育(2) | 66-76 | 34.4-39.6% | 86-96 | 44.8-50% |
| 專業及實習科目 | 1.機械工作法及實習(4)<br>2.動力機械概論(4)<br>3.機電識圖與實習(4)<br>4.引擎原理及實習(4)<br>5.應用力學(2)<br>6.液氣壓原理及實習(4)<br>7.電工概論與實習(3)<br>8.機件原理(2)<br>9.電子概論與實習(3) | 30 | 15.6% | | |
| 小　　計 | | 96-106 | 50-55.2 | 86-96 | 44.8-50% |
| 彈性教學時間 | 0-8(可作為補救教學、輔導活動、重補修或自習之用) | | | | |
| 可修習總學分 | 184-192 學分 | | | | |
| 活動科目 | 18(含班會及綜合活動,不計學分) | | | | |
| 上課總節數 | 202-210 節 | | | | |
| 畢業學分數 | 160 學分 | | | | |

## 表五-五-8 電機與電子群課程架構表

| 類　別 | | 部定必修 | | 校訂(必修、選修) | |
|---|---|---|---|---|---|
| | 科　目 | 學分 | 百分比(%) | 學分 | 百分比(%) |
| 一般科目 | 1.國文(16)<br>2.英文(12)<br>3.數學(4-8)<br>4.社會領域(6-10)<br>5.自然領域(4-6)<br>6.藝術領域(4)<br>7.生活領域(4)<br>8.體育(12)<br>9.健康與護理(2)<br>10.全民國防教育(2) | 66-76 | 34.4-39.6% | 86-96 | 44.8-50% |
| 專業及實習科目 | 1.基本電學(6)<br>2.基本電學實習(6)<br>3.電子學(6)<br>4.電子學實習(6)<br>5.數位邏輯(3)<br>6.數位邏輯實習(3) (6)<br>7.電工機械(6) | 30 | 15.6% | | |
| 小　　計 | | 96-106 | 50-55.2% | 86-96 | 44.8-50% |
| 彈性教學時間 | 0-8(可作為補救教學、輔導活動、重補修或自習之用) | | | | |
| 可修習總學分 | 184-192 學分 | | | | |
| 活動科目 | 18(含班會及綜合活動,不計學分) | | | | |
| 上課總節數 | 202-210 節 | | | | |
| 畢業學分數 | 160 學分 | | | | |

表五-五-9 土木與建築群課程架構表

| 類　別 | 部定必修 | | | 校訂(必修、選修) | |
|---|---|---|---|---|---|
| | 科　目 | 學分 | 百分比(%) | 學分 | 百分比(%) |
| 一般科目 | 1.國文(16)<br>2.英文(12)<br>3.數學(4-8)<br>4.社會領域(6-10)<br>5.自然領域(4-6)<br>6.藝術領域(4)<br>7.生活領域(4)<br>8.體育(12)<br>9.健康與護理(2)<br>10.全民國防教育(2) | 66-76 | 34.4-39.6% | 86-96 | 44.8-50% |
| 專業及實習科目 | 1.工程概論(4)<br>2.製圖實習(6)<br>3.測量實習(6)<br>4.工程材料(2)<br>5.工程力學(6)<br>6.電腦繪圖實習(6) | 30 | 15.6% | | |
| 小　計 | | 96-106 | 50-55.2% | 86-96 | 44.8-50% |
| 彈性教學時間 | 0-8(可作為補救教學、輔導活動、重補修或自習之用) | | | | |
| 可修習總學分 | 184-192 學分 | | | | |
| 活動科目 | 18(含班會及綜合活動,不計學分) | | | | |
| 上課總節數 | 202-210 節 | | | | |
| 畢業學分數 | 160 學分 | | | | |

## 表五-五-10 化工群課程架構表

| 類　別 | 部定必修 | | | 校訂(必修、選修) | |
|---|---|---|---|---|---|
| | 科　目 | 學分 | 百分比(%) | 學分 | 百分比(%) |
| 一般科目 | 1.國文(16)<br>2.英文(12)<br>3.數學(4-8)<br>4.社會領域(6-10)<br>5.自然領域(4-6)<br>6.藝術領域(4)<br>7.生活領域(4)<br>8.體育(12)<br>9.健康與護理(2)<br>10.全民國防教育(2) | 66-76 | 34.4-39.6% | 86-96 | 44.8-50% |
| 專業及實習科目 | 1.普通化學(8)<br>2.分析化學(6)<br>3.基礎化工(6)<br>4.化工裝置(8)<br>5.化學工業概論(2) | 30 | 15.6% | | |
| 小　　　計 | | 96-106 | 50-55.2% | 86-96 | 44.8-50% |
| 彈性教學時間 | 0-8(可作為補救教學、輔導活動、重補修或自習之用) | | | | |
| 可修習總學分 | 184-192 學分 | | | | |
| 活動科目 | 18(含班會及綜合活動，不計學分) | | | | |
| 上課總節數 | 202-210 節 | | | | |
| 畢業學分數 | 160 學分 | | | | |

表五-五-11 機械群課程綱要教學科目與學分(節)數表

| 課程類別名稱 | 科目名稱 | | 學分 | 第一學年 一 | 第一學年 二 | 第二學年 一 | 第二學年 二 | 第三學年 一 | 第三學年 二 | 備　註 |
|---|---|---|---|---|---|---|---|---|---|---|
| 部定必修科目 | 一般科目 | 語文領域 國文 I - VI | 16 | 3 | 3 | 3 | 3 | 2 | 2 | |
| | | 英文 I - VI | 12 | 2 | 2 | 2 | 2 | 2 | 2 | |
| | | 數學領域 數　學 | 4-8 | 2 | 2 | 【0-2】 | 【0-2】 | | | 可以彈性調減至多 4 學分合計 4-8 學分 |
| | | 社會領域 歷　史 地　理 公民與社會 | 6-10 | 【2-4】 | 【2-4】 | 【2】 | | | | 社會關切議題須開設課程融入教學 (參考總綱六之(一)之 7) |
| | | 自然領域 基礎物理 基礎化學 基礎生物 | 4-6 | 【1-2】 | 【1-2】 | 【2】 | | | | 社會關切議題須開設課程融入教學 (參考總綱六之(一)之 7) |
| | | 藝術領域 音　樂 美　術 藝術生活 | 4 | (2) | (2) | | | | | ( )表各校自選二科，共4學分 |
| | | 生活領域 生活科技 家　政 計算機概論 生涯規劃 法律與生活 環境科學概論 | 4 | (2) | (2) | | | | | 社會關切議題須開設課程融入教學 (參考總綱六之(一)之 7) ( )表各校自選二科，共4學分 |
| | | 健康與體育領域 體育 I - VI | 12 | 2 | 2 | 2 | 2 | 2 | 2 | |
| | | 健康與護理 I II | 2 | 1 | 1 | | | | | 男、女生均須修習，各校視需要自行規劃選修課程 |
| | | 全民國防教育 I II | 2 | 1 | 1 | | | | | |
| | | 小　計 | 66-76 | 18-21 | 18-21 | 11-13 | 7-9 | 6 | 6 | 各群依屬性不同得進行差異性規劃 |
| | 專業及實習科目 | 製圖實習 I II | 6 | 3 | 3 | | | | | |
| | | 機械基礎實習 | 3 | 3 | | | | | | |
| | | 機械電學實習 | 3 | | 3 | | | | | |
| | | 機械製造 I II | 4 | 2 | 2 | | | | | |
| | | 機件原理 I II | 4 | | | 2 | 2 | | | |
| | | 機械力學 I II | 4 | | | 2 | 2 | | | |
| | | 機械材料 I II | 4 | | | | | 2 | 2 | |
| | | 小　計 | 28 | 8 | 8 | 4 | 4 | 2 | 2 | |
| | 部定必修科目合計 | | 94-104 | 26-29 | 26-29 | 15-17 | 11-13 | 8 | 8 | |
| 校訂科目 | 必修 | 專題製作 | 2-6 | | | | | | | 各校視需要自行規劃 |
| | | 小　計 | | | | | | | | |
| | 選修 | | | | | | | | | 各校原則上開設規定選修學分 1.2 倍之選修課程，供學生自由選修 |
| | | 小　計 | | | | | | | | |
| | 校訂科目合計 | | 88-98 | 3-6 | 3-6 | 15-17 | 19-21 | 24 | 24 | |
| 彈性教學時間 | | | 0-8 | 0-1 | 0-1 | 0-1 | 0-1 | 0-2 | 0-2 | 可作為補救教學、輔導活動、重補修或自習之用 |
| 合計（學分） | | | 184-192 | 31-32 | 31-32 | 31-32 | 31-32 | 30-32 | 30-32 | 畢業學分數為 160 學分 |
| 部定必修科目 | 活動科目 | 班　會 | 6 | 1 | 1 | 1 | 1 | 1 | 1 | 必修科目不計學分 |
| | | 綜合活動 | 12 | 2 | 2 | 2 | 2 | 2 | 2 | 必修科目不計學分 |
| 每週教學總節數 | | | 202-210 | 34-35 | 34-35 | 34-35 | 34-35 | 33-35 | 33-35 | |

臺灣工程教育史

表五-五-12 動力機械群課程綱要教學科目與學分(節)數表

| 課程類別<br>名稱 | | 科　目<br>名　稱 | 學分 | 第一學年 一 | 第一學年 二 | 第二學年 一 | 第二學年 二 | 第三學年 一 | 第三學年 二 | 備　註 |
|---|---|---|---|---|---|---|---|---|---|---|
| 部定必修科目 | 一般科目 | 語文領域 國　文 I－VI | 16 | 3 | 3 | 3 | 3 | 2 | 2 | |
| | | 語文領域 英　文 I－VI | 12 | 2 | 2 | 2 | 2 | 2 | 2 | |
| | | 數學領域 數　學 | 4-8 | 2 | 2 | 【0-2】 | 【0-2】 | | | 可以彈性調減至多 4 學分合計 4-8 學分 |
| | | 社會領域 歷　史 | 6-10 | 【2-4】 | 【2-4】 | 【2】 | | | | 社會關切議題須開設課程融入教學（參考總綱六之(一)之 7） |
| | | 社會領域 地　理 | | | | | | | | |
| | | 社會領域 公民與社會 | | | | | | | | |
| | | 自然領域 基礎物理 | 4-6 | 【1-2】 | 【1-2】 | 【2】 | | | | 社會關切議題須開設課程融入教學（參考總綱六之(一)之 7） |
| | | 自然領域 基礎化學 | | | | | | | | |
| | | 自然領域 基礎生物 | | | | | | | | |
| | | 藝術領域 音　樂 | 4 | (2) | (2) | | | | | （ ）表各校自選二科，共 4 學分 |
| | | 藝術領域 美　術 | | | | | | | | |
| | | 藝術領域 藝術生活 | | | | | | | | |
| | | 生活領域 生活科技 | 4 | (2) | (2) | | | | | 社會關切議題須開設課程融入教學（參考總綱六之(一)之 7）<br>（ ）表各校自選二科，共 4 學分 |
| | | 生活領域 家　政 | | | | | | | | |
| | | 生活領域 計算機概論 | | | | | | | | |
| | | 生活領域 生涯規劃 | | | | | | | | |
| | | 生活領域 法律與生活 | | | | | | | | |
| | | 生活領域 環境科學概論 | | | | | | | | |
| | | 健康與體育領域 體　育 I－VI | 12 | 2 | 2 | 2 | 2 | 2 | 2 | |
| | | 健康與體育領域 健康與護理 I II | 2 | 1 | 1 | | | | | 男、女生均須修習，各校視需要自行規劃選修課程 |
| | | 全民國防教育 I II | 2 | 1 | 1 | | | | | |
| | | 小　　計 | 66-76 | 18-21 | 18-21 | 11-13 | 7-9 | 6 | 6 | 各群依屬性不同得進行差異性規劃 |
| | 專業及實習科目 | 機械工作法及實習 | 4 | 4 | | | | | | |
| | | 動力機械概論 | 4 | 2 | 2 | | | | | |
| | | 機電識圖與實習 | 4 | 2 | 2 | | | | | |
| | | 引擎原理及實習 | 4 | | 4 | | | | | |
| | | 應用力學 | 2 | | 2 | | | | | |
| | | 液氣壓原理及實習 | 4 | | 4 | | | | | |
| | | 電工概論與實習 | 3 | | 3 | | | | | |
| | | 機件原理 | 2 | | | 2 | | | | |
| | | 電子概論與實習 | 3 | | | 3 | | | | |
| | | 小　　計 | 30 | 8 | 8 | 9 | 5 | 0 | 0 | |
| | 部定必修科目合計 | | 96-106 | 26-29 | 26-29 | 20-22 | 12-14 | 6 | 6 | |
| 校訂科目 | 必修 | 專題製作 | 2-6 | | | | | | | 各校視需要自行規劃 |
| | | 小　　計 | | | | | | | | |
| | 選修 | | | | | | | | | 各校原則開設規定選修學分 1.2 倍之選修課程，供學生自由選修 |
| | | 小　　計 | | | | | | | | |
| | 校訂科目合計 | | 86-96 | 3-6 | 3-6 | 10-12 | 18-20 | 26 | 26 | |
| 彈性教學時間 | | | 0-8 | 0-1 | 0-1 | 0-1 | 0-1 | 0-2 | 0-2 | 可作為補救教學、輔導活動、重補修或自習之用 |
| 合計（學分） | | | 184-192 | 31-32 | 31-32 | 31-32 | 31-32 | 30-32 | 30-32 | 畢業學分數為 160 學分 |
| 部定必修活動科目 | | 班　會 | 6 | 1 | 1 | 1 | 1 | 1 | 1 | 必修科目不計學分 |
| | | 綜合活動 | 12 | 2 | 2 | 2 | 2 | 2 | 2 | 必修科目不計學分 |
| 每週教學總節數 | | | 202-210 | 34-35 | 34-35 | 34-35 | 34-35 | 33-35 | 33-35 | |

表五-五-13 電機與電子群課程綱要教學科目與學分(節)數表

| 課程類別名稱 | | 科目名稱 | 學分 | 第一學年 一 | 第一學年 二 | 第二學年 一 | 第二學年 二 | 第三學年 一 | 第三學年 二 | 備註 |
|---|---|---|---|---|---|---|---|---|---|---|
| 部定必修科目 | 一般科目 語文領域 | 國文 I-VI | 16 | 3 | 3 | 3 | 3 | 2 | 2 | |
| | | 英文 I-VI | 12 | 2 | 2 | 2 | 2 | 2 | 2 | |
| | 數學領域 | 數學 | 4-8 | 2 | 2 | 【0-2】 | 【0-2】 | | | 可以彈性調減至多 4 學分合計 4-8 學分 |
| | 社會領域 | 歷史 / 地理 / 公民與社會 | 6-10 | 【2-4】 | 【2-4】 | 【2】 | | | | 社會關切議題須開設課程融入教學(參考總綱六之(一)之 7) |
| | 自然領域 | 基礎物理 / 基礎化學 / 基礎生物 | 4-6 | 【1-2】 | 【1-2】 | 【2】 | | | | 社會關切議題須開設課程融入教學(參考總綱六之(一)之 7) |
| | 藝術領域 | 音樂 / 美術 / 藝術生活 | 4 | (2) | (2) | | | | | ( )表各校自選二科,共 4 學分 |
| | 生活領域 | 生活科技 / 家政 / 計算機概論 / 生涯規劃 / 法律與生活 / 環境科學概論 | 4 | (2) | (2) | | | | | 社會關切議題須開設課程融入教學(參考總綱六之(一)之 7) ( )表各校自選二科,共 4 學分 |
| | 健康與體育領域 | 健康與體育 I-VI | 12 | 2 | 2 | 2 | 2 | 2 | 2 | |
| | | 健康與護理 I II | 2 | 1 | 1 | | | | | 男、女生均須修習,各校視需要自行規劃選修課程 |
| | | 全民國防教育 I II | 2 | 1 | 1 | | | | | |
| | | 小計 | 66-76 | 18-21 | 18-21 | 11-13 | 7-9 | 6 | 6 | 各群依屬性不同得進行差異性規劃 |
| | 專業及實習科目 | 基本電學 I II | 6 | 3 | 3 | | | | | |
| | | 基本電學實習 I II | 6 | 3 | 3 | | | | | |
| | | 電子學 I II | 6 | | | 3 | 3 | | | |
| | | 電子學實習 I II | 6 | | | 3 | 3 | | | |
| | | 數位邏輯 | 6 | | | (3) | | | | 由各科視需要二選一,共 6 學分 |
| | | 數位邏輯實習 | | | | | (3) | | | |
| | | 電工機械 I II | | | | (3) | (3) | | | |
| | | 小計 | 30 | 6 | 6 | 9 | 9 | 0 | 0 | |
| | 部定必修科目合計 | | 96-106 | 24-27 | 24-27 | 20-22 | 16-18 | 6 | 6 | |
| 校訂科目 | 必修 | 專題製作 | 3-6 | | | | | | | 各校視需要自行規劃 |
| | | 小計 | | | | | | | | |
| | 選修 | | | | | | | | | 各校原則開設規定選修學分 1.2 倍之選修課程,供學生自由選修 |
| | | 小計 | | | | | | | | |
| | 校訂科目合計 | | 86-96 | 5-8 | 5-8 | 10-12 | 14-16 | 26 | 26 | |
| 彈性教學時間 | | | 0-8 | 0-1 | 0-1 | 0-1 | 0-1 | 0-2 | 0-2 | 可作為補救教學、輔導活動、重補修或自習之用 |
| 合計(學分) | | | 184-192 | 31-32 | 31-32 | 31-32 | 31-32 | 30-32 | 30-32 | 畢業學分數為 160 學分 |
| 部定必修科目 | 活動科目 | 班會 | 6 | 1 | 1 | 1 | 1 | 1 | 1 | 必修科目不計學分 |
| | | 綜合活動 | 12 | 2 | 2 | 2 | 2 | 2 | 2 | 必修科目不計學分 |
| 每週教學總節數 | | | 202-210 | 34-35 | 34-35 | 34-35 | 34-35 | 33-35 | 33-35 | |

表五-五-14 土木與建築群課程綱要教學科目與學分(節)數表

| 課程類別 名稱 | 科目 名稱 | | 學分 | 第一學年 一 | 第一學年 二 | 第二學年 一 | 第二學年 二 | 第三學年 一 | 第三學年 二 | 備註 |
|---|---|---|---|---|---|---|---|---|---|---|
| 部定必修科目 | 一般科目 | 語文領域 國文 I-VI | 16 | 3 | 3 | 3 | 3 | 2 | 2 | |
| | | 英文 I-VI | 12 | 2 | 2 | 2 | 2 | 2 | 2 | |
| | | 數學領域 數學 | 4-8 | 2 | 2 | 【0-2】 | 【0-2】 | | | 可以彈性調減至多 4 學分合計 4-8 學分 |
| | | 社會領域 歷史 地理 公民與社會 | 6-10 | 【2-4】 | 【2-4】 | 【2】 | | | | 社會關切議題須開設課程融入教學(參考總綱六之(一)之 7) |
| | | 自然領域 基礎物理 基礎化學 基礎生物 | 4-6 | 【1-2】 | 【1-2】 | 【2】 | | | | 社會關切議題須開設課程融入教學(參考總綱六之(一)之 7) |
| | | 藝術領域 音樂 美術 藝術生活 | 4 | (2) | (2) | | | | | ( )表各校自選二科,共 4 學分 |
| | | 生活領域 生活科技 家政 計算機概論 生涯規劃 法律與生活 環境科學概論 | 4 | (2) | (2) | | | | | 社會關切議題須開設課程融入教學(參考總綱六之(一)之 7) ( )表各校自選二科,共 4 學分 |
| | | 健康與體育領域 健康與體育 I-VI | 12 | 2 | 2 | 2 | 2 | 2 | 2 | |
| | | 健康與護理 I II | 2 | 1 | 1 | | | | | 男、女生均須修習,各校視需要自行規劃選修課程 |
| | | 全民國防教育 I II | 2 | 1 | 1 | | | | | |
| | | 小 計 | 66-76 | 18-21 | 18-21 | 11-13 | 7-9 | 6 | 6 | 各群依屬性不同得逕行差異性規劃 |
| | 專業及實習科目 | 工程概論 I II | 4 | 2 | 2 | | | | | |
| | | 製圖實習 I II | 6 | 3 | 3 | | | | | |
| | | 測量實習 I II | 6 | 3 | 3 | | | | | |
| | | 工程材料 I II | 2 | | | 1 | 1 | | | |
| | | 工程力學 I II | 6 | | | 3 | 3 | | | |
| | | 電腦繪圖實習 I II | 6 | | | 3 | 3 | | | |
| | | 小 計 | 30 | 8 | 8 | 7 | 7 | 0 | 0 | |
| | 部定必修科目合計 | | 96-106 | 26-29 | 26-29 | 18-20 | 14-16 | 6 | 6 | |
| 校訂科目 | 必修 | 專題製作 | 2-6 | | | | | | | 各校視需要自行規劃 |
| | | 小 計 | | | | | | | | |
| | 選修 | | | | | | | | | 各校原則開設規定選修學分 1.2 倍之選修課程,供學生自由選修 |
| | | 小 計 | | | | | | | | |
| | 校訂科目合計 | | 86-96 | 3-6 | 3-6 | 12-14 | 16-18 | 26 | 26 | |
| 彈性教學時間 | | | 0-8 | 0-1 | 0-1 | 0-1 | 0-1 | 0-2 | 0-2 | 可作為補救教學、輔導活動、重補修或自習之用 |
| 合計(學分) | | | 184-192 | 31-32 | 31-32 | 31-32 | 31-32 | 30-32 | 30-32 | 畢業學分數為 160 學分 |
| 部定必修科目 | 活動科目 | 班會 | 6 | 1 | 1 | 1 | 1 | 1 | 1 | 必修科目不計學分 |
| | | 綜合活動 | 12 | 2 | 2 | 2 | 2 | 2 | 2 | 必修科目不計學分 |
| 每週教學總節數 | | | 202-210 | 34-35 | 34-35 | 34-35 | 34-35 | 33-35 | 33-35 | |

表五-五-15 化工群課程綱要教學科目與學分(節)數表

| 課程類別 名稱 | 科目名稱 | | 學分 | 第一學年 一 | 第一學年 二 | 第二學年 一 | 第二學年 二 | 第三學年 一 | 第三學年 二 | 備註 |
|---|---|---|---|---|---|---|---|---|---|---|
| 部定必修科目 | 一般科目 | 語文領域 國文 I-VI | 16 | 3 | 3 | 3 | 3 | 2 | 2 | |
| | | 英文 I-VI | 12 | 2 | 2 | 2 | 2 | 2 | 2 | |
| | | 數學領域 數學 | 4-8 | 2 | 2 | 【0-2】 | 【0-2】 | | | 可以彈性調減至多4學分合計4-8學分 |
| | | 社會領域 歷史/地理/公民與社會 | 6-10 | 【2-4】 | 【2-4】 | 【2】 | | | | 社會關切議題須開設課程融入教學(參考總綱六之(一)之7) |
| | | 自然領域 基礎物理/基礎化學/基礎生物 | 4-6 | 【1-2】 | 【1-2】 | 【2】 | | | | 社會關切議題須開設課程融入教學(參考總綱六之(一)之7) |
| | | 藝術領域 音樂/美術/藝術生活 | 4 | (2) | (2) | | | | | ( )表各校自選二科,共4學分 |
| | | 生活領域 生活科技/家政/計算機概論/生涯規劃/法律與生活/環境科學概論 | 4 | (2) | (2) | | | | | 社會關切議題須開設課程融入教學(參考總綱六之(一)之7) ( )表各校自選二科,共4學分 |
| | | 健康與體育領域 體育 I-VI | 12 | 2 | 2 | 2 | 2 | 2 | 2 | |
| | | 健康與護理 I II | 2 | 1 | 1 | | | | | 男、女生均須修習,各校視需要自行規劃選修課程 |
| | | 全民國防教育 I II | 2 | 1 | 1 | | | | | |
| | | 小計 | 66-76 | 18-21 | 18-21 | 11-13 | 7-9 | 6 | 6 | 各群依屬性不同得進行差異性規劃 |
| | 專業及實習科目 | 普通化學 I II | 8 | 4 | 4 | | | | | |
| | | 分析化學 I II | 6 | | | 3 | 3 | | | 各校自行規劃6(3/3)或6(2/2/2) |
| | | 基礎化工 I II | 6 | | | 3 | 3 | | | |
| | | 化工裝置 I II | 8 | | | 4 | 4 | | | 各校自行規劃8(4/4)或8(3/3/2) |
| | | 化學工業概論 | 2 | | | | | 2 | | 學校應於校訂科目中規劃工業安全與衛生 |
| | | 小計 | 30 | 4 | 4 | 10 | 10 | 2 | 0 | |
| | | 部定必修科目合計 | 96-106 | 22-25 | 22-25 | 21-23 | 17-19 | 8 | 6 | 學校應於校訂科目中規劃相關實驗課程 |
| 校訂科目 | 必修 | 專題製作 | 2-6 | | | | | | | 各校視需要自行規劃 |
| | | 小計 | | | | | | | | |
| | 選修 | | | | | | | | | 各校原則開設規定選修學分1.2倍之選修課程,供學生自由選修 |
| | | 小計 | | | | | | | | |
| | | 校訂科目合計 | 86-96 | 7-10 | 7-10 | 9-11 | 13-15 | 24 | 26 | |
| 彈性教學時間 | | | 0-8 | 0-1 | 0-1 | 0-1 | 0-1 | 0-2 | 0-2 | 可作為補救教學、輔導活動、重補修或自習之用 |
| 合計(學分) | | | 184-192 | 31-32 | 31-32 | 31-32 | 31-32 | 30-32 | 30-32 | 畢業學分數為160學分 |
| 部定必修科目 | 活動科目 | 班會 | 6 | 1 | 1 | 1 | 1 | 1 | 1 | 必修科目不計學分 |
| | | 綜合活動 | 12 | 2 | 2 | 2 | 2 | 2 | 2 | 必修科目不計學分 |
| 每週教學總節數 | | | 202-210 | 34-35 | 34-35 | 34-35 | 34-35 | 33-35 | 33-35 | |

# 第六節 技術型高級中等學校新課程時期

十二年國民基本教育課程改革（民國108年起）

　　技術型高中的新課程時期也就是十二年國民基本教育課程改革，針對工業學校實施「108課綱」。

## 一、計畫沿革 [177]

　　「十二年國民基本教育課程綱要總綱（簡稱總綱）」於民國103年制定完成並發布，於108學年度依照不同教育階段（國民小學、國民中學及高級中等學校一年級）逐年實施，因此又稱為「108課綱」。108課綱自民國97年啟動中小學課程發展基礎性研究，第一次將12年國民教育連貫研議，發展至今已超過10年。說明如下：

◎民國97年進行中小學一至十二年課程基礎性研究。

◎民國100年開始研擬規劃十二年國教課程發展建議書與課程發展指引，並啟動總綱研修工作計畫。

◎民國101年國家教育研究院「建置十二年國民基本教育課程體系方案」。

◎民國102年成立「十二年國民基本教育課程研究發展會」。

◎民國103年發布「十二年國民基本教育課程綱要總綱(108課綱)」。

◎民國104年啟動前導學校協作計畫，逐年大量擴增前導學校。

◎民國105年成立「課綱審議大會」，進行領域/科目/群科課程綱要審議，並陸續發布。

◎民國106年全面展開教師增能與108課綱宣導。

◎民國107年投入資源支持各中小學試行新課綱。

◎民國107年8月正式實施「十二年國民基本教育課程綱要總綱(108課綱)」。

---

[177] 108課綱資訊網（2022a）：十二年基本教育，資料來源：https://12basic.edu.tw/edu-1.php

## 二、法令依據 [178]

1. 民國107年1月8日以臺教國署高字第1060147034B號令訂定發布「教育部國民及學前教育署補助地方政府精進高級中等學校課程與教學要點」。

2. 民國107年1月15日以臺教國署高字第1060141207B號令修正發布「教育部國民及學前教育署高級中等學校課程推動工作圈及學科群科中心設置與運作要點」。

3. 民國107年1月25日以臺教授國部字第1060148193B號「教育團體課程綱要草案提案及處理辦法」。

4. 民國107年10月21日107年度自學進修技術型高級中等學校畢業程度學力鑑定考試。

5. 民國107年10月31日發布「新舊課綱併行有關學習節數及學習內容安排及彈性學習課程規劃」。

6. 民國109年10月30日修正發布「高級中等學校教科用書審定辦法」。

7. 民國110年4月19日修正發布「高級中等以下學校課程審議會組成及運作辦法」。

8. 民國110年8月19日修正發布「十二年國民基本教育技術型高級中等學校群科課程綱要─機械群」、「十二年國民基本教育技術型高級中等學校群科課程綱要─動力機械群」、「十二年國民基本教育技術型高級中等學校群科課程綱要─化工群」、「十二年國民基本教育技術型高級中等學校群科課程綱要─電機與電子群」、「十二年國民基本教育技術型高級中等學校群科課程綱要─土木與建築群」。

---

[178] 教育部部史網站（2022a）：101年-110年教育大事紀。資料來源：https://history.moe.gov.tw/

## 三、基本理念與各類群科歸屬 [179]

### (一)、基本理念

　　技術型高級中等學校(前身為高職)課程綱要之研修，係依據技術型高級中等學校教育目標：「涵養核心素養，形塑現代公民；強化基礎知識，導向終身學習；培養專業技能，符應產業需求；陶冶道德品格，提升個人價值」；及依據十二　國民基本教育課程綱要總綱要旨，本全人教育的精神，以「自發」、「互動」及「共好」為理念，適性揚才，成就每一個孩子為願景，培養具備務實致用及終身學習能力之敬業樂業人才。此次課程綱要研修之基本理念包括學生主體、適性揚才、終身學習、務實致用、職涯發展。基本理念如下：

1. 學生主體：學生是學習的主體，為使學生樂於學習且有效學習，此次各群科課程綱要研修，特別著重學生學習動機與就業競爭力之強化。一方面藉由彰顯技職教育實作導向的課程特色，提供動力機械群跨科之共通技能領域學習，以實習或實作方式強化學生的學習動機與興趣；另一方面則以職能分析為基礎，發展動力機械群科課程內涵，以奠定學生實作技能，厚植其就業競爭力。

2. 適性揚才：技術型高級中等學校動力機械群科課程綱要旨在協助學生適性發展，找到自己人生的職涯方向；且課程規劃提供學生專題實作與創意思考機會，鼓勵學生結合專業科目與實習科目所學之知識與技能，激發學生潛能及創造力，以培育各群科核心素養，進而成為國家未來經濟發展的重要人才資源。

3. 終身學習：二十一世紀產業興革更迭迅速，培養學生具備終身學習能力，能適應社會與工作環境變化，並能持續自我成長以因應未來可能的職涯轉換需求，為技術型高級中等學校的重要任務之一。本次課程綱要之研修，即以培育學生具備未來工作所需基礎技能為主軸，透過

---

[179] 教育部，技術型高級中等學校課程綱要-機械群，民國107年10月；教育部，技術型高級中等學校課程綱要-動力機械群，民國107年11月；教育部，技術型高級中等學校課程綱要-電機與電子群，民國107年12月；教育部，技術型高級中等學校課程綱要-化工群、土木與建築群，民國107年12月；教育部，技術型高級中等學校課程綱要-土木與建築群，民國107年12月。

提供各群科跨科技能領域課程之設計，強調學習群科間群核心素養的重要性，使學生擁有就業所需的各群科基本職能，以便能適應未來職場的快速變化，並建立「尊嚴勞動」觀念，作為將來進入職場或繼續學習進階技能的基石。

4. 務實致用：為因應新興與傳統各群科發展趨勢，課程設計著重培育各群科產業從業人員所需相關技術等專業知識技能，強化學生之實作能力與核心素養，並深化各群科之產業鏈結與合作，落實技職教育務實致用之精神。

5. 職涯發展：培養學生具備各群科產業所需之知識與實作技能，並融入產業發展趨勢，務求課程發展與產業技術接軌，強化技術服務能力與態度。使學生職涯發展能順利將學校所學知能應用於職場，並能配合產業發展繼續進修深造。

## (二)、各類群科歸屬

1. 技術型高級中等學校之各類群科歸屬，依高級中等教育法第六條第二項、第三項之規定，應依類分群，並於群下設科，僅有一科者，不予設群。

2. 配合國家建設、符應社會產業、契合專業群科屬性及學生職涯發展形成之類別，技術型高級中等學校設有工業類、商業類、農業類、家事類、海事水產類、藝術與設計類等六類。

3. 工業類設有機械群、動力機械群、電機與電子群、化工群、土木與建築群等五群，所謂群，係指以相同屬性科別形成之專業群集。各類群科之適用科別說明如下：

    (1.) 機械群之適用科別包括機械科、鑄造科、板金科、機械木模科、配管科、模具科、機電科、製圖科、生物產業機電科、電腦機械製圖科。

    (2.) 動力機械群之適用科別包括汽車科、重機科、飛機修護科、動力機械科、農業機械科、軌道車輛科。

    (3.) 電機與電子群之適用科別包括資訊科、電子科、控制科、電機科、冷凍空調科、航空電子科、電子通信科、電機空調科。

(4.) 化工群之適用科別包括化工科、紡織科、染整科、環境檢驗科。

(5.) 土木與建築群之適用科別包括建築科、土木科、消防工程科、空間測繪科。

## 四、課程內涵 [180]

### (一)、課程發展

　　各群專業及實習課程之發展，在強調理論與實務並重、深化學生專業能力及實務技能、激發學生潛能及創造力，期能培育學生具備未來工作所需基本職能，並落實素養導向教學及技職教育務實致用的精神；同時，適切融入各項議題之基本理念及相關內涵。課程發展主要原則如下：

1. 強調學習邏輯：注重專業科目學習所需的一般科目先備知能、專業科目與實習科目間的學習順序與邏輯，期能有效提升學生認知理解、強化實務技能、深化情意態度的學習成效。

2. 符應產業發展：了解產業發展現況與前瞻未來發展趨勢，定期檢視並適切調整校訂課程，以縮短教學內涵與產業發展之落差，強化產學接軌、學用合一，培養產業需要之人才。

3. 強化終身學習：促發學生自發、自主學習的動能，強化其終身學習的動機與能力，深化學生適應未來產業變化與社會變遷的職涯轉換能力。

4. 涵養多元能力：提供機械製圖、基礎設計、製造、成形、銲接與裝配組立等多元基礎課程，期能養成學生創新的態度因應新的情境與解決問題、系統思考、美感及環保素養，以適應產業結構變遷及科技自動化的應變能力。

5. 發展學校特色：學校依據本群專業屬性與機械產業發展，規劃專業及實習課程，強化學生機械產業基礎技術和服務工作所需專業表現。

---

[180] 同參考資料173。

## (二)、教材編選

1. 應以學生為主體、有效學習為考量，兼重能力與素養、技能與理論、現在與未來，並以跨域整合、多元展能為原則。

2. 應了解學生的學習起點，鏈結學生的學習經驗，建構有效的學習平台，提供適切的學習順序，無縫銜接各階段的學習。

3. 應適切融入各項議題，增進學生學習的廣度與素養。

4. 教材內容應注意學習的連貫性與發展性，讓學生適性學習與多元展能，激發學生潛能及創造力。

5. 實習課程教材編選，應力求活潑與淺顯易懂，並強調動手做、做中學、學中做，有效連結理論與實務。

6. 專有名詞宜附原文，翻譯應符合政府統一用詞或參照國內書刊或習慣用語。

7. 專業科目輔以多媒體科技及機械產業實例，有效引導學習與問題解決，深化學生機械專業素養。

8. 實習科目能統整製圖、識圖及各種機械加工方法，讓學生具備基礎設計與製作之能力，有效解決工作世界所面對之問題。

## (三)、教學實施

1. 本群科之教學，應適切進行議題融入（詳參附錄二），以促進學生對社會的理解，並豐富其學習。

2. 部定實習科目之分組教學，請參考該科目之教學注意事項，得依據相關規定實施分組教學；校訂實習科目之分組教學，學校應將實施分組教學之實習科目於課程計畫中註記。

3. 學校應辦理業界參訪、職場見習、實習或邀請業界專家協同教學，強化產學鏈結，促進理論與實務結合，深化學用合一之學習成效。

4. 詳實評估學生的基本學力，尊重學生的多元文化背景（例如性別、族群與特殊需求），並依學生的能力提供機械群科適才、適性的多元課程，及必要的支持與協助，建構有效與友善的學習環境，豐富學生學涯、職涯、生涯的發展。

5. 了解學生學習起點與生活經驗，擬定合宜的教材與進度。

6. 善用多元有效的教學方法及網路媒體。

7. 加強深化實習科目實習操作的熟練度與精確度。

8. 深化學生知識、能力、態度的涵育。

9. 因應學生的多元文化背景與特殊需求，提供支持性和差異化的教學，並提供適性的輔導措施。

10. 注重學生的學習表現，實施差異化教學，以充分發揮其潛能。

11. 教師應視學生學習需求，彈性調整課程內容與教學方式，進行必要之調整。

12. 課程內容依跨領域學習之需要，可規劃進行共備或協同教學。

13. 配合專業知識，融入職業倫理道德、工作權及勞動三權(包含團結權、協商權、爭議權)之重點內涵，以協助學生了解自身勞動權益意及相關法令規範，建立正確勞動權益觀念，培養正面的勞動意識與素養。

14. 注意教學過程中產生之強光、高溫、氣體、切屑與粉塵，或頭髮、衣服等捲入操作設備之危險，教師應進行安全宣導，並指導學生使用相關防護措施。

## (四)、學習評量

1. 為即時了解學生學習的成效與困難，教學中宜採多元評量，實習科目應重視實際操作評量，深化有效教學。

2. 學習評量宜兼顧知識、能力、態度等面向，導引學生全人發展。

3. 鼓勵學生自我比較、引導跨域學習，以達適性發展、多元展能。

4. 評量結果，要做為改進學校課程發展、教材選編、教學方法及輔導學生之參考。

5. 未通過評量的學生，要分析與診斷其原因，及時實施補強性教學。

## （五）、教學資源

1. 學校應充實教學設備、教學媒體及網路、圖書資源，全力推動有效教學。

2. 學校應結合民間組織與產業界的社會資源，建立夥伴關係，以規劃課程並強化產學合作機制。

3. 教師應充分利用媒體、教具及各種教學資源，提高學生學習興趣與效能。

4. 對於有特殊需求學生，包含隱性障礙如辨色障礙、情緒障礙、學習障礙等身心障礙，教育主管機關應協助學校提供合適的教學資源與必要的教學支持。

5. 學校宜與機械產業保持連繫，適時帶領學生校外教學參觀機械產業，了解相關技術與產業趨勢，使理論與實務相結合。

6. 教學所需之防護措施，教育主管機關應協助學校提供合適的教學資源。

7. 教育主管機關及學校應提供教師充足之專業知能、勞動權益與各項議題適切融入教學之進修研習機會。

## （六）、議題適切融入群科課程綱要 [181]

依《總綱》「實施要點」規定，課程設計應適切融入性別平等、人權、環境、海洋、品德、生命、法治、科技、資訊、能源、安全、防災、家庭教育、生涯規劃、多元文化、閱讀素養、戶外教育、國際教育、原住民族教育等十九項議題。各群科科目可發揮課程與教學之創意與特色，依需求適切融入，不受限於上述議題。同時隨著社會的變遷與時代的推移，議題內涵亦會發生改變或產生新議題，故學校宜對議題具備高度敏覺性，因應環境之變化，活化與深化議題內涵，並依學生的身心發展，適齡、適性地設計具創新、前瞻與統整之課程計畫。

議題教育的實施包含正式與非正式課程，學校課程的發展與教材編選應以學生經驗為中心，選取生活化教材。在掌握議題之基本理念與不同教育階段之實質內涵下，連結群科科目內容，以問題覺知、知

識理解、技能習得及實踐行動等不同層次循序引導學生學習，發展教材並編輯教學手冊。教師教學時，除涵蓋於群科科目之教材內容外，可透過群科科目內容之連結、延伸、統整與轉化，進行議題之融入，亦可將人物、典範、習俗或節慶等加入教材，或採隨機教學，並於作業、作品、展演、參觀、社團與團體活動中，以多元方式融入議題。經由討論、對話、批判與反思，使教室成為知識建構與發展的學習社群，增進議題學習之品質。

181 教育部(106)：十二年國民基本教育課綱綱要-議題融入說明手冊，民國106年2月初稿。

## 五、教育目標與核心素養 [182]

### （一）工業類各群教育目標

　　各校應依據技術型高級中等學校教育目標、群教育目標、產業需求、學校特色、學生特質與職涯發展及群核心素養等條件，訂定明確之科教育目標。

1. 機械群教育目標

　　(1) 培養學生具備機械群核心素養，並為相關專業領域之學習或進修奠定基礎。

　　(2) 培養機械相關產業之基層技術人才，能擔任工程領域之相關工作，強化學生於機械及相關產業之就業力。

　　(3) 各校應依據技術型高級中等學校教育目標、群教育目標、產業需求、學校特色、學生特質與職涯發展及群核心素養等條件，訂定明確之科教育目標。

2. 動力機械群教育目標

　　(1) 培養學生具備動力機械群核心素養，並為相關專業領域之學習或進修奠定基礎。

　　(2) 培養具備動力機械相關產業專業技術知能、終身學習能力與服務熱忱之人才。

3. 電機與電子群教育目標

　　(1) 培養學生具備電機與電子群核心能力，並為相關專業領域之學習或進修奠定基礎。

　　(2) 培養電機與電子相關科技產業之基層技術人才，能擔任電機、電子、資訊、自動控制、冷凍空調與通信領域有關操作、製造、維修、測試、設計及應用等工作，強化學生於相關產業之就業力。

---

[182] 同參考資料173。

4. 化工群教育目標

(1) 培養學生具備化工群核心素養，並為相關專業領域之學習或進修奠定基礎。

(2) 培養化工相關產業初級技術人才，具備工程領域之生產、品管及職業安全衛生等基本知能，強化學生之就業力。

5. 土木與建築群教育目標

(1) 培養學生具備土木與建築群核心素養，並為相關專業領域之學習或進修奠定基礎。

(2) 培養健全土木與建築相關產業之基礎技術人才及實務操作能力，能擔任土木與建築領域有關施工、營建、測繪、專業製圖及數位資訊運用等工作。

## （二）工業類各群核心素養

各群核心素養具體內涵如下，各校應參照各群核心素養、科教育目標、專業屬性與職場發展趨勢等，研訂科專業能力。

1. 機械群核心素養：

(1) 具備機械相關專業領域的系統思考、科技資訊運用及符號辨識的能力，積極面對與解決職場各種問題，並能掌握機械國內外發展趨勢。

(2) 具備工具、量具、機具設備操作及維護之能力，解決專業上的問題，展現系統思考、分析與探索素養。

(3) 具備機械識圖、製圖及電腦輔助設計與製圖之能力，展現創新與創意，體會工藝之美感。

(4) 具備機械性質檢驗與材料應用知識，運用機械加工、設計與製造的技術製作成品，以創新態度因應職場上新的情境解決問題。

(5) 具備基本電工及低壓工業配線之技能，應用於日常生活及機械相關設備，增進未來職場的專業。

(6) 具備對工作職業安全及衛生知識的理解與實踐，探究職業倫理與環保的基礎素養，發展個人潛能，從而肯定自我價值，有效規劃生涯。

(7) 具備對專業與勞動法令規章與相關議題的思辨與對話素養，培養公民意識與社會責任。

2. 動力機械群核心素養：

(1) 具備動力機械相關專業領域的系統思考、科技資訊運用及符號辨識的能力，積極面對與解決職場各種問題，並能掌握動力機械國內外發展趨勢。

(2) 運用中外文專業技術資料，使用工具、量具、電子檢測儀器與設備解決專業上的問題，展現系統思考、分析與探索素養。

(3) 具備機電識圖與製圖的能力，運用機械加工方法製作成品，體會專業技術與生活的美感。

(4) 具備保養動力機械設備的系統思考及科技資訊運用的能力，善用各種策略執行技術服務與溝通表達。

(5) 具備系統思考能力，以進行檢查、調整及更換引擎、底盤及機電設備零組件，展現團隊精神，善用各種策略執行技術服務，並能與客戶進行溝通，增進未來職場與生活的專業力。

(6) 具備對工作職業安全及衛生知識的理解與實踐，探究職業倫理與環保的基礎素養，發展個人潛能，從而肯定自我價值，有效規劃生涯。

(7) 具備對專業與勞動法令規章及其相關議題的思辨與對話素養，培養公民意識與社會責任。

3. 電機與電子群核心素養：

(1) 具備電機與電子相關專業領域的系統思考、科技資訊運用及符號辨識的能力，積極面對與解決職場各種問題，並能掌握電機與電子國內外發展趨勢。

(2) 具備電學基本知識與電路裝配、分析、設計及應用之基礎能力，能以創新及系統思考進行電路規劃，並能解決電路的相關問題。

(3) 具備電腦、電機與電子儀器及相關工具設備應用之基礎能力，展現科技資訊設備運用、問題解決、溝通協調及團隊合作之素養。

(4) 具備電機與電子儀器或相關設備保養維修之基礎能力，養成系統思考、規劃執行、科技資訊運用、問題解決、善盡社會責任及環境保育之素養。

(5) 具備查閱專業使用手冊、認識與分析接線圖或電路圖之基礎能力，養成創新、系統思考、規劃執行、科技資訊運用、問題解決之素養。

(6) 具備對工作職業安全及衛生知識的理解與實踐，探究職業倫理與環保的基礎素養，發展個人潛能，從而肯定自我價值，有效規劃生涯。

(7) 具備對專業、智慧財產、勞動法令規章與相關議題的思辨與對話素養，培養公民意識與社會責任。

4. 化工群核心素養：

(1) 具備化工相關專業領域的系統思考、科技資訊運用及符號辨識的能力，積極溝通互動與協調，以同理心解決職場上各種問題，並能掌握國內外化工產業發展趨勢。

(2) 具備化工相關產業裝置操作及產品製作之能力，透過系統思考、分析與探索，以解決專業上的問題，並培養美感賞析，展現專業技術。

(3) 具備儀器檢測分析之基礎能力，透過先進科技與資訊應用，能有效進行分析、推理判斷及反思，解決專業問題。

(4) 具備品質管制及污染防治之基礎能力，能創新思考、規劃與執行，以提升品質管制及污染防治之能力，並展現團隊合作精神，善盡社會責任。

(5) 具備對工作職業安全及衛生知識的理解與實踐，探究職業倫理與環保的基礎素養，發展個人潛能，從而肯定白我價值，有效規劃生涯。

(6) 具備對專業、勞動法令規章與相關議題的思辨與對話素養，培養公民意識與社會責任。

5. 土木與建築群核心素養：

(1) 具備土木與建築相關專業領域的系統思考、科技資訊運用及符號辨識的能力，積極溝通互動與協調，以同理心解決職場上各種問題，並能掌握國內外土木與建築產業發展趨勢。

(2) 具備土木與建築實務操作之能力，透過系統思考、分析與探索，發揮團隊合作精神，解決專業上的問題，並培養作品欣賞、創作與鑑賞的能力，將美感展現於專業技術。

(3) 具備測量、繪製及營造之能力，透過先進科技與資訊應用，有效進行分析及反思，將土木建築融合於自然生態，以愛惜生命及重視環境生態的胸懷，養成社會責任感及環境保育之意識。

(4) 具備電腦輔助製圖與數位資訊運用之能力，能創新思考、規劃與執行，展現設計與建築藝術之美。

(5) 具備對工作職業安全及衛生知識的理解與實踐，探究職業倫理與環保的基礎素養，發展個人潛能，從而肯定自我價值，有效規劃生涯。

(6) 具備對專業、勞動法令規章與相關議題的思辨與對話素養，培養公民意識與社會責任。

## 六、教學科目與時數 [183]

　　民國107年頒布自108年施行的「十二年國民基本教育技術型高級中等學校群科課程綱要」(簡稱108年課綱)，改分工業類五群(機械、動力機械、電機與電子、化工、土木與建築群)及藝術與設計類一群(設計群)共六群規劃課程。部定必修一般科目課程綱要教學科目與學分（節）數建議表請參見附表五-六-1至五-六-2，各群課程架構及課程綱要教學科目與學分（節）數建議表請參見附表五-六-3至附表五-六-20。部定必修一般科目訂為66-76學分，專業及實習科目為45-53學分，部定必修科目合計為111-129學分，校定科目為34-43學分。

---

[183] 同參考資料173。

# （一）工業類各群課程架構與技能領域

## 1. 工業類各群課程架構

(1) 工業類設有機械群、動力機械群、電機與電子群、化工群、土木與建築群等五群，應修習學分數180-192學分(節)、團體活動時間12-18節(不計學分)、彈性學習時間6-12節，上課總節數210節，畢業學分數為160學分。

(2) 各群課程架構分部定必修與校訂(必修、選修)，部定必修學分111-127，百分比57.8-66.2%、機械群校訂(必修、選修)學分65-81，百分比33.4-42.2%。動力機械群校訂(必修、選修)學分64-80，百分比33.3-41.7%。電機與電子群校訂(必修、選修)學分65-81，百分比33.9-42.2%。化工群校訂(必修、選修)學分62-72，百分比32.3-37.5%。土木與建築群校訂(必修、選修)學分64-74，百分比33.3-38.5%。

(3) 各群課程類別分一般科目、專業科目、實習科目等三類別。

A. 一般科目：為部定必修，工業類五群之一般科目領域/科目(學分數)包括語文領域-國語文(16)、語文領域-英語文(12)、數學領域(4-8)、社會領域(6-10)、自然科學域(4-6)、藝術領域(4)、綜合活動領域暨科技領域(4)、健康與體育領域(14)和全民國防教育(2)等，合計學分數為66-76，百分比34.4-39.6%。

B. 工業類專業科目、實習科目：為部定必修

(A) 機械群領域/科目(學分數)：包括機械製造(4)、機件原理(4)、機械力學(4)、機械材料(4)等，共16學分。實習科目為部定必修，領域/科目(學分數) 包括機械基礎實習(3)、基礎電學實習(3)、機械製圖實習 (6)、電腦輔助製圖與實習 (3)、機械加工實習(3)，另外再分數值控制技能領域(6)、精密機械製造技能領域(6)、模型設計與鑄造技能領域(11)、電腦輔助機械設計技能領域(12)、自動化整合技能領域(11)、金屬成形與管線技能領域(12)等六大領域，部定必修學分數為11-17。因此，專業科目、實習科目合計學分數為45-51，百分比23.4-26.6%。

(B) 動力機械群領域/科目(學分數)：包括應用力學(2)、機件原理(2)、

引擎原理(3)、底盤原理(3)、基本電學(2)等五門課，共12學分。實習科目為部定必修，領域/科目(學分數) 包括機械工作法及實習(4)、機電製圖實習(4)、引擎實習(4)、底盤實習(4)、電工電子實習(3)、電系實習(3) 等六門課，共22學分。另外再分車輛技能領域、機器腳踏車技能領域、液氣壓技能領域、動力機械技能領域等四大領域，部定必修學分數為12-18。因此，專業科目、實習科目合計學分數為46-52，百分比23.9-27.1%。

(C) 電機與電子群領域/科目(學分數)：包括基本電學(6)、電子學(6)、數位邏輯設計(3)、微處理機(3)、電工機械(6)、冷凍空調原理(6)等六門課，共12學分。實習科目為部定必修，領域/科目(學分數)包括基本電學實習(3)、電子學實習(6)等二門課，共9學分。另外再分晶片設計技能領域、微電腦應用技能領域、自動控制技能領域、電機工程技能領域、冷凍空調技能領域等五大領域，部定必修學分數為18。因此，專業科目、實習科目合計學分數為45-51，百分比23.4-26.5%。

(D) 化工群領域/科目(學分數)：包括普通化學(8)、分析化學(6)、基礎化工(6)、化工裝置(8)等四門課，共28學分。實習科目為部定必修，領域/科目(學分數) 包括普通化學實習(8)、分析化學實習(6)等二門課，共14學分。另外再分化工及檢驗技能領域、紡染及檢驗技能領域等二大領域共12學分，部定必修學分數為12。因此，專業科目、實習科目合計學分數為54，百分比28.1%。

(E) 土木與建築群領域/科目(學分數)：包括土木建築工程與技術概論(2)、構造與施工法(2)、基礎工程力學(6)等三門課，共10學分。實習科目為部定必修，領域/科目(學分數) 包括測量實習(8)、設計與技術實習(4)、營建技術實習(6)、材料與試驗(4)、製圖實習(8)、電腦輔助製圖實習(6)等六門課，共36學分。另外再分專業製圖技能領域、土木測量技能領域等二大領域共6學分。部定必修學分數為6。因此，專業科目、實習科目合計學分數為52，百分比27.1%。

表五-六-1 民國108年部頒類群課程學分數

| 類群 | 部定一般科目 | 部定專業科目與實習科目 | 部定必修合計 | 校定科目 |
|---|---|---|---|---|
| 機械 | 66-76 | 45-51 | 111-127 | 65-81 |
| 動力機械 | 66-76 | 46-52 | 112-128 | 64-80 |
| 電機電子 | 66-76 | 45-51 | 111-127 | 65-81 |
| 土木建築 | 66-76 | 52 | 118-128 | 64-74 |
| 化工 | 66-76 | 54 | 120-130 | 62-72 |
| 設計 | 66-76 | 46-53 | 112-129 | 63-80 |

附註：學分上限總計(每週節數)：180-192；畢業學分數：160。

第五章

課程變革

## 表五-六-2 部定必修一般科目課程綱要教學科目與學分（節）數建議表

| 課程類別 | 領域/科目 | | 學分 | 建議授課年段與學分配置 | | | | | | 備註 |
|---|---|---|---|---|---|---|---|---|---|---|
| | | | | 第一學年 | | 第二學年 | | 第三學年 | | |
| 名稱 | 名稱 | | 學分 | 一 | 二 | 一 | 二 | 一 | 二 | |
| 部定必修科目 | 一般科目 | 語文 國語文 | 16 | 3 | 3 | 3 | 3 | 2 | 2 | |
| | | 英語文 | 12 | 2 | 2 | 2 | 2 | 2 | 2 | |
| | | 數學 數學 | 4-8 | 【0-4】 | 【0-4】 | 【0-4】 | 【0-4】 | | | 註一 |
| | | 社會 歷史 地理 公民與社會 | 6-10 | 【2-4】 | 【2-4】 | 【2】 | | | | 註二 |
| | | 自然科學 物理 化學 生物 | 4-6 | 【1-2】 | 【1-2】 | 【2】 | | | | 註三 |
| | | 藝術 音樂 美術 藝術生活 | 4 | 2 | 2 | | | | | 註四 |
| | | 綜合活動 生命教育 生涯規劃 家政 法律與生活 環境科學概論 | 4 | 2 | 2 | | | | | 註五 |
| | | 科技 生活科技 資訊科技 | | | | | | | | |
| | | 健康與體育 健康與護理 | 2 | 1 | 1 | | | | | |
| | | 體育 | 12 | 2 | 2 | 2 | 2 | 2 | 2 | |
| | | 全民國防教育 | 2 | 1 | 1 | | | | | |
| | 小　　計 | | 66-76 | 16-23 | 16-23 | 11-15 | 7-11 | 6 | 6 | |

註一：
1. 各校可依群科屬性、學生生涯發展、學校發展特色彈性調減至4學分，合計為4-8學分。
2. 各校可依需求調整每學期開設學分數，每學期以4學分為上限。
3. 第一、二學年每學期部定必修0-4學分，部定必修至多8學分，不得低於4學分。

註二：
1. 「社會領域」包括「歷史」、「地理」、「公民與社會」三科目，各校可依群科屬性、議題融入、學生生涯發展、學校發展特色、師資調配等彈性開設，合計為6-10學分。學生至少修習二科目以上。
2. 社會、自然科學與藝術領域必修課程可研擬跨科之統整型、探究型或實作型課程2學分。

註三：
1. 「自然科學領域」包括「物理」、「化學」、「生物」三科目，各校可依群科屬性、議題融入、學生生涯發展、學校發展特色、師資調配等因素彈性開設，合計為4-6學分。學生至少修習二科目以上。
2. 社會、自然科學與藝術領域必修課程可研擬跨科之統整型、探究型或實作型課程2學分。

註四：
1. 「藝術領域」包括「音樂」、「美術」、「藝術生活」三科目，各校自選二科目共4學分。
2. 社會、自然科學與藝術領域必修課程可研擬跨科之統整型、探究型或實作型課程2學分。

註五：
「綜合活動領域」包括「生命教育」、「生涯規劃」、「家政」、「法律與生活」、「環境科學概論」等五科目，「科技領域」包括「生活科技」、「資訊科技」等二科目，各校自選二科目共4學分彈性開設。

表五-六-3 民國108年機械群課程架構 課程架構表

| 類別 | 部定必修 領域/科目(學分數) | 學分 | 百分比(%) | 校訂(必修、選修) 學分 | 百分比(%) |
|---|---|---|---|---|---|
| 一般科目 | 1. 語文領域-國語文(16)<br>2. 語文領域-英語文(12)<br>3. 數學領域(4-8)<br>4. 社會領域(6-10)<br>5. 自然科學領域(4-6)<br>6. 藝術領域(4)<br>7. 綜合活動領域暨科技領域(4)<br>8. 健康與體育領域(14)<br>9. 全民國防教育(2) | 66<br>-<br>76 | 34.4-39.6% | | |
| 專業科目 | 1. 機械製造(4)<br>2. 機件原理(4)<br>3. 機械力學(4)<br>4. 機械材料(4) | 16 | | | |
| | 1. 機械基礎實習(3)<br>2. 基礎電學實習(3)<br>3. 機械製圖實習 (6)<br>4. 電腦輔助製圖與實習(3)<br>5. 機械加工實習(3) | 18 | | 65<br>-<br>81 | 33.4-42.2% |
| 實習科目 | 數值控制技能領域 1. 電腦輔助設計實習(3) 2. 數值控制機械實習(3) | 45<br>-<br>51 | 23.4-26.6% | | |
| | 精密機械製造技能領域 1. 電腦輔助製造實習(3) 2. 綜合機械加工實習(3) | | | | |
| | 模型設計與鑄造技能領域 1. 鑄造實習(4) 2. 模型製作實習(4) 3. 數值控制機械實習(3) | 11<br>-<br>17 | | | |
| | 電腦輔助機械設計技能領域 1. 機械工作圖實習(3) 2. 實物測繪實習(3) 3. 電腦輔助設計實習(3) 4. 電腦輔助機械設計製圖實習(3) | | | | |
| | 自動化整合技能領域 1. 氣油壓控制實習(3) 2. 機電實習(4) 3. 機電整合實習(4) | | | | |
| | 金屬成形與管線技能領域 1. 金屬成形實習(4) 2. 銲接實習(4) 3. 金屬管線實習(4) | | | | |

| 類別 | 部定必修 | | | 校訂(必修、選修) | |
|---|---|---|---|---|---|
| | 領域/科目(學分數) | 學分 | 百分比(%) | 學分 | 百分比(%) |
| | 小計 | 111 - 127 | 57.8-66.2% | 65 - 81 | 33.8-42.2% |
| 應修習學分數 | 180-192學分(節) | | | | |
| 團體活動時間 | 12-18節(不計學分) | | | | |
| 彈性學習時間 | 6-12節 | | | | |
| 上課總節數 | 210節 | | | | |
| 畢業學分數 | 160學分 | | | | |

說明:

1. 本群所屬各科規劃課程時,應符合本架構表規定。

2. 校訂科目(含一般科目、專業科目及實習科目)由各校課程發展組織(含科教學研究會、群課程研究會、校課程發展委員會)自訂。

3. 上課總節數係團體活動時間、彈性學習時間及應修習學分  之合計。

4. 彈性學習及團體活動時間之辦理方式,應依十二年國民基本教育課程綱要總綱之相關規定辦理。

5. 校訂科目學分數範圍之計算,依「應修習學分數」之上限192學分計算。

6. 本表各百分比的計算,其分母依「應修習學分數」之上限192學分計算。

第肆篇:臺灣初、高級工業職業教育史概要

臺灣工程教育史

表五-六-4 民國108年機械群教學科目與學分數
課程綱要教學科目與學分（節）數建議表
一、部定必修一般科目-請參見表五-六-1和五-六-2
二、專業與實習科目

| 課程類別 | 領域/科目 | | 學分 | 建議授課年段與學分配置 | | | | | | 備註 |
| | | | | 第一學年 | | 第二學年 | | 第三學年 | | |
| 名稱 | 名稱 | | 學分 | 一 | 二 | 一 | 二 | 一 | 二 | |
| 專業科目 | 機械製造 | | 4 | 2 | 2 | | | | | |
| | 機件原理 | | 4 | | | 2 | 2 | | | |
| | 機械力學 | | 4 | | | 2 | 2 | | | |
| | 機械材料 | | 4 | | | | | 2 | 2 | |
| 實習科目 | 機械基礎實習 | | 3 | 3 | | | | | | |
| | 基礎電學實習 | | 3 | | 3 | | | | | |
| | 機械製圖實習 | | 6 | 3 | 3 | | | | | |
| | 電腦輔助製圖與實習 | | 3 | | | 3 | | | | |
| | 機械加工實習 | | 3 | | | | 3 | | | |
| | 數值控制技能領域 | 電腦輔助設計實習 | 3 | | | 3 | | | | |
| | | 數值控制機械實習 | 3 | | | | 3 | | | |
| | 精密機械製造技能領域 | 電腦輔助製造實習 | 3 | | | | | 3 | | |
| | | 綜合機械加工實習 | 3 | | | | | | 3 | |
| | 模型設計與鑄造技能領域 | 鑄造實習 | 4 | | | 4 | | | | |
| | | 模型製作實習 | 4 | | | | 4 | | | |
| | | 數值控制機械實習 | 3 | | | | | 3 | | |
| | | 機械工作圖實習 | 3 | | | 3 | | | | |
| | 電腦輔助機械設計技能領域 | 實物測繪實習 | 3 | | | | 3 | | | |
| | | 電腦輔助設計實習 | 3 | | | | | 3 | | |
| | | 電腦輔助機械設計製圖實習 | 3 | | | | | | 3 | |
| | 自動化整合技能領域 | 氣油壓控制實習 | 3 | | | | | 3 | | |
| | | 機電實習 | 4 | | | 4 | | | | |
| | | 機電整合實習 | 4 | | | | 4 | | | |
| | 金屬成形與管線技能領域 | 金屬成形實習 | 4 | | | 4 | | | | |
| | | 銲接實習 | 4 | | | | 4 | | | |
| | | 金屬管線實習 | 4 | | | | | 4 | | |
| | 小計 | | 45-51 | 8 | 8 | 10-14 | 10-17 | 2-6 | 2-5 | |
| 部定必修學分合計 | | | 111-127 | 24-31 | 24-31 | 21-29 | 17-28 | 8-12 | 8-11 | |
| 校訂科目 | 校訂必修 | 專題實作 | 2-6 | | | | | | | |
| | | 小計 | | | | | | | | |
| | 校訂選修 | | | | | | | | | |
| | | 小計 | | | | | | | | |

| 課程類別 名稱 | 領域/科目 名稱 | 學分 | 建議授課年段與學分配置 | | | | | | 備註 |
|---|---|---|---|---|---|---|---|---|---|
| | | | 第一學年 一 | 二 | 第二學年 一 | 二 | 第三學年 一 | 二 | |
| 校訂必修及選修學分上限合計 | | 65-81 | 1-8 | 1-8 | 3-11 | 4-15 | 20-24 | 21-24 | |
| 學分上限總計(每週節數) | | 180-192 | 30-32 (30-32) | 30-32 (30-32) | 30-32 (30-32) | 30-32 (30-32) | 30-32 (30-32) | 30-32 (30-32) | |
| 每週團體活動時間(節數) | | 12-18 | 2-3 | 2-3 | 2-3 | 2-3 | 2-3 | 2-3 | |
| 每週彈性學習時間(節數) | | 6-12 | 0-2 | 0-2 | 0-2 | 0-2 | 0-2 | 0-2 | |
| 每週總上課節數 | | 210 | 35 | 35 | 35 | 35 | 35 | 35 | |

### 表五-六-5 機械群各科之技能領域適用對照表

| 科別 | 適用技能領域 | 合計修習學分數 | 備註 |
|---|---|---|---|
| 機械科 | 數值控制技能領域(6)<br>精密機械製造技能領域(6) | 12 | |
| 模具科 | 數值控制技能領域(6)<br>精密機械製造技能領域(6) | 12 | |
| 機電科 | 數值控制技能領域(6)<br>自動化整合技能領域(11) | 17 | |
| 鑄造科 | 模型設計與鑄造技能領域(11) | 11 | |
| 機械木模科 | 模型設計與鑄造技能領域(11) | 11 | |
| 製圖科 | 電腦輔助機械設計技能領域(12) | 12 | |
| 電腦機械製圖科 | 電腦輔助機械設計技能領域(12) | 12 | |
| 生物產業機電科 | 自動化整合技能領域(11) | 11 | |
| 板金科 | 金屬成形與管線技能領域(12) | 12 | |
| 配管科 | 金屬成形與管線技能領域(12) | 12 | |

二、 本群各科適用技能領域為必修課程，技能領域所包含之科目均需開設。例如：機械科、模具科需於三年內開設數值控制技能領域2科目、精密機械製造技能領域2科目；機電科需於三年內開設數值控制技能領域2科目、自動化整合技能領域3科目；鑄造科、機械木模科需於三年內開設模型設計與鑄造技能領域3科目；製圖科、電腦機械製圖科需於三年內開設電腦輔助機械設計技能領域4科目；生物產業機電科需於三年內開設自動化整合技能領域3科目；板金科、配管科需於三年內開設金屬成形與管線技能領域3科目。

三、 部定必修科目其開設年段參考教學科目與學分（節）數建議表之相關建議，得視實際需要酌予調整，惟科目內容有其學習先後順序者，應依序開設。

四、 專題實作可參照總綱之教學指引，切合群科教育目標及務實致用原則，以展現本群各科課程及技能領域之學習效果。

五、 各科別應依十二年國民基本教育課程綱要總綱之規定及本教學科目與學分（節）數建議表，發展各科別三年完整課程。為使學生能充分了解三年所需修習課程，學校應提供選課相關參考資料，並輔導學生選課，以利學生適性發展。

# 表五-六-6 民國108年動力機械群課程架構　課程架構表

| 類別 | 部定必修 領域/科目(學分數) | 學分 | 百分比(%) | 校訂(必修、選修) 學分 | 百分比(%) |
|---|---|---|---|---|---|
| 一般科目 | 1. 語文領域-國語文(16)<br>2. 語文領域-英語文(12)<br>3. 數學領域(4-8)<br>4. 社會領域(6-10)<br>5. 自然科學領域(4-6)<br>6. 藝術領域(4)<br>7. 綜合活動領域暨科技領域(4)<br>8. 健康與體育領域(14)<br>9. 全民國防教育(2) | 66-76 | 34.4<br>-<br>39.6% | | |
| 專業科目 | 1. 應用力學(2)<br>2. 機件原理(2)<br>3. 引擎原理(3)<br>4. 底盤原理(3)<br>5. 基本電學(2) | 12 | | | |
| 實習科目 | 1. 機械工作法及實習(4)<br>2. 機電製圖實習(4)<br>3. 引擎實習(4)<br>4. 底盤實習(4)<br>5. 電工電子實習(3)<br>6. 電系實習(3) | 22 | | 64<br>-<br>80 | 33.3<br>-<br>41.7% |
| | 車輛技能領域　1. 車輛空調檢修實習(3)<br>2. 車輛底盤檢修實習(4)<br>3. 車身電器系統綜合檢修實習(4) | 46-52 | 23.9<br>-<br>27.1% | | |
| | 機器腳踏車技能領域　1. 機器腳踏車基礎實習(3)<br>2. 機器腳踏車檢修實習(3) | 12<br>-<br>18 | | | |
| | 液氣壓技能領域　1. 液氣壓基礎實習(3)<br>2. 液氣壓檢修實習(3) | | | | |
| | 動力機械技能領域　1. 動力機械操作實習(3)<br>2. 動力機械引擎實習(3) | | | | |
| 小計 | | 112<br>-<br>128 | 58.3<br>-<br>66.7% | 64<br>-<br>80 | 33.3<br>-<br>41.7% |

| | |
|---|---|
| 應修習學分數 | 180-192學分(節) |
| 團體活動時間 | 12-18節(不計學分) |
| 彈性學習時間 | 6-12節 |
| 上課總節數 | 210節 |
| 畢業學分數 | 160學分 |

說明：

1. 本群所屬各科規劃課程時，應符合本架構表規定。

2. 校訂科目（含一般科目、專業科目及實習科目）由各校課程發展組織（含科教學研究會、群課程研究會、校課程發展委員會）自訂。

3. 上課總節數係團體活動時間、彈性學習時間及應修習學分　之合計。

4. 彈性學習及團體活動時間之辦理方式，應依十二年國民基本教育課程綱要總綱之相關規定辦理。

5. 校訂科目學分數範圍之計算，依「應修習學分數」之上限192學分計算。

6. 本表各百分比的計算，其分母依「應修習學分數」之上限192學分計算。

表五-六-7 民國108年動力機械群教學科目與學分數
課程綱要教學科目與學分（節）數建議表
一、部定必修一般科目-請參見表五-六-1和五-六-2
二、專業與及實習科目

| 課程類別名稱 | | 領域/科目 | | 建議授課年段與學分配置 | | | | | |
|---|---|---|---|---|---|---|---|---|---|
| | | | | 第一學年 | | 第二學年 | | 第三學年 | |
| | | 名稱 | 學分 | 一 | 二 | 一 | 二 | 一 | 二 |
| 部定必修科目 | 專業科目 | 應用力學 | 2 | | | | 2 | | |
| | | 機件原理 | 2 | | | | 2 | | |
| | | 引擎原理 | 3 | 3 | | | | | |
| | | 底盤原理 | 3 | | 3 | | | | |
| | | 基本電學 | 2 | | | 2 | | | |
| | 實習科目 | 機械工作法及實習 | 4 | 4 | | | | | |
| | | 機電製圖實習 | 4 | | | | 4 | | |
| | | 引擎實習 | 4 | | 4 | | | | |
| | | 底盤實習 | 4 | | | 4 | | | |
| | | 電工電子實習 | 3 | | | 3 | | | |
| | | 電系實習 | 3 | | | | 3 | | |
| | | 車輛技能領域 車輛空調檢修實習 | 3 | | | | | 3 | |
| | | 車輛底盤檢修實習 | 4 | | | | | 4 | |
| | | 車身電器系統綜合檢修實習 | 4 | | | | | | 4 |
| | | 機器腳踏車技能領域 機器腳踏車基礎實習 | 3 | | | 3 | | | |
| | | 機器腳踏車檢修實習 | 3 | | | | 3 | | |
| | | 液氣壓技能領域 液氣壓基礎實習 | 3 | | | 3 | | | |
| | | 液氣壓檢修實習 | 3 | | | | 3 | | |
| | | 動力機械技能領域 動力機械操作實習 | 3 | | | | | | 3 |
| | | 動力機械引擎實習 | 3 | | | | | 3 | |
| | | 小計 | 46-52 | 7 | 7 | 12-15 | 14-17 | 3-7 | 3-4 |
| | | 部定必修學分合計 | 112-128 | 23-30 | 23-30 | 23-30 | 21-28 | 9-13 | 9-10 |
| 校訂科目 | 校訂必修 | 專題實作 | 2-6 | | | | | | |
| | | | | | | | | | |
| | | 小計 | | | | | | | |
| | 校訂選修 | | | | | | | | |
| | | | | | | | | | |
| | | 小計 | | | | | | | |
| | | 校訂必修及選修學分上限合計 | 64-80 | 2-9 | 2-9 | 2-9 | 4-11 | 19-23 | 22-23 |

臺灣工程教育史

第肆篇：臺灣初、高級工業職業教育史概要

| 課程類別 | 領域/科目 | | 建議授課年段與學分配置 | | | | | |
|---|---|---|---|---|---|---|---|---|
| | | | 第一學年 | | 第二學年 | | 第三學年 | |
| 名稱 | 名稱 | 學分 | 一 | 二 | 一 | 二 | 一 | 二 |
| 學分上限總計(每週節數) | | 180-192 | 30-32 (30-32) | 30-32 (30-32) | 30-32 (30-32) | 30-32 (30-32) | 30-32 (30-32) | 30-32 (30-32) |
| 每週團體活動時間(節數) | | 12-18 | 2-3 | 2-3 | 2-3 | 2-3 | 2-3 | 2-3 |
| 每週彈性學習時間(節數) | | 6-12 | 0-2 | 0-2 | 0-2 | 0-2 | 0-2 | 0-2 |
| 每週總上課節數 | | 210 | 35 | 35 | 35 | 35 | 35 | 35 |

表五-六-8 動力機械群各科之技能領域適用對照表

| 科別 | 適用技能領域 | 合計修習學分數 | 備註 |
|---|---|---|---|
| 汽車科 | 車輛技能領域(11)<br>機器腳踏車技能領域(6) | 17 | |
| 軌道車輛科 | 車輛技能領域(11)<br>液氣壓技能領域(6) | 17 | |
| 重機科 | 液氣壓技能領域(6)<br>動力機械技能領域(6) | 12 | |
| 動力機械科 | 液氣壓技能領域(6)<br>動力機械技能領域(6) | 12 | |
| 農業機械科 | 機器腳踏車技能領域(6)<br>液氣壓技能領域(6)<br>動力機械技能領域(6) | 18 | |
| 飛機修護科 | 液氣壓技能領域(6)<br>動力機械技能領域(6) | 12 | |

二、本群各科適用技能領域為必修課程，技能領域所包含之科目均需開設。例如：汽車科需於三年內開設車輛技能領域3科目、機器腳踏車技能領域2科目；軌道車輛科需於三年內開設車輛技能領域3科目、液氣壓技能領域2科目；重機科需於三年內開設液氣壓技能領域2科目、動力機械技能領域2科目；動力機械科需於三年內開液氣壓技能領域2科目、動力機械技能領域2科目；農業機械科需於三年內開設機器腳踏車技能領域2科目、液氣壓技能領域2科目、動力機械技能領域2科目；飛機修護科需於三年內開設液氣壓技能領域2科目、動力機械技能領域2科目。

三、部定必修科目其開設年段參考教學科目與學分（節）數建議表之相關建議，得視實際需要酌予調整，惟科目內容有其學習先後順序者，應依序開設。

四、專題實作可參照總綱之教學指引，切合群科教育目標及務實致用原則，以展現本群各科課程及技能領域之學習效果。

五、各科別應依十二年國民基本教育課程綱要總綱之規定及本教學科目與學分（節）數建議表，發展各科別三年完整課程。為使學生能充分了解三年所需修習課程，學校應提供選課相關參考資料，並輔導學生選課，以利學生適性發展。

## 表五-六-9 民國108年電機電子群課程架構 課程架構表

| 類別 | 領域/科目(學分數) | | 部定必修 學分 | 部定必修 百分比(%) | 校訂(必修、選修) 學分 | 校訂(必修、選修) 百分比(%) |
|---|---|---|---|---|---|---|
| 一般科目 | 1. 語文領域-國語文(16)<br>2. 語文領域-英語文(12)<br>3. 數學領域(4-8)<br>4. 社會領域(6-10)<br>5. 自然科學領域(4-6)<br>6. 藝術領域(4)<br>7. 綜合活動領域暨科技領域(4)<br>8. 健康與體育領域(14)<br>9. 全民國防教育(2) | | 66 - 76 | 34.4 - 39.6% | | |
| 專業科目 | 1. 基本電學(6)<br>2. 電子學(6)<br>3. 數位邏輯設計(3)<br>4. 微處理機(3)<br>5. 電工機械(6)<br>6. 冷凍空調原理(6) | | 18 - 24 | | 65-81 | 33.9-42.2% |
| 實習科目 | 1. 基本電學實習(3)<br>2. 電子學實習(6) | | 9 | 23.4-26.5% | | |
| | 晶片設計技能領域 | 1. 程式設計實習(3)<br>2. 可程式邏輯設計實習(3)<br>3. 單晶片微處理機實習(3) | 45 - 51 | | | |
| | 微電腦應用技能領域 | 1. 行動裝置應用實習(3)<br>2. 微電腦應用實習(3)<br>3. 介面電路控制實習(3) | | | | |
| | 自動控制技能領域 | 1. 電工實習(3)<br>2. 可程式控制實習(3)<br>3. 機電整合實習(3) | 18 | | | |
| | 電機工程技能領域 | 1. 智慧居家監控實習(3)<br>2. 電力電子應用實習(3)<br>3. 電工機械實習(3) | | | | |
| | 冷凍空調技能領域 | 1. 能源與冷凍實習(3)<br>2. 能源與空調實習(3)<br>3. 節能技術實習(3) | | | | |
| 小計 | | | 111 - 127 | 57.8 - 66.1% | 65 - 81 | 33.9-42.2% |

| | |
|---|---|
| 應修習學分數 | 180-192學分(節) |
| 團體活動時間 | 12-18節(不計學分) |
| 彈性學習時間 | 6-12節 |
| 上課總節數 | 210節 |
| 畢業學分數 | 160學分 |

說明：

1. 本群所屬各科規劃課程時，應符合本架構表規定。
2. 校訂科目（含一般科目、專業科目及實習科目）由各校課程發展組織（含科教學研究會、群課程研究會、校課程發展委員會）自訂。
3. 上課總節數係團體活動時間、彈性活動時間及應修習學分數之合計。
4. 彈性學習及團體活動時間之辦理方式，應依十二年國民基本教育課程綱要總綱之相關規定辦理。
5. 校訂科目學分數範圍之計算，依「應修習學分數」之上限192學分計算。
6. 本表各百分比的計算，其分母依「應修習學分數」之上限192學分計算。

244

臺灣工程教育史

第肆篇：臺灣初、高級工業職業教育史概要

表五-六-10 民國108年電機電子群教學科目與學分數

課程綱要教學科目與學分（節）數建議表

一、部定必修一般科目-請參見表五-六-1和五-六-2

二、專業與實習科目

| 課程類別名稱 | 領域/科目 名稱 | | 學分 | 建議授課年段與學分配置 | | | | | |
|---|---|---|---|---|---|---|---|---|---|
| | | | | 第一學年 | | 第二學年 | | 第三學年 | |
| | | | | 一 | 二 | 一 | 二 | 一 | 二 |
| 部定必修科目 | 專業科目 | 基本電學 | 6 | 3 | 3 | | | | |
| | | 電子學 | 6 | | | 3 | 3 | | |
| | | 數位邏輯設計 | 3 | | | 3 | | | |
| | | 微處理機 | 3 | | | | 3 | | |
| | | 電工機械 | 6 | | | 3 | 3 | | |
| | | 冷凍空調原理 | 6 | | | 3 | 3 | | |
| | 實習科目 | 基本電學實習 | 3 | | 3 | | | | |
| | | 電子學實習 | 6 | | | 3 | 3 | | |
| | | 晶片設計技能領域 程式設計實習 | 3 | 3 | | | | | |
| | | 晶片設計技能領域 可程式邏輯設計實習 | 3 | | | 3 | | | |
| | | 晶片設計技能領域 單晶片微處理機實習 | 3 | | | | 3 | | |
| | | 微電腦應用技能領域 行動裝置應用實習 | 3 | | | | 3 | | |
| | | 微電腦應用技能領域 微電腦應用實習 | 3 | | | | | 3 | |
| | | 微電腦應用技能領域 介面電路控制實習 | 3 | | | | | 3 | |
| | | 自動控制技能領域 電工實習 | 3 | 3 | | | | | |
| | | 自動控制技能領域 可程式控制實習 | 3 | | | 3 | | | |
| | | 自動控制技能領域 機電整合實習 | 3 | | | | 3 | | |
| | | 電機工程技能領域 智慧居家監控實習 | 3 | | | | 3 | | |
| | | 電機工程技能領域 電力電子應用實習 | 3 | | | | | 3 | |
| | | 電機工程技能領域 電工機械實習 | 3 | | | | | 3 | |
| | | 冷凍空調技能領域 能源與冷凍實習 | 3 | | | 3 | | | |
| | | 冷凍空調技能領域 能源與空調實習 | 3 | | | | 3 | | |
| | | 冷凍空調技能領域 節能技術實習 | 3 | | | | | 3 | |
| | | 小計 | 45-51 | 3-6 | 6 | 12-15 | 15-18 | 6-9 | 0 |
| | | 部定必修學分合計 | 111-127 | 19-29 | 22-29 | 23-30 | 22-29 | 12-15 | 6 |
| 校訂科目 | 校訂必修 | 專題實作 | 2-6 | | | | | | |
| | | 小計 | | | | | | | |
| | 校訂選修 | | | | | | | | |
| | | 小計 | | | | | | | |
| | | 校訂必修及選修學分上限合計 | 65-81 | 3-13 | 3-10 | 2-9 | 3-10 | 17-20 | 26 |
| | | 學分上限總計(每週節數) | 180-192 | 30-32 (30-32) | 30-32 (30-32) | 30-32 (30-32) | 30-32 (30-32) | 30-32 (30-32) | 30-32 (30-32) |
| | | 每週團體活動時間(節數) | 12-18 | 2-3 | 2-3 | 2-3 | 2-3 | 2-3 | 2-3 |
| | | 每週彈性學習時間(節數) | 6-12 | 0-2 | 0-2 | 0-2 | 0-2 | 0-2 | 0-2 |
| | | 每週總上課節數 | 210 | 35 | 35 | 35 | 35 | 35 | 35 |

表五-六-11 電機電子群各科之技能領域適用對照表

| 科別 | 適用技能領域 | 合計修習學分數 | 備註 |
|---|---|---|---|
| 資訊科 | 晶片設計技能領域(9)<br>微電腦應用技能領域(9) | 18 | |
| 電子科 | 晶片設計技能領域(9)<br>微電腦應用技能領域(9) | 18 | |
| 控制科 | 自動控制技能領域(9)<br>電機工程技能領域(9) | 18 | |
| 電機科 | 自動控制技能領域(9)<br>電機工程技能領域(9) | 18 | |
| 冷凍空調科 | 電機工程技能領域(9)<br>冷凍空調技能領域(9) | 18 | |
| 航空電子科 | 晶片設計技能領域(9)<br>微電腦應用技能領域(9) | 18 | |
| 電子通信科 | 晶片設計技能領域(9)<br>微電腦應用技能領域(9) | 18 | |
| 電機空調科 | 電機工程技能領域(9)<br>冷凍空調技能領域(9) | 18 | |

二、本群各科適用技能領域為必修課程，技能領域所包含之科目均需開設。例如：資訊科、電子科、航空電子科及電子通信科需於三年內開設晶片設計技能領域(程式設計實習、可程式邏輯設計實習、單晶片微處理機實習)3科目、微電腦應用技能領域(行動裝置應用實習、微電腦應用實習、介面電路控制實習)3科目；控制科及電機科需於三年內開設自動控制技能領域(電工實習、可程式控制實習、機電整合實習)3科目、電機工程技能領域(智慧居家監控實習、電力電子應用實習、電工機械實習)3科目；冷凍空調科及電機空調科需於三年內開設電機工程技能領域(智慧居家監控實習、電力電子應用實習、電工機械實習)3科目、冷凍空調技能領域(能源與冷凍實習、能源與空調實習、節能技術實習)3科目。

三、部定必修科目其開設年段參考教學科目與學分（節）數建議表之相關建議，得視實際需要酌予調整，惟科目內容有其學習先後順序者，應依序開設。

四、部定的專業科目除基本電學、電子學屬群共同必修外，其餘專業科目依技能領域開設。

五、專題實作可參照總綱之教學指引，切合群科教育目標及務實致用原則，以展現本群各科課程及技能領域之學習效果。

六、各科別應依十二年國民基本教育課程綱要總綱之規定及本教學科目與學分(節)數建議表，發展各科別三年完整課程。為使學生能充分了解三年所需修習課程，學校應提供選課相關參考資料，並輔導學生選課，以利學生適性發展。

## 表五-六-12 民國108年化工群課程架構課程架構表

| 類別 | 部定必修 領域/科目(學分數) | | 部定必修 學分 | 部定必修 百分比(%) | 校訂(必修、選修) 學分 | 校訂(必修、選修) 百分比(%) |
|---|---|---|---|---|---|---|
| 一般科目 | 1. 語文領域-國語文(16)<br>2. 語文領域-英語文(12)<br>3. 數學領域(4-8)<br>4. 社會領域(6-10)<br>5. 自然科學領域(4-6)<br>6. 藝術領域(4)<br>7. 綜合活動領域暨科技領域(4)<br>8. 健康與體育領域(14)<br>9. 全民國防教育(2) | | 66-76 | 34.4-39.6% | 62-72 | 32.3-37.5% |
| 專業科目 | 1. 普通化學(8)<br>2. 分析化學(6)<br>3. 基礎化工(6)<br>4. 化工裝置(8) | | 28 | | | |
| 實習科目 | 1. 普通化學實習(8)<br>2. 分析化學實習(6) | | 14 | 28.1% | | |
| | 化工及檢驗技能領域 | 1. 化工裝置實習(6)<br>2. 化工儀器實習(6) | 54 | | | |
| | | | 12 | | | |
| | 紡染及檢驗技能領域 | 1. 紡染實習(6)<br>2. 紡染檢驗實習(6) | | | | |
| 小計 | | | 120-130 | 62.5-67.7% | 62-72 | 32.3-37.5% |

| | |
|---|---|
| 應修習學分數 | 180-192學分(節) |
| 團體活動時間 | 12-18節(不計學分) |
| 彈性學習時間 | 6-12節 |
| 上課總節數 | 210節 |
| 畢業學分數 | 160學分 |

說明:

1. 本群所屬各科規劃課程時,應符合本架構表規定。
2. 校訂科目(含一般科目、專業科目及實習科目)由各校課程發展組織(含科教學研究會、群課程研究會、校課程發展委員會)自訂。
3. 上課總節數係團體活動時間、彈性活動時間及應修習學分數之合計。
4. 彈性學習及團體活動時間之辦理方式,應依十二年國民基本教育課程綱要總綱之相關規定辦理。
5. 校訂科目學分數範圍之計算,依「應修習學分數」之上限192學分計算。
6. 本表各百分比的計算,其分母依「應修習學分數」之上限192學分計算。

表五-六-13 民國108年化工學群教學科目與學分數
課程綱要教學科目與學分（節）數建議表
一、部定必修一般科目-請參見表五-六-1和五-六-2
二、專業與實習科目

| 課程類別 | | 領域/科目 | | 建議授課年段與學分配置 | | | | | |
|---|---|---|---|---|---|---|---|---|---|
| | | | | 第一學年 | | 第二學年 | | 第三學年 | |
| 名稱 | | 名稱 | 學分 | 一 | 二 | 一 | 二 | 一 | 二 |
| 部定必修科目 | 專業科目 | 普通化學 | 8 | 4 | 4 | | | | |
| | | 分析化學 | 6 | | | 3 | 3 | | |
| | | 基礎化工 | 6 | | | 3 | 3 | | |
| | | 化工裝置 | 8 | | | 4 | 4 | | |
| | 實習科目 | 普通化學實習 | 8 | 4 | 4 | | | | |
| | | 分析化學實習 | 6 | | | 3 | 3 | | |
| | | 化工及檢驗技能領域 化工裝置實習 | 6 | | | | 3 | 3 | |
| | | 化工儀器實習 | 6 | | | | 3 | 3 | |
| | | 紡染及檢驗技能領域 紡染實習 | 6 | | | | 3 | 3 | |
| | | 紡染檢驗實習 | 6 | | | | 3 | 3 | |
| | | 小計 | 54 | 8 | 8 | 13 | 19 | 6 | 0 |
| | | 部定必修科目合計 | 120-130 | 24-31 | 24-31 | 24-28 | 26-30 | 12 | 6 |
| 校訂科目 | 校訂必修 | 專題實作 | 2-6 | | | | | | |
| | | | | | | | | | |
| | | 小計 | | | | | | | |
| | 校訂選修 | | | | | | | | |
| | | | | | | | | | |
| | | 小計 | | | | | | | |
| | | 校訂必修及選修學分上限合計 | 62-72 | 1-8 | 1-8 | 4-8 | 2-6 | 20 | 26 |
| | | 學分上限總計(每週節數) | 180-192 | 30-32 (30-32) | 30-32 (30-32) | 30-32 (30-32) | 30-32 (30-32) | 30-32 (30-32) | 30-32 (30-32) |
| | | 每週團體活動時間(節數) | 12-18 | 2-3 | 2-3 | 2-3 | 2-3 | 2-3 | 2-3 |
| | | 每週彈性學習時間(節數) | 6-12 | 0-2 | 0-2 | 0-2 | 0-2 | 0-2 | 0-2 |
| | | 每週總上課節數 | 210 | 35 | 35 | 35 | 35 | 35 | 35 |

表五-六-14 化工群各科之技能領域適用對照表

| 科別 | 適用技能領域 | 合計修習學分數 | 備註 |
|---|---|---|---|
| 化工科 | 化工及檢驗技能領域(12) | 12 | |
| 環境檢驗科 | 化工及檢驗技能領域(12) | 12 | |
| 紡織科 | 紡染及檢驗技能領域(12) | 12 | |
| 染整科 | 紡染及檢驗技能領域(12) | 12 | |

二、本群各科適用技能領域為必修課程，技能領域所包含之科目均需開設。例如：化工科與環境檢驗科需於三年內開設化工及檢驗技能領域2科目；紡織科與染整科需於三年內開設紡染及檢驗技能領域2科目。

三、部定必修科目其開設年段參考教學科目與學分（節）數建議表之相關建議，得視實際需要酌予調整，惟科目內容有其學習先後順序者，應依序開設。

四、專題實作可參照總綱之教學指引，切合群科教育目標及務實致用原則，以展現本群各科課程之學習效果。

五、各科別應依十二年國民基本教育課程綱要總綱之規定及本教學科目與學分（節）數建議表，發展各科別三年完整課程。為使學生能充分了解三年所需修習課程，學校應提供選課相關參考資料，並輔導學生選課，以利學生適性發展。

## 表五-六-15 民國108年土木建築群課程架構 課程架構表

| 類別 | 部定必修 領域/科目(學分數) | | 學分 | 百分比(%) | 校訂(必修、選修) 學分 | 百分比(%) |
|---|---|---|---|---|---|---|
| 一般科目 | 1. 語文領域-國語文(16)<br>2. 語文領域-英語文(12)<br>3. 數學領域(4-8)<br>4. 社會領域(6-10)<br>5. 自然科學領域(4-6)<br>6. 藝術領域(4)<br>7. 綜合活動領域暨科技領域(4)<br>8. 健康與體育領域(14)<br>9. 全民國防教育(2) | | 66-76 | 34.4-39.6% | | |
| 專業科目 | 1. 土木建築工程與技術概論(2)<br>2. 構造與施工法(2)<br>3. 基礎工程力學(6) | | 10 | | 64-74 | 33.3-38.5% |
| 實習科目 | 1. 測量實習(8)<br>2. 設計與技術實習(4)<br>3. 營建技術實習(6)<br>4. 材料與試驗(4)<br>5. 製圖實習(8)<br>6. 電腦輔助製圖實習(6) | | 36 | | | |
| | 專業製圖技能領域 | 1. 建築製圖實習(3)<br>2. 施工圖實習(3) | 52 | 27.1% | | |
| | 土木測量技能領域 | 1. 工程測量實習(3)<br>2. 地形測量實習(3) | 6 | | | |
| 小計 | | | 118-128 | 61.5-66.7% | 64-74 | 33.3-38.5% |
| 應修習學分數 | 180-192學分(節) | | | | | |
| 團體活動時間 | 12-18節(不計學分) | | | | | |
| 彈性學習時間 | 6-12節 | | | | | |
| 上課總節數 | 210節 | | | | | |
| 畢業學分數 | 160學分 | | | | | |

說明:
1. 本群所屬各科規劃課程時,應符合本架構表規定。
2. 校訂科目(含一般科目、專業科目及實習科目)由各校課程發展組織(含科教學研究會、群課程研究會、校課程發展委員會)自訂。
3. 上課總節數係團體活動時間、彈性學習時間及應修習學分 之合計。
4. 彈性學習時間及團體活動時間之辦理方式,應依十二年國民基本教育課程綱要總綱之相關規定辦理。
5. 校訂科目學分數範圍之計算,依「應修習學分數」之上限192學分計算。
6. 本表各百分比的計算,其分母依「應修習學分數」之上限192學分計算。

表五-六-16 國108年土木建築群教學科目與學分數
課程綱要教學科目與學分（節）數建議表
一、部定必修一般科目-請參見表五-六-1和五-六-2
二、專業與實習科目

| 課程類別 | 領域/科目 | | 學分 | 建議授課年段與學分配置 | | | | | |
|---|---|---|---|---|---|---|---|---|---|
| | | | | 第一學年 | | 第二學年 | | 第三學年 | |
| 名稱 | 名稱 | | 學分 | 一 | 二 | 一 | 二 | 一 | 二 |
| 部定必修科目 | 專業科目 | 土木建築工程與技術概論 | 2 | 2 | | | | | |
| | | 構造與施工法 | 2 | | 2 | | | | |
| | | 基礎工程力學 | 6 | | | 3 | 3 | | |
| | 實習科目 | 測量實習 | 8 | 4 | 4 | | | | |
| | | 設計與技術實習 | 4 | | | 2 | 2 | | |
| | | 營建技術實習 | 6 | | | 3 | 3 | | |
| | | 材料與試驗 | 4 | | | 2 | 2 | | |
| | | 製圖實習 | 8 | 4 | 4 | | | | |
| | | 電腦輔助製圖實習 | 6 | | | 3 | 3 | | |
| | | 專業製圖技能領域能　建築製圖實習 | 3 | | | 3 | | | |
| | | 施工圖實習 | 3 | | | | 3 | | |
| | | 土木測量技能領域　工程測量實習 | 3 | | | 3 | | | |
| | | 地形測量實習 | 3 | | | | 3 | | |
| | 小計 | | 52 | 10 | 10 | 16 | 16 | 0 | 0 |
| | 部定必修學分合計 | | 118-128 | 28-31 | 28-31 | 29 | 25 | 6 | 6 |
| 校訂科目 | 校訂必修 | 專題實作 | 2-6 | | | | | | |
| | | 小計 | | | | | | | |
| | 校訂選修 | | | | | | | | |
| | | 小計 | | | | | | | |
| | 校訂必修及選修學分上限合計 | | 64-74 | 1-4 | 1-4 | 3 | 7 | 26 | 26 |
| | 學分上限總計(每週節數) | | 180-192 | 30-32 (30-32) | 30-32 (30-32) | 30-32 (30-32) | 30-32 (30-32) | 30-32 (30-32) | 30-32 (30-32) |
| | 每週團體活動時間(節數) | | 12-18 | 2-3 | 2-3 | 2-3 | 2-3 | 2-3 | 2-3 |
| | 每週彈性學習時間(節數) | | 6-12 | 0-2 | 0-2 | 0-2 | 0-2 | 0-2 | 0-2 |
| | 每週總上課節數 | | 210 | 35 | 35 | 35 | 35 | 35 | 35 |

表五-六-17 土木建築群各科之技能領域適用對照表

| 科別 | 適用技能領域 | 合計修習學分數 | 備註 |
|---|---|---|---|
| 建築科 | 專業製圖技能領域(6) | 6 | |
| 土木科 | 土木測量技能領域(6) | 6 | |
| 消防工程科 | 專業製圖技能領域(6) | 6 | |
| 空間測繪科 | 土木測量技能領域(6) | 6 | |

二、本群各科適用技能領域為必修課程，技能領域所包含之科目均需開設。例如：建築科與消防工程科需於三年內開設專業製圖技能領域2科目；土木科與空間測繪科需於三年內開設土木測量技能領域2科目。

三、部定必修科目其開設年段參考教學科目與學分（節）數建議表之相關建議，得視實際需要酌予調整，惟科目內容有其學習先後順序者，應依序開設。

四、專題實作可參照總綱之教學指引，切合群科教育目標及務實致用原則，以展現本群各科課程及技能領域之學習效果。

五、各科別應依十二年國民基本教育課程綱要總綱之規定及本教學科目與學分（節）數建議表，發展各科別三年完整課程。為使學生能充分了解三年所需修習課程，學校應提供選課相關參考資料，並輔導學生選課，以利學生適性發展。

臺灣工程教育史

第肆篇：臺灣初、高級工業職業教育史概要

# 表五-六-18 民國108年設計群課程架構 課程架構表

| 類別 | 部定必修 領域/科目(學分數) | | 學分 | 百分比(%) | 校訂(必修、選修) 學分 | 百分比(%) |
|---|---|---|---|---|---|---|
| 一般科目 | 1. 語文領域-國語文(16)<br>2. 語文領域-英語文(12)<br>3. 數學領域(4-8)<br>4. 社會領域(6-10)<br>5. 自然科學領域(4-6)<br>6. 藝術領域(4)<br>7. 綜合活動領域暨科技領域(4)<br>8. 健康與體育領域(14)<br>9. 全民國防教育(2) | | 66-76 | 34.4-39.6% | 63-80 | 32.8-41.7% |
| 專業科目 | 1. 設計概論(2)<br>2. 色彩原理(2)<br>3. 造形原理(2) | 6 | 46-53 | 24.0-27.6% | | |
| | 4. 創意潛能開發(2)<br>5. 設計與生活美學(2) | 2 | | | | |
| 實習科目 | 1. 繪畫基礎實習(6)<br>2. 表現技法實習(4)<br>3. 基本設計實習(6)<br>4. 基礎圖學實習(6)<br>5. 電腦向量繪圖實習(3)<br>6. 數位影像處理實習(3) | 28 | | | | |
| | 平面設計技能領域 | 1. 圖文編排實習(6)<br>2. 基礎攝影實習(2)<br>3. 印刷與設計實務(3) | 10-17 | | | |
| | 立體造形技能領域 | 1. 立體造形設計實習(3)<br>2. 立體造形實作(3) | | | | |
| | 數位成型技能領域 | 1. 電腦輔助設計實習(3)<br>2. 數位成型實務(3) | | | | |
| | 數位影音技能領域 | 1. 數位與商業攝影實習(2)<br>2. 影音製作實習(2)<br>3. 影音剪輯實習(2) | | | | |
| | 互動媒體技能領域 | 1. 網頁設計實習(3)<br>2. 動畫製作實習(3) | | | | |
| | 室內設計技能領域 | 1. 室內設計與製圖實作(6)<br>2. 室內裝修實務(4) | | | | |
| 小　　　　計 | | | 112-129 | 58.4-67.2% | 63-80 | 32.8-41.7% |
| 應修習學分數 | 180-192學分(節) | | | | | |
| 團體活動時間 | 12-18節(不計學分) | | | | | |
| 彈性學習時間 | 6-12節 | | | | | |
| 上課總節數 | 210節 | | | | | |
| 畢業學分數 | 160學分 | | | | | |

說明：

1. 本群所屬各科規劃課程時，應符合本架構表規定。
2. 校訂科目（含一般科目、專業科目及實習科目）由各校課程發展組織（含科教學研究會、群課程研究會、校課程發展委員會）自訂。
3. 上課總節數係團體活動時間、彈性活動時間及應修習學分數之合計。
4. 彈性學習及團體活動時間之辦理方式，應依十二年國民基本教育課程綱要總綱之相關規定辦理。
5. 校訂科目學分數範圍之計算，依「應修習學分數」之上限192學分計算。
6. 本表各百分比的計算，其分母依「應修習學分數」之上限192學分計算。

表五-六-19 民國108年設計群教學科目與學分數
課程綱要教學科目與學分（節）數建議表
一、部定必修一般科目-請參見表五-六-1和五-六-2
二、專業與實習科目

| 課程類別 | | 領域/科目 | | 建議授課年段與學分配置 | | | | | |
|---|---|---|---|---|---|---|---|---|---|
| | | | | 第一學年 | | 第二學年 | | 第三學年 | |
| 名稱 | | 名稱 | 學分 | 一 | 二 | 一 | 二 | 一 | 二 |
| 部定必修科目 | 專業科目 | 設計概論 | 2 | | | | 2 | | |
| | | 色彩原理 | 2 | | | 2 | | | |
| | | 造型原理 | 2 | | | 2 | | | |
| | | 創意潛能開發設計與生活美學 | 2 | | | | 2 | | |
| | 實習科目 | 繪畫基礎實習 | 6 | 3 | 3 | | | | |
| | | 表現技法實習 | 4 | | | 2 | 2 | | |
| | | 基本設計實習 | 6 | 3 | 3 | | | | |
| | | 基礎圖學實習 | 6 | 3 | 3 | | | | |
| | | 電腦向量繪圖實習 | 3 | | | 3 | | | |
| | | 數位影像處理實習 | 3 | | | | 3 | | |
| | | 平面設計技能領域 圖文編排實習 | 6 | | | 3 | 3 | | |
| | | 平面設計技能領域 基礎攝影實習 | 2 | | | 2 | | | |
| | | 平面設計技能領域 印刷與設計實務 | 3 | | | | | 3 | |
| | | 立體造形技能領域 立體造形設計實習 | 3 | | | 3 | | | |
| | | 立體造形技能領域 立體造形實作 | 3 | | | | 3 | | |
| | | 數位成型技能領域 電腦輔助設計實習 | 3 | | | | | 3 | |
| | | 數位成型技能領域 數位成型實務 | 3 | | | | | | 3 |
| | | 數位影音技能領域 數位與商業攝影實習 | 2 | | | | 2 | | |
| | | 數位影音技能領域 影音製作實習 | 2 | | | | | 2 | |
| | | 數位影音技能領域 影音剪輯實習 | 2 | | | | | | 2 |
| | | 互動媒體技能領域 網頁設計實習 | 3 | | | 3 | | | |
| | | 互動媒體技能領域 動畫製作實習 | 3 | | | | 3 | | |
| | | 室內設計技能領域 室內設計與製圖實作 | 6 | | | 3 | 3 | | |
| | | 室內設計技能領域 室內裝修實務 | 4 | | | | | 2 | 2 |
| | | 小計 | 46-53 | 9 | 9 | 12-17 | 12-15 | 2-5 | 0-3 |

| 課程類別 | | 領域/科目 | | 建議授課年段與學分配置 | | | | | |
| --- | --- | --- | --- | --- | --- | --- | --- | --- | --- |
| | | | | 第一學年 | | 第二學年 | | 第三學年 | |
| 名稱 | | 名稱 | 學分 | 一 | 二 | 一 | 二 | 一 | 二 |
| 部定必修學分合計 | | | 112-129 | 25-31 | 25-31 | 23-31 | 19-25 | 8-11 | 6-9 |
| 校訂科目 | 校訂必修 | 專題實作 | 2-6 | | | | | | |
| | | 小計 | | | | | | | |
| | 校訂選修 | | | | | | | | |
| | | 小計 | | | | | | | |
| 校訂必修及選修學分上限合計 | | | 63-80 | 1-7 | 1-7 | 1-9 | 7-13 | 21-24 | 23-26 |
| 學分上限總計(每週節數) | | | 180-192 | 30-32 (30-32) | 30-32 (30-32) | 30-32 (30-32) | 30-32 (30-32) | 30-32 (30-32) | 30-32 (30-32) |
| 每週團體活動時間(節數) | | | 12-18 | 2-3 | 2-3 | 2-3 | 2-3 | 2-3 | 2-3 |
| 每週彈性學習時間(節數) | | | 6-12 | 0-2 | 0-2 | 0-2 | 0-2 | 0-2 | 0-2 |
| 每週總上課節數 | | | 210 | 35 | 35 | 35 | 35 | 35 | 35 |

表五-六-20 廣告傳播設計群各科之技能領域適用對照表

| 科別 | 適用技能領域 | 合計修習學分數 | 備註 |
| --- | --- | --- | --- |
| 廣告設計科 | 平面設計技能領域(11) 數位影音技能領域(6) | 17 | |
| 美工科 | 平面設計技能領域(11) 立體造形技能領域(6) | 17 | |
| 圖文傳播科 | 平面設計技能領域(11) 數位影音技能領域(6) | 11-17 | 數位影音技能領域得不開設 |
| 美術工藝科 | 立體造形技能領域(6) 數位成型技能領域(6) | 12 | |
| 家具木工科 | 立體造形技能領域(6) 數位成型技能領域(6) | 12 | |
| 家具設計科 | 立體造形技能領域(6) 數位成型技能領域(6) | 12 | |
| 金屬工藝科 | 立體造形技能領域(6) 數位成型技能領域(6) | 12 | |
| 陶瓷工程科 | 立體造形技能領域(6) 數位成型技能領域(6) | 12 | |

表五-六-20 本群各科之技能領域適用對照表(續)

| 科別 | 適用技能領域 | 合計修習學分數 | 備註 |
|---|---|---|---|
| 多媒體設計科 | 數位影音技能領域(6)<br>互動媒體技能領域(6) | 12 | |
| 多媒體應用科 | 數位影音技能領域(6)<br>互動媒體技能領域(6) | 12 | |
| 室內空間設計科 | 室內設計技能領域(10) | 10 | |
| 室內設計科 | 室內設計技能領域(10) | 10 | |

二、本群各科適用技能領域為必修課程,技能領域所包含之科目均需開設。例如:廣告設計科需於三年內開設平面設計技能領域3科目、數位影音技能領域3科目;美工科需於三年內開設平面設計技能領域3科目、立體造形技能領域2科目;圖文傳播科需於三年內開設平面設計技能領域3科目;美術工藝科、家具木工科、家具設計科、金屬工藝科及陶瓷工程科需於三年內開設立體造形技能領域2科目、數位成型技能領域2科目;多媒體設計科、多媒體應用科需於三年內開設數位影音技能領域3科目、互動媒體技能領域2科目;室內空間設計科、室內設計科需於三年內開設室內設計技能領域2科目。

三、部定必修科目其開設年段參考教學科目與學分(節)數建議表之相關建議,得視實際需要酌予調整,惟科目內容有其學習先後順序者,應依序開設。

四、專題實作可參照總綱之教學指引,切合群科教育目標及務實致用原則,以展現本群各科課程及技能領域之學習效果。

五、各科別應依十二年國民基本教育課程綱要總綱之規定及本教學科目與學分(節)數建議表,發展各科別三年完整課程。為使學生能充分了解三年所需修習課程,學校應提供選課相關參考資料,並輔導學生選課,以利學生適性發展。

## 七、108課綱推動相關法令規定 [184]

108課綱推動時相關法令規定配合公布或修訂，計分為六大類：

1. 教學類：國立高級中等學校教師每週教學節數標準、高級中等學校實施校長及教師公開授課參考原則。

2. 課程類：高級中等學校課程規劃及實施要點、高級中等學校實習課程實施辦法、高級中等學校課程評鑑機制辦理參考原則、高級中等學校課程評鑑實施要點。

3. 教科圖書類：高級中等學校教科用書審定辦法。

4. 評量類：高級中等學校學生學習歷程檔案作業要點、高級中等學校學生學習評量辦法。

5. 設備類：教育部國民及學前教育署補助高級中等學校優化實作環境要點、教育部國民及學前教育署補助高級中等學校充實學生自主學習空間及設施作業要點、教育部國民及學前教育署補助高級中等學校實施十二年國民基本教育課程及國立高級中等學校教師每週教學節數標準新增鐘點費要點、技術型高級中等學校設備基準。

6. 其他類：教育部主管高級中等學校學生在校作息時間規劃注意事項、高級中等學校課程諮詢教師設置要點、教育部國民及學前教育署高級中等學校課程推動工作圈及學科群科中心設置與運作要點、教育部國民及學前教育署補助地方政府精進高級中等學校課程與教學要點。

## 八、十二年國民基本教育課程體系方案（十二年國民基本教育實施計畫）[185]

(1). 實施內容：

1). 持續精進並應用前導學校辦理成果至其他學校分享，提供全國各校課程及教學專業支持。

2). 陸續完善相關法令訂定、修訂及發布。

---

[184] 108課綱資訊網（2022b）。12年國教/配套措施-法規研修，資料來源，https://12basic.edu.tw/
[185] 教育部國民及學前教育署（2022）：同上引註。

3). 持續強化素養導向課程、教學與評量等專業實踐與支持。

4). 籌編因應新課綱實施所需之教師授課、課程諮詢輔導、空間設施及教學設備等經費。

(2). 辦理情形：

1). 擴大前導學校規模，累積新課綱轉化經驗，以供各校參考，108學年度普通型高中前導學校共72所，計畫團隊提供前導學校「由外而內」及「自內向外」之多元學習管道，並進一步引導帶領前導學校，共同規劃新課綱。

2). 已全面盤整及檢視現行相關法規，完善各項法規配套，俾利學校據以規劃新課綱課程。

3). 十二年國民基本教育課程綱要，除總綱外，應審議之領綱共61份，其中須編審教科用書者45份，於107年12月25日前全數發布，無須編審教科用書者16份，於108年7月24日前全數發布，並於108學年度自國小、國中及高級中等學校一年級開始陸續實施。

4). 因應新課綱實施，學校規劃新課程所需之教學空間、專科教室或相關的學習環境，補助高級中等學校課室學習空間活化改善共計217校。

5). 協助學校落實推動學生自主學習，補助國立高級中等學校充實學生自主學習空間及設施，共計60校。

## 第七節　實習場所與設備之歷史照片

　　本節實習場所及設備歷史照片主要分日治時期、光復後與蛻變中技職教育三個時期，分別以代表性的學校之實習場所及設備之圖片展示如后。

### 一、日治時期

　　(一) 以臺北工業學校為例，請見圖五-七-1 至6。[186]

1. 機械科工場實習。

2. 電氣科電工實習。

3. 應化科工場。

4. 土木科學生測量實習。

5. 建築科學生與建築模型及石膏像。

6. 木工裁修工場。

---

[186] 鄭麗玲：《臺灣工業教育搖籃-臺北工業學校》，成大出版社，2021年，頁85-89。
原始圖片取自臺北州立臺北工業學校編《卒業記念寫真帖》。

(二) 以臺中工業學校為例，請見圖五-七-7 至14。[187]

7. 第一屆土木科學生實習。

8.第一屆化工科學生工業分析實驗。

9. 第一屆建築科學生實習。

10. 第一屆電氣科學生馬達實習。

11. 第一屆電氣科學生架設電線實習。　　12. 13. 機械科學生實習。

14. 汽車實習。

15. 建築實習。

---

[187] 國立臺中高工網頁（2022）：由臺中高工校友總會網頁中「州立工業學校相片」下載。

## 二、光復後(民34~68年) [188]

(一) 光復初期(民34~43年)—以臺中高工為例 ，請見圖五-七-至22。

**製圖課 上課情形**

16.

**板 金 實 習**

17.

18. **熱 處 理 實 習**

19. **機 工 實 習**

20. **鑄工 砂模 實習**

**車 工 實 習**

21.

22.

**木工實習 上課情形**

23.

---

[188] 國立臺中高工（1986）：臺中高工75周年校慶簡報，由臺中高工校長秘書張瀧升提供。

(二) 美援時期(民43〜57年)— 以嘉義高工為例 ，請見圖五-七-23 至30。[189]

24.

25.

26.

27.

28.

29.

30.

31.

---

[189] 國立嘉義高工（1968）：嘉工概況，嘉義高工30週年校慶特刊，民57年11月11日。

(三)經建發展期(民68年)—以東勢高工為例　請見圖五-七-31至38。[190]

32. 民國66年的東勢高工。

33. 滲提器實驗設備。

34. 溫度控制實驗設備。

35. 套管熱交換器實驗設備。

36. 版框過濾實驗設備。

37. Ｖ型摻和器實驗設。

38. 流體化床實驗設備。

39. 小型連續性蒸發裝置。

[190] 國立東勢高工（1977）：東勢高工66年畢業紀念冊及陳奐璋主任拍攝提供。

(四)經建發展期後(民68年)— 以台中高工為例 ，請見圖五-七–39至46。<sup>191</sup>


(四)經建發展期後(民68年)— 以台中高工為例 ，請見圖五-七–39至46。[191]

264

臺灣工程教育史

第肆篇：臺灣初、高級工業職業教育史概要

40. 機械製圖科，電腦繪圖，人手一機。

41. 汽車科與豐田汽車產學合作，有了現代化的設備與器材供學生實習。

42. 板金科實習電焊技術。

43. 電機科的電機控制、高壓配電、微電腦控制實習。

44. 電子科通訊電子、電子電路、電子儀表設備及實習。

45. 控制科的電子、電工、數位電路、自動化儀器控制等實習。

46. 建築科測量實習。

47. 印刷科的照相、製版、印刷實習。

---

[191] 國立臺中高工（1979）：民68年臺中高級工業職業學校-各科概況簡介。

# 三、蛻變中技職教育

(一) 以臺中高工 (民97年) 為例 ，請見圖五-七-47至54。[192]

48. 環境優美的校園。

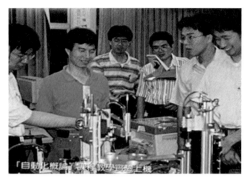

49. 中區技術教學中心，提供CNC, CAD&CAM
工場, FMS, ROBOT,CMM等。

50. 控制科工業配線實習。

51. 電機科的電機控制、高壓配電、
微電腦控制實習。

52. 建築科建築製圖實習。

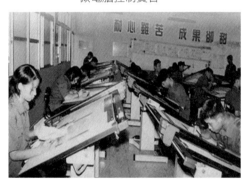

53. 製圖科氣壓式製圖桌椅。

54. 電機科合格室配、工配檢定場所術。

55. 電子科應用電子實習。

[192] 國立臺中高工（2008）：「在溫馨校園中成長」-國立臺中高工簡介(2008年04月)。

56. 民43~52年化工科設備(天平)。

57. 民45年電工科高週波訊號產生器。

58. 民46年美援，機工科設備(車床)。

59. 民46年美援電工科工場。

臺灣工程教育史

第肆篇：臺灣初、高級工業職業教育史概要

60. 民46年中美合作紀念碑。

61. 民48年建築科混凝土震動機。

62. 民49年美援木工設備(砂光機)。

63. 民50年代化驗科實習。

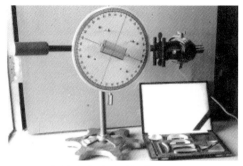

64. 民52年綜合光學實驗設備。

65. 民60年代PH及導電度測定。

66. 民70年代氣相色層分析儀。

67. 民70年代電器冷凍科實習。

68. 民70年代示波器、函數波產生器等。

69. 民80年代木工科上課情形。

70. 民90年代室設科電腦繪圖。

---

蕭瑞人（2022）：嘉義高級工業職業學校各年度畢業紀念冊及採購紀錄，蕭瑞人秘書提供。

# 產學攜手

產學攜手專班

照片來源：tvet3.infotag 技藝競賽曾玉婷。建教合作，民視新聞網陳妍霖與鍾淑惠報導。
技能檢定 wdasec.gov.tw。高職優質化 vhsap.mlvs.mlc.edu.twiQuality。作者拍攝。

勞動部勞動力發展署
WORKFORCE DEVELOPMENT AGENCY, MINISTRY OF LABOR
全國技術士技能檢定

高職優質化資訊網
MINISTRY OF EDUCATION

第六章

## 前 言

  臺灣工職學校的教學設備因遠不及企業界的設施先進，停留在基礎技術的演練，「建教合作」可以讓學生接觸到先進的技術與設備，還可得到現場技術人員的指導，所以建教合作的實施對工職教育有非常正面的影響。

  「師資培育」方面，教師要有正確的理念與態度，永遠不放棄任何學生，能了解學生的個別差異，因材施教，激勵學生向上，協助學生解決困難，指導學生有效的學習策略，營造優雅的學習情境，以愛心克服學生的挫折，幫助學生處於學習的成熟點，建立信心，敢於對自己的未來做大夢，嘗試對自己的生涯做規劃，有理想、有抱負，對自己的未來充滿希望與願景。指導學生做有效的時間管理，時時都想學習，時時都在進步，遇到困難懂得請老師指導與協助，讓學生感受到有人讚賞、有人鼓勵，真正體會到甚麼是所謂的快樂學習。教師要以學生為學習的主體，願意給學生更大的彈性，更多的機會。教師亦要不斷的充實自己，看著學生成長，自己也在成長，注意自己的身教、言教，讓學生擁有一位一輩子都感恩懷念，一輩子敬佩學習的偶像。

  「師資培育法」施行後，各大學經過審核後得設教育學程，因應高科技的突飛猛進，專業學科、群集課程的核心專業理論及設備不斷的更新，也需要更專業化的教師注入，尤其工職教育的師資，面對科技整合及技術密集的時代，更有需要。

  透過「技藝競賽」，可以讓校際之間增加互相觀摩學習的機會，並藉以提升技能學習的成效，國際上每年也都辦理國際技能競賽。在工職的教育體系中，透過技能檢定更是一種最有公正力的技術能力評鑑。依據「自學進修學力鑑定考試辦法」，擴大辦理技職學校在校生丙級技術

士「技能檢定」，及教師乙級技術士訓練與檢定事宜，鼓勵學生、教師均能取得證照。教育部也已協調相關單位研商提升職業證照，在任用、敘薪、升遷等方面的規定，提升教師進修的風氣。政府也推動職業證照具有規定年限工作實務經驗者，得比照學校學歷認證，報考上一級學校考試，並鼓勵三明治式的學習制度，即讀書→工作→進修→工作，讓理論與實務結合，提高人力素質，落實職業教育。

透過「教育評鑑」可以幫學校發現阻力，進而協助消除。評鑑不是考核，只是診斷和協助改進及發展。在延長以職業教育為主的國民教育政策中，普設了延教班、特殊技藝班等，讓有職業傾向的學生可以提早接觸職業教育。

「學年學分制」的實施，主要在因應學生的個別差異，廢除留級制度，不會因少數幾科不及格就需留級全部重讀，造成學生的挫折、自暴自棄、失去尊嚴而喪心信心；針對不及格的科目，可以有重補修、加強課業輔導的機會。資優的學生也可以跳級修習學分，擴大高中職學生自主學習的空間。為因應產業型態逐漸轉為技術密集、資金密集，高階技術人才需求更高，低階人力逐漸縮小，高職畢業生大部分都要繼續升學，因此高中職的比例中，職校學生將逐年縮小，從7：3逐年縮小為5：5。

「教師專業成長與評鑑」為教育部協助教師專業成長，增進教師專業素養，提升教學品質，以增進學生學習成果，以技術高中(高工)目前辦理情況，教師專業發展評鑑結合高中職優質化輔助方案辦理。

「延教班」緣於自民國57年起延長國民教育為九年，「實用技能班」輔導已就業之國中畢業生利用工作餘暇接受職業進修教育或部份時間職業進修補習教育。十二年國教以後，技術型高中辦理「實用技能學程」，以強化學生實務技能及就業能力、培育基礎產業人力為目標。「技藝教育班」，輔導國中三年級學生適合接受技藝教育者，選讀技藝教育課程，加強職業認知與職業試探，並為未來就讀技職學校預作準備。

早期國中或高職畢業生入學考試都需要參加「聯考」制度，依據聯考成績高低分發志願至高職(高中)、或四技二專，可謂「一試定終身」。於是經過幾次對畢業生升學的變革，民國八十二學年度推動

「高職多元入學方案」與「四技二專多元入學方案」，而且教育部從2001年起實施技專校院考招分離制度。

教育部自89學年度辦理「高中職社區化」，96學年度起推動「高職優質化輔助方案」，推動「優質高中、高職認證」制度，以創造學校創新特色與動能，民國102年行政院核定「十二年國民基本教育實施計畫」，將「高級中等學校適性學習社區教育資源均質化實施方案」正式納入29個重要配套方案之一。

教育部於95學年度起，為培育產業需求技術人力，結合實務導向技術發展，發揚技職教育「做中學、學中做」務實致用辦學特色，推動「產學攜手專班」，發展技職縱向彈性銜接學制，可以達到合作廠商、學生、技專校院、高職學校與技職體系等五贏局面，

臺灣工業教育史有關技職教育重要政策的推動，僅列出下列13個項目：1. 建教合作、2. 師資培育、3. 技藝競賽與創造力競賽、4. 技能檢定、5. 教育評鑑、6. 教師專業成長與評鑑、7. 延長以職業教育為主之國民教育、8. 學年學分制、9. 高職多元入學與四技二專多元入學、10. 高中職社區化、優質化與均質化、11. 產學攜手合作計畫、12. 高中職免學費方案 、13. 高中與高職學生比例調整，分別以十三節說明如后。

第肆篇：臺灣初、高級工業職業教育史概要

# 第一節　建教合作（民國21年迄今）

## 一、背景 [194]

　　職業教育的目的為訓練學生擁有就業所需技能和能力，故建教合作乃建方（企業界），與教方（學校提供教育學生、訓練學生，使學生具備就業必須的技能）合作。一般認為始於1880年蘇格蘭的「三明治制度（Sandwich Plan）」，這種教育制度至1903年傳入英國而成為教教合作之創始。[195]

　　「職業學校法」第九條職業學校應配合社會需要，辦理推廣教育及建教合作，其辦法由教育部定之。「勞動基準法」中第八章六十四條至六十九條，而第四、五、七章之內容技術生准用之。及臺灣省教育廳訂頒之輪調式建教班注意事項、評估工作實施計畫、作業原則及相關法令等有關建教合作之重要條文。

　　我國建教合作發軔於民國21年，25年教育部公布「職業學校設置顧問委員會辦法」第一條規定說明加強各職業學校建教合作，30年頒布「農林技術機構與農林教育機關聯繫與合作辦法大綱」，43年5月頒布「建教合作實施方案」，44年教育廳據此訂定「建教合作實施辦法」。[196]

　　民國35年公布「臺灣省建教合作委員會組織規程」，一面使職業學校與農工專科以上學校合作，培養適應生產事業需要之建設人才；一面使生產事業機構以其人員設備，協助職業學校及農工專科以上學校發展；更商請實業機關及職業團體利用職業學校及農工專科以上學校之師資、設備，舉辦各種職工講習班或訓練班，以提升職工知識及技術水準。37年臺灣省政府特成立臺灣省建教合作委員會。

---

[194] 臺灣省政府（民65）：臺灣省政府公報，冬字一九期；臺灣省政府教育廳（民74b）：《臺灣教育發展史料彙編》，第二章建教合作與技藝訓練(含技能檢定)。臺中，臺灣省立臺中圖書館；省府教育廳（民88）：臺灣工業職業教育五十年》，臺中，省府；臺灣省政府教育廳（民81g）：《臺灣省政府教育廳志第七卷職業教育篇》，第四章實施概況第十節建教合作，國立中央圖書館；臺灣省政府（民85）。臺灣省政府公報，夏字第七十四期。

[195] 陳昭雄（民74a）：《工業職業技術教育》，頁222，臺北市，三民書局。

[196] 張天津（民72a）：《技術職業教育行政與視導》，臺北市，三民書局，頁312-313。

民國63年9月教育部公布「建教合作實施辦法」明確宣示建教合作之精神及遵守之規範，65年10月更公布「專科及職業學校加強推行建教合作補充要點」，鼓勵學校加強辦理，對作業方式作更明確規範。

職業學校輪調式建教合作自58年試辦以後，教育部為明確規範該項教育方案之作業方式，乃與內政部職業訓練局（76年起改隸行政院勞工委員會）聯合研訂加強職業學校輪調式建教合作教育訓練實施要點，經行政院核定於71年8月公布實施。曾於76年7月及80年10月二次修正，對於學校、事業單位及學生三方面之權利義務有更明確之規範。

教育部自76年起，每年均將各校所報實施概況彙集成冊；自80年起，與中國工程師學會合作，選拔建教合作績優之學校及專業單位，予以公開表揚。

教育廳對辦理輪調式建教合作教育班，訂頒有關學生薪資、工作時間、技術生技能訓練、生活管理、技術生訓練契約、在校授課與在事業單位間之輪調等事項，規範應依勞基法及行政院頒訂之「加強職業學校輪調式建教合作教育訓練實施要點」、「刊省府公報80年冬自五十四期」各相關規定辦理。凡未經本廳核准辦理輪調式建教班之學校，不得以任何名義違規招生。

民國82年職業訓練局調整業務，有關輪調式建教合作之相關工作、事業單位評估及訪視工作，全改由主管教育機關辦理。民國84學年度輪調式建教合作教育：在臺灣省84學年度資料，目前有47所公、私立高中（職）校，643家企業建教合作（迄85年3月前之統計）。所需經費與分年經費每年約編列2,000萬元。民國85年教育部修訂「建教合作實施辦法」，民國93年配合當時高職學分制實施與學生勞動條件回歸「勞基法」規定，教育部發布「高級職業學校輪調式建教合作教育作業規範」、「高級職業學校建教合作實施辦法」、「高級職業學校階梯式建教合作教育作業規範」、「高級職業學校實習式建教合作教育作業規範」等完善制度，民國102年公布「高級中等學校建教合作實施及建教生權益保障法」，民國110年9月6日修正發布「建教生定型化訓練契約範本」，保障了學生的勞動與享有基本工資的權利。

職業學校輪調式建教合作自58年試辦以後，建教合作教育經過五十餘年的發展與調整，教育制度已臻成熟。

## 二、法令沿革 [197、198]

1. 民國27年頒佈「中央建教合作委員會組織規程」，至民國四十三年五月，教育部頒佈「建教合作實施方案」，此為我國遷臺以來正式以建教合作為名的第一項法案，臺灣省政府教育廳於次（四十四）年據以訂定建教合作實施辦法。

2. 民國35年公布「臺灣省建教合作委員會組織規程」。

3. 民國58學年核准省立沙鹿高工實施「輪調式建教合作班」，採取建教合作原則，學生輪流在學校、工場上課及學習技藝。

4. 民國60年8月省教育廳採納西德職業教育特色，在省立三重商工試辦「階梯式教學」，其課程結構為一年級基礎教學，二年級分科教學，三年級在企業機構實施專職教學。

5. 民國62年9月臺灣省教育廳擬訂「臺灣省教育廳推廣高級職業學校輪調式建教合作班實施要點」，並頒布實施，並於63年9月修訂頒佈民國43年所公佈之「建教合作實施辦法」。

6. 民國65年10月18日教三字第七二九二六號函發布「專科及職業學校加強推行建教合作補充要點」。

7. 民國68年2月教育部根據教育廳之「實施要點」，又訂頒「加強高職校輪調式建教合作教育（訓練）實施要點」。同時編印「高職輪調式建教合作技術訊亂宣導手冊」，大力推廣此制度。

---

[197] 省府教育廳（民88）：《臺灣工業職業教育五十年》，臺中，省政府；臺灣省政府（民65）：臺灣省政府公報，冬字一九期；臺灣省政府（民85）：臺灣省政府公報，夏字第七十四期。

[198] 教育部部史網站（2022b）。91年-110年教育大事紀。部史網站，資料來源：https://history.moe.gov.tw/

8. 民國71年8月，經行政院核定「加強高級職校輪調式建教合作教育（訓練）實施要點」外，並由教育部訂頒「高級職業學校辦理輪調式建教合作班作業規定」。

9. 民國76年7月行政院核定教育部修訂之「加強職業學校輪調式建教合作教育訓練實施要點」，將71年所訂頒的「實施要點」及「作業規定」合併，予以簡化。

10. 民國77年9月，行政院核定修正「加強職業學校輪調式建教合作教育訓練實施要點」其中之五項條文。民國80年10月行政院再次修訂頒佈77年版之實施要點。

11. 民國79年9月27日教三字第〇九五三七號函，教育廳依據79學年度公私立高職校長會議決議案，建立題庫實施計畫。

12. 民國79學年度起教育廳於各高職推行「產學合作」計畫，以公民營企業場（廠）商、有關政府機關單位、學術訓練單位，及實驗研究機構等為合作對象。

13. 民國80年10月行政院臺教33541號函頒修之「加強職業學校輪調式建教合作教育訓練實施要點」。民國87年1月再經教育部修正為「高級中等學校輪調式建教合作教育訓練實施要點」。

14. 民國85年9月訂頒「臺灣省高級中學學校申請辦理輪調式建教合作班注意事項」，乃依據臺灣省教育廳80年所公佈之「實施重點」。

15. 民國85年6月5日教育部臺（八五）參字第八五五〇四四一〇號令修正發布「建教合作實施辦法」。

16. 民國93年3月教育部發布「高級職業學校輪調式建教合作教育作業規範」。

17. 民國93年3月教育部發布「高級職業學校建教合作實施辦法」。

18. 民國93年3月教育部發布「高級職業學校階梯式建教合作教育作業規範」。

19. 民國93年3月教育部發布「高級職業學校實習式建教合作教育作業規範」。

20. 民國96年9月教育部發布「技職教育推動產學攜手合作實施計畫」。

21. 民國102年1月2日總統華總一義字第10100290761號令公布「高級中等學校建教合作實施及建教生權益保障法」。

22. 民國103年3月13日發布「教育部處理違反高級中等學校建教合作實施及建教生權益保障法事件處理程序及裁罰基準」。

23. 民國103年3月26日發布「建教合作機構參與建教合作應備條件認定辦法」。

24. 民國106年3月20日修正發布「教育部國民及學前教育署補助高級中等學校學生職場體驗及業界實習經費作業要點」。

25. 民國106年10月6日廢止「高級職業學校建教合作實施辦法」。

26. 民國106年11月1日辦理「106年度高級中等學校建教合作知能精進研習暨業務研討會」，共計58校派員與會。

27. 民國107年6月28日修正發布「教育部國民及學前教育署補助高級中等學校提升學生實習實作能力計畫經費作業要點」、「教育部國民及學前教育署補助高級中等學校學生校外職場參觀與校外實習及校內併校外實習經費作業要點」。

28. 民國107年8月16-17日辦理107年度高級中等學校建教合作知能精進研習及業務研討會。

29. 民國107年9月21日修正「教育部國民及學前教育署補助高級中等學校辦理輪調式建教合作學生基礎訓練作業要點」，名稱並修正為「教育部國民及學前教育署補助高級中等學校辦理建教合作作業要點」。

30. 民國108年6月21日教育部以臺教授國部字第1080060414B號令發布「十二年國民基本教育高級中等學校建教合作班課程實施規範」。

31. 民國108年7月12日修正發布「教育部國民及學前教育署補助高級中等學校辦理建教合作作業要點」。

32. 民國110年6月16日修正公布「高級中等學校建教合作實施及建教生權益保障法」。

33. 民國110年6月24日臺教授國部字第1100072236B號，辦理「教育部補助高級中等以下學校與公立幼兒園補貼受嚴重特殊傳染性肺炎影響未具本職人員薪資及建教生生活津貼申請須知」紓困方案。。

34. 民國110年7月28日修正發布「十二年國民基本教育高級中等學校建教合作班課程實施規範」。

35. 民國110年9月6日修正發布「建教生定型化訓練契約範本」。

36. 民國110年12月10日修正發布「高級中等學校建教合作審議小組與專家小組組成及運作辦法」。

## 三、執行情形 [199]

### （一）執行階段

1. 建教合作的初創時期

  (1). 民國35年教育部撥發職業學校生產資金及實習材料費，復向行政院善後救濟總署臺灣分署洽撥機具一批，轉發省立各工職應用。

  (2). 民國45年臺中高工等數所省立高工與臺灣電力公司進行合作，民國44年8月省立高雄高工實施此一建教合作制度，學生在三年級時，每班分成兩組，輪流到各科相關的工場實習。民國50年代臺灣糖業公司也與部份省立高工合作，建教合作以民國58年臺灣省立沙鹿高工開始試辦輪調式建教合作，更開始技職教育建教合作之先河。民國60年8月臺灣省政府教育廳在省立三重商工進行階梯式建教合作教學實驗，工業部門設機工、模具工、汽車修護工、板金等四科；商業部門設國際貿易事務、儲運事務、銷售事務、會計事務等四科。此種教學方式，第一年注重基礎教學；第二年實施分科專長教學；第三年為專職教育，第三年的學習係透過建教合作方式在工商企業機構實習。[200]

  (3). 民國57學年度接辦縣市立職校三十二所，並藉建教合作豐富職業教育內容，提高學生技術水準，擴大畢業生就業範圍；另選定二十六所國中及社教機關，附設技藝訓練中心，推廣實用技藝訓練。

  (4). 民國64年8月起，教育廳指定省立三重商工及基隆商工二校附設補習學校試辦進修是建教合作。由各事業機構視本身業務需要，選送現職員工至學校進修，或委託學校於夜間辦理現職技工、半技工補習教育，性質是員工日間在原單位工作，晚間至學校上課，由工場負擔學雜費。

---

[199] 同參考資料183。

[200] 三重商工(民63)：「實施階梯式教學實驗報告」，臺北市，未發表。

## 2. 建教合作之實施 [201]、[202]、[203]、[204]

### (1). 輪調式建教合作

民國58年遵奉總統57年2月10日手令「革新教育事項」中加強建教合作訓示，首先選定省立沙鹿高工，自58學年度第一學期試辦「建教合作實驗班」（即「高級實用技藝學校」之實驗），由建教合作實驗班輔導小組輔導協助該校，與工業職業訓練協會、沙鹿鎮三光機電廠股份有限公司、臺中市東正鐵工廠股份有限公司等單位合作，分別訂立合約，招收機工科二班（三光、東正兩工廠各一班），學生七十三人。以半工半讀方式，由學校負責教學，工廠負責訓練，合作培育優秀技術人員。民國五十九學年度，沙鹿高工續與三光機電廠、新益機械公司合作，續招機工科二班，並增加省立瑞芳高工、省立彰化高工、省立高雄高工三校試辦。60學年度，復選定省立岡山高級農工職業學校、省立新莊高中（該校兼辦職業類科）二校試辦，並核准兼辦職業類科之私立勤益高中試辦。民國60學年度合計合作工廠23家，辦理科別為14科共22班，學生數853人。

民國61年辦理「建教合作實驗班」之學校增為八所，合作工廠增為三十八家，職種增為十九項，班數增為六十二班。民國62年9月，臺灣省政府教育廳正式將此「建教合作實驗班」定名為「輪調式建教合作班」，並訂頒「臺灣省教育廳推廣高級職業學校『輪調式建教合作班』實施要點」全面推廣。

臺灣省自60學年度至71學年度輪調式建教合作班之學校科別及其畢業人數合計五十所公私立學校，開設機工、鑄工等二十九科，總共畢業學生人數為17,853人。

201 臺灣省政府教育廳（民60）：試辦建教合作實驗班班概況，頁9-11。

202 臺灣省政府教育廳（民72）：臺灣省高級中等學校辦理輪調式建教合作班概況。

203 臺灣省政府教育廳（民74）：《臺灣教育發展史料彙編 – 職業教育篇》，臺灣省立臺中圖書館。

204 教育部中部辦公室（民89）：《臺灣省教育發展史料彙編-職業教育補述篇》，國立臺中圖書館。

依據民國89年臺灣教育發展史料彙編指出民國77年臺灣省提出「建教合作班」之構想，其方式為：

A. 第一年－學生於職業訓練中心接受技術訓練，學校教師亦前往授課。中心負擔住宿與訓練費用，合作工廠負擔註冊及伙食費，教育廳補助教育費用。受訓成績合格之學生授予結業證書，並輔導學生參加技術士檢定。

B. 第二、三年－學生分為二班，一班於學校接受教育，一班至合作單位排定輪調工作崗位訓練，二班學生每一至三月輪調。其待遇依同等員工核計。修業期滿成績及格，學校授予日間部畢業證書。

C. 民國79學年度開始，試辦「建教合作班」二年，省立沙鹿高工試辦機工科（精密機械類），招生二班，110人，前往中區職訓中心接受精密機械訓練。

(2). 其他建教合作方式

本省各類職業學校推動建教合作之方式頗多，輪調式建教合作以外，並有階梯式、委訓式、實習式、進修式、獎學金式、工讀式、研究式等，其實施概況（民國42年至63年）如下[205]：

A. 工業職業學校

(A). 臺灣省立臺中高級工業職業學校：自民國42年起，與臺灣電力公司合作，辦理階梯式水力發電班與技術養成班。與臺灣電信管理局合作，辦理階梯式技教班－計分機械組、線路組；短期技藝班－計分線路組、裝修組。自民國42年起，利用設備及師資，先後與臺灣電信管理局、臺灣電力公司、臺灣省公路局、臺灣糖業公司等機構合作，培養企業機構急需之基層技術人員。

(B). 臺灣省立高雄高級工業職業學校：自民國43年起，即與企業界訂立契約，寒暑假分派學生至工廠實習。與臺灣電力公司、臺灣鋁業公司等七十七所公私營企業機構合作，訓練技術人員。

---

205 教育部中部辦公室（民89）：同前引書。

(C). 臺灣省立新竹高級工業職業學校：與臺新鐵廠、協和鐵廠、新龍鐵廠、汽車貨運廠、紡織廠等合作，辦理機械技術人員訓練、管理修習駕駛訓練。與臺灣造船公司等二十五所機構合作，選派學生於畢業前赴建教合作機構實習，為期三月，畢業後，由合作機構甄選錄用。

(D). 臺灣省立臺南高級工業職業學校：自民國48年起，與臺灣機械公司十餘家企業機構、工廠合作，三年級學生寒假期間至各建教合作機構實習，了解實際工作環境及作業程序，畢業後即進入該機構服務。

(E). 臺灣省立嘉義高級工業職業學校：汽車修護科與建新汽車配件工程有限公司等八家機構實施建教合作，三年級學生分批至工廠實習。接受交通部臺灣省電信管理局委託，設立電信班線路工程組，予以訓練，畢業後，由臺灣電信管理局分發各電信機構擔任線路、工程、建設與維護工作。

B. 工商（商工）職業學校

(A). 臺灣省立羅東高級工商職業學校：於60學年度與臺灣電力公司簽訂建教合作，由臺灣電力公司設置獎學金，每名八百元，學生畢業後，由臺灣電力公司安置工作。

(B). 臺中縣私立嘉陽高級工商職業學校：① 與臺中兵工廠合作，供該校汽車修護科學生實習。② 與空軍第三供應處合作，訓練該校機工科學生。

(C). 桃園縣私立清華高級商業職業學校與今仙電機股份有限公司、東新紡織廠，中洲紡織廠、裕豐紡織廠、福益紡織廠等合作，提供貧窮青年半工半讀之機會。

(D). 臺北縣私立開明高級商工職業學校：① 自民國58年起，與裕隆汽車製造公司合作，機工科與電工科三年級學生，分組前往實習，由該校公司工廠提供場地及各項設備，並派技術人員指導。② 與行政院國軍退除役官兵輔導委員會臺北鐵工廠合作，由該廠保送員工入學，其學籍與課程均依規定辦理，每學期召開協調會議，商討有關事宜，雙方並指派聯絡人經常保持聯繫。

C. 農工職業學校

(A). 臺灣省立宜蘭高級農工職業學校：與農復會、省農試所、臺北油廠、鳳梨公司等合作，辦理獸醫訓練班、造林、鳳梨製造、酒類製造等。

(B). 臺灣省立桃園高級農工職業學校：與臺灣電力公司桃園管理處合作，辦理工科學生外線立桿配線實習。

(C). 臺灣省立大湖高級農工職業學校：工科與工業職業訓練協會等六所機構建教合作。

(D). 臺灣省立大甲高級農工職業學校：農機科自民國59年起，與大甲鎮農會合作，辦理農機修護。

（二）執行成效 [206、207]

1. 民國58年臺灣省政府教育廳指定省立沙鹿高工機工科與臺中市東正鐵工場、沙鹿鎮三光機電場共同試辦。民國六十學年第一屆畢業生人數為七十三人，至民國84年，畢業生人數總共為63,891人。輪調式建教合作班之學生是上課與工場採兩班輪調式，輪調期間視實際需要每一至三個月一次，在學校所學為基本訓練及一般科目。在工場期間採工作崗位輪調方式，使學生能充分學習工場中的各項技能。

2. 民國70年調查臺灣省辦理進修式建教合作有742班、學生人數為8,428人，佔全部高職學生人數的5.5%，可見此項建教合作班盛行一時。

3. 依據臺灣省政府公報八十五學年度辦理輪調式建教合作教育班之學校科班人數一覽表知，共25校辦理工業類科輪調式建教合作，核准班級數共28班，核准人數為5,990人（占68.5%）。（臺灣省政府教育廳函於民國85年6月14日，八五教五字第○九三八五號）。

4. 民國98年度高職教教合作及產業特殊需求類科班免試入學補助經費620,000千元，辦理輪調式教教合作相關經費23,477千元。

5. 民國99年度獎勵辦理教教合作及實用技能班設備費50,000千元，辦理輪調式教教合作相關經費23,177千元。

6. 民國100年度辦理輪調式教教合作相關經費19,083千元。

206 同參考資料183。

207 教育部會計處（2022）。首頁/財務公告事項/本部/預算/單位預算，網站：https://depart.
moe.edu.tw/。

## 第二節 師資培育（民國34年迄今）

### 一、師資培育法規之沿革及現況

師資培育法規之沿革及現況可區分為：師範學校法及師範學院規程時期、師範教育法時期、師資培育法時期。[208、209]

#### (一) 師範學校法及師範學院規程時期

民國34年光復後，政府推動積極的師資培育政策，建立了師範教育體制，其主要法規乃依據21年制定的《師範學校法》，政府設立師範學校以養成小學之健全師資；27年頒行《師範學院規程》，36年修正規定師範學院為中學師資培養之機構；37年制定的《大學法》；以及相關的法律與行政命令為主。其後，為教育提升與革新，政府於44年將臺灣省立師範學院改制為臺灣省立師範大學，之後高雄師範學院與省立教育學院也先後完成改制；49年起又陸續將部分臺灣省各師範學校改制為三年制師範專科學校，招收高中高職畢業生在校修業2年。在校外實習1年；52年再陸續改制為五年制師範專科學校，招收初中畢業生修業5年。至此，由於法出多源的情形窒礙師範學院的健全發展，爰有制定《師範教育法》的呼籲，於是促成68年《師範教育法》之立法通過及頒布實施，奠定我國師範教育的法源依據，使得師範教育制度更趨健全、完備。

#### (二) 師範教育法時期

68年公布施行《師範教育法》，以培養中等學校或國民小學教師及其他教育專業人員為目的，並兼顧教育學術之研究；同時將幼稚園、小學、中學的師資培育提升至四年制大學的程度。主要特色如下：

---

[208] 省府教育廳（民88）：《臺灣工業職業教育五十年》，臺中，省政府；臺灣省政府教育廳（民81b）：《臺灣省政府教育廳志第七卷職業教育篇》，第二章沿革，國立中央圖書館；教育部中部辦公室（民89）：《臺灣省教育發展史料彙編-職業教育補述篇》，國立臺中圖書館

[209] 教育部（2012）：第七次中華民國教育年鑑-第八篇師資培育，教育部部史，頁469-471。

1. 視為政府責任：國家教育政策均將師資培育視為政府責任，積極辦理師範學校，並逐步改制為師範專科學校、師範學院、師範大學。

2. 強調良師培育：師範教育著重培養之專業教師，不僅在知識上專業，並且需具有專業精神。

3. 一元管道培育：所稱之一元管道常指係由師範校院培育。

4. 公費培育：師範教育視為政府責任，因此規劃公費培育機制，積極鼓勵優秀學生投入。

5. 規範培育機構任務：培育對象包括學校教師、行政人員，並負研究教育學術及辦理地方教育輔導之任務。

6. 職前培育課程完備：師範校、院課程應包括普通科目、教育專業科目及專門科目，並應著重民族精神之涵泳、道德品格之陶冶、專業精神及教學知能之培養。

7. 控制數量計畫招生。

8. 就業保障分發任職：師範校、院及教育院、系公費生修業期滿成績及格者，由教育部或省（市）主管教育行政機關分發實習及服務。

9. 規定教師在職進修。

10. 保障師範教育經費。

## (三) 師資培育法時期

　　民國83年「師資培育法」公布施行以後，我國師資培育政策從前述一元化、計畫性、公費制、分發制，轉型為多元化、儲備性、自費制、甄選制，這項師資培育政策的改變，期待能符應民主開放的社會發展，透過自由競爭市場機制，更能提升師資養成的基本素質與專業素養，期間歷經11次修法。

　　立法院在83年修正「師資培育法」，開放一般大學可以申請設立教育系所及教育學程，將師範教育改採「多元、開放、自由、自費」之政策，又歷經4次修法，但於行政、立法部門頻有認為新的師資培育制度仍衍生許多新問題亟待克服與解決，例如：專門課程認定、實習教師身分、公費生分發產生困擾以及師資培育階段是否重新劃分等

結構性問題，因此，實有再次修訂「師資培育法」之需求，俾使法令更加周延完備，符合21世紀師資需求。案經數十位立法委員提案並經黨團協商定案通過；並依91年7月24日總統華總一義字第09100144670號令修正公布全文26條，以取得教師證書制度變革幅度最大。

　　為求師資培育專業化，近年更推動多項方案，如：95年發布「師資培育素質提升方案」，確立師資培育標準本位核心理念；95學年度起推動「卓越師資培育獎學金試辦計畫」，強化師資生品質；精進教育實習課程，增強教育實習效能；辦理教師資格檢定，建立教師資格檢定制度。而後教育部為積極回應各界對於優質教師的期待，又於98年9月9日發布「中小學教師素質提升方案」。教育部於99年8月28日及29日召開之「第八次全國教育會議」，將「師資培育與專業發展」列為10大中心議題之一，以擘劃未來10年的師資培育發展，並於會後提出5項焦點議題，包括：

1. 研訂發布《師資培育白皮書》，擘畫完整師資培育發展藍圖（含職前培育、實習檢定及證照、在職進修、教師評鑑及進階制度等）。

2. 以近3年教師甄選平均錄取人數之適當倍率（如2.5倍）為基準，評估每年師資培育總量。

3. 於《教師法》中列入訂定中小學教師評鑑辦法之法源，並推動訂定「教師專業標準」及「教師專業表現標準」，以為教師評鑑之依據；另對現行推動之《教師專業發展評鑑要點》中相關機制（含評鑑工具、評鑑人員等）事項與教師評鑑相輔相成之措施妥為研議。

4. 民國100年推動「師資培育精緻大學方案」，並擇優選定2-3所師資培育精緻大學。

5. 鼓勵新進及現職教師在職進修，提升教師專業知能。

　　為落實「第八次全國教育會議」的結論與建議，教育部於100年3月底發布「中華民國教育報告書－黃金十年、百年樹人」，將上開焦點議題納入「精緻師資培育素質方案」及「優質教師專業發展方案」兩大方案內推動，且因應政府組織改造，教育部規劃將於101年成立「師資培育及藝術教育司」，並組成工作圈及指導委員會，著手研訂「師資培育白皮書」，將以學生為主體，結合優質教師與相關教育人員支持系統，綜理師資培育藝術教育政策及制度，同時以專業標準本位師資培育為核心，貫徹專業師

資培育政策決策與執行模式，期精緻師資培育與專業發展。

106年6月14日修正改革教師資格檢定制度為教師資格考試及後教育實習，落實教學及導師實習制度。依108年12月11日修正第8條之1，師資培育之大學可辦理師資職前教育課程，以提供多元師資培育管道。配合108學年度實施之「十二年國民基本教育課程綱要」，於106年啟動辦理新增科技領域教師增能課程及開辦教師在職增能/第二專長學分班。另配合「十二年國民基本教育課程綱要」，明訂各領域課程設計應適切融入19項重要議題，修正「高級中等以下學校及幼兒園教師在職進修作業要點」，於108年2月20日公布「終身學習的教師圖像」，以導引我國師資培育及教師專業發展。於108年6月5日修正公布，其中第33條第3項規定，除現行教師進修研究之規範外，新增納入教師專業發展，明訂教育部應規劃多元之教師進修、研究等專業發展制度，並訂定教師專業發展方式、獎勵等相關事項之辦法，爰於109年6月28日修正公布「教師進修研究等專業發展辦法」，以鼓勵並支持教師專業發展，並提升教育品質。教育部於110年5月4日修正發布〈中華民國教師專業素養指引－師資職前教育階段暨師資職前教育課程基準〉第3點，落實以學習者為中心，提升師資品質。教育部自94年度起定期檢視各師資培育之大學師資培育辦學績效，辦理師資培育評鑑，並運用評鑑結果核定調整師資培育規模及經費獎、補助，以確保師資培育品質。第1週期評鑑於94-97（98、99複評）年執行完成。而後參考大學系所評鑑制度與國際師資培育評鑑，召開多場公聽會、座談會與諮詢會議廣納意見，於101-105（106、107複評）年實施第2週期評鑑；第3週期評鑑於107-112（113、114複評）年實施執行完成。[210]

[210] 教育部部史網站（2022c）。重大教育政策發展歷程-師資培育，2022/2/11。
（資料來源：https://history.moe.gov.tw/Policy/Detail/

## 二、工業職業教育師資培育之沿革

工業職業教育的師資培育分成五階段，即：、民初至抗戰的工業職業教育師資培育；二、九年國民教育實施前的工業教育師資培育；三、九年國民教育實施後的工業教育師資培育；四、延長以職業教育為主之國民教育；五、師資培育法之師資培育。個別依背景與沿革、執行情形說明如下：[211]、[212]、[213]、[214]、[215]、[216]、[217]、[218]

### (一) 民初至抗戰時期

此時期從實業教育變為職業教育，公布師資登記檢定及訓練辦法、獎勵中等學校教員休假進修辦法、公費學生公費待遇實施辦法等，奠定職業教育師資培育的基礎。[219]

### 1. 背景與沿革

(1) 民國元年9月教育部公佈「壬子學制」，設有「實業教員養成所」，以「造就甲種實業學校教員」為目的。分為農業教員養成所與工業教員養成所兩種，招收中學校畢業生或具有同等學歷者，修業四年，公費待遇，畢業後有服務三年義務。授課科目得參照工業專門學校規程辦理，並酌加教育學、教授法等科目，並得附設於性質相當之專門學校內。

[211] 維基百科（民105）：壬子癸丑學制。
資料來源：http://www.wikiwand.com/，搜尋日期2016-06-25。

[212] 教育部（民58）：教育部獎勵中等學校教員休假進修辦法。載於教育法令，頁237。

[213] 教育部（民60）：中等學校教師登記及檢定辦法。教育法令，頁593~625。

[214] 方炎明（民67）：「我國師範教育的演進」。載於《昨日今日與明日的教育》，頁100~107。

[215] 袁立錕（民72）：《工業教育學》，臺北，三民書局，頁43~44。

[216] 周談輝（民74b）：《職業教育師資培育》，臺北：三民書局。

[217] 臺灣省教育廳（民76）：《臺灣省教育發展史料彙編》，臺中，省政府。

[218] 教育部（民60a）：中等學校教師登記及檢定辦法，教育法令，頁593~625；教育部（民60b）：師範學院學生教學實習辦法，教育法令，頁435~436；教育部（民60c）：師範學院學生實習及服務辦法，教育法令，頁432~434；教育部（民60d）：國立師範大學暨師範學院結業生分發各省市實習辦法，教育法令，頁437~438。

[219] 國立臺中高級工業職業學校（民90a）：《臺灣工業職業教育五十年》，臺北市，臺灣書店。

(2)民國2年8月教育部頒布「實業學校令」，規定實業學校以教育農、工、商業必需之知識技能為目的，其中甲科實業學校施完全之普通實業教育，乙種實業學校施簡易之普通實業教育。甲種實業學校相當於普通中學程度，學習年限為預科一年、本科三年，與乙種一樣分為農業、工業、商業、商船四種。

乙種實業學校相當於高等小學程度，學習年限為三年，分為農業、工業、商業、商船四種。

(3)民國4年9月，頒佈「實業教員養成所規程」。

(4)民國11年政府公佈「新學制」，將實業教育改為職業教育，將實業教員養成所乃改為「職業教員養成所」。新學制中的工業教育共有六類，即小學有關工業的預科、初中及高中的工業職業科、工業職業學校、補習學校的工業科、工業專門學校、及大學的工科。

(5)民國20年12月教育部公佈「各省市職業學校學科師資登記檢定及訓練辦法大綱」，規定職業科之師資登記分為甲、乙兩種：1.甲種為高級職業學校職業學科師資；2.乙種為初級職業學校及職業補習學校職業學科師資

(6)民國21年教育部分別訂頒「職業學校法及職業學校規程」、「師範學校法及師範學校規程」。

(7)民國22年10月3日，教育部公佈「各省市職業學校職業學科師資登記檢定及訓練辦法大綱」，規定職業學校師資分為甲、乙兩種，甲種為高級職業學校之師資，乙種為初級職業學校及補習學校之職業學科師資。

(8)民國22年教育部公佈「職業學校規章」，規定高、初級職業學校任用資格。民國二十九年又頒定「國立職業學校科目教職員補助金辦法」。

(9)民國29年，教育部為獎勵職業學校職業學科教員進修起見，頒佈了「獎勵職業學校職業教員進修暫行辦法」。

(10)民國29年教育部亦訂定了「職業學校校長、教員參觀考察辦法」。

(11) 民國31年11月17日，教育部頒發「教育部獎勵中等學校教員休假進修辦法」。

(12) 民國32年8月17日由教育部公佈「師範學院實習及服務辦法」。

(13) 民國33年，教育部頒「師範學院附設進修班辦法」。

(14) 民國33年10月由教育部發佈「師範院校公費學生公費待遇實施辦法」，又於民國33年12月30日頒佈「師範學院學生教學實習辦法」。

(15) 民國36年，教育部頒「修正中學規程」對於教師的進修與考察亦有規定。

### 2. 執行情形

民國25年度起分別舉辦了四屆的「工業職業學校教員暑期講習會」，利用寒暑假期間，講習內容為「專業知識與實際問題並重」。自民國36年起至53年止，其中工業類科參加人數共有860人。

### (二) 國民教育實施前（民國38-57年）

政府遷臺後至九年國民教育實施前，政府對師資培育有諸多做法，頒定結業分發實習辦法、加強工業教育系培育工場實習師資[220]、[221]、[222]、[223]、[224]、[225]、[226]、[227]

---

[220] 臺灣省政府（民44）：臺灣省立師範大學結業生分發實習辦法，臺灣省政府公報，秋字第9期。

[221] 臺灣省政府（民45）：臺灣省立師範大學結業生分發實習辦法，臺灣省政府公報，秋字第10期。

[222] 朱鳳傳（民66）：「工場實習教師的培育納入師範教育的開端－工場師資班」，工業職業教育季刊，1卷3期，頁30～32。

[223] 臺灣省政府教育廳(民74)：《臺灣教育發展史料彙編－職業教育篇》，臺中，省立臺中圖書館。

[224] 楊朝祥(民74)：《技術職業教育理論與實務》，臺北市，三民書局。

[225] 周談輝(民74b)：《職業教育師資培育》，臺北市，三民書局；楊朝祥（民74）：《技術職業教育理論與實務》，臺北市，三民書局。

[226] 臺灣省教育廳（民76）：《臺灣省教育發展史料彙編》，臺中，省政府。

[227] 康自立（民83）：「我國工業教育師資之培育與進修」，教育資料集刊第十九輯，頁94～103，國立教育資料館編印；國立臺中高級工業職業學校（民90a）：《臺灣工業職業教育五十年》，臺北市，臺灣書店。

1. 背景與沿革

(1). 民國39年，教育部頒「中等學校及國民學校教員學術班研究獎勵辦法」。

(2) 民國40年省立師範學院（今改名為國立臺灣師範大學）內設立「工業教育系」，於42年春季招生。

(3) 民國41年底於臺灣省立師範學院（今國立臺灣師範大學）成立「工業教育學系」。

(4) 民國43年暑假在臺灣省立師範學院工業教育系增設「工場師資班」，結業後分發至工業職業學校，擔任相關科別之工場實習教師。

(5) 民國44年7月8日臺灣省教育廳訂定「臺灣省立師範學院結業分發實習辦法」。教育廳於民國45年7月10日修訂該辦法。

(6) 民國44年9月教育部頒佈「提高中等學校師資素質實施方案」。

(7) 民國47年7月教育部頒佈「中等學校教師登記及檢定辦法」，規定各省市教育行政機關應組織「中等學校及國民學校教師登記及檢定委員會」，辦理教師登記及檢定事宜。包括1.初級職業學校學科教師之登記資格、檢定資格；2.高級職業學校學科教師之登記資格、檢定資格；3.高級中等學校工場（廠）實習技藝教師之登記資格與4.高級職業學校職業學科教師之檢定資格。

(8) 民國49年師範學院工業教育學系分二組，一組為工藝組，畢業後擔任中等工藝科目之教師；另一組為工職組，畢業後擔任職業學校工科之相關科目及實習之教師。

(9) 民國50年至60年間臺中市省立師範學院工業教育系所招收之對象為高工畢業後具有二年之工場服務，並經一般學科筆試及行業術科考試及格之學生，授予四年之大學教育，再分發至工業職業學校任教。

(10) 民國52年11月18日，公佈「臺灣省政府暨所屬各機關學校現職人員出國進修補助旅費辦法」。

(11). 民國53年臺灣省政府又公佈「臺灣省政府暨所屬各機關學校公教人員公費留學辦法」。特公佈「臺灣省政府資助教育人員出國考察進修辦法」。

## 2. 執行情形

此時期工職教師培育人數倍增 [228]、[229]、[230]：

(1) 臺灣省教育統計年報中知臺灣省工職教師的人數由40學年度的637人增至83學年度的3982人，增加了將近六倍；此同時臺灣省工職學校的人數由四十學年度的4339人增至86學年度的167179人。

(2) 民國45年至民國87年止國立臺灣師範大學、彰化師範大學、高雄師範大學已造就出7183位工業職業教育的師資。

(3) 民國46年時，臺灣省工科教師的人數為441人，其中「本科登記」及「相關及非相關科合格」之人數有361人，合格率高達82%。

## (三) 九年國民教育實施後（民國58-71年）

九年國民教育實施後，對工業教育師資培育有諸多做法，包括分發各省市實習辦法、教育人員進修班、教師甄選要點和教師寒暑假組團出國考察實施要點等 [231]、[232]、[233]、[234]、[235]、[236]

## 1. 背景與沿革

(1) 民國58年5月5日教育部頒佈「國立師範大學暨師範學院結業生分發各省市實習辦法」，民國59年2月24日修訂之。

(2) 民國60年彰化教育學院（現改制為國立彰化師範大學）設職業教育學系工場師資組，招收工專畢業學生修業三年，其後於民國62年改招收高工畢業生修業四年，畢業後分發至工業職業學校擔任工科教師。

(3) 民國62年高雄師範學院（現改制為國立高雄師範大學）首屆畢業生，畢業後分發至國中擔任工藝教師或至高職擔任工科教師。

(4) 民國62年教育部公佈「師範大學與師範學院學生實習及服務辦法」、「中等學校教師登記及檢定辦法規定」，此辦法前身乃民國59年3月公布之現行教育部修正中等學校本科系及相關科系

對照表，始更了解臺灣工職師資培育途徑(陳昭雄，民74b)。

(5) 民國64年政大教育研究所首創「教育人員進修班」，師大教育研究所於民國65年起亦改為教育人員進修班，兩者皆為「研究所四十學分班」；凡修滿四十學分經考試及格者，由學校發給結業證書，可晉升四級薪俸，但不授予學位。

(6) 民國65年5月7日政府修正公佈「職業學校法」，其中規定職業學校教師應為專任，由校長聘任之。

(7) 民國65年6月30日特訂定「臺灣省立高級中等學校教師甄選要點」，其中規定各校新聘教師均應依該要點經甄選程序候聘用，各校新聘甄選工作應設置「新聘教師甄選委員會」，在甄選前各校應以公佈各科教師缺額。

---

[228] 臺灣省政府教育廳（民47～56）：臺灣省教育統計年報，臺灣省政府公報。

[229] 臺灣省政府教育廳（民57～60）：臺灣省教育統計年報，臺灣省政府公報。

[230] 康自立（民83）：「我國工業教育師資之培育與進修」，教育資料集刊第十九輯，頁94～103，國立教育資料館編印。

[231] 教育部（民60b）：師範學院學生教學實習辦法，教育法令，頁435～436；教育部（民60c）。師範學院學生實習及服務辦法，教育法令，頁432～434；教育部（民60d）。國立師範大學暨師範學院結業生分發各省市實習辦法，教育法令，頁437～438。

[232] 教育部人事處（民66）：中等學校教師登記及檢定辦法，載於教育人事法規釋例彙編（上），頁447～448。

[233] 臺灣省政府（民70）：中小學教師登記及檢定辦法，臺灣省政府公報，冬字53期。

[234] 臺灣省政府（民71a）：師範校院學生實習及服務辦法，臺灣省政府公報，春字63期；臺灣省政府（民71b）：臺灣省公私立中等學校教師申請技術教師登記注意事項，臺灣省政府公報，冬字65期。

[235] 臺灣省政府（民71c）：臺灣省政府教育廳簡化教師登記作業實施要點，臺灣省政府公報，冬字65期。

[236] 臺灣省政府（民76）：國立臺灣師範大學、高雄師範學院及臺灣教育學院政治大學教育學系公費結業生分發中等學校實習改進要點（修正本），臺灣省政府公報，春字61期。

(8) 教育部曾於民國67年5月31日，教育部發佈「教育部中小學教師寒暑假組團出國考察實施要點」。

(9) 民國70年教育部辦理「工科專業教師暨有關教育行政人員出國研習實施計畫」。

(10) 民國70年12月4日教育部修正公佈「中小學教師登記及檢定辦法」。

(11) 民國71年2月16日，教育部修正公佈「師範校院公費待遇實施辦法」，並修正公佈「師範校院學生實習及服務辦法」。

(12) 民國71年8月15日省府教育廳公佈「臺灣省政府教育廳簡化教師登記作業實施要點」。

(13) 民國71年12月15日省府教育廳廢止「中等學校技藝教師登記處理準則」，並公佈「臺灣省公私立中等學校教師申請技術教師登記注意事項」。

2. 執行情形 [237]、[238]、[239]

(1) 民國61年時工科教師的合格率竟降到了53%左右，為歷年來之最低。直到民國62年以後，由於臺灣師範大學工業教育系，以及高雄師範學院、彰化師範學院也陸陸續續有工業教育系的畢業生投入工職學校。到了民國八十四年時更高達85%，而到了87年時更高達88.8%，為歷年來之最高合格率。

---

[237] 周談輝（民74）：《職業教育師資培育》，頁5，臺北，三民書局。

[238] 陳昭雄（民74b）：《工業職業技術教育》，頁205-206，臺北市，三民書局；臺灣省政府教育廳（民 80～82）：臺灣省教育統計年報，臺灣省政府公報；臺灣省政府教育廳（民80～86）：臺灣省教育統計年報，臺灣省政府公報；臺灣省政府教育廳（民88）：臺灣省教育統計年報，臺中，省政府。

[239] 行政院經建會（民71）：我國中等學校科技教師人力結構調查研究報告，經建會人力規劃小組暨教育部教研會教育計畫小組

(2) 民國62年底委託國立師範大學教育系所做調查報告所示。在工業職業教育工科師資在職進修方面，根據教育部統計各類工科教師計1373人，其中曾接受過任何短期在職訓練者為430人，佔全部之31.3%，未曾接受過任何在職進修者高達943人，佔全部之68.7%。且在未參加任何在職進修者中，公私立專科學校畢業者有349人（佔25.4%），國內外公私立大學或學院畢業者有307人（佔22.4%），國內外師範院校、教育學院畢業者有287人（佔20.9%）。故我國多年來實施之工科教師在職進修，實際參加者不及工科教師總數之三分之一。我國工職教育工科教師之在職進修，大部份均在寒暑假期間實施，為期二週至六週不等。

(3) 民國63年至74年臺灣省中等學校赴師範院校等機構進修研究所暑期進修（四十學分）人數由63年度214人至七十三年度成長至4516人，十二年間共計24,862人完成學分班。

(4) 民國71年依據「我國中等學校科技教師人力結構調查研究報告」，當時的工職學校科技教師有4013人，其中只有2220人曾參與各類進修，佔整體的55.32%。

## (四) 延長以職業教育為主之國民教育實施後（民國72-82年）

### 1. 背景與沿革

此時期主要以延長職業教育為主之師資培育，包括學校教師及職員遴選辦法、師範校院結業生實習準則、公費結業生分發中等學校實習改進要點、教實習輔導實施辦法、在職進修研究辦法、出國進修研究實施要點等[240]、[241]、[242]。

(1) 民國72年1月28日臺灣省為遴選公立學校及職員，特訂定「臺灣省公立學校教師及職員遴選辦法」。

(2) 民國72年6月1日省府教育廳轉頒「師範校院結業生實習準則」。

(3) 民國73年5月9日臺灣省又修訂公佈「臺灣省立高級中等學校新聘教師甄選要點」。修正後規定「新聘教師甄選委員會」之委員，在甄選前各校應登報公告各科教師缺額。

(4) 民國74年7月1日省府教育廳公佈「國立臺灣師範大學、高雄師範學院及臺灣教育學院、政治大學教育學系公費結業生分發中等學校實習改進要點」。

(5) 民國74年10月4日教育部公佈「中小學教師在職進修研究辦法」。

(6) 民國75年1月23日省府教育廳又頒訂「臺灣省政府教育廳辦理國立臺灣師範大學、高雄師範學院、政治大學及臺灣教育學院公費結業生分發實習各省立高級中等（含特殊學校及補校）應行注意事項」。

---

240 臺灣省政府（民72）：師範校院結業生實習準則，臺灣省政府公報，夏字58期；臺灣省政府（民73）：臺灣省立高級中等學校新聘教師甄選要點，臺灣省政府公報，夏字36期；臺灣省政府（民74）：國立臺灣師範大學、高雄師範學院及臺灣教育學院政治大學教育學系公費結業生分發中等學校實習改進要點。臺灣省政府公報，夏字17期。

241 臺灣省政府（民75）：中小學教師在職進修研究辦法，臺灣省政府公報，春字11期；臺灣省政府（民76）：國立臺灣師範大學、高雄師範學院及臺灣教育學院政治大學教育學系公費結業生分發中等學校實習改進要點（修正本），臺灣省政府公報，春字61期。

242 臺灣省教育廳（民76）：《臺灣省教育發展史料彙編》，臺中，省政府；臺灣省教育廳（民80）：加強教師在職進修推行長青專案，臺灣省教育施政宣導系列。

(7) 民國76年行政院特訂定「公教人員出國進修研究實施要點」。

(8) 民國76年3月16日省府教育廳又轉頒改進要點（修正本）。

(9) 民國76年9所五年制師範專科學校升格為師範學院。

(10) 民國79學年度起，特別策劃教師在職進修計畫—「長青專案」。

(11) 民國80年11月教育部訂定「師大結業生教實習輔導實施辦法」。

## 2. 執行情形 [243]

(1) 民國77年度起至80年度止，有關「臺灣區公私立職業教師赴公民營機構研習實施計畫」，便有3384位教師赴公民營機構研習。

(2) 民國80年至85年間共有6091位工業職業教育教師參與專業科目研習及赴企業界研習，平均每年大約有1015人次。

(3) 民國80年度起規劃下列多項進修制度：(1). 教師暑假赴公民營企業機構研習，每年約1,700位教師參加。(2). 教師赴技術教學中心研習。(3). 專業教師五年進修計畫，迄八十六年已舉辦二期，每年約提供30種專業科目之教師研習。(4). 職校教師人文教育科目研習。

## （五）師資培育法公佈後之師資培育（民國83年起）[244]

### 1. 背景與沿革

此時期為民國83年「師資培育法」公布施行，規定修滿教育部規定之教育學程或教育學分者，經教師資格初檢合格者即取得實習教師資格；其後應經教育實習一年，成績及格並經教師資格複檢合格者，取得合格教師證書。亦明定師資培育包括師資及其他教育專業人員之職前教育、實習及在職進修。民國84年公佈「高級中等以下學校及幼稚園教師資格檢定及教育實習辦法」，師資培育從過去規劃性的一元化轉變為儲備性的多元化。

---

[243] 臺灣省教育廳（民80）：加強教師在職進修推行長青專案，臺灣省教育施政宣導系列；臺灣省教育廳（民86）：民國80～85年工職師資進修人數統計，臺中，省政府。

[244] 同上。

## 2. 執行情形

(1) 民國83年2月7日政府公佈「師資培育法」，其中有關教師在職進修之主要條文包括第三條、第十二條、第十五條及第十六條。

(2) 民國84年7月1日至89年6月30日為「長青專案」第二期，臺灣省教育廳將依每年實施的績效作檢討並適時修訂之。省府教育廳近年來亦在辦理「臺灣省高級職業學校教師專業科目研習會」以及「臺灣省高級中等職業類科教材教法研討，教師短期進修計劃」。

(3) 民國84年8月9日政府特制定並公佈「教師法」。其中第二章為「資格檢定與審定」，內容規定教師資格之取得分檢定及審定二種；第三章為「聘任」，分初聘、續聘及長期聘任，經教師評定審查委員會審查通過後由教師聘任之。

(4) 民國84年11月16日，教育部公佈「高級中等以下學校及幼稚園教師資格檢定及教育實習辦法」。取得合格教師證書者政府並未予以分發，必須經學校單位甄選任用後，方可取得被任用資格。。

(5) 民國85年10月9日教育部訂定了「教師進修研究獎勵辦法」。

(6) 民國85年10月24日依據「教師法」第十一條之規定訂定「高級中等以下教師評審委員會設置辦法」。

(7) 民國85年10月2日教育部配合教師法規定修正「私立學校法」第五十四條、第五十五條文，准予公私立學校校長、教師互轉併計年資辦理退休、撫卹，資遣[245]。

(8) 民國85年10月2日教育部頒定「高級中等以下學校及幼稚園教師在職進修辦法」。

(9) 民國86年3月19日修正通過「教育人員任用條例」，由校長就經

---

[245] 教育部（民86）：技職簡訊第63期，第三版。

公開甄選之合格人員中，提請教師評審委員會審查通過後聘任。

(10) 民國87年5月12日「大學校院辦理高級中等以下學校及幼稚園教師在職進修學分班計畫審查要點」

(11) 民國87年教育部定為「終身學習年」，提出十三個「終身學習方案」。

(12) 民國88年9月8日公佈師範校院辦理回流教育招收碩士及學士學位在職進修專班暨大學先修制度注意事項。

(13) 民國88年10月4日針對「大學校院辦理高級中等以下學校及幼稚園教師在職進修學分班計畫審查要點」對於「修讀學分」作了六項之修正。

## （六）、工業職業教育師資培育之沿革 [246]

1. 民國103年1月10日修正發布「高級中等學校專業及技術教師遴聘辦法」。

2. 民國107年8月7日臺教授國部字第1070088199B號令修正發布「國立高級中等學校教師每週教學節數標準」。

3. 民國108年5月30日修正發布「教育部國民及學前教育署補助高級中等學校實施十二年國民基本教育課程及國立高級中等學校教師每週教學節數標準新增鐘點費要點」。

---

[246] 教育部部史網站（2022a）。101年-110年教育大事紀。資料來源：https://history.moe.gov.tw/

## 第三節 技藝競賽與創造力競賽

　　教育部國教署針對全國高職工業類科辦理或補助多種重要競賽，分別臚列說明如後。

## 壹、全國工科技藝競賽 [247、248、249、250]

### 一、背景與沿革

#### （一）依據與目的

　　臺灣區高職工業類科技藝競賽乃依據「職業學校規程」第四十二條之規定辦理，工業類學生技藝競賽實施要點之目的在於「為鼓勵學生重視技能實習，促進校際間相互觀摩切磋以提高技術水準，因應國家經濟建設發展之需要，達成高級工業職業學校教育之目標」。

#### （二）相關法令沿革 [251]

1. 民國83年教育部公告「中等以上學校技藝技能優良學生甄審及保送入學辦法」。

2. 民國83年10月教育部修正發布「中等以上學校技（藝）能優良學生甄試及甄審保送入學辦法」，業自84學年度起將獲有技術士證照人員納入准予參加甄試保送資格範圍，並給多加分優待。

3. 民國102年教育部公告「中等以上學校技藝技能優良學生甄審及保送入學辦法修正草案」，臺教技(二)字第1020109490A號。

4. 民國103年教育部修訂「中等以上學校技藝技能優良學生甄審及保送入學辦法」，臺教技(二)字第1030182115B號令。

5. 民國103年教育部公告「全國高級中等學校學生技藝競賽實施要點」，臺教授國部字第1030079106B號令，民國103年08月27日。

6. 民國103年12月25日修訂民國64年3月20日教育部公告「中等以上學校技藝技能優良學生甄審及保送入學辦法」，臺教技(二)字第1030182115B號令。

7. 民國104年勞動部修訂「全國高級中等學校學生技藝競賽得免技術士技能檢定術科測試職類對照表」，於中華民國104年1月26日勞動發能字第1039800347號令修正發布。

8. 民國107年5月10日修正發布「全國高級中等學校學生技藝競賽實施要點」。

9. 民國108年7月30日修正發布「全國高級中等學校學生技藝競賽新增競賽職種作業原則」。

10. 民國109年12月8日修正發布「全國高級中等學校學生技藝競賽實施要點」。

247 臺灣省政府教育廳（民81h）：《臺灣省政府教育廳志第七卷職業教育篇》，第四章實施概況第十二節技能競賽與技能檢定。國立中央圖書館。

248 教育部（民89a）：技職教育白皮書，臺北，教育部。

249 教育部（民89b）：全國中等學學校89學年度工業類科學生技藝競賽組織章程。教育部中部辦公室，國立嘉義高工；教育部（民102）：中等以上學校技藝技能優良學生甄審及保送入學辦法修正草案。臺教技(二)字第1020109490A號；教育部（民103）：「中等以上學校技藝技能優良學生甄審及保送入學辦法。臺教技(二)字第1030182115B號令；教育部（民103）：「全國高級中等學校學生技藝競賽實施要點」，臺教授國部字第1030079106B號令，民國103年08月27日。

250 勞動部（民104）：修訂「全國高級中等學校學生技藝競賽得免技術士技能檢定術科測試職類對照表」，於中華民國104年1月26日勞動發能字第1039800347號令修正發布。

251 教育部國民及學前教育署（2022b）。全國高級中等學校技藝競賽資訊平台。
(資料來源：https://sci.me.ntnu.edu.tw/Contest/

## 二、執行情形 [252、253、254]

### （一）臺灣區高職工業類科技藝競賽

#### 1. 執行職類

　　以78學年度為例，獲各職種前三名者，參加保送甄試升學（公私立專科學校二年制有關科組），可享加分優待。該年度臺灣區中等學校農、工、商、家事類科技藝競賽之職種，其中工科包括：(1) 機械製圖工。(2) 車床工。(3) 鉗工。(4) 汽車修護工。(5) 室內配線工。(6) 工業配線工。(7) 視聽電子工。(8)工業電子工。(9) 電器冷凍修護工。(10) 家具木工。(11) 建築製圖工。(12) 建築（工）。(13) 化驗工。(14) 板金工。(15) 鑄造工。(16) 模具工。(17) 美工。

　　110學年度工業類學生技藝競賽由國立臺南高工承辦，共有125所學校，1,031位學生齊聚同場競技，將角逐176座個人金手獎及303位優勝名次殊榮。工業類競賽包括「應用設計」、「冷凍空調」、「電腦輔助機械製圖」、「機械製圖」、「電腦軟體設計」、「電腦修護」、「化驗」、「工業電子」、「數位電子」、「工業配線」、「室內配線」、「汽車修護」、「鉗工」、「車床」、「建築製圖」、「板金」、「建築」、「室內空間設計」、「鑄造」、「模具」、「圖文傳播」、「測量」、「機電整合」、「飛機修護」、「家具木工」、「汽車噴漆」、「機器人」及「配管」等28項職種。[255]

[252] 教育部部史網站（2022a）。101年-110年教育大事紀。資料來源：https://history.moe.gov.tw/
[253] 教育部國民及學前教育署（2022b）。全國高級中等學校技藝競賽資訊平台。
（資料來源：https://sci.me.ntnu.edu.tw/Contest/
[254] 教育部會計處（2022）。首頁/財務公告事項/本部/預算/單位預算，
網站：https://depart.moe.edu.tw/。
[255] 教育部全球資訊網（2021）：全國高級中等學校工業類學生技藝競賽1,031名選手府城齊聚展技藝。首頁/訊息公告/即時新聞，來源：https://www.edu.tw。

## 2. 執行成效

(1). 民國46年在臺北高工舉行臺灣省首次舉辦全省性大規模的技藝競賽，此項競賽時僅有機工科一科而已，至民國64年，共有七十六校參加，舉辦的職種共有九個職種。至此，省市教育廳局在教育部的指導之下連續輪流每年舉辦迄今（民國105年）。

(2). 民國62年臺灣省教育廳鑒於除了八所省立高工實施單位行業訓練課程外，也逐漸將此類課程向其他公私立職校推廣，而再次舉辦全國性的高工技藝競賽。

(3). 民國64年起改為「臺灣區高級中等學校工科學生技藝競賽」，參加的對象包含臺北市在內的臺灣地區所有公私立學校。

(4). 依教育部（民102、103）公告「中等以上學校技藝技能優良學生甄審及保送入學辦法」，甄審及保送入相關學校科組就讀，64學年度至71學年度，參加臺灣區技能（藝）競賽優勝學生保送升入大專之人數，合計661人。(資料來源：依據「臺灣教育發展史料彙編職業教育篇」頁四三八。)

(5). 民國86年的「臺灣區高級中等學校工業類學生技藝競賽」在臺中高工舉辦，此次辦理的職種共計二十職種及一百一十所學校參加。

(6). 民國89學年度於90年3月20日至3月23日於省立嘉義高工舉行，計有二十一職類。

(7). 民國98年度辦理全國高中學生技藝競賽級丙級專案技能檢定23069千元。高中職創意教學及競賽活動經費14000千元。

(8). 民國99年度辦理全國高中學生技藝競賽級丙級專案技能檢定22399千元。高中職創意教學及競賽活動經費10000千元。

(9). 民國100年度辦理全國高中學生技藝競賽級丙級專案技能檢定2497千元。高中職創意教學及競賽活動經費7500千元。

(10). 民國101年度辦理全國高中學生技藝競賽級丙級專案技能檢定1649千元。高中職創意教學及競賽活動經費323千元。

(11). 民國103年11月25日、104年11月24日、105年11月25日、106年11月28日、107年11月27日、108年11月26日、109年11月24日、110年11月

23日分別舉辦全國高級中等學校103至110年度工業類學生技藝競賽。

(12). 民國107年5月23日辦理106學年度全國技藝教育績優人員表揚活動。

(13). 民國109年7月22日辦理108學年度全國技藝教育績優人員表揚。

## 貳、全國技能競賽 [256、257、258、259]

### 一、 沿革

民國57年11月全國技能競賽由內政部委託財團法人工業職業訓練協會首次辦理。此次競賽辦理的職種計有14職種，來自於公、民營事業單位、軍方有關單位及高職學校等四種類型。以後每年都陸續辦理，至民國100年止，共舉辦了五十一屆，培育選手無數。

我國選派全國技能競賽優勝選手參加國際技能競賽，是從第二屆起，以觀摩賽的方式參加，直至民國59年11月17日，國際職業訓練競賽組理事會通過中華民國為正式會員，我國才得以正式參加國際技能競賽。

第卅屆全國技能競賽於89年11月1日至6日在中區職業訓練中心舉行所辦之職種計有42個職類。

民國109年第五十屆全國技能競賽比照國際規格，於南港展覽館擴大舉行，共計青年組52個職種及青少年組13個職類，948名選手參加。

[256] 第52屆全國技能競賽（2022）。全國技能競賽簡介。
資料來源：https://skillsweek.wdasec.gov.tw/skillsweek/
[257] 教育部全球資訊網（2020a）。國教署加強學生國際技能競賽指導教師補助提升培訓品質。首頁/訊息公告/即時新聞，109年5月2日，來源：https://www.edu.tw/
[258] 〈教育部國民及學前教育署補助高級中等學校學生出國參加國際性技藝能競賽作業要點〉，民國110年2月8日修正發布。
[259] 教育部部史網站（2022a）。101年-110年教育大事紀。資料來源：https://history.moe.gov.tw/

## 二、競賽方式

1. 參賽年齡限制

    (1). 青年組：21歲以下（部分職類限24歲以下）

    (2). 青少年組：國民中學在學學生（12-15歲）

2. 工業類科競賽職種

    (1). 青年組： 綜合機械、CNC車床、CNC銑床、集體創作、模具、機電整合、CAD機械設計製圖、機器人、工業機械修護、鑄造、銲接、飛機修護、配管與暖氣、電子、資訊網路布建、網頁技術、資訊與網路技術、電氣裝配、工業控制、建築舖面、砌磚、粉刷技術與乾牆系統、造園景觀、漆作裝潢、家具木工、門窗木工、汽車板金、汽車技術、汽車噴漆、冷凍空調、平面設計技術、冷作、外觀模型創作及應用電子等34職類。

    (2). 青少年組： CAD機械設計製圖、機器人、電氣裝配、工業控制、商務軟體設計、電子、網頁技術、漆作裝潢、平面設計技術及3D數位遊戲藝術等10職類。

3. 獎勵措施

    全國技能競賽優勝選手除獲豐厚獎金（金銀銅分別青年組12萬、6萬、4萬；青少年組2.4萬、1.2萬、0.8）外，可技優保送大專校院或甄審加分、及最高可獲得乙級技術士技能檢定免術科。

4. 選手遴選機制(國手選拔機制)

    (1). 分區技能競賽：每年約3,000名選手參加北、中、南分區賽，各職類前五名晉級全國技能競賽。

    (2). 全國技能競賽：每年約800名選手參加全國技能競賽，各職類前三名晉級2年一次之國手選拔賽。

    (3). 國手選拔賽：分二階段進行選出各職類1名正取國手代表國家參加國際賽。

5. 國手獎勵措施

    (1). 豐厚獎金：青年組獲得金牌120萬、銀牌60萬、銅牌40萬、優勝10萬。青少年組獲得金牌24萬、銀牌12萬、銅牌8萬。

(2). 兵役與技術士：服補充兵役，且服役期縮短為12天、及最高可獲得甲級技術士技能檢定免術科。

6. 國際技能競賽重要歷程

　　◎ 1970年加入國際技能組織。

　　◎ 1971年以會員國身分參加第20屆國際技能競賽。

　　◎ 1993年主辦第32屆國際技能競賽，於臺北世貿一館舉行。當年度獲得18面金牌、10面銀牌、4面銅牌、4個優勝，相當漂亮的成績。

　　◎ 2019年第45屆國際技能競賽獲得5金5銀5銅23優勝，成績世界排名第三，得獎數創歷屆新高。

　　◎ 國手參加每二年舉辦的國際技能競賽，截至民國110年已經參加過25屆並獲得110面金牌、116面銀牌、116面銅牌、247個優勝，為國家爭取光榮。[260]

7. 教師擔任教練獎勵

　　為鼓勵高級中等學校專業科目教師擔任教練，訓練學生參加國際技能競賽，教育部國教署於4月21日修正發布補助要點，明定高級中等學校技能競賽決賽入選選手，以及國際技能競賽正選國手的培訓期間，新增補助「國手培訓材料費」、「訓練指導費」，以及課餘時間訓練指導費用，全程實際指導教師的每週基本教學節數最高可減8節，並以全學期為原則按減授節數補助鐘點費。教育部國教署於108年3月26日已修正《教育部國民及學前教育署補助高級中等學校學生提升學生實習實作能力計畫經費作業要點》，新增補助「國手培訓材料費」、「訓練指導費」，以及教師課餘時間培訓入圍全國技能競賽決賽學生的訓練指導費用，108年度共17校25位選手受惠。

---

[260] 施信華、陳啟東、陳慶安、郭義汶（2022a）：《當代職業教育與訓練》，頁53&57。臺北市：五南圖書出版公司。

## 參、創造力教育

### 一、 緣起 [261、262]

　　民國85年行政院教改會公佈之「中華民國教育改革總諮議報告書」提出「多采多姿，活潑創新」之現代教育方向；「九年一貫課程綱要總綱」秉承教育基本法第二條之理念，強調培養欣賞、表現、審美及創作能力為重要之課程目標。教育部顧問室自民國89年起陸續推動「創造力與創意設計教育師資培訓計畫」、「創造力教育91-94 年度中程發展計畫」，並於民國92年3月教育部公布「教育部創造力教育白皮書」，旨在實現「創造力國度」（Republic ofCreativity ，ROC）之願景。

　　民國95年教育部國民及學前教育署公布「補助高級中等學校提升學生素質要點」，鼓勵學生深入各項課題之研究，拓展學生學習領域與深度，培育高級中等學校學生具有研究及創造力。加強科學教育補助，如參加競賽獲獎學校予以補助經費及承辦競賽學校補助相關經費、補助各學科校際聯盟研習或競賽經費、學校實驗室耗材及器材設備經費。

　　民國108年7月教育部公布「十二年國民基本教育資賦優異相關之特殊需求領域課程綱要」，創造力列為學習重點之一。

### 二、 法令沿革 [263、264]

1. 民國90年5月11日教育部備查「臺灣國際科學展覽會實施要點」，臺(90)中(一)字第90063139號函准予備查，民國101年7月19日科實字第1010002689號令發布，歷經102年4月、103年8月、103年11月、104年10月、106年7月、107年1月5日科實字第10702000031號令修訂發布。

---

[261] 教育部資訊及科技教育司（2012）．教育部創造力教育白皮書．首頁/人文及科技教育/先導型計畫/前期(結案)計畫，101-11-09．網站：https://depart.moe.edu.tw

[262] 教育部國民及學前教育署（2006）。「補助高級中等學校提升學生素質要點」。

[263] 教育部部史網站（2022a）。101年-110年教育大事紀。資料來源：https://history.moe.gov.tw/

[264] 教育部國民及學前教育署（2022b）。全國高級中等學校技藝競賽資訊平台。
（資料來源：https://sci.me.ntnu.edu.tw/Contest/）

2. 民國92年3月教育部公布「教育部創造力教育白皮書」。

3. 民國95年04月14日教育部國民及學前教育署公布「補助高級中等學校提升學生素質要點」，民國109年12月04日修正，臺教國署高字第1090145756B號令。

4. 民國104年10月29-30日辦理104年度推動職業學校創意教學工作知能研習。

5. 民國104年10月15日召開104年度職業學校群科課程推動工作圈及全國高職學生專題暨創意製作競賽期中報告審查會議。

6. 民國104年12月2日召開104年度推動職業學校創意教學工作創新教學獎評選檢討會議。

7. 民國105年1月11日、105年10月24日、106年10月25日分別辦理2015、2016、2017 IEYI世界青少年發明展金牌獎隊伍頒獎典禮。

8. 民國105年1月26-29日辦理2016臺灣國際科學展覽會。

9. 民國105年5月5-7日、109年5月5-7日、110年5月6-8日辦理105年全國高級中等學校專業群科專題暨創意製作競賽。

10. 民國109年4月21日修正發布「教育部國民及學前教育署補助高級中等學校學生提升學生實習實作能力計畫經費作業要點」。

11. 民國110年10月12日全國高級中等學校專業群科專題及創意製作競賽工作小組會議修正「全國高級中等學校專業群科111年專題及創意製作競賽實施計畫」，110年10月20日技術型高級中等學校群科中心暨推動中心聯席會議修正。

## 三、 重要學生創造力教育競賽

### 1. 全國高職學生團隊技術創造力培訓與競賽 [265]

　　創造力競賽活動自民國92年開辦，每年以全國高工(技術高中)學生為對象，進行技術創造力之培訓與競賽，期能藉此啟迪學生創造力，並培育未來高技術創造力人才，提升國家人力資源。藉由團隊技術創造力培訓課程及競賽活動，培養高職學生統整學科理論與技術實務、提昇創造思考與技術問題解決及激發領導研發與協調之能力，同時深化團隊合作精神，並透過團隊技術創造力競賽模式以深植於高職教育中。

競賽進行方式共包含初賽、四天三夜之研習課程與決賽：

(1). 初賽：分北、中、南及外島，共四區同步進行。競賽時間為4小時，競賽內涵為構想設計，以書面作業方式進行。初賽競賽題目採現場即席公布，各隊桌椅間隔距離進行競賽（指導教師不參與），視況錄取34-36隊參加決賽。

(2). 研習課程：通過初賽晉級之選手隊伍將獲得參加四天三夜研習資格。

(3). 決賽：競賽內涵為構想設計並製作成品方式進行。決賽之競賽題目採現場即席公布，各隊桌椅間隔距離進行競賽（指導教師不參與）；相關材料由大會統一提供（工具與部份材料需各隊自備，將於賽前另公告於網站）。

## 2. 全國高級中等學校專業群科專題及創意製作競賽[266]

專題製作課程於95年高級職業學校群科課程暫行綱要中首次實施，99年課綱課程修訂更為重視專題製作課程，將其學分數由原來的2學分提高為2至6學分。在108年技術型高中新課綱修訂更強調實作的精神，乃將「專題製作」課程名稱更改為「專題實作」，目前已形成高職一常態性的重要比賽，為高職課程的一大特色。

在民國99年由「職業學校群科課程推動工作圈」開始辦理全國性各群專題製作競賽，形成各校辦理初賽、群科中心學校辦理各群複賽、工作圈辦理全國專題製作競賽之逐級、分群競賽，即全程分為各校初賽、十五群科中心學校複賽及全國決賽三層級。

競賽期程則包括佈展、競賽、展覽(含頒獎典禮)。共計全國各高職及綜合高中專門學程超過2,000校科、一千多隊(作品)報名參與複賽，取約十分之一隊參與決賽獲獎，接受表揚、頒獎獎狀，競賽後工作圈則將優良作品開放給全國各高職學生參展。

---

[265] 國立臺灣師範大學（2022）。全國高職學生團隊技術創造力培訓與競賽，資料來源：http://pmcl.mt.ntnu.edu.tw/

[266] 教育部國民與學前教育署（2021）。全國高級中等學校專業群科專題及創意製作競賽，技術型高中學校課程推動工作圈，2021/09/16，資料來源：https://vtedu.mt.ntnu.edu.tw/

103年6月由立法院通過十二年國教相關法令，並將「職業學校」改稱為「技術型高級中等學校」，103年起與「教育部推動職業學校創意教學」之創意競賽合併辦理，於105年名稱改為「全國高級中等學校專業群科專題暨創意製作競賽」，分為「專題組」及「創意組」。

### 3. 世界青少年發明展 [267、268]

世界青少年發明展選拔賽係常態性競賽，2022年已為第十八屆(民國93年開始)，提供一個讓臺灣的青少年科技創意發揮的舞臺。先在國內辦理初審、複審選拔出國家代表隊後，每年再赴各主辦國參加世界青少年發明展。參加對象為6-19歲之國小、國中、高中職在學學生。為我國鼓勵學生從事創意發展及國際創造發明文化交流之重要活動，每年甄選到IEYI世界青少年創客發明展成績顯赫，教育部（100）統計2010年奪得1白金獎、7金、9銀、10銅、14特別獎共41獎項。聯合報（2022）報導2021年第17屆世界青少年發明展臺灣青少年團隊表現超亮眼。代表團共奪得19面金牌、15面銀牌、20面銅牌以及兩項國家特別獎。

選拔類組依學籍分為「發明組」、「繪圖組」兩大組，高中職學生可參加發明組，參賽作品類別則分成九類：

(1). 災害應變（對自然災害、大型災害及避/救難逃生有預警作用和幫助之發明）。

(2). 運動休閒（對提升運動、休閒娛樂之便利性或增進其效果之發明）。

(3). 農糧技術（對改善農業發展有幫助之發明，作品須符合該年度世界發明展主辦國家/地區之檢疫標準，作品不能是植物，須是技術或產品)。

(4). 綠能科技（對環境保護、廢物利用有幫助之發明）。

(5). 安全健康（對人類生活衛生、安全有所改善之發明）。

(6). 社會照顧（對促進身心障礙者及社會弱勢族群生活便利之發明）。

(7). 教育（對改善教育場所設備或增進學習效能之發明）。

(8). 高齡照護（對促進年長者生活及日常照護有幫助之發明）。

(9). 便利生活（對增進日常生活便利性之發明）。

## 4. 臺灣國際科學展覽會 [269]

(1). 宗旨

1). 培養中等學校學生科學研究興趣，提高科學教育水準，培育未來科技人才。

2). 增加學生觀摩國際科展的機會，交換科學研究心得。

3). 加強國際科技教育的合作及交流，提升國民外交並爭取國家榮譽。

(2). 參展對象、資格

1) 國內學生：

① 年齡未滿20歲，經就讀學校推薦，現就讀國內公、私立中等學校（國民中學三年級、高級中等學校）及五專前三年級在校學生。惟已於大學註冊入學者，不具參展資格。

② 相當於前款階段之高級中等以下教育階段非學校型態實驗教育學生，得經所屬學籍學校報名；無學籍者應由該直轄市、縣(市)主管機關發給學生身分證明文件並報名。

③ 每位學生限報名一件作品參展。

④ 學生均可以個人作品或團隊（2至3人）作品參展。

2). 國外學生：參展作品由國立臺灣科學教育館邀請，受邀請之國家或地區，各以派遣學生2人為原則。

(3). 展覽科別：分為十三學科，數學科、物理與天文學科、化學科、地球與環境科學科、動物學科、植物學科、微生物學科、生物化學科、醫學與健康科、工程學科、電腦科學與資訊工程科、環境工程科、行為與社會科學科。

---

267 2022 IEYI 世界青少年創客發明展暨臺灣選拔賽活動簡章，資料來源：www.ieyiun.org

268 聯合報（2022）。2021世界青少年發明展 臺灣代表隊奪19金牌，董俞佳報導，2022-03-10。
教育部統計處（2022）。中華民國教育統計100年。

269 臺灣國際科學展覽會實施要點（2022）。教育部主管法規查詢系統/法規內容。
資料來源：https://edu.law.moe.gov.tw

(4). 作品內容：凡未曾代表我國參加國際性競賽之個人或團隊創作且合於下列各項內容之一者，均得參加展覽：

　　① 科學專題研究。

　　② 科學技術之創新或改良。

　　③ 科學實驗及教學儀器、機具或模型之創作。

　　④ 科學探討及解決問題方法之創新及應用。

(5). 執行成效[270]

　　馮桂莊（2009）指出民國71年美國首度邀請我國參加其主辦的國際科技展覽競賽（International Science and Engineering Fair, 簡稱 ISEF）。歷年參加國際科技展覽競賽成果豐碩，備受國際矚目與肯定：1. 每年自臺灣國際科學展覽會國內 第一、二、三名作品中，遴選代表參加美國英特爾國際科技展覽競賽(Intel ISEF)、加拿大科學展覽會、新加坡青年科學節、國際科學博覽會、香港聯校科學展覽會、紐西蘭科技展覽會等成績亮麗。以歷年(1982 - 2009)參加ISEF為例，成果獎項統計有青年科學家獎1件、類科首獎9件、大會獎85件、特別獎106件等成果豐碩。其中2008年參賽的作品中有2件是高中（職）學生經科教館的「中學生參與科學專題研究計畫」輔導作品。學生參加國際科技展覽競賽，與世界各地學生代表交換科學研究心得，促進國際科學教育的合作與交流，並備受國際矚目與肯定。

---

[270] 馮桂莊（2009）。臺灣國際科學展覽會--成效與展望．科學教育月刊第319期，中華民國九十八年六月

## 第四節 技能檢定（民國62年迄今）

民國60年行政院核定第三期人力發展計畫，規定必須儘速辦理技能檢定，技職教育除積極培育技術人力外，並努力推動職業訓練，並配合實施「技能檢定」。說明如下。[271、272、273]

### 一、背景依據

民國36年政府所頒佈的「中華民國憲法」，對有關人民之工作權、工作機會、保護勞工及增進勞工之生產技能等有關條文如下：第十五條：人民之生存權、工作權及財產權，應予以保障。第八十六條：左列資格，應經考試院依法考選銓定之。1.公務人員任用資格，2.專門職業及技術人員執業資格。第一五二條：人民具有工作能力者，國家應予以適當工作機會。第一五三條：國家為改良勞工及農民生活，增進其生活技能，應制定保護勞工及農民之法律，實施保護勞工及農民之政策……。

民國53年國際經濟發展委員會成立人力資源發展委員會，政策性決定今後應加強職業訓練之推動，於民國55年提出設置中央職業訓練委員會。民國60年行政院核定第三期人力發展計畫，規定必須儘速辦理技能檢定。民國61年2月8日公佈「職業訓練金條例」第七條：內政部應制訂技能檢定標準及發証辦法，員工於職業訓練後實施技能檢定，凡經技能檢定合格者發給証書。同年9月20日內政部公佈「技術式技能檢定辦法」，該辦法共計十二條，開啟了技能檢定的法律依據。

[271] 臺灣省政府教育廳（民74b）：《臺灣教育發展史料彙編》，第二章建教合作與技藝訓練(含技能檢定)，臺中，臺灣省立臺中圖書館。

[272] 臺灣省政府教育廳（民81h）：《臺灣省政府教育廳志第七卷職業教育篇》，第四章實施概況第十二節技能競賽與技能檢定，國立中央圖書館。

[273] 勞動部勞動力發展署（2022）。業務專區/技能檢定/，111-06-07。
來源：https://www.wda.gov.tw/

自民國62年開冷凍空調裝修檢定以來,職類年有增加,迄今達百餘種。民國65年起「中華民國臺灣經濟建設六年計畫」之實施,除積極循由「技職教育」以培育技術人力外,並努力推動「職業訓練」,並且配合實施「技能檢定」。技能檢定業務原隸屬內政部職業訓練局,民國76年8月1日行政院勞工委員會成立,乃隨職業訓練局改隸勞工委員會。

民國103年2月17日配合行政院組織改造,在勞動部勞動力發展署下設置技能檢定中心(以下簡稱本中心)統籌辦理技能檢定相關事務。且配合產業發展趨勢與就業市場需求,陸續開發與調整技術士技能檢定職類,目前技能檢定開辦139職類,並提供全國技術士技能檢定、即測即評及發證技能檢定及專案技術士技能檢定等3種類檢定服務。[274]

目前已在全國(含金門及離島地區)建置181個即測即評及發證技術士技能檢定承辦單位,提供「簡章販售、報名、測試、發證」單一窗口全功能的快速檢定服務機制。全國技術士技能檢定指為非特定對象辦理之技能檢定,每年定期舉辦,原則上為3梯次,學科採紙筆測試、術科則委託各術科合格場地辦理。除團體報名、大陸學位生(陸生就學)、探親就學及一般手工電銲、氬氣鎢極電銲、半自動電銲等3職類報檢人限通信報名外,其餘不分職類、級別均可採通信報名或網路報名,報名表可於販售期間至全國之全家便利商店、萊爾富便利商店、OK便利商店及臺北市職能發展學院購買。

## 二、法令沿革

1. 民國61年2月8日公佈「職業訓練金條例」。

2. 民國61年9月20日內政部於公布「技術式技能檢定辦法」。

3. 民國66年7月,行政院會通過推行職業訓練五年計畫,規定在計畫期間(67年至71年)辦理四十二職類技能檢定,以奠定企業界的証照制度。

---

[274] 勞動部勞動力發展署,技能檢定中心:資料來源:https://www.wdasec.gov.tw/Default.aspx,搜尋日期2022年3月20日。

4. 民國72年12月5日，總統公佈「職業訓練法」明令廢止「職業訓練金條例」，該法第六章有關技能檢定及發証之規定，共列五條。

5. 民國74年11月11日訂定「技術士技能檢定及發証辦法」。

6. 民國77年8月1日，內政部職業訓練局改隸行政院勞工委員會，到民84年第三次修正的辦法中有關條文，共計二十九條。

7. 民國82年4月20日依行政院臺（八二）勞字第一二二五〇函定「技能檢定制度改進方案」。

8. 民國101年12月5日勞動部發布公告訂定「技能職類測驗能力認證審查費收費辦法」。

9. 民國101年7月12日勞動部發布訂定「技能職類測驗能力認證及管理辦法」及「技能職類證書發證及管理辦法」

10. 民國102年7月26日勞動部發布「技術士技能檢定題庫管理要點」。

11. 民國106年10月13日勞動部發布「技術士技能檢定及發證辦法」。

12. 民國106年10月13日勞動部發布「技術士技能檢定作業及試場規則」。

13. 民國107年6月25日勞動部公告「技術士技能檢定新職類開發或職類調整評估諮詢作業要點」修正發布。

14. 民國107年10月19日教育部國民及學前教育署公布訂定「補助辦理在校生專案技能檢定總召集學校及分區召集學校設備經費要點」，臺教國署高字第1070105428B號令，110年4月23日臺教國署高字第1100040413B號令修正第五點。

15. 民國110年12月6日勞動部發布「特定對象參加技術士技能檢定補助要點」。

16. 民國110年9月6日勞動部發布勞動部令：訂定「勞動部全國技術士技能檢定實施計畫」，自111年1月1日生效。

### 三、執行情形

#### （一）執行職類

高級中等學校延、建教班應屆畢（結）業生專案丙級技術士技能檢定自75年度開始合併辦理，報檢人數逐年增加，至82學年開放二年級以下學生亦可報考。高級職業學校在校生辦理之檢定職類詳情如下：

車床工、鉗工、板金、鑄造、沖壓模具工、重機械修護、汽車修護、機械製圖、銑床工、工業配線、室內配線、工業電子、視聽電子、冷凍空調裝修、電器修護、化學、紡紗機械修護（細紡）（疏棉）、織布機械修護、製版照相、平版製版、凹版製版、孔版製版、圖文組版、陶瓷、建築製圖、測量、配管、泥水工、木模、家具木工、女子美髮、美容、女裝、製鞋、中餐烹調、烘焙食品（蛋糕）（中式點心）（麵包）、肉製品加工、中式米食加工、中式麵食加工、農業機械修護。

#### （二）執行成效 [275、276]

1. 自民國65學年度（66年度）起舉辦專科學校在校肄業生乙級技術士技能檢定。高職在校生丙級技術士技能檢定自81學年度開始試辦，82、83學年度繼續辦理，83年度將延、建教班應屆畢業（結）業生專案丙級技術士技能檢定合併辦理，檢定職類擴增至四十三項，報檢人數增為十二萬餘人。

2. 民國81學年度起教育部與行政院勞委會合作辦理技職學校在校生丙級專案技能檢定計畫：81學年度辦理十一個職類，計26,271位學生參加，合格率47.6％。82學年度辦理二十八個職類，83學年度辦理四十三個職類，84學年度辦理三十九個職類，計140,404人報考，合格率為65.8％。87學年度工、商類辦理五十七個職類，計有359,082人參加，工業類計有222,102人報名，合格率為57.6％，商業類計有136,980人報名，合格率為33.6％。每年的平均通過率乃持續穩定成長之中。

3. 民國62年至民國86年止，開辦高職學校技能檢定已公告之技能檢定職類數總計147個，合格發証數至86年12月止共已發出甲級5,029張，乙級186,507張，丙級1,451,940張，單一級11,225張，總數達1,654,701張。[277]

4. 民國98年度辦理全國高中學生技藝競賽級丙級專案技能檢定23,069千元。

5. 依據勞動部勞動力發展署（111）截至5月累計核發甲、乙、丙、單一級技術士證達933萬餘張。111年陸續開發與調整技術士技能檢定職類，技能檢定開辦139職類，111年截至5月底報檢人數分別為67,547人次、146,903次及78,219人次。

275 教育部會計處（2022）。首頁/財務公告事項/本部/預算/單位預算。
網站：https://depart.moe.edu.tw/。

276 勞動部勞動力發展署（2022）。業務專區/技能檢定/，111-06-07。
來源：https://www.wda.gov.tw/

277 彭仁桂（1999）。學生技能檢定及技術士證照制度之探討。技術及職業教育，49卷，31-37。

# 第五節 教育評鑑（民國65學年度迄109年）

　　術職業教育為獲致預期目標，需有週密的計畫外，需要輔以評鑑來發現其阻力和助力，進而分析其原因，藉以發展適宜的對策，來消除阻力，增強助力，使有助於教育目標的達成。技術職業教育評鑑的目的，不外乎(一)診斷；(二)改進；(三)績效責任；(四)研究與發展等四點。目前，有關技職教育評鑑，在內容上主要有1. 師資、2. 設備、3. 教學、4. 管理、5. 經費、及6. 學校行政等六大項。[278] 民國六十五學年度臺灣省教育廳對公私之高級工業職業學校、及高級中學工業類科進行評鑑，發展迄今超過45年，說明如后。[279]

## 一、法令依據 [280]

1. 民國103年1月10日發布「高級中等學校評鑑辦法」。

2. 民國103年2月11日、105年2月15日修正發布「教育部校長領導卓越獎評選及獎勵要點」。

3. 民國103年2月11日、104年1月21日修正發布「教育部教學卓越獎評選及獎勵要點」。

4. 民國106年2月9日、107年3月9日修正發布「教育部校長領導卓越獎評選及獎勵要點」。

5. 民國106年3月10日、107年3月15日、108年1月29日修正發布「教育部教學卓越獎評選及獎勵要點」。

6. 民國108年5月30日教育部以臺教授國部字第1080050523B號令訂定發布「高級中等學校課程評鑑實施要點」。

---

[278] 張天津（民72b）：《技術職業教育行政與視導》，臺北市：三民書局，頁568-584。

[279] 臺灣省教育廳（民76）：《臺灣省教育發展史料彙編》，臺中，省政府；教育部中部辦公室（民89）：《臺灣省教育發展史料彙編－職業教育補述篇》，臺中市，國立臺中 圖書館。

[280] 教育部部史網站（2022a）。101年-110年教育大事紀。資料來源：https://history.moe.gov.tw/

## 二、背景與沿革 [281]

　　學校評鑑乃依據教育基本法第9條「政府負有執行全國性教育事務，進行教育統計、評鑑與政策研究之教育權」。私立學校法第57條「主管機關為促進學校發展，應定期辦理學校評鑑、私立高級中等學校評鑑及評鑑績優學校放寬辦學限制辦法」。十二年國民基本教育實施計畫配套措施中，高中職評鑑與輔導有「高級中學學校評鑑實施方案」、「高職學校評鑑實施方案」、「高中職發展轉型及退場輔導方案」。[282]

　　民國85年教育部「教育改革總諮議報告書」針對「改革中小學教育」部分，提出「提升教師專業素質、建立教育評鑑制度」的主張。據此，教育部以漸進方式推動教育評鑑制度。90年教育部召開「教育改革檢討與改進會議」，進一步提出「建立教師評鑑機制，提升教師教學績效」的政策，希望以評鑑檢視教師的教學，提升教師的教學績效，進而促進學生的學習成效。91年11月至92年8月期間，教育部邀集全國教師會、全國家長團體聯盟，以及學者專家等，籌組「公立中小學教師專業評鑑制度起草小組」，討論推動教師專業評鑑的各項議題，先後計召開25次會議，並擬訂「高級中等以下學校教師專業評鑑試辦辦法〈草案〉」。

　　94年9月召開「高級中等以下學校教師專業評鑑」座談會，於94年11月完成計畫研訂，並修正計畫名稱為「教育部補助試辦教師專業發展評鑑實施計畫」，試辦期程為3年，定位為形成性評鑑，辦理方式為教師自願參加，其評鑑結果不得作為教師成績考核、教師分級（進階）制度及不適任教師處理之參據，並於95學年度開始試辦。98學年度試辦期滿3年後，納入教育部98—101年施政計畫重點，改以常態性政策辦理，刪除「試辦」2字，修正名稱為「教育部補助辦理教師專業發展評鑑實施要點」。

---

[281] 教育部（2012）：《第七次中華民國教育年鑑》，第五篇第七章評鑑，教育部部史，頁619-630。

[282] 教育部國民及學前教育署（2022），高中職學校評鑑實施方案。
網站：https://www.k12ea.gov.tw。搜尋日期：2022年3月20日。

依據教育部(民105)十二年國民基本教育網，學校評鑑依據高級中等學校評鑑辦法、高級中等學校評鑑申復作業要點、高級中等學校追蹤評鑑作業要點、高級中等學校評鑑申訴作業要點。

## 三、執行情形 [283、284]

### （一）評鑑內容

1. 民國65學年度臺灣省教育廳對公私之高級工業職業學校、及高級中學工業類科進行評鑑，內容包括兩大部門：一為行政部門，包括學校行政與管理、一般設備、就業輔導、品德教育、建教合作、經費的運用與獎金等；第二部分為教學部門，包括共同學科及專業科目之教學和實習設備等。

2. 民國71年臺灣省政府教育廳實施全省137所公私立高級中等學校電機類之追蹤評鑑，評鑑內容包括：(1) 師資 (2) 教學 (3) 維護及管理 (4) 設備 (5) 技能抽測 (6) 其它優點及建議。

3. 民國73年3月1日至4月15日臺灣省政府教育廳進行全省七十五所公私立高級中等學校動力機械類之追蹤評鑑，評鑑內容以各校師資、教學方法之改進、實習設備使用及維護情形、學生學習成就等為重點，尤其注重學生實習之操作、技能之評量。

4. 依據教育部(民105)十二年國民基本教育網顯示民國97至103年度，高職評鑑內容有校長領導、行政管理、課程教學、學務輔導、環境設備、社群互動、實習輔導、績效表現、專業類科等。

---

283 臺灣省教育廳（民76）：《臺灣省教育發展史料彙編》，臺中，省政府。

284 教育部中部辦公室（民89）：《臺灣省教育發展史料彙編–職業教育補述篇》，臺中市，國立臺中圖書館。

## （二）執行成效 [285、286]

1. 民國65年至66年臺灣省教育廳對公私之高級工業職業學校、及高級中學工業類科，分就51所國立學校及117所私立學校進行評鑑。

2. 民國65學年度內臺灣省教育廳及臺北市教育局辦理管轄區內各公私立高級中等學校工科評鑑。

3. 民國70學年度臺灣省政府教育廳進行工科各類追蹤評鑑工作，以瞭解前項（民國65年）受評各校所作之改進，並再度了解各工業類科學校之教學情形。

4. 民國71年4月12日至6月15日，評鑑委員會就全省公私立133校之機械類追蹤評鑑，包括機工科、鑄工科、機械製圖科、板金科、機械木模科、模具科、礦冶科，展開追蹤評鑑。總結評鑑結果，(1)治根性問題15項建議。(2)治標性問題14項建議。

5. 民國71年7月至72年7月30日臺灣省政府教育廳實施全省137所公私立高級中等學校電機類之追蹤評鑑，包括電工科、電子設備修護科、電器冷凍修護科、電訊科等四科，

6. 民國73年3月1日至4月15日臺灣省政府教育廳進行全省七十五所公私立高級中等學校動力機械類之追蹤評鑑，包括汽車修護科、重機械修護科、輪機科、飛機修護科等四科之追蹤評鑑。

7. 民國87學年度起至今，教育部及省市教育廳共同策劃推動職業教育評鑑。

8. 民國98年度辦理高職校務評鑑經費19,000千元，99年度辦理高職校務評鑑經費15,631千元，100年度辦理高職校務評鑑經費12,810千元，101年度辦理高職校務評鑑經費12,810千元。

9. 民國104年7月1-3日、106年7月5-7日辦理104、106年度教育部校長領導卓越獎複選發表審查會議。

---

[285] 教育部部史網站（2022a）。101年-110年教育大事紀。資料來源：https://history.moe.gov.tw/

[286] 教育部會計處（2022）。首頁/財務公告事項/本部/預算/單位預算。
網站：https://depart.moe.edu.tw/。

10. 民國104年9月30日召開104年度教育部校長領導暨教學卓越獎檢討會議。

11. 民國104年7月7-10日、105年7月5-9日辦理104、105年度教育部教學卓越獎複選發表審查會議。

12. 民國105年11月18日、11月30日、12月7日辦理105年度教育部教學卓越獎論壇。

13. 民國104年4月22日高級中等學校新世紀領導人才培育營第13期高階遴選暨13期中階檢討會議(4/22-4/23)。

14. 民國105年2月25日、5月19日、7月7日、8月30日、12月28日辦理「105年度高級中等學校評鑑會會議」。

15. 民國105年6月22日、105年12月12日召開104學年度第2學期、105學年度第1學期教育部高級中等學校優質認證會。

16. 民國105年9月22日辦理105年度教育部教學卓越獎頒獎典禮。

17. 民國106年6月22日、107年6月14日辦理106、107年度杏壇芬芳獎頒獎典禮。

18. 民國106年7月11-14日召開106年度教育部教學卓越獎複選發表審查會議。

19. 民國106年9月8日假臺中市中山堂辦理106年度教育部校長領導暨教學卓越獎頒獎典禮，邀請陳副總統建仁蒞臨頒獎，共有20位校長、40隊教學團隊獲獎。

20. 教育部為瞭解所管國私立高級中等學校辦學成果及教育品質，依《高級中等教育法》及《私立學校法》規定，已於104年至108年期間完成228所教育部主管高級中等學校(國立134校，私立94校)評鑑，其中優等76校(33.33%)，甲等130校(57.02%)，乙等18校(7.89%)，丙等3校(1.32%)，丁等1校(0.44%)。 教育部國教署鑒於教育部主管高級中等學校評鑑已完成階段性目標，於109年停辦學校評鑑。[287]

---

[287] 教育部全球資訊網（2020）。教育部停辦109年高級中等學校評鑑 轉型精進接軌108課綱。
首頁/訊息公告/即時新聞，來源：https://www.edu.tw。

# 第六節 教師專業成長與評鑑（民國95年起迄今）

## 一、緣起 [288、289]

　　教育部為協助教師專業成長，增進教師專業素養，提升教學品質，以增進學生學習成果，於民國92年建置「全國教師在職進修資訊網」，95年4月3日發布教育部補助辦理教師專業發展評鑑實施要點，並經多次修正。另配合〈十二年國民基本教育課程綱要〉，明訂各領域課程設計應適切融入19項重要議題，修正〈高級中等以下學校及幼兒園教師在職進修作業要點〉。

　　102年度推動〈十二年國民基本教育中等學校教師教學專業能力研習〉及〈建置十二年國民基本教育學習支援系統與辦理中小學教師差異化教學增能方案〉，提升各教育階段普通班教師的教學專業及促進教學成效。

　　104年推動「教師合作問題解決能力教學提升計畫」，105年2月15日公布「中華民國教師專業標準指引」，以「全球參照、在地統整」為規劃方針，延續101年發布之「中華民國師資培育白皮書」所揭櫫之我國理想教師圖像，研發教育專業、學科教學、教學設計、教學實施、學習評量、班級經營、學生輔導、專業成長、專業責任及協作領導等面向之10大教師專業標準及29項教師專業表現指標，彰顯教師工作者之專業性及形塑師資養成及專業發展各階段教師應具備的能力。

　　配合108學年度實施之「十二年國民基本教育課程綱要」，於106年啟動辦理新增科技領域教師增能課程及開辦教師在職增能/第二專長學分班，結合網路社群與教育資源，發展由下而上的教師專業發展模式。於108年2月20日公布「終身學習的教師圖像」，以導引我國師資培育及教師專業發展。於108年6月5日修正公布「教師法」，除現行

---

[288] 教育部部史網站（2022c）。重大教育政策發展歷程-師資培育。2022/2/11。
資料來源：https://history.moe.gov.tw/Policy/Detail/
[289] 教育部教育e學院（2022）。中小學師資課程教學與評量協作中心，課程協作與實踐。教育部補助辦理教師專業發展評鑑實施要點，民國95年4月3日臺國（四）字第0950039877D 號令。(資料來源：https://ws.moe.edu.tw/001)。

教師進修研究之規範外，新增納入教師專業發展，明訂教育部應規劃多元之教師進修、研究等專業發展制度，並訂定教師專業發展方式、獎勵等相關事項之辦法。於109年3月18日公布「中華民國教師專業素養指引」，引導不同職涯階段教師的專業發展學習。爰於109年6月28日修正公布「教師進修研究等專業發展辦法」，以鼓勵並支持教師專業發展，並提升教育品質。

以技術高中(高工)目前辦理情況，教師專業發展評鑑結合高中職優質化輔助方案辦理，如埔里高工、苗栗農工、中興商工、復興商工、陽明工商等校。張民杰（104）依教育部統計103年高中職教師參與教師專業發展評鑑人數為 55,695 人，其中有獲頒初階證書22,585人、進階證書3,887人。[290]

## 二、法令依據與執行成形 [291]

1. 民國95年4月3日臺國（四）字第0950039877D號令發布「教育部補助辦理教師專業發展評鑑實施要點」。民國96年3月、97年2月、98年2月、98年11月、99年10月、100年11月4日臺研字第1000188606C號令修正。

2. 民國106年11月28日教育部國民及學前教育署發布「補助高級中等學校辦理自我評鑑作業要點」。

3. 民國108年1月29日修正發布「高級中等學校遴聘業界專家協同教學實施辦法」

4. 民國108年5月24日修正發布「教育部國民及學前教育署補助高級中等學校遴聘業界專家協同教學作業要點」

5. 民國109年3月11日修正發布「高級中等學校專業科目或技術科目教師業界實務工作經驗認定標準」。

6. 民國109年5月26日函頒「校外人士協助高級中等以下學校教學或活動注意事項」。

290 張民杰（2015）。教師專業發展評鑑培力教師專業成長之探討。
國家文官學院，T&D飛訊第210期，頁1-18。
291 教育部部史網站（2022a）。101年-110年教育大事紀。資料來源：https://history.moe.gov.tw/

7. 民國109年6月28日修正發布「高級中等學校遴聘業界專家協同教學實施辦法」。

8. 民國110年3月31日公告「直轄市及縣（市）主管機關申請技術及職業教育獎勵之程序、期間、獎勵金額及其他應遵循事項」。

9. 民國110年7月22日修正發布「高級中等以下學校兼任代課及代理教師聘任辦法」。

10. 民國110年12月24日公告發布「高級中等學校跨校選修或預修課程數位遠距教學實施要點」。

11. 民國107年10月11-12日107年高級中等學校專業科目或技術科目教師赴公民營機構研習成果發表會暨108年度申辦說明會。

12. 民國108年10月4-5日108年高級中等學校專業科目或技術科目教師赴公民營機構研習成果發表會暨109年度申辦說明會。

## 三、辦理方式 [292]：

（一）辦理原則：

1. 採自願辦理為原則：由學校自願申請，及學校教師自願參加之方式辦理。

2. 評鑑推動小組於推動教師專業發展評鑑工作時，應重視教師之參與。

3. 本要點係形成性評鑑，不得做為教師績效考核、不適任教師處理機制、教師進階（分級）制度之參據。

（二）辦理形式：學校辦理形式分為逐年期、多年期與核心學校三種。

## 四、評鑑內容 [293]：

1. 教師專業發展評鑑內容之實施得包括課程設計與教學、班級經營與輔導、研究發展與進修、敬業精神及態度等層面。

2. 學校辦理形式分為逐年期、多年期與核心學校三種。

---

[292] 教育部部史網站（2022a）。101年-110年教育大事紀。
資料來源：https://history.moe.gov.tw/
[293] 教育部部史網站（2022a）。同前引書。

## 五、評鑑方式 [294]：

1. 教師自我評鑑（自評）：由受評教師根據學校自行發展之自評程序及評鑑表格，依序檢核，以瞭解自我教學工作表現。

2. 校內評鑑（他評）：

　（1）由評鑑推動小組安排評鑑人員進行正式評鑑，必要時得依受評教師之需要進行非正式評鑑。

　（2）評鑑實施應兼重過程及結果，其評鑑實施方式，以教學觀察為主，並得依學校實際發展需求，兼採教學檔案、晤談教師及蒐集學生或家長教學反應等多元途徑。

## 六、執行成效 [295]：

1. 民國98年度增進教師專業知能與研習1,425千元，99年度增進教師專業知能與研習4,213千元，優良教師表揚獎勵金7,703千元。100年度增進教師專業知能與研習16,340千元。

2. 民國107-111年度補助項目及金額如表6-六-1所示 [296]

表6-六-1 民國107-111年度教師專業發展補助項目及金額

單位:千元

| 年度<br>補助項目 | 107年度<br>決算金額 | 108年度<br>決算金額 | 109年度<br>決算金額 | 110年度<br>決算金額 | 111年度<br>預算金額 |
|---|---|---|---|---|---|
| 教育部補助辦理教師專業發展實踐方案作業要點 | 132,611 | 145,000 | 117,531 | 100,546 | 129,000 |
| 合計 | 132,611 | 145,000 | 117,531 | 100,546 | 129,000 |

[294] 教育部部史網站（2022a）。同前引書。

[295] 教育部會計處（2022）。首頁/財務公告事項/本部/預算/單位預算。
網站：https://depart.moe.edu.tw/。

[296] 教育部全球資訊網（2022b）。教育資料/獎補助規定(含教育經費分配審議委員會)/教育部及所屬機關(構)各項補助原則或要點/教育部各司處所訂補助原則或要點。
資料來源：https://www.edu.tw/。

## 第七節　延長以職業教育為主之國民教育（民國72年迄今）

延長以職業教育為主之國民教育主要推動，一為延教班、實用技能班、實用技能學程；二為國中實用技藝班，說明如后。[297]

### 壹、延教班、實用技能班 [298]（民國72年8月迄今）

### 一、背景沿革與計畫執行

#### （一）背景

延教班的設立，緣於臺灣地區自民國57年起延長國民教育為九年；教育部依據「復興基地重要建設方針案－－文化建設部門目標與策略」，規劃「延長以職業教育為主的國民教育，加強職業教育及補習教育」，經教育部規劃完成「延長以職業教育為主的國民教育實施計畫」，報行政院核定後自72年(1983)8月起實施。計畫內容特別規劃於各高職開設部分類科，提供未升學、未就業或已就業之國中畢（結）業生，得以不需甄試就可就讀而開設之班級，以習得一技之長，方便就業為目的，即被稱為延教班。

延教班辦理之初課程均比照高職進修補校或簡化高職正規班課程而實施。第一階段（民國72年8月至75年7月）試辦期滿。第二階段自75學年度開始實施後成效頗受各界肯定。第三階段至80學年度試辦期滿結束。行政院指示教育部繼續辦理，並規劃將其納入正規學制，且將名稱改為「實用技能班」。

---

[297] 臺灣省政府教育廳（民74b）：《臺灣教育發展史料彙編》，第二章建教合作與技藝訓練(含技能檢定)，臺中，臺灣省立臺中圖書館；臺灣省政府教育廳（民81i）：《臺灣省政府教育廳志第七卷職業教育篇》，第四章實施概況第十三節延教與實用技能，國立中央圖書館；國立臺中高級工業職業學校（民90b）：《臺灣工業職業教育五十年-第六章課程教材》，臺北市：臺灣書店。省府教育廳（民88）：《臺灣工業職業教育五十年》，臺中，省政府。教育部中部辦公室（民89）：《臺灣省教育發展史料彙編-職業教育補述篇》，臺中市，國立臺中圖書館。

[298] 李然堯（2000）。延教班。國家教育研究院雙語詞彙、學術名詞暨辭書資訊網。資料來源：https://terms.naer.edu.tw/

## （二）沿革

1. 民國69九年奉行政院指示依據「復興基地重要建設方針－文化建設部門目標與策略」，規劃「延長以職業教育為主的國民教育實施計畫」。民國69年5月教育部成立研究規劃小組，70年4月1日教育部函送「延長以職業教育為主的國民教育、加強職業教育及補習教育」研究大綱，71年1月16日召開小組會議審查本實施計畫草案。

2. 行政院於72年7月18日以臺（七二）教字第一三一六三號函核定是項計畫自民國72年8月起至81年7月止，分一、二、三階段實施，每一階段各為期三年。自民國72學年度起進行延長以職業教育為主的國民教育試辦工作（即延教班）。

3. 辦理實施推動之目標預計九年，共分近程、中程及遠程三階段辦理。(1) 近程階段：自民國72年8月至75年7月為止。(2) 中程階段：自民國75年8月至78年7月為止。(3) 遠程階段：自民國78年8月至82年7月為止。

4. 民國75年教育部調整延教班，為自願不升學國中畢業生開辦年段式課程，依意願選擇一年、二年或三年之課程。

5. 民國78年教育部規劃「延長以職業教育為主的國民教育」第三階段計畫，將延教班納入學制，改稱為「實用技能班」（即實用技能學程）。其規劃原則為：(1) 自願入學；(2) 有選擇性；(3) 免學費（教育部官方網站，民106）。

6. 在各階段計畫工作中並訂定「延教班學生學籍成績處理要點」、「延教班資格考驗實施要點」等重要法令規章。

## （三）計畫與執行[299]

　　民國72年行政院核定「試辦延長以職業教育為主的國民教育實施計畫」，其計畫與經費編列說明如下：

---

[299] 省府教育廳（民88）：《臺灣工業職業教育五十年》，臺中，省政府。教育部部史網站（2022b）。91年-110年教育大事紀。資料來源：https://history.moe.gov.tw/

## 1. 計畫

　　民國72學年度臺灣省採行以下兩項方式進行延長以職業教育為主的國民教育試辦，其試辦情形如下：（一）全時制職業進修教育：採下列兩種方式試辦：(1) 技術生進修式 (2) 員工進修式。（二）部份時間之職業進修補習教育：試辦採下列三種方式進行，1. 選讀式 2. 與職訓機構合作式 3. 技藝訓練式。

## 2. 執行情形

　　民國73年度起政府推展延教班與實用技能班，編列經費逐年增加，由二千餘萬元至85年度的二億餘元，增加約10倍。從民國73年度起至85年度共編列11億9,829萬9,000元。

## 二、延教班之辦理方式

1. 招生對象：國中畢業自願不升學者，其中以應屆畢業曾參加國中「技藝教育班」者優先登記分發。

2. 入學方式：春秋兩季均辦理招生，「秋季班」由當年國中畢業生曾參加國中技藝教育班者優先，於畢業離校前申請登記分發，如有缺額再於八月下旬辦理招生登記；「春季班」則於每年寒假中辦理招生登記。

3. 課程：類科設計為行業領域較窄、較實用之科別，例如於設有正規班汽車科之高職開設汽車修護科、汽車電機科或汽車板金科等延教班課程。目前規劃完成之類科已有七十餘科。課程內容也以技能實習為主，約占百分之七十以上，理論科目則較少且較為淺易。

4. 修業年限：有一年段及三年段兩種課程；三年段課程亦可分年段獨立修習。

5. 上課時間：日間班每週上課三十六節，夜間班每週上課二十四節；日間班較多的十二節係用以加強技能實習及人文陶冶。

6. 收費：學費全免，雜費則依公立學校標準收取。私立學校辦理延教班之經費，由政府專案予以補助。上課所用之課本，由政府免費提供。

7. 資格取得：每修完一年段課程，成績及格，即可取得年段修業證明書。修完三年段課程，成績及格，可取得結業證明書；且可參加資格考

驗，考驗及格者可取得相當高職畢業資格證明書。在學期間，學校並輔導參加專案技能檢定，合格者可取得技術士證。

## 三、實用技能班 [300]

### （一）沿革 [301]

1. 民國94年6月教育部發布「實用技能學程課程綱要」。

2. 民國97年4月教育部發布「高級中等學校申請辦理實用技能學程注意事項」，(民國107年4月27日廢止。

3. 民國101年5月教育部發布「高中職實用技能學程輔導分發作業要點」。

4. 民國106年6月15日發布教育部國民及學前教育署「補助高級中等學校辦理實用技能學程作業要點」。

6. 民國108年7月24日教育部以臺教授國部字第1080073960B號令發布「十二年國民基本教育實用技能學程課程實施規範(含一般科目及專業科目)〉」。

7. 民國110年7月30日修正發布「十二年國民基本教育高級中等學校進修部課程實施規範」、「十二年國民基本教育實用技能學程課程實施規範(含一般科目及專業科目)」、「十二年國民基本教育高級中等教育階段學校集中式特殊教育班服務群科課程綱要」。

### （二）實用技能班的課程設計 [302]

1. 對於國中畢業生未升學而就業者，或既未升學亦未就業者，在其十五至十八歲期間，施予部分時間的職業進修補習教育。此一措施經試辦、自願申請入學，及強迫施教等三個階段實施。至第三階段，十五至十八歲的青年，若未在高中、高職、五專就讀者，無論就業與否，均應接受部分時間之職業進修補習教育，並於86學年度開始實施。

---

[300] 省府教育廳（民88）：《臺灣工業職業教育五十年》，臺中，省政府。

[301] 教育部部史網站（2022b）。91年-110年教育大事紀。資料來源：https://history.moe.gov.tw/

[302] 省府教育廳（民88）：同前引。

2. 在實施部分時間職業進修補習教育的過程中，高中、高職、五專日夜間部學生的總數量，及其彼此之間的相對數量，隨人口的增長及經濟發展的需要，合理調整，同時其水準亦按期提高，以便15至18歲青年所接受的全時或部分時間教育，構成一反映社會實際需要的有機系統。

2. 實用技能班設科與課程共分為五大類：工業類、商業類、農業類、家事類及海事類。第一階段以三年段課程為主工業設有24科，計有汽車修護科、汽車板金科、汽車電機科、塗裝技術科、冷作科、銲接科、機械修護科、引擎修護科、自行車修護科、金屬工業科、印刷製版科、營造技術科、視聽電子修護科、微電腦修護科、電機修護科、家電技術科、水電技術科、裝潢技術科、陶瓷技術科、製鞋技術科、皮革製品科、製鏡技術科、竹木工藝科及木雕技術科。其課程架構分為三大部份為一般科目佔百分之25，專業必修及選修科目佔百分之70.8及共同活動佔百分之4.2。其每週授課時數廿四小時 原則夜間上課，並以三年六學期完成全部課程。其中一般科目為國文科每週三節、英文科每週一節、社會科或三民主義每週一節及軍訓一節。共同活動與藝能活動每週一節。而專業必修與選修科目則依據各設目標開課，以實作為主的課程來規劃專業課程，其中實科目至少都佔三分之二以上，是為實用技能班課程的最大特色。

3. 民國72學年度臺灣省延教班試辦採行以下兩項方式進行延長以職業教育為主的國民教育試辦，其試辦情形如下：(一) 全時制職業進修教育：採下列兩種方式試辦：(1) 技術生進修式 (2) 員工進修式。(二) 部份時間之職業進修補習教育：試辦採下列三種方式進行，① 選讀式 ② 與職訓機構合作式③技藝訓練式。

4. 民國83年為配合實用技能班課程的發展，教育部成立實用技能班課程修訂委員會，將工科課程增訂為三十六類科，並將課程規劃為兩種；一為一年段課程日間上課每週36節；另一為三年段課程夜間上課每週上課24節。其中一年段課程結構為：一般科目佔百分之25兩學期共計十八節，含社會科學概論每週一節，國文每週三節，實用英文每週一節，軍訓每週一節，體育每週二節，音樂、美術、生活藝術合併每週一節；另共同活動，兩學期合計四節佔百分之5.5，其中班會每週一節，週會、職課活動合併每週一節。其餘則為專業及實習科目，並分別規劃有部訂必修與校訂選修科目合併佔總節數的百分之69.5，同時並規定實習科目仍應佔三分之二以上。而三年段課則分別列六學期，每

學期每週授課24節，總計144節，其中一般科目36節，佔百分之25，科目計有三民主義第三年段每週一節，社會科學概論於一、二年段授課每週一節。國文則為每週三節，實用英文每週一節，軍訓每週一節，分別在一、二、三年段實教。共同活動計12節佔百分之8.3，其中班會每週一節，週會、聯課活動合併每週一節。專業及實習科目亦訂有部訂與校訂科目佔百分之66.7也就是有三分之二的專業實習科目，並依設科之不同分別訂定課程。其課程主要精神仍希望提供較多的實習實作機會，讓學生能習得動手操作的技能。

## （四）執行情形 [303]

### 1. 執行階段

「實用技能班」辦理實施推動分三階段辦理，說明如下：(1) 近程階段：自民國72年8月至75五年7月為止，以輔導已就業之國中畢業生利用工作餘暇接受職業進修教育或部份時間職業進修補習教育，使該階段國中畢業生有百分之83.16的升學目標。(2) 中程階段：自民國75年8月至78年7月為止，以輔導已就業或未升學、未就業之國中畢業生，接受如近程階段所述進修教育，使國中畢業生升學比例達到百分之91.66為目標。(3) 遠程階段：將延教班改名為實用技能班，自民國78八年8月至82年7月為止，是以凡年在十八歲以內未在高級中等學校就讀之國中畢業生，無論就業與否，均應接受職業進修補習教育。並開始規劃延長國民教育年限，使國中畢業生之升學率達百分之92為目標。(4) 目前階段：隨著時代進步與轉變，隨著少子化與家長、學生、社會的氛圍改變、目前實用技能班正在萎縮中。

### 2. 執行成效

(1). 規劃高中、高職、五專及補校招生名額

A. 72學年度高中入學人數（含補校）為59,735人，高職入學人數（含補校及軍校）為175,944人，五專入學人數為29,036人，延教班入學人數（含春季班）為4,693人，合計269,408人，國中應屆畢業

---

[303] 省府教育廳（民88）：《臺灣工業職業教育五十年》，臺中，省政府。教育部中部辦公室（民89）：《臺灣省教育發展史料彙編－職業教育補述篇》，臺中市，國立臺中圖書館。

生人數為348,941人。75學年度延教班入學人數（含春季班）為7,632人。

B. 74學年度臺灣省延教班辦理學校數由72學年度42校增加為60校，註冊人數由3,238人成長為5, 271人。77學年度辦理延教班學校數為78校，公立有344班、私立65班(包含商與社會科)，學生數為16,543人(包含商與社會科)，77學年度實際畢業人數3,405(包含商與社會科)人。[304]

C. 民國75學年度試辦延長國教班之學校計五十九所，招生班級一百二十六班。

D. 82學年度高中入學人數（含補校）為87,388人，高職入學人數（含補校及軍校）為293,730人，五專入學人數為51,156人，延教班入學人數（含春季班）為12,316人，合計444,590人，國中應屆畢業生人數為373,902人。

E. 72至82學年度延教班招生校數及入學人數統計表：

(A). 72學年度，校數為49所，班級數為106班，入學人數為4,693人。

(B). 75學年度，校數為67所，班級數為157班，入學人數為6,546人。

(C). 82學年度，秋季班校數為89所，班級數為642班，入學人數為12,000人。

(2). 增加延教班招生班數並擴大辦理春季班及山地延教班對自願不升學之國中畢（結）業生，開設延教班以提供就讀職業進修補習教育。自76學年度起辦理春季班及山地延教班，以招收中途輟學及無法進入高中、高職、五專及補校之學生。

(3). 規劃並辦理延教班結業生資格考試74年至78學年度的延教班結業生，其資格考試係與補校結業生合併辦理。延教班學生乃自七十九學年度起開始全面辦理包含技能實作測驗的資格考試，歷年延教班結業生人數及資格考試及格率如下：

---

[304] 臺灣省政府教育廳（民81i）：《臺灣省政府教育廳志第七卷職業教育篇》，第四章實施概況第十三節延教班，國立中央圖書館。

A. 74學年度，結業人數（不含一年級科班）為1,972人，參加人數為1,832人，及格人數為1,410人，及格率為76.97%。

B. 82學年度，春季班結業人數（不含一年級科班）為780人，參加人數為779人，及格人數為772人，及格率為99.10%。

C. 82學年度，秋季班結業人數（不含一年級科班）為6,597人，參加人數為6,332人，及格人數為6,279人，及格率為99.16%。

(4). 協調有關單位擴大辦理技能檢定

延教班自76學年度起，輔導延教班結業生參加職訓局所辦理之專案技能檢定。80學年度開始改由教育行政主管單位利用職校現有人力設備辦理專案技能檢定，職訓局予以行政協助及發證工作。延教班學生歷年參加技能檢定結果統計如下：

A. 76學年度，校數為24所，科數為14科，報檢職類數為19類、20項，參加人數為521人，到考人數為350人，合格人數為136人，合格率為38.36%。

B. 82學年度，校數為59所，科數為21科，報檢職類數為20類、20項，參加人數為2,280人，到考人數為2,070人，合格人數為978人，合格率為42.89%。

## 四、實用技能學程 [305]、[306]、[307]（94年度起）

民國94年發布「實用技能學程課程綱要」，民國97年4月教育部發布「高級中等學校申請辦理實用技能學程注意事項 (民國107年4月27日廢止」。民國101年教育部發布「高中職實用技能學程輔導分發作業要點」，民國106年發布教育部國民及學前教育署「補助高級中等學校辦理實用技能學程作業要點」。

---

[305] 秀水高工（2022）。實用技能學程簡介，網站選單，資料來源：https://www.ssivs.chc.edu.tw/

[306] 施信華、陳啟東、陳慶安、郭義汶（2022b）：《當代職業教育與訓練》，頁157。臺北市：五南圖書出版公司。

[307] 教育部會計處（2022）。首頁/財務公告事項/本部/預算/單位預算。網站：https://depart.moe.edu.tw/。

十二年國教以後，依據「教育部國民及學前教育署補助高級中等學校辦理實用技能學程作業要點」，更多技術型高中辦理「實用技能學程」，以強化學生實務技能及就業能力、培育基礎產業人力為目標。實用技能學程目前共開設13職群51科供同學選讀，工業類科有六職群25科別：

(一)、機械群：現行科別有：1. 機械板金科 2. 模具技術科 3. 機械加工科 4. 機械修護科、5. 鑄造技術科 *6. 電腦繪圖科 *7. 自行車技術科。

(二)、動力機械群：1. 汽車修護科 2. 機車修護科 3. 塗裝技術科 *4. 自行車技術科

(三)、電機與電子群：1. 水電技術科 2. 家電技術科 3. 視聽電子科 4. 電機修護科 5. 微電腦修護科 6. 冷凍空調科。

(四)、化工群：1. 化工技術科 2. 染整技術科。

(五)、土木與建築群：1. 裝潢技術科 2. 營造技術科 *3. 電腦繪圖科。

(六)、設計群：1. 金屬工藝科 2. 金石飾品加工科 *3. 廣告技術科。

〔註〕：代表該科為跨群的科。

五、實用技能班與實用技能學程差異，如表6-七-1所示 [308]：

表6-七-1 實用技能班與實用技能學程差異比較

| | 實用技能班 | 實用技能學程 |
|---|---|---|
| 年段 | 開設1年段與3年段 | 3年段(年段學分制) |
| 入學 | 隨進隨出 | 採2階段輔導分發 |
| 補助 | 第1年段學費全免 | 三年免學費 |
| 對象 | 較特定對象 | 有意就業之學生 |
| 課程 | 單位行業 | 基本核心與專業技術 |
| 科目 | 部定標準 | 部定（減少）＋校訂（增加） |
| 教材 | 部定標準統一編印 | 側重學校教師自主發展 |
| 畢(結)業 | 頒發「結業證書」 | 頒發「畢業證書」（修滿150學分） |

---

[308] 秀水高工（2022）。實用技能學程簡介，網站選單，資料來源：https://www.ssivs.chc.edu.tw/

## 六、執行情形 [309]

1. 民國98年度實用技能學程配套措施及教材研發、課程審查、研習等經費3,344千元。98年度實用技能學程開班經費補助590,000千元、產業特殊需求類科與特殊地區高中職免試入學補助經費79,000千元,獎勵辦理建教合作及實用技能班設備費50,000千元。

2. 民國99年度實用技能學程配套措施及教材研發、課程審查、研習等經費5,450千元。實用技能學程開班經費補助1,468,776千元、產業特殊需求類科與特殊地區高中職免試入學補助經費100,000千元,獎勵辦理建教合作及實用技能班設備費50,000千元。

3. 民國100年度實用技能學程學生免學費及開班經費補助1,666,000千元、產業特殊需求類科與特殊地區高中職免試入學補助經費150,000千元,高職建教合作免學費方案1,409,760千元。實用技能學程配套措施及教材研發、課程審查、研習、分發宣傳等經費3,180千元,獎勵辦理建教合作及實用技能班設備17,663千元。

4. 民國101年度實用技能學程學生免學費及開班經費補助1,581,098千元、產業特殊需求類科與特殊地區高中職免試入學補助經費46,148千元,高職建教合作免學費方案1,409,760千元。實用技能學程配套措施及教材研發、課程審查、研習、分發宣傳等經費2,306千元,獎勵辦理建教合作及實用技能班設備5,775千元。

---

[309] 教育部會計處(2022)。首頁/財務公告事項/本部/預算/單位預算。
網站:https://depart.moe.edu.tw/。

## 貳、國中實用技藝班（民國82年迄今）

### （一）背景與沿革

#### 1.背景

　　技藝教育乃依「國民教育法」第7條之一，及「技術及職業教育法」第10條第一項規定訂定而實施。國民中學階段實施技藝教育，從民國63年2月25日發布實施「加強國民中學技藝教育辦法」以來，至民國104年12月16日依「國民中學技藝教育實施辦法」辦理迄今，期間於1982年、1999年及2008年亦配合教育課程（課綱）變革作三次修法。

　　82學年度(1993~1994)起，教育部推動「發展與改進國中技藝教育方案——邁向十年國教目標」，結合地區內之職業學校、職訓中心或專科學校，與國民中學合作，加強辦理國中「技藝教育班」，輔導國中三年級學生適合接受技藝教育者，選讀技藝教育課程，加強職業認知與職業試探，並為未來就讀技職學校預作準備。此類學生於國中畢業後如未繼續升學，則輔導其就讀延教班，至少應修習一年段，習得一技之長，幫助學生未來生涯之發展。

#### 2.沿革 [310]

1. 民國63年02月25日教育部公布「加強國民中學技藝教育辦法」，教育部（63）臺參字第4818號令訂定。

2. 民國78年教育部規劃「延長以職業教育為主的國民教育」第三階段計畫，將延教班納入學制，改稱為「實用技能班」（即實用技能學程）。其規劃原則為：(1) 自願入學；(2) 有選擇性；(3) 免學費（教育部官方網站，民106）。

3. 民國82年11月23日奉行政院82年11月23日臺（八二）教字第四〇九五一及四〇九五二號函核定執行「發展與改進國中技藝教育方案－邁向十

---

[310] 教育部部史網站（2022b）。91年-110年教育大事紀。
資料來源：https://history.moe.gov.tw/

年國教目標」，輔導國中適合接受技藝教育課程之學生，開辦「國中技藝教育班」以銜接實用技能班，自82年7月起至85年6月試辦三年，並修訂職業學校法將實用技能班納入正式學制，建立一貫的技職教育體制（教育部官方網站，民106）。

4. 民國82年教育部擴大推動第十年技藝教育，且高職自89學年起採「免試登記入學」與高職自九十學年起採「多元入學方式」。

5. 民國104年12月16日教育部公布「國民中學技藝教育實施辦法」，臺教授國部字第 1040129295B 號令。

6. 民國105年3月7日、105年3月9日、105年3月11日辦理105學年度國民中學技藝教育專案編班申辦說明會。

7. 民國107年5月14日修正發布「教育部國民及學前教育署補助辦理國民中學生涯發展教育及技藝教育相關經費作業原則」。

8. 民國107年5月14日修正發布「教育部國民及學前教育署補助國民中學區域職業試探與體驗示範中心作業要點」。

## （二）課程設計目的與內涵 [311]

### 1. 目的

　　國中技藝教育班之教育目標為：(1) 總目標：加深職業試探，學習行職業基本知能，發揮職業陶冶精神。(2) 各類班目標：a. 傳授各類班之基本知識及實用技能。b. 養成學生敬業、負責、勤奮、合作等優良職業道德。c. 培養學生行事該類相關職業之興趣，以激發學生潛能。

### 2. 對象

　　技藝教育班的對象是國民中學適合接受技藝教育課程之學生為對象，含志願就業、升學意願不高、不具學術傾向及具有職業發展傾向等

---

[311] 臺灣省政府教育廳（民74b）：同前引；臺灣省政府教育廳（民81i）：同前引；國立臺中高級工業職業學校（民90b）：同前引。省府教育廳（民88）：同前引。教育部中部辦公室（民89）：同前引。

學生，每學年度約有四至五萬名。國中技藝教育目前已在臺灣省由國民中學及高級職業學校、專科學校或職訓單位以「自辦班」或「合作班」方式辦理。

3. 課程內涵與發展

(1) 輔導在國二下選讀每週二小時的職業試探與輔導課程，在國三時利用二天時間赴技職學校選讀每週六至十四小時的技藝教育課程，國中畢業後至少再修讀一年的高職實用技能班課程。

(2) 依計畫目標及區域需求，全面開班，有：

A. 職業試探與輔導課程：以83學年度國二學生為對象，開辦在下學期五十小時的職業試探與輔導課程。

B. 國中技藝教育班：以83學年度國三學生為對象，開辦每週十四小時（自辦班每週六至十四小時）全學年度三十四週的技藝教育課程。

C. 實用技能班：以82學年度國民中學應屆畢業生為對象，開辦日間每週三十六小時、夜間每週二十四小時實用技能課程。

4. 課程設計

(1) 國中技藝教育班之課程特色為實用技能佔75%，理論課程佔25%。

(2) 國中技藝教育的內涵是輔導國民中學適合接受技藝教育課程之學生，於國二下學期時選修四十小時的「加強職業試探課程」，國三時利用二天時間共十四小時赴技職學校，或利用每週六小時以上時間在國民中學學習技藝教育課程，國民中學畢業後再輔導就讀與技藝教育銜接之延教班一年級或其他班級，使至少修讀二年技藝教育課程（十六歲以前均能在學）再離校就業或繼續升讀技職學校。

5. 生涯規劃

為使接受國中技藝教育課程之學生，未來能有一完整的升讀進路及生涯規劃。擬將國三就讀技藝教育班的學生，依其就讀類科及個人興趣、能力與性向等使進入輔導。原則合作班學生優先荐送輔導升讀延教

班，自辦班學生視延教班缺額再荐送輔導升讀。同時技藝教育班學生亦可依一般管道參加入學考試，進入高中、高職、五專一年級就讀或透過技能優秀學生保送辦法甄選保送高職一年級就讀。

（三）執行情形 [312]

1. 執行階段

民國83年7月至84年6月設科開班方式，說明如下：

(1) 設科班別：為能達到加深職業試探，並能提供國中三年級未來選讀職業類科之興趣，或做好未來就業學習入行之基本技能。採取合作班方式，每週授課14小時或全學年34週之安排及國中自辦班方式，每週授課至少6小時，全學年34週之安排規劃科別。合作班33科班，自辦班55科班，共計88科班，其班別分為工業、家事、商業、農業、海事等五大類，此僅將工業類群列如下：

A. 合作班：實用機械、實用鑄工、基礎模具、實用汽車、實用機車、實用電機、實用電工、實用電子、實用營建、實用化工、實用紡織、實用印刷、實用工藝等班。合作班（含國中技藝中心）部份各校得視實際需要及學校師資設備等條件之職類開班。

B. 自辦班：機械製圖、鉗工、焊接、冷作、引擎修護、汽車電機、汽車板金、汽車塗裝、機車修護、冷凍空調、電機修護、水電修護、家電修護、室內配線、視聽電子修護、為電腦修護、事務機器修護、建築製圖、裝潢技術、木工、砌磚工、化學工藝品製作、網版印刷、籐具編織、竹木雕刻、陶藝、皮革製品技術、製鞋技術等班。自辦理所設科班，每週授課至少6小時，以傳授二項以上的職業技能領域課程；若每週授課9小時，則傳授三項以上的職業技能領域課程；每週授課12小時，傳授四項以上的職業技能領域課程，各校仍可視學校師資設備及地區特色開班。

---

[312] 臺灣省政府教育廳（民74b）：同前引；臺灣省政府教育廳（民81i）：同前引；國立臺中高級工業職業學校（民90b）：同前引。省府教育廳（民88）：同前引。教育部中部辦公室（民89）：同前引。

(2) 課程內容：合作班與自辦班之課程內容皆為各技能領域的實用班基礎技藝，其中合作班（含國中技藝中心）所設科班，各校可視學校之師資、設備及地區特色等條件開班，以傳授四項以上的職業技能領域課程為原則。

(3) 課程組合原則：合作班與自辦班之課程組合可參照下列原則：各班均依技能領域之範圍銜接相關的實用技能班科別，因此，合作班傳授四項以上的職業技能領域之課程，可銜接實用技能班較多的科別；而自辦班傳授二項以上的職業技能領域之課程，僅能銜接其相關的延教班科別。例如工業類合作班的「實用汽車班」，將可銜接「引擎修護科」、「汽車修護科」、「汽車電機科」和「汽車板金科」；而自辦班的「引擎修護班」僅能銜接「引擎修護科」。合作班與自辦班的上課時數不同，只是因所學的技能領域數不同，而不是課程內容的差異，故不會造成在實用技能班中來自合作班和自辦班學生之程度差異。

(4) 銜接延教班高一課程：各班技能教學均以銜接延教班（實用技能班）高一課程，為設計目標。期使學生可提早在實用技能班第一年段結束時，有能力參加技能檢定，取得證照的機會。

(5) 特殊需要：若學校配合地區之特殊需要，欲開設其他科班，亦可自行擬訂設科名稱、課程架構與內容，報教育部核定後辦理。

## 2. 執行成效

(1) 國中技藝教育相關班別83學年度合計368班（約13,800名學生），84學年度415班。

(2) 民國85學年度依省府教育廳（民85）實施概況統計如下：

    A. 82學年度：共開辦合作式技藝教育班161班，自辦式技藝教育班579班，合計共740班。

    B. 83學年度：共開辦合作式技藝教育班563班，自辦式技藝教育班301班，技藝教育中心59班、特殊技藝班34班，合計共957班。

    C. 83學年度：共開辦合作式技藝教育班537班，自辦式技藝教育班293班，技藝教育中心125班、特殊技藝班56班，合計共1,012班。

3. 經費執行情形（民國82年度起）

辦理情形如下 [313]：

1. 84學年為落實「發展與改進國中技藝教育方案─邁向十年國教目標」共補助二十一縣市辦理開班費、推薦輔導、交通費共新臺幣3億7,565萬1,968元整。

2. 關於83學年度共核定補助基隆海事職業學校等四十八所學校附設技藝教育中心建設與設備費用新臺幣3億5,220萬元整。

3. 84學年度補助各縣市政府辦理加強國中學生職業試探與輔導活動經費新臺幣4,025萬元整。

4. 84學年度補助各縣市政府辦理加強國中技藝教育班學生技藝競賽暨成果發表活動經費新臺幣1,590萬元整。

5. 省政府教育廳對辦理合作式國中技藝班的職業學校，民國83學年度至85學年度，年度經費編列共編列約7億9,500萬元。

6. 89年度補助國中技藝班、實用技能班的學校或設置技藝教育中心之學校或縣市設備經費達新臺幣176,175,000萬元整。

---

[313] 臺灣省政府教育廳（民85）：前引書；教育部中部辦公室（民89）：前引書。

## 第八節　學年學分制（民國87年起迄今）

　　依據民國86年11月10日公布「高級職業學校試辦學年學分制實施要點」，於民國87年9月17日教育部推動高職採行「學年學分制」，係配合高職新工職課程之實施訂定，且自89學年度起全面實施，說明如后。[314、315、316]

### 一、課程沿革

(一) 依據民國83年06月17日公布職業學校規程第十六條，職業學校為應特殊需要得報經教育部核准辦理各種教育實驗，於民國86年11月10日公布「高級職業學校試辦學年學分制實施要點」。

(二) 民國87年9月17日教育部推動高職採行「學年學分制」，係配合高職新工職課程之實施訂定。

(三) 民國87年5月28日宣佈高職新課程將於87年7月至9月間陸續公布各類科課程標準，且自89學年度起全面實施。

(四) 高職新課程每週授課時數由三十九節調減為三十七節，並將畢業至少應修一六○學分調降為一五○學分。本次高職新課程修訂成果包括修訂完成六十五科別之課程標準及設備標準草案，預留十五％至三十五％的校訂科目空間供各校實際開設特色科目，逐步落實課程自主原則，為學校本位課程設計建立基礎；一般科目至少佔四十％，可以提升高職學生基本能力，兼顧其就業、轉業及繼續進修之需求。

---

[314] 植根法律網/法規資訊（2022）。高級職業學校試辦學年學分制實施要點，民國086年11月10日公布，資料來源：https://www.rootlaw.com.tw

[315] 省府教育廳（民88）：《臺灣工業職業教育五十年》，臺中，省政府。

[316] 教育部中部辦公室（民89）：《臺灣省教育發展史料彙編-職業教育補述篇》，國立臺中圖書館。

## 二、教育宗旨與教育目標

　　學年學分制新的職業學校教育目標：(1)充實業知能，培養行職業作之基本能力。(2)陶冶職業道德，培養敬業樂群、負責進取及勤勞服務等工作態度。(3)提升人文及科技素養，豐富生活內涵，並增進創造思考及適應社會變遷之能力。(4)培養繼續進修之興趣與能力，以奠定終身學習及生涯發展之基礎。(5)促進能力本位教育理想的實現。因而訂定工業職業學校教育目標，以配合國家經建發展，培養健全之工業基層技術人員為目標，除注重人格修養及文化陶冶外，並應：(1)傳授工業類科基本的知識及實務技能。(2)建立正確的職業道德觀念。(3)培養自我發展、創造思考及適應變遷的能力。（臺(87)技（三）字第八七一○三四七三號函文、省府教育廳，民80）

## 三、修業規定

（一）學分之計算方式，以每週授課一小時滿一學期或總授課時數達十八小時為一學分。

（二）學生修業年限規定如左：

1. 修業年限以三年為原則，夜間部學生增加一年。

2. 成績優異學生得縮短其修業年限，以一年為限。

3. 在規定修業年限內未能修足規定學分者，得延長修業年限，以三年為限。

（三）總修習學分數：各科總修習學分數不得少於一六０學分。週會、班會、團體活動不計學分。

## 四、課程架構

1. 依科目類別分為一般目、專業科目（含實習科目）與活動科目。一般科目與活動科目之教學時數以不減少為原則，專業科目之教學時數得配合總授課時間而減少。

2. 依科目自由度分為必修科目及選修科目：

（1). 必修科目：比例占50% - 70%

（2). 選修科目：比例占30% - 50%

## 五、科目學分

1. 一般科目與活動科目之名稱以不更動為原則。

2. 實習科目不得減少，惟可分成數個模組或單元核計學分。

3. 專業科目得適度減少，必要時得更動科目名稱及大綱。

4. 選修科目以達成教育目標為前題，並參考師資、設備、學生之志趣及需要而開設，原則開設比規定選修學分更多之教學科目，提供學生自由選讀。

5. 學生每學期應修學分數規定每學期最低修習學分數以二十七學分為原則。

6. 學校應依左列規定及科目特色訂定各科畢業標準，必修科目應修足且及格率達百分之八十以上、及格之畢業總學分數至少在一六０學分以上。

7. 學校為辦理補考及重補修，在不縮短各科目教學時數下得調整行事曆，惟以一週為限。

8. 重補修科目不及格時，得繼續申請重修、選修科目不及格時得修習其他科目替代。

## 六、重補修處理

1. 試辦學校以左列方式辦理重補修：隨班修讀、開辦專班、自學輔導。

2. 重補修得利用寒暑假、早自習、午休、星期假日等時間授課。

3. 重補修得跨類（科）、跨年級或跨校（部）修讀。

4. 開辦重補修專班最低人數，實習科目以五名、其他科目以十名為原則。

5. 採自學輔導辦理重補修時，教師授課時數以原應授時數二分之一核計，惟該科目重補修人數實習科目在五名、其他科目在十名以下者，得酌予降低授課時數。

6. 重補修師資以校內教師為原則，必要時得聘請兼任教師授課。校內教師得併入基本授課時數及不受教師兼代課最高鐘點數之限制。

## 第九節　高職多元入學與四技二專多元入學

技術型高中(專業科群，即舊學制高職)、綜合高中專門學程/單科型高中等工業類科學校，招生來源是招考國中畢業生，主要管道是依據高級中等學校多元入學招生辦法。技術型高中(專業科群，即舊學制高職)、綜合高中專門學程/單科型高中等工業類科學校之畢業生，就學管道為報考四技二專統一入學測驗 (簡稱統測)，依據四技二專多元入學方案多管道進入四技二專就讀大學。分別說明如后。

### 壹、高職多元入學

技術型高中(專業科群)、綜合高中專門學程/單科型高中等工業類科之學校招考國中畢業生，主要管道是依據高級中等學校多元入學招生辦法。

### 一、背景與沿革 [317]、[318]

起源於民國82學年度推動「高職多元入學方案」，並為配合教育部推動高職免試入學及高中學區制預作準備。依據84年1月18日修正公布職業學校法第四條規定，職業學校入學資格，須曾在國民中學畢業，或具有同等學力者，經入學考試合格、甄試錄取、登記、分發或保送入學。後經民國87年9月1日公布「高級職業學校多元入學方案」、民國98年9月教育部發布「擴大高中職及五專免試入學實施方案」，隨後又經多次修正更名，說明如下 [319]：

1. 民國90年8月、93年8月、95年9月、96年9月教育部修正發布「高中及高職多元入學方案」。

2. 民國98年9月教育部發布「擴大高中職及五專免試入學實施方案」。

---

[317] 民國87年9月1日公布「高級職業學校多元入學方案」，民國87年9月1日教育部(87)臺技(一)字第87094630號函核定。

[318] 民國89年10月教育部核定修正「高級職業學校多元入學方案及相關辦法」。

[319] 教育部部史網站（2022b）。91年-110年教育大事紀。
　　　資料來源：https://history.moe.gov.tw/

3. 民國99年11月12日廢止「高中及高職多元入學方案」。

4. 民國102年8月23日依據高級中等學校多元入學招生辦法，訂定「高級中等學校多元入學招生辦法」，臺教授國部字第1020078575A號令訂定發布全文29條，自102年9月1日施行、民國110年6月30日再修訂。

5. 民國103年9月12日、104年6月10日發布與修正「高級中等學校多元入學招生辦法」。

6. 民國103年9月12日發布「高級中等學校免試入學作業要點訂定應遵行事項」。

7. 民國103年9月12日發布「高級中等學校特色招生核定作業要點訂定應遵行事項」。

8. 民國105年4月8日公告高級中等學校科學班105學年度特色招生甄選入學辦理結果。

9. 民國105年4月27日辦理「106學年度教育部主管高級中等學校招生科班審查原則研商及線上審查系統說明會會議」

10. 民國105年5月10日辦理「教育部主管高級中等學校106學年度科及學程招生班級數及107學年度新設科審查會議」。

11. 民國106年7月20日修正「教育部國民及學前教育署推動高級中等學校及五專多元入學補助要點」第4點。

12. 民國106年7月26日教育部國民及學前教育署建置「高級中等學校教育階段學生學習歷程檔案作業要點」。

13. 民國107年4月3日、5月16日高級中等學校科學班107學年度特色招生甄選入學辦理結果公告、試辦學習區完全免試入學放榜。

14. 民國108年6月14日高級中等學校特色招生專業群科甄選入學報到、高級中等學校試辦學習區完全免試入學報到。

15. 民國108年7月9日各就學區高級中等學校免試入學及高級中等學校特色招生考試分發入學放榜。

16. 民國109年5月14日、6月11日高級中等學校試辦學習區完全免試入學報到、高級中等學校特色招生專業群科甄選入學報到。

17. 民國109年7月8日全國各就學區高級中等學校免試入學及特色招生考試分發入學放榜。

## 二、方案目標 [320]

　　此方案目標在有關學生學習與選擇方面，達到重視學生的學習歷程、顧及學生的性向與興趣、激勵學生向學動機、提供學生多元入學途徑選擇、尊重家長教育選擇權、增進弱勢族群教育機會。在有關高職特色與選才方面，達到尊重學校自主選才、促進學校均衡發展、發展學校特色、建立學生多元價值觀念、多元評量學生學習成就、輔導學生適性發展。在有關國中教育發展方面，達到促進國中學生五育均衡發展、提升國中適性教學品質、紓緩過度升學競爭壓力。

## 三、執行情形

　　民國87年度起教育部位推動綜合高中，協助學校轉型；實施高職免試登記入學及多元入學方案，均衡地區資源分配，朝社區化發展，為實施十二年國教鋪路。並配合高職新課程實施，辦理教師進修、研習，推動職校學生專案技能檢定等，每年均編列事項經費約七億元支應。

　　民國97年度辦理多元入學相關作業1,230千元，98年度辦理多元入學相關作業1,929千元，99年度辦理多元入學相關作業1,772千元，100年度辦理多元入學相關作業12,379千元，逐步實施高職免學費方案3,225,760千元。101年度辦理多元入學相關作業22,609千元，逐步實施高職免學費方案3,037,006千元。[321]

　　民國102年8月23日依據高級中等學校多元入學招生辦法，訂定「高級中等學校多元入學招生辦法」，其中「多元入學」取得國民中學畢業資格或具同等學力學生（簡稱國中學生），進入高級中等學校（包含技術型高中專業科群、綜合高中專門學程/單科型高中等工業類科之學校）就讀。此招生辦法達成「適性揚才」的願景，國中升學分為四種入學方式：免試入學、特色招生、未受補助私校單獨招生與其

臺灣工程教育史

第肆篇：臺灣初、高級工業職業教育史概要

---

[320] 高級職業學校多元入學方案：同前引。

[321] 教育部會計處（2022）。首頁/財務公告事項/本部/預算/單位預算。
　　網站：https://depart.moe.edu.tw/。

他；每種方式之下均有許多不同的入學管道，提供不同類型學生的入學需求，搭配國中端生涯輔導及志願選填試探工作，讓學生能適性發展，擇其所愛，愛其所選。

技術型高中(專業科群)、綜合高中專門學程/單科型高中等工業類科之學校的入學管道是採國中教育會考成績，方式有：優先免試入學、就學區免試入學、直升入學、運動績優甄試、特色招生專業群科甄選入學、技術型高中單獨辦理免試招生等方法。其他入學方式有：試辦學習區完全免試入學、運動績優甄選、特色招生體育班甄選入學、技優甄審入學、實用技能學程、建教合作班。

108課綱針對技術型高中(專業科群)、綜合高中專門學程/單科型高中等工業類科之學校的入學管道，大致說明如下：[322]

1. 採國中教育會考成績：免試入學即免入學測驗，雖然本方式下的多數管道可採計國中教育會考成績作為比序條件，但比重不得超過三分之一。也就是說，會考成績是重要的入學比序條件，但並非唯一決定的條件。

   (1). 優先免試入學：優先免試入學是為促進教育機會均等，鼓勵就近入學、照顧弱勢學生就學權益。辦理方式多元，可單獨辦理，亦可融入就學區免試入學。優先免試入學可平衡城鄉差距，有類似大學繁星推薦的精神，教育部持續鼓勵各就學區辦理。

   (2). 就學區免試入學：又稱分區免試或大免，為目前多數學生入學高級中等學校之主要管道。

      1) 全國分為15個就學區，緊鄰就學區附近之區域可以劃定為共同就學區；國中學生則依其畢業國中所在就學區報名參加，有特殊理由者可以申請變更就學區。

---

[322] 教育部國民及學前教育署（2022c）。108課綱資訊網，在學與升學/國民中學/中中生學，資料來源：https://12basic.edu.tw/edu-1.php

2) 學校不得訂定申請條件，若報名學生沒有超過招生名額，全額錄取，若超過招生名額，則以比序方式決定。

3) 比序項目訂定於各就學區之免試入學作業要點中，其中國中教育會考之比重不得超過三分之一。

4) 就學區免試入學未招滿之名額，經主管核准後，得辦理免試入學續招，續招不受就學區限制，學生可跨就學區參加續招。

(3). 直升入學：學生就讀的學校若為完全中學者，得報名參加直升入學，其比序方式同就學區免試入學。

(4). 特色招生專業群科甄選入學：依照高級中等學校專業群科分為6類15群，提供對技職有興趣的學生報名參加。

(5). 技術型高中單獨辦理免試招生：私立學校若未受政府獎助或捐助設立，可依高級中等教育法第35條第6項規定報各該主管機關核定後，單獨辦理招生，其招生方式不受高級中等教育法入學相關法令限制，但仍應至少提供15%以上的免試入學名額，以符應教育資源公共化的精神。

2. 其他入學方式：依各就學區或學校之特殊需求所辦理之免試入學，包含園區生免試入學、宜蘭區專長生、基北區產業特殊需求類科、屏東區離島生、技術型及單科型單獨辦理免試招生、原住民藝能班、原住民教育實驗專班，和進修學校非應屆獨招等。

(1). 試辦學習區完全免試入學：為舒緩國中生升學的壓力，落實教學正常化、鼓勵就近入學，教育部自106學年度起，嘗試以一所或數所高級中等學校與數所國中組合成一個學習區，其入學不採計國中教育會考，並於國中教育會考測驗前完成放榜。試辦學習區完全免試入學不僅是一個入學管道，還特別強調國中與高中的課程連結、教學資源共享，國高中學校共同發展提升等概念。

(2). 運動績優甄選：提供體育、音樂、美術、戲劇、舞蹈專長的學生，透過術科測驗或「以競賽表現入學」管道至高級中等學校體育班或藝才班。

(3). 特色招生體育班及藝才班甄選入學：提供體育、音樂、美術、戲劇、舞蹈專長的學生，透過術科測驗或「以競賽表現入學」管道

至高級中等學校體育班或藝才班。

(4). 技優甄審入學：主要提供參加國中技藝課程，或在技藝技能競賽有優良表現之國中學生入學各高級中等學校專業群科，本管道不參採國中教育會考成績。

(5). 實用技能學程：實用技能學程是以培養學生職場就業技能為主，課程設計是延續國中技藝教育課程，採全國分區域輔導分發入學。甄選國中技藝教育學生優先分發，未曾選習國中技藝教育學生次之。實用技能學程目前共設有14群59科，所設群別以技高(高職)現有群別為主，107學年度全國實際開設111校277班。111學年度實用技能學程總召學校為國立南投高級商業職業學校。[323]

(6). 建教合作班：各學校辦理獨立招生，並應成立招生委員會擬訂招生簡章、報名作業、評選方式、招生名額、錄取名單、工作檢討與相關注意事項，並處理申訴及緊急事件等工作。不受免試就學區規定之限制，在廠實習期間受「高級中等學校建教合作實施及建教生權益保障法」、「高級中等學校建教合作班招生作業要點」保障。學校辦理建教合作班招生以免試為之。但為實習職場之適應，得辦理面談、口試、實作或由學校訂定評選方式，並不得採計國民中學學生在校學習領域評量成績。因實習職場之特殊性，得不足額錄取。

[323] 臺北市十二年國民基本教育資訊網（2022）。宣導諮詢/實用技能學程。
資料來源： https://12basic.tp.edu.tw

## 貳、四技二專多元入學方案 [324]

技術型高中(專業科群)、綜合高中專門學程/單科型高中等工業類科學校之畢業生，報考四技二專統一入學測驗 (簡稱統測)，依據四技二專多元入學方案多管道進入四技二專就讀大學。

### 一、工業類科學校之畢業生升學管道 [325]

技術型高中專業科群、綜合高中專門學程/單科型高中等工業類科學校之畢業生升學管道有二種管道，臚列如下：

(一)、四技二專校院

1. 採統測(四技二專入學測驗)成績：甄選入學、聯合登記分發入學

2. 其他：科技繁星計畫、技優保送、技優甄審、特殊選材。

(二)、一般大學

1. 採學測(大學入學測驗)成績：申請入學

2. 採學測(大學入學測驗)及分科測驗成績：：分發入學。

### 二、四技二專統一入學測驗 [326]

### （一）沿革 [327]

科技校院四年制與專科學校二年制統一入學測驗（簡稱統測），由技專校院入學測驗中心主辦，命題領域為技術型高級中學各科群之專業能力。從1990年代迄今，每個時期有不同的改變，摘要如下：

---

第肆篇：臺灣初、高級工業職業教育史概要

[324] 教育部（1999）。四技二專多元入學方案，民國88年1月20日發布臺(88)技二字第88005677號函。

[325] 108課綱資訊網（2022c）。在學與升學/高中職生學。
資料來源：https://12basic.edu.tw/edu-2.php

[326] 技專校院招生委員會聯合會（2022）。四技二專多元入學方案。
資料來源：https://www.jctv.ntut.edu.tw/downloads/

[327] 維基百科（2022）。四技二專多元入學方案。
資料來源：https://zh.m.wikipedia.org/zh-tw/

## 1990年代

- 1998年11月—1999年（民國八十八年）8月，教育部委託國立雲林科技大學規劃與研究「考招分離」專案。

- 1999年7月8日召開會議，決議國立臺北科技大學成立技專校院招生策進總會，國立雲林科技大學成立技專校院入學測驗中心。

## 2000年代

- 2001年，開始舉辦四技二專統一入學測驗考試。

- 2002年，「分數與量尺制度」施行，分數要經過加總，然後再依各學校所需要的加權比重來計算總成績，考生依此成績去參加四技二專甄選入學，或是直接利用統測分數參加聯合登記分發。

- 2005年，配合定於明年起（95學年度）實施的高職新課程，統測亦隨之合併部分考試類別及調整考科、共同科，並以「群」為架構中心。以上調整適用於次年入學之高職學生，並於98學年度正式實施。

- 2007年，工業設計類與商業設計類專業科目(二)調整為術科實作非選擇題，並於2009年正式實施前項所述之新制入學測驗。

## 2010年代

- 2010年，國文考科將增加寫作題型，不單獨設科。同年增設考試類別：藝術群影視類。

- 2015年，共同科目英文科選擇題從50題調整為40題，並加考非選擇題之手寫題型，分數比例調整為選擇題占80分、非選擇題則占20分。

- 2016年以後，除個別申請外，所有試場全面開放冷氣。

- 2016年，為改善高中職學生多以升學為導向而忽略個人性向與自己的特長，教育部推出青年教育與就業儲蓄帳戶方案，以鼓勵高中職應屆畢業生透過職場、學習及國際體驗，探索並確立人生規劃方向。學生可先參加統測，並加入此計畫。

## 2020年代

- 2022年，108課綱實施後，第一屆應試之畢業生，大部分類群之統測命題範圍有所變更。

## （二）考招分離制度

1. 教育部從2001年起實施技專校院考招分離制度，將考試與招生分由不同的專責單位辦理。

2. 技專校院入學測驗中心統籌辦理有關二技統測、四技二專統測測驗命題、題庫建立、考試、成績處理及相關研究改進工作等。

3. 技專校院招生策進總會負責協調招生事務、審議招生策略及研究改進招生工作。

## （三）四技二專入學方式

技術型高中(專業科群)、綜合高中專門學程/單科型高中等工業類科之學校畢業生得報名參加科技校院四年制與專科學校二年制統一入學測驗(簡稱統測)，並依據此成績選擇甄選入學、聯合登記分發方式入學。經錄取報到後，其錄取入學資格、轉系科（組）、轉學、修業年限、修習課程、實習及畢業資格等規定，依招生簡章及錄取學校有關規定辦理。

1. 甄選入學：

(1). 實施範圍：各四技二專學校，依其意願參與。

(2). 實施對象：

1) 高級職業學校畢業，或具有同等學歷（力）資格者；綜合高中學生，並應修滿專門學程科目二十五（含）學分以上(即高職應屆或非應屆畢業生)。

2) 其他甄選招生簡章所定之資格者。

(3). 分數採計：甄選入學總共兩階段，第一階段之統測分數，由各校系自訂國文、英文、數學、專業科目(一)、專業科目(二)的採計科目及權重，通過第一階段者，則參加第二階段的甄選項目，各校系科組指定項目甄試如面試、書面資料審查。

2. 聯合登記分發入學或單獨招生

    (1). 實施範圍：

        1) 登記分發入學：各四技二專學校，依其意願參與。

        2) 單獨招生：各四技二專學校，經本部核准辦理者。

    (2). 實施對象：

        1) 高級職業學校畢業，或具有同等學歷（力）資格者(即高職應屆或非應屆畢業生)。

        2) 參加四技進修部、二專夜間部在職專班單獨招生，應符合在職專班規定資格及畢業年資。

        3) 其他單獨招生或登記分發入學招生簡章所定之資格者。

        4) 個別網路報名為唯一報名方式，請考生務必詳讀簡章並完成所有網路報名手續。

    (3). 分數採計：分數由各技校院校系自訂國文、英文、數學各1至2倍權重，並和專業科目(一)、專業科目(二)各2至3倍權重，加總而得。本招生管道無證照加分及在職年資加分優待。

3. 繁星計畫：高職應屆畢業生校排30%者，由學校推薦15人。網路填志願，以比序排名決定錄取與否，108學年度後取消面試及備審資料。

4. 技優甄審：分二種

    (1). 保送：凡取得認可之國際技能競賽優勝者、與全國技能競賽及全國高級中等學校各類科學生技（藝）能競 賽前三名獎項者，至多可選填50個志願，由招生委員 會依獲獎種類、名次及志願分發。

    (2). 甄審：凡取得認可之競賽獲獎者或持有乙級以上技術士證者，可選填5個志願，第一階段資格審查合格者，參加第二階段各校之指定項目甄試。

5. 科技校院進修部各校單獨招生或聯合招生：

    (1). 取得統測成績單，報名參加採計統測成績之入學管道學校。

    (2). 105學年度四技進修部二專夜間部取消進修不分區 聯合登記分發管道，改採各技專校院單獨招生。

(3). 各校自行決定考試分數之採納方式。

6. 雙軌訓練旗艦計畫：教育部、行政院勞工委員會及德國經濟辦事處合作辦理，引進德國雙軌制教學訓練模式招收二技及二專班別。一般生可獲學費半數之補助（特殊生依規定）。每月可領實習津貼，並享有勞保、健保。

7. 其他方式入學：運動績優學生、原住民學生、身心障礙學生等其他特定招生對象，其入學方式及招生名額，依相關規定辦理。

# 第十節 高中職社區化、優質化與均質化（民國90年起迄今）

## 壹、緣起 [328]

　　教育部自89學年度辦理「高中職社區化」，分準備期為90及91學年度，中程計畫則自92學年度起至97學年度止兩階段推動。教育部自96學年度起推動「高中優質化輔助方案」及「高職優質化輔助方案」，協助學校建立優質特色；98學年度透過「高中職適性學習社區教育資源均質化實施方案」，使各區學校資源同步優化；持續推動「高級中學學校評鑑實施方案」及「高職學校評鑑實施方案」協助高中高職優質精進，以兼顧學校辦學特色績效及教育理念之實踐。

　　教育部為促進公私立高中、高職均能確保辦學品質，以學校評鑑為基本門檻推動「優質高中、高職認證」制度，以創造學校創新特色與動能，落實學生適性揚才、增進家長安心認同、肯定教師專業奉獻，並確保學校特色品牌，期能使全國各免試就學區內均能有優質適量的高中、高職可提供學生免試入學，期能邁向「校校優質、區域均質」，並可引導國中畢業學生適性就近入學。

## 貳、法令依據與執行情形 [329]

1. 民國89年5月教育部發布「技職教育白皮書：追求卓越的技職教育─建設人文科技島，提升國家競爭力」。

2. 民國96年3月行政院針對12年國教前三年「逐步推動期」，通過編列400億，除原有規劃扶助弱勢學生就讀私立高中職補助，另編列3年163億推動高中職優質化。

3. 民國98年4月29日教育部函頒「高級中等學校適性學習社區教育資源均質化實施方案」，部授教中（三）字第0980504191號函訂定。99年5

---

[328] 教育部國民及學前教育署（2022d）。教育部透過高中職優質化、均質化等政策，希望達到校校是明星學校之目標。高中及高職教育組江志強。資料來源：https://www.k12ea.gov.tw/files/
[329] 教育部部史網站（2022b）。91年-110年教育大事紀。
　　資料來源：https://history.moe.gov.tw/

月26日部授教中（三）字第0990508265號函修定、100年3月23日部授教中（三）字第1000505136號函修定、101年11月29日部授教中（三）字第1010520691號函修定、103年9月18日臺教授國部字第1030093150號函修定、106年11月10日臺教授國部字第1060090835號函修定。

4. 民國103年2月19日修正發布「高中優質化輔助方案」，分3個期程辦理，第1期程為基礎發展階段，第2期程為焦點創新階段，第3期程為特色領航階段。

5. 民國103年1月23日、2月27日、3月11日、3月18日召開十二年國民基本教育「適性揚才列車」第10班列車成果影片記者會。

6. 民國104年9月28日函頒「教育部國民及學前教育署資優教育優質發展中程計畫第一期五年計畫（104年至108年）」

7. 民國104年10月7日、10月27日、11月4日、11月18日、12月3日、12月10日、12月15日適性揚才列車－均質化成果列車發布記者會。

## 參、高中高職社區化 [330]、[331]（民國92－迄今）

### 一、緣起

民國89年2月教育部發布「高中高職社區化實施方案」，有關高中職社區化建構適性學習社區計畫，自九十二年起推動，預計推動六年。民國91年5月3日教育部發布「高中職社區化推動工作計畫」，推動期程自發布日起至九十四年十二月三十一日。

[330] 教育部（2000）。高中高職社區化實施方案，民國89年2月發布

[331] 教育部（2002）。高中職社區化推動工作計畫，民國91年5月3日發布，臺技(一)字第0930039815B號令訂定發布全文9點；並自93年8月1日起生效。

## 二、目標

(一)、調整適性學習社區之地理範圍，逐漸形成合理之適性學習社區。

(二)、強化適性學習社區基礎網絡，建立社區資源共享之互動模式。

(三)、推動適性學習課程改進工作，完備社區課程類型。

(四)、落實適性學習社區輔導網絡整合工作，提升社區教育品質。

## 三、推動對象：

高級中等學校（以下簡稱高中職），包括高級中學、職業學校、綜合高級中學、完全中學高中部及特殊學校高中職部。

## 四、推動期程：

自發布日起至94年12月31日。

## 五、推動策略、執行情形

### (一)、推動策略

1. 調整適性學習社區之地理範圍：執行期間93年8月1日至94年12月31日。分4項如下：(1). 高中職以其所屬登記分發區為最大範圍，規劃適性學習社區之地理範圍，同一登記分發區內得規劃一個以上社區，社區範圍彼此互相區隔而連結。(2). 高中職課程種類至少具備普通課程及工業類、商業類二類技職課程，特殊地區得經主管教育行政機關核准調整。(3). 考量學生就學之便利性及上下學所需時間之合理性。(4). 社區國中學生人數及社區高中職校招生容量相近。

2. 強化適性學習社區基礎網絡：執行期間93年5月15日至95年152月31日。分6大項如下：(1). 加強社區宣導工作、(2).社區教育需求評估、(3). 社區教育資訊站、(4). 社區研討（習）活動、(5). 社區聯繫窗口、(6). 社區合作計畫之檢討及改進。

3. 推動適性學習課程改進工作：執行期間95年1月31日前完成。計畫補助3項目如下：

(1). 轉型綜合高中：指高中職校為提供學生多元學習機會及轉型發展需求，得依綜合高中實施要點研提轉型計畫。

(2). 高職精緻發展計畫：指高職為因應社會變遷及人才培育需求，得選擇辦理學校類科調整或整併、領域課程整合或類科（組）課程整合等計畫。

(3). 課程區域合作計畫：指學校得整合社區高中職教學資源，以跨校選課、跨校開課、網路開課、及社區內國中、大專校院或社區大學合作開設進階課程、區域整合教學、聘請社區企業及專家學者開課、學生至社區職場實習等方式，開設學校各科課程。

4. 落實適性學習社區輔導網絡整合工作：執行期間95年1月31日前完成。計畫補助項目如下：1. 輔導網絡建置計畫、2. 輔導工作整合計畫、3. 其他經各主管教育行政機關指定或審查通過辦理之合作計畫。

## （二）、執行情形 [332]

(1). 在95學年度推動高中職社區化鼓勵國中當地學生就近入學率為58.7%。

(2). 在96學年度補助中華民國全國家長教育協會針對高中職多元入學支持度滿意度調查，回答滿意與非常滿意為44.4%、普通為46.5%、不滿意與非常不滿意為10.6%。

(3). 在97學年度推動高中職社區化鼓勵國中當地生學獎勵金56,000千元、辦理多元入學相關作業1,230千元、推動高中職社區化補助相關業務與充實設備337,976千元。

(4). 在98學年度推動高中職社區化鼓勵國中當地生學獎勵金56,000千元、辦理多元入學相關作業1,929千元、推動高中職社區化補助相關業務與充實設備212,535千元。

---

[332] 教育部會計處(2022)。財務公告事項/本部/預算/單位預算。
資料來源：https://depart.moe.edu.tw/。

## 貳、優質化與均質化 [333]（99-迄今）

　　此時期重要計畫項目為「高中職優質化補助方案、適性學習社區均質化實施方案（含學校發展、轉型及退場輔導、精進優質及優質認證）」，依照實施內容與執行成效說明如下：

## 一、實施內容：

1. 投入資源促使各區域高中職進行優質發展、提升辦學品質，項目含括教師教學、學生學習、教師專業發展、課程發展及創新特色措施等。

2. 藉由提升高中職校、國中小學及大學校院之縱向整合，達成區域內師資、課程、設備等資源共享，以鼓勵高中職類科調整及特色發展。

3. 籌劃第3期特色深耕計畫，深植優質方案之續航力，鼓勵完成第2期計畫學校，延續方案精神，提出跨校、跨學科之創新課程或特色深耕計畫；另對以往未能獲得優質化經補助學校，提供機會朝特色教學學校邁進。

4. 建立高級中等學校優質認證制度，以建立學校自我改善機制、改進與提升辦學效能，提升教育品質。

## 二、執行成效：

1. 在99年度推動高中職均質化方案各項行政措施、充實改善教學設備及徵收校地經費315,004千元。高職優質化補助方案經費518,300千元，鼓勵優秀國中畢業生學升學高職獎學金56,000千元。

2. 在100年度推動高中職均質化方案各項行政措施、充實改善教學設備及徵收校地經費308,952千元。高職優質化補助方案經費466,653千元，鼓勵優秀國中畢業生學升學高職獎學金56,000千元。

---

[333] 教育部國民及學前教育署（2022a）。首頁/政府資訊公開/預算決算。
網站：https://www.k12ea.gov.tw/

3. 在101年度推動高中職均質化方案各項行政措施、充實改善教學設備及徵收校地經費329,652千元。高職優質化補助方案經費540,889千元，鼓勵優秀國中畢業生學升學高職獎學金55,850千元。

4. 民國101學年度計487所高級中等學校經認證為優質，將持續依「高級中等學校優質認證實施要點」辦理優質認證作業，以學校評鑑成績、專任教師比率、合格教師比率及學校最近3年內有無重大違反教育法令或重大缺失事項嚴格把關高級中等學校教育環境。

5. 民國102學年度輔助217所高中及121所高職辦理高中職優質化輔助方案、補助279校辦理高中職適性學習社區教育資源均質化實施方案，並核定48校辦理高中職優質精進計畫。從歷年的輔導訪視及績效考評結果顯示，整體均質化方案的推動已有效喚起高中職對學校優質提升的重視，學校各項軟硬體設施也因該方案的輔助及資源的挹注，逐步達成優質發展的目標讓學生在當地高中職之就學環境中能有適性學習之機會，落實就近及免試入學之目標。

6. 民國103學年度（103年度下半年及104年度上半年）輔助197所高中及119所高職辦理高中職優質化輔助方案、補助336校辦理高中職適性學習社區教育資源均質化實施方案，並核定64校辦理高中職優質精進計畫。103學年度計438所高級中等學校經認證為優質。

7. 民國104學年度（104年度下半年及105年度上半年）輔助211所高中及117所高職辦理高中職優質化輔助方案、補助361校辦理高中職適性學習社區教育資源均質化實施方案，並核定64校辦理高中職優質精進計畫。104學年度計422所高級中等學校經認證為優質。

8. 民國105學年度輔助400所高級中等學校辦理高中職優質化輔助方案、補助353校辦理高中職適性學習社區教育資源均質化實施方案。105學年度計402所高級中等學校經認證為優質。

9. 民國106學年度輔助421所高級中等學校辦理高中職優質化輔助方案、補助350校辦理高中職適性學習社區教育資源均質化實施方案。106學年度計368所高級中等學校經認證為優質。

10. 民國107學年度輔助445所高級中等學校辦理高中職優質化輔助方案、補助358校辦理高中職適性學習社區教育資源均質化實施方案。107學年度將透過高中職優質化方案協助學校因應新課綱之變革，以確保學

校辦學品質及促進就近入學，達到適性揚才目標。

11. 依據「高級中等學校優質化均質化補助方案「十二年國民基本教育實施計畫」，為達到高級中等學校優質化、就學區均質化之目標，持續推動「高級中等學校優質化補助方案」及「高級中等學校適性學習社區教育資源均質化補助方案」等相關方案，以期創造公平、優質級均等之後期中等教育，使成為「多元、特色、專業」的高級中等學校。故108學年度高中優質化輔助方案計補助239校，高職優質化輔助方案計補助211校。高中職適性學習社區教育資源均質化實施方案計補助318校。

12. 民國109學年度高中優質化輔助方案計補助249校，高職優質化輔助方案計補助205校。高中職適性學習社區教育資源均質化實施方案計補助307校。

13. 民國110學年度高中優質化輔助方案計補助253校，高職優質化輔助方案計補助203校。高中職適性學習社區教育資源均質化實施方案計補助308校。

## 三、高職優質化與高中職均質化：

### （一）、高職優質化 [334]

1. 緣起

　　「高職優質化輔助方案」於96年5月8日部授教中（三）字第0960509244號函訂定。歷經97、98、99、100、102、103、106、107、108、110、111年2月21日臺教授國部字第1110017867號函等多次修訂。為符應十二年國民基本教育課程綱要，協助高職因應新課綱的實施，繼續提升高職軟硬體教育資源，落實務實致用之技職教育目標，希冀能落實因材施教、適性揚才、多元進路及優質銜接之理念，達成十二年國民基本教育目標。

---

[334] 教育部國民及學前教育署（2022e）。法令規章，高級中等教育組。高職優質化輔助方案。
資料來源：https://www.k12ea.gov.tw/Tw/Station/。

## 2. 目標

(1). 提升高職辦學品質，促進學校特色發展。

(2).引導學校課程實踐，深化核心素養理念。

(3). 精進教師教學專業，優化務實致用精神。

(4). 促進學生多元展能，體現學生主體理想。

## 3. 辦理對象

設有專業群科或專門學程為主之高級中等學校。學校辦理之績優教師及校長，得優先提請列入本部「教學卓越獎」及「校長領導卓越獎」獎勵。

## 4. 辦理期程

本方案自96學年度起開始辦理，配合十二年國民基本教育持續推動。

## 5. 辦理原則

(1). 全面優質：持續強化學校師資、教學及設備，提供學生多元的選修課程，協助學生適性揚才，落實新課綱的理念和推動，形成校務優、教師優及學生優之學校，以達學校全面優質化發展。

(2). 區域均衡：針對學校教育資源較為不足或類科設置較不均衡之區域，專案擇定區域內學校加以重點輔助，以平衡區域學校之發展，促進各區域學校優質化。

(3). 多元發展：促進學校結合地方特色發展，符應技職教育務實致用之目標，鼓勵學生多元學習，以激發學生潛能，使學生具備多元力，建構學校成為多元學習的技職教育園地。

(4). 績效責任：依據申請學校計畫撰寫內容評選受輔助學校，獲選學校依計畫執行，並接受本部逐年定期評核經費使用情形與實施成效。

(5). 分期推動：採階段性和策略性推動，配合學校校務發展和策略，

按年逐步規劃和實施，以達全面提升學校教學品質及發展特色之目標。

(6). 永續提升：本方案在輔助學校達成永續優質內涵及賡續創新提升，期在本方案完成後仍能保持學校優質內涵，並形成具有特色與卓越之學校。

## 6. 實施方式與辦理項目

本計畫共有七個辦理項目，分為A和B兩大類：A大類共三項為因應新課綱實施所規劃所有學校的必辦項目；B大類共有四項，第一項「B1導引適性就近入學」為所有學校的必辦項目，第二項「B2強化學校辦學體質」為學校評鑑項目未達80分以上或未通過者的必辦項目，其餘二項為選辦項目。

**A1 落實學校課程發展**：本項目旨在落實學校新課綱的課程規劃和發展；包括完備學校課程發展機制、適性分組教學、多元選修課程、彈性學習時間實施、自主學習實施規範、學生選課措施與輔導、團體活動實施等規劃；進行跨科目/領域/專業群科、契合產業需求課程規劃，以及進行統整型、探究型或實作型課程的規劃；辦理學校課程成果發表或推廣分享活動，建立課程諮詢輔導機制和輔導網路，推動學校課程自我評鑑機制等計畫，以落實學校新課綱的課程轉化。

**A2 推動創新多元教學**：本項目旨在推動教師創新和多元教學模式及實踐；包括發展核心素養導向的教學及評量模式、精進適性分組教學的教學模式，以及自主學習的學習輔導；進行跨科目/領域/專業群科的教學，結合產業界進行學生實務教學和實習，以及發展統整型、探究型或實作型的教材（案）和教學；發展資訊科技融入、數位化或虛擬、差異化等有效的教學，進行主題式、議題融入和合作學習的教學，推動雙語和國際教育相關教學，落實學校安全教育以及規劃學生學習歷程檔案或學生學習成效評估等計畫，以推動新課綱的教學實踐。

**A3 深化教師教學專業**：本項目旨在深化教師教學的專業素養；包括提升教師課程發展和教學能力，進行教師個人教學內外在的反思；發展跨科目/領域/專業群科的教師專業社群，推動產學研創和鼓勵教師赴產業界深度研習，發展教師教學研究團隊；推動教師共同備課、公

開授觀課和議課，辦理課程領導或教學精進培力研習或增能活動，以及試行教師教學評鑑或成效評估等計畫，以深化新課綱的教師教學專業發展。學校各領域/科目和專業群科教學研究會，不在本項目辦理範疇。

B1導引適性就近入學：本項目旨在導引國中學生適性和就近入學；包括辦理国中學生認識專業群科和進行職涯探索，辦理国中教師和學生家長的技職特色宣導，推動適性和就近入學宣導，鼓勵學校辦理專業群科特色招生，以及協助強化国中學生適性學習等計畫，以導引學生適性和就近入學。

B2強化學校辦學體質：本項目旨在強化學校辦學績效和經營體質；包括進行學校校務評鑑項目和專業群科評鑑待改進及建議事項之具體改善措施。申辦學校於最近一期學校評鑑結果中，有校務評鑑項目或專業群科評鑑未達80分以上或未通過者，必須根據評鑑結果及建議提出具體的改進方案等計畫，以強化學校辦學的成效和品質。

B3加強學生多元展能：本項目旨在加強學生多元發展和適性揚才；包括深化與技專和產業界的鏈結，實施學生產業界見習實習和落實產業界實務實習，增進學生創新研發能力和創業輔導，以及鼓勵學生參與各項技藝能競賽和專題實作等計畫，以加強學生多元的發展和能力。

B4形塑人文藝術素養：本項目旨在形塑校園人文和藝術的氛圍；包括發展多元創新文藝課程，建置生活美學校園環境，推動音樂陶冶活動，結合社區各項藝文活動，建立書香文化校園環境，以及優化學習和生活溫馨角落等計畫，以形塑校園人文和藝術的素養。

## （二）、高中職均質化 [335、336、337]

### 1. 緣起

自民國90年開始推動高中職社區化政策，藉由高級中等學校間的教學合作及資源共享，為進一步落實十二年國民基本教育政策，於民國95年10月18日公布「十二年國民基本教育規劃方案」，民國102年行政院核定「十二年國民基本教育實施計畫」，將「高級中等學校適性學習社區教育資源均質化實施方案」正式納入29個重要配套方案之一。此方案鼓勵學校辦理「學術試探」及「職涯試探」的課程及活動，除延續高中

職社區化既有橫向整合，加強學校間的垂直合作、縱向的連結，落實學校與國中及大專校院端的垂直合作關係，達成師資、課程、設備等教育資源的共享。

## 2. 目標

(1). 建構社區夥伴優質關係，輔助資源弱勢學校。

(2). 強化社區學校資源共享，增進學校特色發展。

(3). 落實社區適性探索工作，引導學生就近入學。

## 3. 辦理對象

全國公私立高級中等學校及特殊教育學校，學校執行計畫書經考評列為成效績優者，學校教師及校長，得優先提請列入本部「教學卓越獎」及「校長領導卓越獎」獎勵之對象。

## 4. 辦理期程

自105學年度起，配合十二年國民基本教育持續推動。

## 5. 辦理原則

分為三大項，十子項目：

(1). 夥伴優質：形塑社區精進標竿學校，輔助社區資源弱勢學校，分享社區學校成功經驗，建構社區合作學習機制。各項工作如下：

　　1). 社區合作學校合作辦理跨校教師專業學習社群、教學演示：推動社區學校間跨校教師專業學習社群，及辦理社區學校間跨校公開教學演示。

---

335　教育部國民及學前教育署（2022f）。法令規章。高級中等學校適性學習社區教育資源均質化實施方案，資料來源：https://www.k12ea.gov.tw/files/common_unit/。

336　教育部國民及學前教育署（2022g）。法令規章。教育部國民及學前教育署高級中等學校適性學習。

337　社區教育資源均質化實施方案經費補助要點。https://www.k12ea.gov.tw/files/common_unit/。

2). 社區合作學校合作辦理典範學習分享活動：社區學校分享特色課程、教材及教學。

3). 社區合作學校合作辦理跨校特色課程、教材開發：配合十二年國教課程綱要，發展社區共同之校訂必修課程、多元選修課程及特色課程。

4). 社區合作學校合作辦理跨校特色教學、創意學習：配合社區共同之校訂必修課程及多元選修特色課程發展，推動跨校之特色教學、創意學習，及由社區合作學校與國中教師分享特色教學及創意學習。

(2). 資源共享：逐步調整社區學校設置之普通及技職課程，加強社區學校間的資源整合，建立學校與國中及大專校院的夥伴關係，達成社區資源均衡之目標。各項工作如下：

1). 社區學校結合大專校院或產業，共同發展具社區文化或產業特色之課程、教材及教案：配合十二年國教課程綱要，社區學校與大專校院及產業合作發展社區文化或產業特色之課程、教材、教案、教學及評量。

2). 社區學校共同研議規劃群科及課程之調整：以社區為基礎，建置普通、技職(工業類、商業類、家事類)、特殊資優、特殊身障之4類課程，以符應社區內國中學生教育需求。

(3). 適性探索：配合教育政策之實施，強化夥伴優質效益，落實社區特色發展，促進學生適性學習，以達成國中畢業生就近入學之目標。各項工作如下：

1). 社區學校合作辦理適性學習社區地理範圍調整工作：由一所合作學校辦理，配合學生適性學習需求，逐年檢討調整適性學習社區。

2). 社區學校合作辦理資訊平臺推廣及國中學生教育需求調查工作：各由一所合作學校辦理，持續維護社區資訊平台，逐年進行國中學生教育需求調查。

3). 社區學校合作辦理就近入學及特色課程宣導工作：由一所合作學校辦理，結合社區共同辦理就近入學宣導工作，導引學生就近入學及辦理免試入學宣導。

4). 社區學校共同辦理國中學生職涯試探或學術試探活動。

# 第十一節　產學攜手合作計畫

## 一、計畫緣起 [338]

　　技職教育在我國經濟發展過程中扮演著重要的角色，尤其工業教育培育各類群的實用專業技術人力。然而隨環境變遷、科技發展，使產業結構由技術密集的製造生產走向創新研發；因此，我國的部分製造業或代工業亦需致力推動產業升級，創造在新經濟環境中的附加價值，方能繼續創造經濟起飛茁壯的臺灣奇蹟。

　　教育部於95學年度起，為提升專業技術人才培育水準，實現技職教育與產業實務的結合，推動「產學攜手合作計畫」，規劃「產學攜手專班」，透過高職（技術型高級中等學校、普通型高級中等學校附設專業群科、綜合型高級中等學校專門學程）及技專校院（公私立科技大學、技術學院及專科學校）間規劃彈性的學制與課程，以特殊類科、嚴重缺工產業為優先申辦領域，並鼓勵開辦政府提倡之新興產業；故可落實對產業特殊類科及傳統基礎產業人才的培育，並滿足缺工產業的人力需求。

　　「產學攜手專班」為培育產業需求技術人力，結合實務導向技術發展，發揚技職教育「做中學、學中做」務實致用辦學特色。可以達到合作廠商、學生、技專校院、高職學校與技職體系等五贏局面，高職學校銜接技專校院，再加上合作廠商工作崗位實習、津貼，提供學生升學與就業機會。對學生而言，兼顧經濟弱勢與學習弱勢學生的進修與就業意願；對廠商而言，除技術交流外，亦可滿足業界缺工需求，穩定產業人力，減少流動。對技專校院而言，與業界合作能據以發展系科本位課程規劃，因應社區發展與需求的特色，培養學生畢業即就業的能力，發揮技職教育辦理之優勢。對高職學校而言，辦學績優之學校亦能成為區域特色指標學校。對技職體系而言，技專學校則扮演大手攜小手的功能，做為社區高職學校的後盾，以奠定推動12年國民基本教育之良好基礎。

---

[338] 教育部技術及職業教育司（2016a）。產學攜手合作計畫資訊網，首頁/關於本計畫/計畫簡介。
來源：https://iacp.me.ntnu.edu.tw/

## 二、產學攜手專班辦理模式 [339]

「產學攜手合作計畫」即為一鼓勵產學攜手打造教學實習合作之平台，結合證照制度，培育技術人才能符應產業需求之人力的質與量。建立以兼顧就學就業為基礎之新教育模式、發展技職縱向彈性銜接學制、重理論與實務教學，彌補重點產業人才需求缺口、

「產學攜手專班」為發展縱向銜接學制，技術高中(高職)階段專班學生，畢業後皆可透過甄審繼續升學合作技專校院之四技二專專班。辦理模式有：

1. 三合一模式：可發展3+2(高職+二專)、3+2+2(高職+二專＋二技)、3+4 (高職+四技)、1+3+4(國中+技術高中+四技)；

2. 二合一模式：可發展5+2(五專+二技)、2+2N(二專日間部+二技進修部)等縱向銜接學制。

## 三、執行成效 [340]

95學年度試辦，96學年度起正式辦理。99學年度起取消技專端與高職端同步開班，僅高職端開班。歷年辦理規模如下表6-十一-1

### 表6-十一-1 產學攜手專班執行成效(95-111學年度)

| 學年度 | 核定計畫數 | 主辦校數 | 學年度 | 核定計畫數 | 主辦校數 |
|---|---|---|---|---|---|
| 95 | 9 | 15 | 104 | 81 | 70 |
| 96 | 41 | 64 | 105 | 67 | 34 |
| 97 | 54 | 70 | 106 | 44 | 26 |
| 98 | 41 | 52 | 107 | 76 | 31 |
| 99 | 41 | 33 | 108 | 66 | 29 |
| 100 | 38 | 31 | 109 | 73 | 26 |
| 101 | 43 | 32 | 110 | 75 | 25 |
| 102 | 53 | 49 | 111 | 227 | 47 |
| 103 | 48 | 44 | | | |

---

[339] 教育部技術及職業教育司（2016b）。產學攜手合作計畫資訊網，首頁/關於本計畫/辦理模式。來源：https://iacp.me.ntnu.edu.tw/

[340] 教育部技術及職業教育司（2016c）。產學攜手合作計畫資訊網，首頁/關於本計畫/歷年辦理規模。來源：https://iacp.me.ntnu.edu.tw/

## 第十二節　高中職免學費方案

　　十二年國民教育實施後（民國103年8月1日起），此時期最重要政策是推動高中職免學費方案與十二年國民基本教育課程體系方案（十二年國民基本教育實施計畫），說明如下。

### 一、法令依據與沿革 [341]

1. 民國102年6月27日立法院三讀通過「高級中等教育法」及「專科學校法」部分條文修正案，確立十二年國民基本教育實施法源。

2. 民國103年3月28日修正發布「國民教育法施行細則」。

3. 民國104年7月23日以臺教國署高字第1040069392B號令發布「十二年國民基本教育課程綱要前導學校暨機構作業要點」。

4. 民國105年5月11日廢止「高級中學法」、「職業學校法」。

5. 民國105年6月1日總統令公布修正(或增修)「高級中等教育法」第14條、第25條、第43條、第43條之1、第43條之2、第52條至第55條及第67條相關條文。

6. 民國106年9月13日起宣導前導學校試行「十二年國教課程綱要」，天下雜誌631期P.96-101；天下雜誌634期P.112-115。

7. 民國106年10月12日修正「十二年國民基本教育實施計畫」，並經行政院核定通過。

8. 民國108年3月26日修正發布「教育部國民及學前教育署補助辦理十二年國民基本教育宣導作業要點」。

9. 民國108年10月20日108年度自學進修技術型高級中等學校畢業程度學力鑑定考試。

10. 民國109年4月14日修正發布「教育部國民及學前教育署補助辦理十二年國民基本教育宣導作業要點」。

---

[341] 教育部部史網站（2022a）：101年-110年教育大事紀。資料來源：https://history.moe.gov.tw/

## 二、高中職免學費方案執行情形 [342]

1. 本方案秉持「分階段逐步實施、先從高職做起、預訂103學年度高職學生全面免學費、已有公費就學補助或學費減免優待者、擇優適用，不再重複補助」等原則規劃辦理，以穩健作法分階段推動。

2. 本方案100-102學年度推動家戶年所得114萬元以下，高職學生免學費；就讀私立高中者享有與公立高中同等學費。另102學年度齊一公私立高中學費，排除家戶擁有第三(含)筆以上不動產，其不動產公告現值總和超過650萬元者，或年利息所得在10萬元(含)以上者。但是，103學年度第一學期起，就讀高中之學生改為家庭年所得為148萬元以下免學費。

3. 民國101學年度第二學期及102學年度第一學期，補助各類學生數共計111萬59人次。

4. 民國102學年度第2學期，受惠學生數共計42.3萬人，103學年度第1學期受惠學生數，至103年12月31日計約48.4萬人。

5. 民國103學年度第二學期受惠學生數約48萬人；及104學年度第1學期受惠學生數，至104年12月31日計約53.4萬人。

6. 民國104學年度第2學期受惠學生數約52.6萬人；及105學年度第1學期受惠學生數，至105年12月31日計約58萬人。

7. 民國105學年度第2學期受惠學生數約51萬人；及106學年度第1學期受惠學生數，至106年12月31日計約49萬人。

8. 民國106學年度第2學期受惠學生數約53萬人；及107學年度第1學期受惠學生數，至107年12月31日計約50萬人。

9. 民國108年起依照高級中等學校一定條件免學費方案（十二年國民基本教育實施計畫），除就讀普通型高中家戶年所得超過148萬者享有定額學費補助，其他學生均得免學費補助，實現公平正義教育環境。故108年免學費學生數計43萬2599人，特殊身分弱勢學生計47萬8624人。

---

[342] 教育部國民及學前教育署（2022）：首頁/政府資訊公開/預算決算。
網站：https://www.k12ea.gov.tw/

# 第十三節　高中與高職學生比例調整（民國40年代迄今）

## 一、背景與沿革革 [343]

　　國家工程建設與工業發展對國家經濟、社會的發展、教育的發展與人民的生活有著深切的影響；而工程教育及工業教育是培育工程建設及發展工業所需要的人才，它們的變革跟國家工程建設與工業發展有密切的關係。

　　戰後國民政府遷臺後，政府為積極從事復建工作與建設臺灣，在各縣市廣設職業學校，積極發展教育。韓戰爆發後，美國開始協防臺灣並給予經濟援助。不僅新購置許多教學和實習設備，也對農工教育提供建議，其中施行單位行業訓練制，對改進工業教育有甚大的助益。

　　民國42-49年政府實施二期經濟建設計畫，對工業人才的需求逐漸增加，教育部爰此對第三期經濟建設計畫提出人力需求估計；民國53年行政院國際經濟合作委員會即開始進行人力發展規劃，其後各期的經濟建設計畫都有人力發展相關計畫，也對教育政策提出具體規劃和建議。政府復於民國62年宣佈啟動十大建設，68年開始推動十二項建設，對工程與經建人才的需求更加殷切。故政府在教育方面以增加班數、增設科組與系所，以及同意增設私立學校因應。

　　民國40至50年代，民國57年實施九年國民教育之前，高職（含五專前三年）與高中學生數的比例約為4：6。其後隨著工程與經濟建設的發展，政府積極發展職業教育，至64學年度比例已達6：4。當時臺灣省公私職業學校共計157所，其中工業職校25所，農工職校17所、工商職校67所；職業學校學生中屬工科者佔半數。

　　為因應工程建設與工業發展，民國66年經建會提出之人力發展計畫專案，修正至民國70年時高職與高中學生人數比要達成7：3之目標；此後7：3便成為固定之政策目標，民國80學年度已達6.9：3.1。[344] 民國73年當時高職校數為201所，遠超過高中校數的176所。但在民國85年高中數量增加到206所，首度超過高職的203所。

---

[343] 臺灣省政府教育廳（民80、85）：臺灣省教育統計年報，臺灣省政府公報；臺灣省政府教育廳（民88）：臺灣省教育統計年報，臺中，省政府。

[344] 羊憶蓉（1994）：《教育與國家發展：臺灣經驗》，桂冠圖書公司，臺北市，頁44-54。

　　然而因應科技發展，產業型態由當初勞力密集轉為技術密集、資金密集的型態，加上高科技、資訊、電腦、自動化技術因素，致所需基層技術人力相對變少，而中高級技術人力、服務業人力需求大增；且研發人才、國際觀管理人才及國際事務人才嚴重不足，高職教育已難因應社會之變遷。教育部遂於民國82年為配合國家經濟建設發展，逐步擴增我國高等教育數量的發展，並重新檢討高職人數與高中人數的比例。故教育部藉減設高職，增設高中，或縣市立國中改制為完全中學，允許高職改制高中，並推動綜合中學制，在高職設普通科等等政策，達到高職生與高中生比例平衡的目標。因此，高中、高職學校數量隨著產生變化，在民國八十九年技職教育的目標已規劃完成高職、高中學生人數比例調整為5:5。到了2006年，高中校數包括綜合高中已成長為318所、而高職減少為156所。[345]

　　工職學校招生人數大幅減少因素，從教育制度面而言，除了高中與高職比例調整外，民國80年代後期開始，教育部推動廣設大學，且容許專科學校升格為技術學院進而改制為科技大學，導致專科學校紛紛升格改制（目前已無工業類的專科學校，僅有數所學校附設專科部）。從家庭與社會面而言，因父母期許子女能成龍成鳳因素外，國人重視高學歷，大多數的高中、高職學生都以進入普通大學、科技大學為目標，加之大學入學錄取率高超過90%，高職畢業生的升學率也超過80%，也導致國中生報考工職學校人數大幅減少；連帶致使辦學績效較無特色的私立技專校院面臨嚴峻的學校是否續留的生存挑戰。

## 二、執行情形 [346、347、348]

　　依據教育部（104）中華民國技術及職業教育簡介，技職教育在臺灣對高職、高中學生比例依經濟建設與技職教育發展做了五次重大調整。

[345] 周祝瑛（2015）：「請問教育體制怎麼改？」臺灣教育評論月刊，2015，4（5），頁24-27。

[346] 教育部（民104）：中華民國技術及職業教育簡介，技職教育在臺灣，頁6-7。

[347] 教育部技職司（民97）：臺灣技術及職業教育簡介，頁8。
取自http://www.tve.edu.tw/Public/Aboutus/2008619181447055.pdf

[348] 臺灣省政府教育廳（民80、85）：同前引。

本計畫以臺灣省教育廳88年資料為研究限制，詳列四十年代至迄今做了四次重大調整，說明如后。

## （一）民國40至50年代：高職、高中學生比例為 4：6

1. 經濟建設重點：此時期有土地改革成功、農業生產提高、發展勞力密集民生工業、拓展對外貿易等。

2. 技職教育重點與發展情形

    (1). 重點有農業與商業為核心教育、重視高級職業教育、發展工商職業教育、實施九年國民教育、擴增職業教育類科與數量、開辦五專與二專教育。

    (2). 民國39學年度農業類科學生佔高職學生總數比率為29.67%，工業類科學生佔38.33%。

    (3). 民國40學年度臺灣省工職學生共4,339人、118班。

    (4). 民國44年起增設職業學校，由81所增加至105所，工業類科之班級數由122班增加至204班。

    (5). 民國44年至56年八所單位行業示範學校設科，已增至十六科之多（機工、電工、鑄工、木模、製圖、電子修護、建築木工、板金工、電焊、電器修護、儀表修護、管鉗工、測量工、土木工、印刷工及化驗工），學生人數自每年1,086人增至9,877人，超過九倍。

    (6). 民國54學年度五年制高級職業學校選擇省立新竹工業職業學校等二十五校、於54學年度第1學期起先行試辦。

    (7). 民國55學年度增至二十六校，其中工商職業學校各三所，家事職業學校二所，農業職業學校十八所。

    (8). 民國58年為發展職業教育，高職、高中在學人數比例自該年度起逐年予以調整，目標為七與三之比。

## （二）民國60年代：高職、高中學生比例為6：4

1.經濟建設重點：此時期主要是推行十大建設、發展資本與技術密集工業。

2.技職教育重點與發展情形

    (1). 重點有實施九年國教、改進工業職業及專科教育、創設技術學院。

    (2). 民國65年教育部實施「技術及職業教育配合發展經濟建設六年計畫」，實驗「職業群集教學」、「推廣技能檢定」及「充實設備」。

    (3). 民國66年由經建會提出之「人力發展計畫專案」，修正至民國70年時高職與高中學生人數比達成七比三之目標。此一職業教育量的發展政策，使我國中等教育從60年代起轉為以職業教育為主流。

    (4). 民國60年至68年間私立職校由70所增至106所，在學學生人數由89,365人增至312,061人，十年間增加5倍。職業補習教育校數由六十年113所，增至民國六十八年的181所，同期學生人數則由73,161人增至134,003人，增加約近1倍。

    (5). 民國56學年度在各類職業教育間結構中工職百分比為20.22%，66學年度工職為48.34%，至71學年度工職為58.60%。

## （三）民國70年代：高職、高中學生比例為7：3

1.經濟建設重點：此時期重點是發展高科技產業、發展石化工業。

2.技職教育重點與發展情形

    (1). 重點有全面提升工業職業及專科教育脂質與量

    (2). 民國70年度調整結構比例高職與高中學生人數比為七比三。

    (3). 民國71學年度在各類職業教育間結構中工職百分比為58.60%。

## （四）民國80年代迄今：高職、高中學生比例約為5：5

1.經濟建設重點：此時期有發展知識經濟產業、籌設亞太營運中心、發展兩兆雙星產業。

2. 因應少子化措施：民國105年後為了因應少子化，教育部做了一些措施。

   (1). 民國105年6月15日召開「106學年度教育部主管高級中等學校招生科班第3次審查會議」。

   (2). 民國105年10月5日召開「106學年度教育部主管高級中等學校班學生人數調整機制專案報告會議」。

   (3). 民國105年10月24日召開「高級中等學校106學年度招收新生班級人數研商會議」。

   (4). 民國106年11月14日核定調降教育部主管高級中等學校107學年度招收新生班級人數。

   (5). 民國110年1月1日行政院核定發布「我國少子女化對策計畫(107年-113年)」。

3. 技職教育重點與發展情形

   (1). 重點有開辦綜合高中、增設技術學院、績優專科學校改制技術學院、績優技術學院改名科技大學、技職教育國際化、全面發展技職教育。

   (2). 民國84學年度臺灣省工職學生為172,628人，3,641班。

   (3). 民國85學年度起教育部已擇十九校試辦綜合中學，希望在五、六年中將普通高中（包括綜合高中）學生的比例調整為50%。

   (4). 民國87學年度臺灣省職業學校為例，職業教育分為農業、工業，商業、家事、醫事護理、海事水產、藝術等七大類科，各類之科組計農業十二科組、工業四十九科組、商業十七科組、家事七科組、醫事護理四科組、海事水產十三科組、藝術五科組等，共計一百零七科組。

   (5). 民國87學年度臺灣省職業學校中工業類科（含工業、工商、商工、工家）學校計93所，班級4,612班，學生209,954人，教師8,827人。

   (6). 民國87學年度農業類科佔4.60%，工業類科佔43.01%，而近兩年來工業類科學生微降，服務業類科則急速成長。

   (7). 民國89年技職教育的目標已規劃完成高職、高中學生人數比例調整為5:5。

(8). 在高職畢業生升學方面統計，民國98學年度進行統測類別與考科調整改為19群（類），99學年度增加「藝術群影視類」，共計20群（類）；110學年度統測分為23類（組）。四技二專110學年度全部各類群考生人數為88,310人，100學年度為159,243人，90學年度為237,576人。而工業類科(高工)7群別考生人數(90-111年度)如表6-十三-1所示總考生人數，110學年度工業類科(高工)為34,214，100學年度為52,508，90學年度為73,385。資料顯示在20年間銳減人數只剩37%，即減少了63%，少子化形成教育危機，也是國家人力不足的危機。

(9) 民國103學年高中、高職一年級生各為12.0萬、16.4萬人，高中職學生比例為42：58。全體在學生方面，高中、高職生103學年各有35.2萬、52.1萬人。108學年度高中人數為307303人，高職人數為302631人，高中生與高職生比例為50.38：49.62。其他學制人數亦逐年一路下滑，108學年度綜合高中為31549人、實用技能學程為28451人、五專前三年為46028人。[349、350]

(10). 在高中畢業生升學方面統計，以110學年度全國大學入學考試中心資料顯示，110學年度為128,600人，100學年度為146,302人，90學年度為132,168人。[351]

表6-十三-1 四技二專全部各類群考生人數比較表

| 群(類)別 | 111學年度 | 110學年度 | 100學年度 | 90學年度 |
|---|---|---|---|---|
| 01機械群 | 7,154 | 7,812 | 11,648 | 18,700 |
| 02動力機械群 | 3,321 | 4,008 | 4357 | 5,598 |
| 03電機與電子群電機類 | 4,374 | 3,750 | 4675 | 12,947 |
| 04電機與電子群資電類 | 6,545 | 7,223 | 15344 | 25,745 |
| 05化工群 | 1,285 | 1,360 | 1868 | 3,364 |
| 06土木與建築群 | 1,863 | 1,954 | 2779 | 5,719 |
| 07設計群 | 7,398 | 8,107 | 11837 | 1,312 |
| 合計 | 31,940 | 34,214 | 52,508 | 73,385 |
| 全部各類群考生人數 | 79,292 | 88,310 | 159,243 | 237,576 |

資料來源：財團法人技專校院入學測驗中心(2022)，https://www.tcte.edu.tw/page_new.php

(10). 以110年度統計全國共有79所技專校院，包含60所科技大學、7所技術學院以及12所專科學校，公立技專校院有15校，私立技專校院有64校。少子化加上高中、高職比例因數，致使辦學績效較無特色的私立技專校院面臨嚴峻的挑戰。

349 教育部統計處(民104)：近5年高中職比例結構及其消長趨勢，教育統計簡訊第31號。
350 臺灣第一個技職平台（2021）：高中職人數交叉高職近11年少16萬學生。
技職3.0 Craftsmanship Insights/，曾玉婷報導。資料來源：https://www.tvet3.info/20210119-2/
351 資料來源：大學入學考試中心（2022）。110學年度總考生人數，https://stats.moe.gov.tw

終　章

結論與展望

　　教育改革之目標，在於結合國家資源和全民力量，透過對當前教育問題的省思，及前瞻新世紀發展之趨勢，建構現代化教育體制，期使以多元化的制度、人本化的環境、科技化的設施、生活化的課程、專業化的師資，暢通的升學管道，學校教育水準的提升，最終連結形成全民終身學習的社會。

　　華蘭基(Wolansky) (民78年)在高科技對技職教育的啟示中，提示到現在因快速工業化，人力結構轉變，由勞力密集轉變為技術密集，更進步成資訊密集，傳統的製造業也可以轉化為以服務為導向的自動化，高科技發展的國家已有70%的工作屬於服務業。現在國內的基礎建設陸續完備，教育與經建更緊密配合提升科技水準，加速技術創新。如果公司引用更多的CAD(電腦輔助設計)及CAM(電腦輔助製造)及機器人進入工廠，操作人員會越少，服務業性質的人會越多。這些高科技的發展，都需要稱職技術人才的配合，才能再創經濟大國，這也是技職教育在未來國家建設上必須擔負的艱鉅任務，期使再創廿一世紀的經濟奇蹟。[352]

---

[352] 華蘭基(1987)：高科技對技職教育的啟示，教育部國科會，頁7-11。

## 第一節　結論

　　政府與教育主管機關配合國家經建政策與產業需求，積極發展「工業職業教育」，培育工程與產業基層人力與中級技術人才，對臺灣產業與建設有具體的貢獻。從臺灣光復之初至今之歷年教育改革內涵，正驗證著「教育先行、產業後發先至、教育再變革」的良性循環中。本節從說明工職教育發展過程、闡述工職畢業生的貢獻，並以企業管理方法總結教育政策與改革的績效。

### 壹、工職教育發展過程

　　日治時期於1905年臺南新化糖業試驗場附設之糖業講習所，開設製糖科與機械科是為濫觴；於1919年將工業講習所改制為工業學校，1923年成立臺北州立臺北工業學校。民國34年臺灣光復後，臺灣中等以上的職業教育，更有巨幅的改變。民國35年訂頒「臺灣省職業學校新舊制度調整辦法」，將日治時期之實業學校改為省立、縣立及私立，並建立三三制初級、高級職業學校，是為正式的高工起始。

　　臺灣的工業教育發展過程，若從日治時期起算迄今有117年；若從民國34年建置初級、高級職業學校起算迄今有77年，尤其臺灣光復後的教育改革恰好結合經濟繁榮、造就經濟奇蹟，分五個階段說明如下：

1. 光復後的初期，臺灣一片廢墟，亟待復建。民生凋敝、產業亟待振興，但又缺乏人才，當時的工職教育的學校數也少，專業合格教師嚴重不足，教育目標、課程規劃、教材教法不合潮流，教學設備簡陋、教育經費短缺。直到40年代接受了美援支助，工職教育所需的教學設備大量充實，又接受美國顧問團的指導，讓工職教育能培養出單位行業所需的技術人才。加上政府正確的經濟政策與制度，推動多項經建計畫，中小企業慢慢創立，並將部分公營轉為民營，提出獎勵投資條例等，擴大進口替代，鼓勵出口等，因而經濟開始快速起飛，促使農業轉型，更多的人力投入工業，造就了更多的基層技術人才，終於在30年後創造了臺灣經濟奇蹟，此奇蹟後來被人們規範為終極教育的工職生，又因很難上大學而被認定為二流人才，所謂的「黑手」於焉被創造出來的。

2. 民國70年代，創造臺灣經濟奇蹟後，產業已經發展到高科技工業、技術

密集工業、重化工業、重機工業、資訊電腦工業等等，單位行業的課程已無法配合此時期的需求，於是推動能力本位職業教育，具有明確的目標導向、以行為目標敘寫教學目標、學習要適應學生個別差異、效果評量為合格/不合格、課程採用自學教材與輔助教具、重視學生補救教學、導入協同教學法等特質。70年代後期實施群集職業教育課程，是以學生的職業準備為目的，故包括職業試探、職業準備二部分。並具有提供學生較大的行業選擇彈性、提供學生較大的就業變動能力。此時開始推動工職教育改進計畫，資金充實更先進的設備，培育合格師資，鼓勵教師進修，研修技術密集課程與教材教法，培養更多的技術人才，此時期學生素質與技術能力提升。

3. 民國80年代為群集的工職新職業教育課程（88課綱）與工職教育改進後續計畫，87年代開始實施人性化的學年學分制。80年代後期教育部推動廣設大學、容許專科學校升格為技術學院進而改制為科技大學，遂此架構了一完整技職體系（相對導致專科學校紛紛升格改制，目前已無工業類的專科學校，僅有數所學校附設專科部）。此時期並安排輔導學生生涯規劃，力推證照制度，提供產業界選才的參考，不以文憑為唯一進用員工的標準。

4. 民國90年代繼續落實群集的工職新職業教育課程（98課綱）、開始推動高中職社區化、優質化與均質化，95年推動教師專業成長、彈性進修的「產學攜手專班」等。在88年教育部配合行政院教育改革諮議報告書提出教育改革行動方案中，揭櫫教育鬆綁與.暢通升學管道教育改革方向，在廣設大學，暢通升學管道，畢業生進路有了解決方案；於是進入90年代之大學入學錄取率高，且大多數的工職學生都以進入科技大學為目標。這時高工職學生不再被認定為二流學生或是被放棄的一群，黑手可以直升大學，也可以有三明治式的教育，進入職場的工職學生也可以在各大學院校、職訓機構等單位終身學習，或也可以回流再受教育等機會，成為日後的教授、高階研發或高階技術人才。

5. 民國 100 年代實施技職教育再造計畫，充實教學與實習設備； 108年教育部公布108課綱，實施技術高中新課程，以「核心素養」作為課程發展的主軸，各領域/科目間的統整、發展群科特色課程等。此時期技術型高級中等學校教育目標為涵養核心素養，強化基礎知識，培養專業技能，導向終身學習，符應產業需求等，為配合21世紀的發展所做的

臺灣工程教育史

教育改革。108課綱強調議題融入，使課程結合生活、職場及未來挑戰（如資訊與科技教育議題，可融入自動化科技、量子力學、人工智慧、智慧製造等）；108課綱亦強調跨科跨領域的教學方向，不再受制於單科學程；在融入核心素養下強化各群基礎學科知識與能力（包括數學、理化），為銜接科技大學作一很好的基礎，亦成為日後高端人才紮下良好根基。

## 貳、工職畢業生的貢獻

日治時期，總督府最初因應民間的需求，於1912年設置工業講習所，招收臺籍生傳授技藝；隨後為配合發展製糖等工業及水利與發電工程，於1918年在同址設置工業學校招收日籍生，隔年又將工業講習所改制為工業學校；1923年二校合併，稱為臺北州立臺北工業學校。1935至1944年增設五所工業類專修學校和七所州立工業學校，是因應臺灣逐漸工業化及發展軍需工業和工程。當時臺北州立工業學校是設置其它工業學校的標竿。

雖然日治時期，由臺北工業學校、五所工業類專修學校和七所州立工業學校培育的臺籍畢業生不多，但是在二戰結束時及戰後初期在「復建及傳承」卻扮演了重要的角色。

臺北州立工業學校戰後歷經改制及升格為省立臺北工業專科學校，雖然因升格而停辦初高職，但其設置的科組、教學設施及課程是其它工業學校借鏡的對象。這些工業學校也成為國府致力發展工業職業教育的基礎。

美援時期(1951-1965年)在八所省市立工業職業學校施行單位行業訓練制與行業單位教學法，減少理論課程，加強工廠實習，使畢業生就業較能契合工業界和工程界的需求。

1953年開始施行六期四年經建計畫，1950年代後期，臺灣經濟開始顯著發展；1973年十大建設開始推動，其後又有十二項建設計畫及十四項重要建設計畫，工程人才需求殷切，政府以增科增班因應當時的產業及建設所需的人力與人才。

在工業發展方面，繼戰後重建期(1945-1962)，其後臺灣的產業發展歷經進口替代(1953-1964)、出口擴張(1965-1975)、資本密集與策略工業

(1976-1990)，以及高科技工業(1991-現在)等時期，工業不僅快速發展，而且技術層次提高，幸賴政府預先培育人才，各時期得以充分供應。亦代表著「教育先行」，先有工業職業學校培養技術人才，方能適時成為企業的基礎技術人力，造就臺灣的經濟奇蹟。

1980年代中期以後，臺灣轉向技術與知識密集的產業發展；2000年又開始發展六大新興產業，綠色矽島及兩兆雙星產業，工業職業學校提供了基層人才因應。且大部分的優秀工業職業學校畢業生進入科技大學(或普通型大學)後，成為優秀的中高階科技人才，適時配合企業「選才、用才、晉才、留才」，造就臺灣經濟的再奇蹟。

在技職教育的黃金年代，政府的經濟跟教育政策緊密結合，臺灣的失業率低到只有2％，這說明了只要具備專業技術、肯動手做，就不怕失業，顯示技職人對臺灣經濟貢獻巨大。

## 參、工教政策與時俱進

教育部為因應工程建設與產業發展培育人才，推動許多工業職業教育的政策與措施，本書以企業管理觀點來檢視歷年來教育改革成效，參照平衡計分卡（系統制度面、學習技能面、財務面、創新面、社會面）等面向檢視，作為總結呈現工業教育成果與績效。

## 一、系統制度面

### (一) 法令制定與修改

1. 歷史沿革：

有關臺灣工業教育主要法規從歷史沿革可以分為：

(1). 民國建立至抗戰復原時期：壬子學制、壬戌學制、職業學校法、職業學校規程、職業學校各科課程表教材大綱設備概要彙編、職業學校實習設備標準等主要法規。

(2). 臺灣光復政府遷臺後時期：各種實業補習學校調整辦法、臺灣省職業學校新舊制度調整辦法、臺灣省各級學校課程調整辦法綱

要、工業職業學校課程新標準、五年制高級職業學校設置暫行辦法等主要法規。

(3). 實施九年國民教育後：臺灣省實施九年國民教育省接辦縣市職業學校計畫、輪調式建教合作班、高級工業職業學校之課程標準建教合作實施辦法、臺灣省發展職業教育實施方案、職業學校應屆畢業生技能檢定實施要點、專科及職業學校加強推行建教合作補充要點、新職業學校規程等主要法規。

(4). 延長以職業教育為主之國民教育：加強職業學校輪調式建教合作教育訓練實施要點、臺灣省加強公立高級職業學校充實視聽教學媒體實施計劃、臺灣省高級職業學校組織員額設置基準、臺灣省高級職業學校實施電腦教學計畫、試辦延長以職業教育為主的國民教育實施計畫、工業職業學校課程標準、臺灣省公私立職業學校加強推展能力本位教育實施計畫、加強職業學校輪調式建教合作教育訓練實施要點、原住民職業教育改進計畫、臺灣省加強培養高職學生創造力與特殊才能輔導計畫、原住民職業教育改進計畫及偏遠地區職業教育改進計畫、加強職業學校輪調式建教合作教育訓練實施要點、高職多元入學方案、十二年國民基本教育實施計畫等主要法規。

(5). 綜合高級中學時期：綜合高級中學課程綱要、後期中等教育共同核心課程指引、綜合高中暫行課程綱要、高級中等學校轉型輔導作業要點等主要法規。

(6). 十二年國民教育實施時期：國民教育法施行細則、十二年國民基本教育課程綱要前導學校暨機構作業要點、高級中等教育法、高級中學法施行細則、十二年國民基本教育實施計畫、教育部國民及學前教育署補助辦理十二年國民基本教育宣導作業要點、十二年國民基本教育課程綱要總綱等主要法規。

2. 成果與績效：

　　臺灣工業教育主要法規，從民國建立迄今，歷經臺灣光復政府遷臺、實施九年國民教育後延長以職業教育為主之國民教育、綜合高級中學，及十二年國民教育實施時期共六個時期，完成每個階段法令的制定

與修改,最主要包括職業學校法、教育法及其施行細則、綜合高級中學課程綱要、高職多元入學方案、實習設備標準、多次的工業職業學校課程新標準、建教合作實施辦法、技能檢定實施要點、原住民職業教育改進計畫及偏遠地區職業教育改進計畫等等主要法規。

## (二) 增設學校、調整科組

1. 歷史沿革:

(1). 臺灣光復時,工業學校共有18所,設置之科有機械、電機、化工、土木、建築及礦冶等六科。嗣後建築科併入土木科,又增設紡織、電訊等科。政府除增設高級職業學校及增加科與班數以符合社會需求,藉以培養戰後復建所需要的技術人才,並解決初級職業學校畢業生的失業問題。但限於經費,未能達到應有之效果。隨後韓戰爆發美國援助臺灣,臺灣的教育遂有突破性的發展。

(2). 民國42年以前,臺灣的工業職業學校所設之科別,依學校規模設一至五科,不僅每一科範圍太廣,且教學太過理論化。自獲得美援後,實施單位行業訓練制,政府也以美援大量充實實習廠房及設備。當時共設置16種單位行業科,民國57學年度增加到22科。

(3). 民國68學年度開始執行為期三年之「工職教育改進計畫」,並繼續調整高中高職結構,策略為:改高中為職業學校、高中兼辦職業類科、高中併校發展技職教育、新設高級工職。

(4). 民國72年決議將工職類科歸併為機械、電機、電子、化工、營建、工藝等六群發展課程。民國七十五年將原有群集課程甲類五群十七科,乙類五群十八科組,歸併為廿四科。甲類包括:(1) 機械類:機械科、模具科、製圖科、汽車科、板金科、配管科、鑄造科、機械木模科、重機科及機電科等十科。(2) 電機、電子類:電機科、電子科、資訊科、控制科及冷凍空調科等五科。(3) 建築、土木類:建築科、土木科、家具木工科及室內空調設計科等四科。(4) 化工類:化工科及環境檢驗科二科。(5) 美術工藝類:美工科、印刷科及金屬工藝科等三科。

(5). 民國85年工職新課程將原有群集課程甲類課程有五群十七科、

臺灣工程教育史

乙類課程設有五群廿六科課程（廿八科組），歸併為廿四科。機械類十科、電機電子類五科、化工類二科、美術工藝類三科、土木建築群四科。

(6). 民國98年8月1日起施行的「職業學校群科課程綱要」中，又恢復將工業類的科分為五群(機械、動力機械、電機與電子、化工、土木與建築群)及藝術與設計類一群(設計群)共六群規劃課程。

(7). 民國107年8月正式實施「十二年國民基本教育課程綱要總綱(108課綱)」，110年8月19日修正發布「十二年國民基本教育技術型高級中等學校群科課程綱要」。工業類設有機械群、動力機械群、電機與電子群、化工群、土木與建築群等五群，及藝術與設計類一群(設計群)共六群規劃課程。

2. 成果與績效：

　　臺灣光復時工業學校共有18所，設置之科有機械、電機、化工、土木、建築及礦冶等六科。歷經民國42年實施單位行業訓練、民國68學年度工職教育改進計畫、民國72年工職群發展課程、民國85年工職新課程、民國98年職業學校群科課程，並在民國107年8月正式實施「十二年國民基本教育課程綱要總綱(108課綱)」，工業類設有機械群、動力機械群、電機與電子群、化工群、土木與建築群等五群，及藝術與設計類一群(設計群)共六群規劃課程。

## (三) 改革課程

### 1. 歷史沿革：

(1). 民國53年「工業職業學校課程標準」對於職業學校之教育目標規定為：「職業教育之目標在培養並增進青年實用之職業知識、技能及服務道德，以配合國家發展經濟建設、人力資源之需求。」

(2). 民國63年「高級工業職業學校之課程標準」中，教育目標為：
(1) 培養青技術年為工業基層技術人才，以配合國家建設需要。
(2) 傳授各類行業之實用知識與熟練技能，以增進工業生產能

力。(3) 養成青年之服務精神與領導能力，以促進工業社會之發展。(4) 建立工業學校為當地工業社會之建教中心，以增進職工之技能。民國67年教育部為使職業教育配合經濟建設與工業發展，培養機械工業、精密工業、重化工業及公共工程方面急需之技術人才，擬訂「工職教育改進計畫」。

(3). 民國71年頒佈「臺灣省高級中等學校能力本位教育實施要點」，能力本位職業教育具有明確的目標導向、以行為目標敘寫教學目標、學習要適應學生個別差異、效果評量為合格/不合格、採用自學教材與輔助教具、重視補救教學等特質。[353]

(4). 民國75年公佈「工職課程標準暨設備標準」，依據我國工業發展之趨勢，課程設計分為甲、乙兩類：甲類課程加強基礎學科，以培養學生適應變遷及自我發展能力。乙類偏重專業技術之養成，以培育熟練之行業技術基層人員。工業職業教育目標再次呈現新貌，除了繼續強調培育基層技術人才，教授實用知識技能之外，並具備三大特色：(1) 注重人格修養及文化陶冶之教育。(2) 列舉應予特別重視之職業道德項目。(3) 注重適應變遷，創造發及自我發展之能力。

(5). 民國77學年度起，擇校試辦「綜合高中」，以配合延長十二年國民教育之趨勢，目前高級中等技職教育分為技術型高中(即高職)、綜合高中及普通型高中附設專業群科三大類之學制形態。

(6). 民國87年教育部推動高職採行「學年學分制」，配合高職新工職課程之實施訂定，且自八十九學年度起全面實施。「高職工業類課程」架構為：部訂一般科目佔65至81學分，所列之科目係為落實高中、職間之橫向共通性以利互通，部訂專業科目佔41至57學分，所列之科目係為各同類職校各科間共通之橫向互通科目，校訂專業必修(專業基礎)之8至24學分及選修(專業應用)之16至32學分，則在於給予各校、科彈性空間以發揮各校、科之

353 黃孝棪（民73）：《能力本位職業教育》，林清山、陳昭陞校正，頁2-11。臺北市：正文書局。

特色。此時工業職業學校教育目標以培養健全之工業基層技術人才為目標，除應注重人格修養及文化陶冶外並應訂定職業學校教育目標及工業職業學校教育目標如下：(一)培養學生敬業、負責、勤奮、合作等職業道德。(二)傳授各類科之基本知識及實用技能。(三)奠定學生創造、適應變遷及自我發展之能力。

(7). 民國98年8月1日起施行的「職業學校群科課程綱要」中，又恢復將工業類的科分為五群(機械、動力機械、電機與電子、化工、土木與建築群) 及藝術與設計類一群(設計群)共六群規劃課程。

(8). 教育部於民國107年年底頒布自108年施行的「十二年國民基本教育技術型高級中等學校群科課程綱要」(簡稱108年課綱)，仍分工業類五群及藝術與設計類一群(設計群)共六群規劃課程。規定的工業類課程中，部定必修一般科目訂為66-76學分，專業及實習科目為45-53學分，部定必修科目合計為111-129學分，校定科目為34-43學分。工業類各群專業及實習課程之發展，在強調理論與實務並重、深化學生專業能力及實務技能、激發學生潛能及創造力，期能培育學生具備未來工作所需基本職能，並落實素養導向教學及技職教育務實致用的精神；同時，適切融入各項議題之基本理念及相關內涵。依《總綱》「實施要點」規定，課程設計依需求適切融入性別平等、人權、環境、海洋、品德、生命、法治、科技、資訊、能源、安全、防災、家庭教育、生涯規劃、多元文化、閱讀素養、戶外教育、國際教育、原住民族教育等十九項議題，各群科科目可發揮課程與教學之創意與特色。

2. 成果與績效：

　　工業職業學校課程改革之目的在配合國家發展經濟建設、人力資源之需求。歷經民國63年「高級工業職業學校之課程標準」、民國71年「臺灣省高級中等學校能力本位教育實施要點」、民國75年「工職課程標準暨設備標準」、民國77學年度「綜合高中」、民國87年高職採行「學年學分制」、89學年度「高職工業類課程」、民國108年「十二年國民基本教育技術型高級中等學校群科課程綱要」(簡稱108年課綱)。

各階段之工業類各群專業及實習課程改革，大致在強調理論與實務並重、深化學生專業能力及實務技能，期能培育學生具備未來工作所需基本職能，各群科科目可發揮課程與教學之特色，並提供臺灣經濟發展下所需的基礎技術人力。

### （四）調整高職對高中學生數比例

1. 歷史沿革：

(1). 民國50年以前、高職與高中學生人數比是4：6，其後為為因應工程建設與產業發展，政府以增設科、組、班及每班學生數的策略發展工、商職業學校，比數快速變成5：5，民國60年已達6：4。民國66年經建會提出之「人力發展計畫專案」，修正至民國70年時高職與高中學生人數比要達成7：3之目標，民國80學年度已達6.9：3.1。在各類職業教育學生人數的百分率中，66學年度工職為48.34%，至71學年度工職增為58.60%。

(2). 因為科技不斷提升，產業型態改變，所需基層技術人力相對變少，教育部遂於民國82年提出報告，為配合國家經濟建設發展，將逐步擴增我國高等教育數量的發展；也重新檢討高職人數與高中人數的比例，希望到民國90年，調整為5：5。調整方法是藉減設高職，增設高中，或縣市立國中改制為完全中學，允許高職改制高中，並推動綜合中學制，在高職設普通科等等政策，民國89年已達成5：5的目標。

2. 成果與績效：

民國50年以前、高職與高中學生人數比是4：6，民國80年時高職與高中學生人數比為6.9：3.1。然教育部於民國82年提出報告，為配合科技不斷提升，產業型態改變及國家經濟建設發展，遂逐步檢討高職人數與高中人數的比例，從教育部（2018）的統計整理，近五年技術型高中與普通型高中學生人數每年平均約為26萬2,281人，技術型高中與普通型高中學生比例為5.5：4.5 [354]。

## （五）教育評鑑 <sup>355、356、357</sup>

### 1. 歷史沿革：

(1). 技術職業教育為獲致預期目標，需有週密的計畫外，需要輔以評鑑增強成效，使有助於教育目標的達成。教育評鑑主要分學校評鑑與教師專業發展評鑑，並進行師鐸獎、校長領導卓越獎選拔。

(2). 民國65學年度臺灣省教育廳對公私之高級工業職業學校、及高級中學工業類科進行學校評鑑，發展迄今超過45年。高職評鑑在內容上主要有校長領導、行政管理、課程教學、學務輔導、環境設備、社群互動、實習輔導、績效表現、專業類科等。<sup>358</sup> 民國65年至66年臺灣省教育廳對公私之高級工業職業學校、及高級中學工業類科，分就51所國立學校及117所私立學校進行評鑑。105年依據十二年國民基本教育綱，學校評鑑依據高級中等學校評鑑辦法。

(3). 教育部為協助教師專業成長，增進教師專業素養，提升教學品質，以增進學生學習成果，於民國92年建置「全國教師在職進修資訊網」，95年4月3日發布教育部補助辦理教師專業發展評鑑實施要點。105年2月15日公布「中華民國教師專業標準指引」，延續101年發布之「中華民國師資培育白皮書」所揭櫫之我國理想教師圖像，研發教育專業、學科教學、教學設計、教學實施、學習評量、班級經營、學生輔導、專業成長、專業責任及協作領導等面向之10大教師專業標準及29項教師專業表現指標，彰顯教師工作者之專業性及形塑師資養成及專業發展各階段教師應具

<sup>354</sup> 教育部（2018）。中華民國技術及職業教育簡介。技術及職業教育司，108-01-15發布。

<sup>355</sup> 教育部部史網站（2022c）。重大教育政策發展歷程-師資培育，2022/2/11。
資料來源：https://history.moe.gov.tw/Policy/Detail/

<sup>356</sup> 張民杰（2015）。教師專業發展評鑑培力教師專業成長之探討。國家文官學院，T&D飛訊第210期，頁1-18。

<sup>357</sup> 臺灣省教育廳（民76）：《臺灣省教育發展史料彙編》，臺中，省政府；教育部中部辦公室（民89）：《臺灣省教育發展史料彙編-職業教育補述篇》，臺中市，國立臺中 圖書館。

<sup>358</sup> 張天津（民72b）：《技術職業教育行政與視導》，臺北市：三民書局，頁568-584。

備的能力。以技術高中(高工)目前辦理情況，教師專業發展評鑑結合高中職優質化輔助方案辦理，如埔里高工、苗栗農工、中興商工、復興商工、陽明工商等校。張民杰（104）依教育部統計103年高中職教師參與教師專業發展評鑑人數為 55,695人，其中有獲頒初階證書22,585人、進階證書3,887人。

2. 成果與績效：

(1). 民國65學年度臺灣省教育廳對公私之高級工業職業學校、及高級中學工業類科進行學校評鑑，發展至108年度有43年。民國104年至108年期間完成228所教育部主管高級中等學校(國立134校，私立94校)評鑑，其中優等76校(33.33%)，甲等130校(57.02%)，乙等18校(7.89%)，丙等3校(1.32%)，丁等1校(0.44%)。教育部國教署鑒於教育部主管高級中等學校評鑑已完成階段性目標，於109年停辦學校評鑑。[359]

(2). 民國95年發布「教師專業發展評鑑實施要點」。張民杰（104）'依教育部統計103年高中職教師參與教師專業發展評鑑人數為55,695 人，其中有獲頒初階證書22,585人、進階證書3,887人。[360]

---

[359] 教育部全球資訊網（2020）：教育部停辦109年高級中等學校評鑑 轉型精進接軌108課綱。首頁/訊息公告/即時新聞，來源：https://www.edu.tw。

[360] 張民杰（2015）。教師專業發展評鑑培力教師專業成長之探討。國家文官學院，T&D飛訊第210期，頁1-18。

## （六）工業職業教育師資培育

### 1. 歷史沿革：

工業職業教育的師資培育分成五階段，即：

(1). 民初至抗戰的工業職業教育師資培育：此時期從實業教育變為職業教育，公布師資登記檢定及訓練辦法、獎勵中等學校教員休假進修辦法、公費學生公費待遇實施辦法等，奠定職業教育師資培育的基礎。

(2). 九年國民教育實施前的工業教育師資培育：政府遷臺後至九年國民教育實施前，政府對師資培育有諸多做法，頒定結業分發實習辦法、加強工業教育系培育工場實習師資。民國40年省立師範學院（今改名為國立臺灣師範大學）內設立「工業教育系」。

(3). 九年國民教育實施後的工業教育師資培育：對工業教育師資培育做法包括分發各省市實習辦法、教育人員進修班、教師甄選要點和教師寒暑假組團出國考察實施要點等。民國60年彰化教育學院（現改制為國立彰化師範大學）設職業教育學系工場師資組，招收工專畢業學生修業三年，其後於民國62年改招收高工畢業生修業四年，畢業後分發至工業職業學校擔任工科教師。

(4). 延長以職業教育為主之國民教育：此時期主要包括學校教師及職員遴選辦法、師範校院結業生實習準則、公費結業生分發中等學校實習改進要點、教實習輔導實施辦法、在職進修研究辦法、出國進修研究實施要點等

(5). 師資培育法之師資培育：此時期為民國83年「師資培育法」公布施行，師資培育從過去規劃性的一元化轉變為儲備性的多元化。

### 2. 成果與績效：

(1). 工業職業教育的師資培育學校主要以民國40年省立師範學院（今改名為國立臺灣師範大學）內設立「工業教育系」；民國60年彰化教育學院（現改制為國立彰化師範大學）設職業教育學系工場師資組，其後於民國62年改招收高工畢業生修業四

年，畢業後分發至工業職業學校擔任工科教師。

(2). 工業職業教育的師資培育主要以民國83年為分水嶺，民國83年公布施行「師資培育法」後，開放各大學開設教育學程，從過去規劃性的一元化轉變為儲備性的多元化。從此培育多元師資無數，充分供應各工業職業學校所需的師資。

## 二、學習技能面

### (一) 加強實習、推動建教合作 [361]

1. 歷史沿革：

(1). 戰後初期因為復建需要大筆的費用，復因國府播遷臺灣，省政府財政拮据，無法撥經費購置教學與實習設備。民國41年起，因為先後獲得美援與世界銀行貸款，得以逐步充實教學與實習設備。

(2). 民國60年代後期起，政府財政逐漸寬鬆，因而能執行教育改進計畫。自68學年度開始，先後執行三期的「工業教育改進計畫」，接著又有「教育改進計畫」、「職業教育改進計畫」及「推展職業學校資訊教育計畫」；並有餘力補助私立職業學校。

(3). 省教育廳為購置昂貴的教學實習設備，但是若各校均予補助購置似過於浪費，遂以設備集中，各校共用為原則，自民國75年10月起三年內，在臺中高工、新營高工、鳳山高工及桃園農工，各設置地區工職技術教學中心、並在嘉義高工設置汽車教學資源中心。

(4). 建教合作方面，雖然政府在民國35年就開始推動，但是當時公營公司和單位限於經費，而民營公司仍未復原，皆不克與學校合作。至民國42年始有臺中高工與公路局、電信局及電力公司等進行建教合作；民國43年高雄工職與臺灣鋁廠、臺灣機械公司、唐榮鐵工廠等簽訂建教合作合同。其後新竹工職、臺南工職等校，亦先後與生產單位進行建教合作。

(5). 民國57學年度起，省教育廳積極推動建教合作實驗班，民國58年指定沙鹿高工試辦輪調式建教合作。次年高雄高工、彰化高工與瑞芳高工三校也參與試辦；隔年岡山農工也加入；參與的公司

與工廠高達33個。因試辦成效頗受肯定，遂逐漸擴大辦理；到71學年度共有50所學校參加，辦理機工科最多，有33所，畢業生8千多名，佔畢業生總數近半。辦理輪調式建教合作，學校可利用工廠的設備、材料及職工的指導，促進教學效率；學生半工半讀，不僅可賺取生活費用，畢業後工廠也樂於僱用。

(6). 民國82年職業訓練局調整業務，有關輪調式建教合作之相關工作、事業單位評估及訪視工作，全改由主管教育機關辦理。民國85年教育部修訂「建教合作實施辦法」，民國93年配合當時高職學分制實施與學生勞動條件回歸「勞基法」規定，教育部發布「高級職業學校輪調式建教合作教育作業規範」、「高級職業學校建教合作實施辦法」、「高級職業學校階梯式建教合作教育作業規範」、「高級職業學校實習式建教合作教育作業規範」等完善制度，民國102年公布「高級中等學校建教合作實施及建教生權益保障法」，民國110年9月6日修正發布「建教生定型化訓練契約範本」，保障了學生的勞動與享有基本工資的權利。建教合作教育經過五十餘年的發展與調整，教育制度已臻成熟。

2. 成果與績效：

在臺灣省84學年度資料，有47所公、私立高中（職）校，643家企業建教合作。依據臺灣省政府公報85學年度辦理輪調式建教合作教育班之學校科班人數一覽表知，共25校辦理工業類科輪調式建教合作，核准班級數共28班，核准人數為5,990人（占68.5%）。（臺灣省政府教育廳函於民國85年6月14日，八五教五字第○九三八五號）。

---

361 臺灣省政府（民65）：臺灣省政府公報，冬字一九期；臺灣省政府教育廳（民74b）：《臺灣教育發展史料彙編》，第二章建教合作與技藝訓練(含技能檢定)。臺中，臺灣省立臺中圖書館；省府教育廳（民88）：臺灣工業職業教育五十年》，臺中，省政府；臺灣省政府教育廳（民81g）：《臺灣省政府教育廳志第七卷職業教育篇》，第四章實施概況第十節建教合作，國立中央圖書館；臺灣省政府（民85）。臺灣省政府公報，夏字第七十四期。

## (二) 工業類學生技藝競賽

### 1. 歷史沿革：

(1). 工業類學生技藝競賽實施要點之目的在於「為鼓勵學生重視技能實習，促進校際間相互觀摩切磋以提高技術水準，因應國家經濟建設發展之需要，達成高級工業職業學校教育之目標」。

(2). 民國46年在臺北高工舉行臺灣省首次舉辦全省性大規模的技藝競賽，此項競賽時僅有機工科一科而已，至民國64年起改為「臺灣區高級中等學校工科學生技藝競賽」，參加的對象包含臺北市在內的臺灣地區所有公私立學校。民國86年的「臺灣區高級中等學校工業類學生技藝競賽」在臺中高工舉辦，此次辦理的職種共計二十職種及一百一十所學校參加。迄今，每年皆編列預算成為全國性工業類科在校學生很重要的競賽，成績優良的學生可依據教育部（民102、103）公告「中等以上學校技藝技能優良學生甄審及保送入學辦法」，甄審及保送入相關學校科組就讀，64學年度至71學年度，參加臺灣區技能（藝）競賽優勝學生保送升入大專之人數，合計661人。(資料來源：依據「臺灣教育發展史料彙編職業教育篇」頁四三八。)

### 2. 成果與績效：

110學年度工業類學生技藝競賽由國立臺南高工承辦，共有125所學校，1,031位學生齊聚同場競技，將角逐176座個人金手獎及303位優勝名次殊榮。工業類競賽包括「應用設計」、「冷凍空調」、「電腦輔助機械製圖」、「機械製圖」、「電腦軟體設計」、「電腦修護」、「化驗」、「工業電子」、「數位電子」、「工業配線」、「室內配線」、「汽車修護」、「鉗工」、「車床」、「建築製圖」、「板金」、「建築」、「室內空間設計」、「鑄造」、「模具」、「圖文傳播」、「測量」、「機電整合」、「飛機修護」、「家具木工」、「汽車噴漆」、「機器人」及「配管」等28項職種。[362]

---

[362] 教育部全球資訊網（2021）：全國高級中等學校工業類學生技藝競賽1,031名選手府城齊聚展技藝。首頁/訊息公告/即時新聞，來源：https://www.edu.tw。

## （三）全國技能競賽

### 1. 歷史沿革：

(1). 民國57年11月全國技能競賽由內政部委託財團法人工業職業訓練協會首次辦理。此次競賽辦理的職種計有14職種，來自於公、民營事業單位、軍方有關單位及高職學校等四種類型。以後每年都陸續辦理，迄今止舉辦超過六十屆，培育選手無數。

(2). 民國59年國際職業訓練競賽組理事會通過中華民國為正式會員後，遴選全國技能競賽各職類參賽第一名者(國手)正式參加每二年舉辦的國際技能競賽。

### 2. 成果與績效：

(1). 以民國109年第五十屆全國技能競賽為例，比照國際規格，於南港展覽館擴大舉行，共計青年組52個職種及青少年組13個職類，948名選手參加。

(2). 國際技能競賽截至民國110年已經參加過25屆並獲得110面金牌、116面銀牌、116面銅牌、247個優勝，為國家爭取光榮。[363]

## （四）技能檢定 [364]

### 1. 歷史沿革：

(1). 民國60年行政院核定第三期人力發展計畫規定辦理技能檢定，並努力推動職業訓練及配合實施「技能檢定」。自民國62年開冷凍空調裝修檢定以來，職類年有增加，迄今達百餘種，並提供全國技術士技能檢定、即測即評及發證技能檢定及專案技術士技能檢定等3種類檢定服務。

---

[363] 施信華、陳啟東、陳慶安、郭義汶（2022a）：《當代職業教育與訓練》，頁53&57。臺北市：五南圖書出版公司。

[364] 勞動部勞動力發展署，技能檢定中心：資料來源：https://www.wdasec.gov.tw/Default.aspx，搜尋日期2022年3月20日。

(2). 高級職業學校工業類科在校生辦理之檢定職類有：車床工、鉗工、板金、鑄造、沖壓模具工、重機械修護、汽車修護、機械製圖、銑床工、工業配線、室內配線、工業電子、視聽電子、冷凍空調裝修、電器修護、化學、紡紗機械修護（細紡）（疏棉）、織布機械修護、製版照相、平版製版、凹版製版、孔版製版、圖文組版、陶瓷、建築製圖、測量、配管、泥水工、木模、家具木工、農業機械修護等。

2. 成果與績效：依據勞動部勞動力發展署（111）截至5月累計核發甲、乙、丙、單一級技術士證達933萬餘張。111年陸續開發與調整技術士技能檢定職類，技能檢定開辦139職類，111年截至5月底報檢人數分別為67,547人次、146,903次及78,219人次。

## (五) 延教班、實用技能班、實用技能學程 [365、366、367、368、369]

1. 歷史沿革：

(1). 延教班的設立緣於臺灣地區自民國57年起延長國民教育為九年，經教育部規劃完成「延長以職業教育為主的國民教育實施計畫」，報行政院核定後自72年(1983)八月起實施。計畫內容特別規劃於各高職開設部分類科，提供未升學、未就業或已就業之國中畢（結）業生，得以不需甄試就可就讀而開設之班級，以習得一技之長，方便就業為目的，即被稱為延教班。

[365] 李然堯（2000）。延教班。國家教育研究院雙語詞彙、學術名詞暨辭書資訊網。
資料來源：https://terms.naer.edu.tw/
[366] 省府教育廳（民88）：同前引。
[367] 秀水高工（2022）。實用技能學程簡介，網站選單。資料來源：https://www.ssivs.chc.edu.tw/
[368] 施信華、陳啟東、陳慶安、郭義汶（2022b）：《當代職業教育與訓練》，頁157。臺北市：五南圖書出版公司。
[369] 教育部會計處（2022）。首頁/財務公告事項/本部/預算/單位預算。
網站：https://depart.moe.edu.tw/。

(2). 民國72學年度臺灣省採行以下兩項方式進行延長以職業教育為主的國民教育試辦，其試辦情形如下：（一）全時制職業進修教育：分 (1) 技術生進修式 (2) 員工進修式。（二）部份時間之職業進修補習教育：採三種方式進行，1. 選讀式 2. 與職訓機構合作式 3. 技藝訓練式。

(3). 民國81年為配合實用技能班課程的發展，教育部成立實用技能班課程修訂委員會，將工科課程增訂為三十六類科，並將課程規劃為兩種；一為一年段課程日間上課每週36節；另一為三年段課程夜間上課每週上課24節。專業及實習科目亦訂有部訂與校訂科目佔百分之66.7也就是有三分之二的專業實習科目，並依設科之不同分別訂定課程。其課程主要精神仍希望提供較多的實習實作機會，讓學生能習得動手操作的技能。

(4). 民國94年發布「實用技能學程課程綱要」，十二年國教以後，更多技術型高中辦理「實用技能學程」，以強化學生實務技能及就業能力、培育基礎產業人力為目標。實用技能學程目前共開設13職群51科供同學選讀，工業類科有六職群25科別。

2. 成果與績效：

(1). 民國73年度起政府推展延教班與實用技能班，編列經費逐年增加，由二千餘萬元至八十五年度的二億餘元，增加約10倍。

(2). 隨著時代進步與轉變，隨著少子化與家長、學生、社會的氛圍改變、目前實用技能班正在萎縮中。

(3). 民國94年起實用技能學程共開設13職群51科供同學選讀，工業類科有六職群25科別。以民國101年度實用技能學程學生免學費及開班經費補助1,581,098千元、產業特殊需求類科與特殊地區高中職免試入學補助經費46,148千元。實用技能學程配套措施及教材研發、課程審查、研習、分發宣傳等經費2,306千元，獎勵建教合作及實用技能班設備5,775千元[370]。

---

[370] 教育部會計處（2022）。首頁/財務公告事項/本部/預算/單位預算。
網站： https://depart.moe.edu.tw/。

## 三、財務面

### (一) 計畫經濟

從日治時期與戰後初期百廢待興起始，幾個重要的計畫經費有美金援助教育計畫（民國41-59年）、世界銀行貸款計畫（民國59-63年）、工職教育改進計畫（民國68-85年）、技職教育再造計畫(方案)（民國99-111年）、振興經濟擴大公共建設投資計畫-四年五千億（民國98-101年）、危險老舊與耐震校舍改建（民國98年至111年）、職業教育中程發展計畫（民國107年至110年度）、前瞻基礎建設（民國106年至114年）。另外，特別針對原住民與新住民的職業教育從民國77年起提供改進計畫。

為因應108課綱的實施，於民國107至110年期間推動「優化技職校院實作環境計畫」，其中配合108新課綱因應技術型高中設備基準，約投入50億元經費在技術型高中端充實基礎教學實習設備及設施，並逐年對設有專業群科之高級中等學校所需教學實習設備；並藉由辦理技術型高中實作評量，盤整並建構所需之設備及其設施。

### (二) 執行績效

早期在單位行業時代，由於是偏向勞力實作的產業，技術未能提升。課程欠缺專業理論，師資合格率低，專業能力、經驗不足，教材教法無法配合產業需求，設備未能提升，升學管道不通，學生的英數理化等基礎學科能力不足，無法學得繼續學習的能力，此階段的工職生(黑手)面對許多困境下撐過來。

臺灣自從政府遷臺後，歷經多次重要經濟建設階段。歸納工業教育能成功，除臺灣人的刻苦耐勞習性外，對政府不斷的幾個重要的「計畫經濟」揖助，方能促使工業教育蓬勃發展，培育無數工業基礎技術人才，進而使黑手人才也能用勞力帶動臺灣經濟發展。根據行政院主計處統計臺灣人自民國42年起每人平均國民生產毛額由不足100美元，但在2021年度預估是3萬5,244美元，創造了臺灣經濟奇蹟，成為亞洲四小龍之首，對國家作出有著密不可分的重大貢獻。

# 四、創新面

## （一）加強創造力教育 [371、372]

### 1. 歷史沿革：

　　教育部顧問室自民國89 年起陸續推動「創造力與創意設計教育師資培訓計畫」、「創造力教育91-94 年度中程發展計畫」，並於民國92年3月教育部公布「教育部創造力教育白皮書」，旨在實現「創造力國度」（Republic ofCreativity ，ROC）之願景。依據2003年教育部公布之創造力白皮書，積極將創造力培育融入各科教學、鼓勵跨越傳統學科領域之界限、鼓勵成立創造力與創新教學社群、規劃創意思考資源教室，提供師生創意活動之空間等措施；並重新檢視教學評鑑、課程評鑑、校長評鑑、校務評鑑等各項評鑑，將學校創新環境與創造力教育列為評鑑視導重點。以推動六項先期行動方案為：1. 創意學子栽植列車、2. 創意教師成長工程、3. 推動創意學校總體營造、4. 創意生活全民提案、5. 創意智庫線上學習、6. 創意學養持續紮根。

### 2. 成果與績效：

　　重要學生創造力教育競賽包括自民國92年開辦全國高職學生團隊技術創造力培訓與競賽、民國99年開始辦理全國高級中等學校專業群科專題及創意製作競賽、民國93年開始辦理世界青少年發明展選拔賽、民國71年首度參加國際科技展覽競賽等，各校成績赫赫、成果顯著。

---

[371] 教育部資訊及科技教育司（2012），教育部創造力教育白皮書，首頁/人文及科技教育/先導型計畫/前期(結案)計畫，101-11-09。網站：https://depart.moe.edu.tw。

[372] 教育部資訊及科技教育司(2003)，創造白皮書-打造創造力國度。首頁/人文及科技教育/先導型計畫/前期(結案)計畫。來源https://depart.moe.edu.tw/ED2700。

## (二) 籌設國家教育研究院 [373]

### 1. 歷史沿革：

① 設立於2011年，隸屬教育部，旨在長期從事整體性、系統性之教育研究，促進國家教育之永續發展；如持續教育政策之研究，並研修中小學課程綱要、精進測驗評量技術、拓充教育基礎知識、辦理中小學教科用書審定、推動原住民族教育、開發教學媒體，以及辦理教育人員儲訓研習。依循「課程教學、教育人力、公平素質、績效責任」之研究主軸，結合大學校院及研究機構學術人才，深入教育現場並拓展國際合作交流，以實踐「教育政策發展智庫、課程測評研發基地、領導人才培育重鎮」之願景。

② 加強基礎教育研究、課程教材研發、教育政策與制度規劃、教育資料之搜集整理與服務、國際教育比較與交流合作等功能為主。

### 2. 成果與績效：

成立過程陸續整合國民學校教師研習會、中等學校教師研習會、國立編譯館、國立教育資料館，以及國家教育研究院籌備處等重要教育機構之人員與業務，有效整合運用教育研究有關之人力與資源，並於三峽總院區、臺北院區及臺中院區等3處院區，持續教育研究、培訓研習與推廣服務等任務。

## (三) 創新入學考試制度

早期國中或高職畢業生入學考試都需要參加「聯考」制度，依據聯考成績高低分發志願至高職(高中)、或四技二專，可謂「一試定終身」。於是經過幾次對畢業生升學的變革，民國82學年度推動「高職多元入學方案」與「四技二專多元入學方案」，而且教育部從2001年起實施技專校院考招分離制度。

---

[373] 國家教育研究院（2022）：發展沿革。
來源：https://www.naer.edu.tw/PageDoc/Detail?fid=38&id=12。

## 1. 高職多元入學方案 [374]

經過幾次對畢業生升學的變革，現今技術型高中(專業科群，即舊學制高職)、綜合高中專門學程/單科型高中等工業類科學校，招生來源是招考國中畢業生，主要管道是依據高級中等學校多元入學招生辦法。

民國八十二學年度推動「高職多元入學方案」，並為配合教育部推動高職免試入學及高中學區制預作準備。國中畢業生採國中教育會考成績作為免試入學測驗，該成績作為比序條件，但並非唯一決定的條件。入學方式主要分為：

(1). 優先免試入學：鼓勵就近入學、照顧弱勢學生就學權益。

(2). 就學區免試入學：又稱分區免試或大免，為目前多數學生入學高級中等學校之主要管道。

(3). 直升入學：學生就讀的學校若為完全中學者，得報名參加直升入學。

(4). 特色招生專業群科徵選入學：專業群科分為6類15群，提供對技職有興趣的學生報名參加。

(5). 技術型高中單獨辦理免試招生：私立學校若未受政府獎助或捐助設立，可單獨辦理招生。

(6). 其他入學方式：如試辦學習區完全免試入學、運動績優甄選、特色招生體育班及藝才班甄選入學、技優甄審入學、甄選國中技藝教育學生優先分發、各學校辦理獨立招生建教合作班等多種方式。

## 2. 四技二專多元入學方案 [375]

而高職畢業生從1990年代迄今，歷經幾個時期的改變，現今技術型高中(專業科群，即舊學制高職)、綜合高中專門學程/單科型高中等工業類科學校之畢業生，就學管道為報考四技二專統一入學測驗(簡稱統測)，依

*405*

終章

結論與展望

---

[374] 教育部國民及學前教育署（2022c）。108課綱資訊網，在學與升學/國民中學/中中生學。
資料來源：https://12basic.edu.tw/edu-1.php

[375] 教育部（1999）。四技二專多元入學方案，民國88年1月20日發布臺(88)技二字第88005677號函。

據四技二專多元入學方案多管道進入四技二專就讀大學。而且教育部從2001年起實施技專校院考招分離制度，將考試與招生分由不同的專責單位辦理。

技術型高中專業科群、綜合高中專門學程/單科型高中等工業類科學校之畢業生升學管道有二種管道：[376]

(1). 四技二專校院

① 採統測(四技二專入學測驗)成績：甄選入學、聯合登記分發入學

② 其他：科技繁星計畫、技優保送、技優甄審、特殊選材。

(2). 一般大學

① 採學測(大學入學測驗)成績：申請入學

② 採學測(大學入學測驗)及分科測驗成績：：分發入學。

### 3. 成果與績效：

從早期國中或高職畢業生都需要參加「聯考」，的「一試定終身」，演變至今「多元入學」。108課綱後，教育部推動「學生學習歷程檔案」，完整記錄學生學習表現與學習軌跡，包括考試成果、個人特質、能力發展等。期能提升備審資料品質、呈現考試難以評量的學習成果、展現個人特色和適性學習軌跡、協助學生生涯探索及定向參考等四大功效。

---

[376] 108課綱資訊網（2022c）。在學與升學/高中職生學。
資料來源：https://12basic.edu.tw/edu-2.php

## (四) 發展技職縱向彈性銜接學制 [377]

### 1. 歷史沿革:

(1).隨環境變遷、科技發展,使產業結構由技術密集的製造生產走向創新研發,工業教育亦應與時俱進培育各類群的實用專業技術人力,以伴隨我國的製造業或代工業致力於產業升級,創造在新經濟環境中的附加價值,方能繼續創造經濟起飛茁壯的臺灣奇蹟。

(2).教育部於95學年度起,為培育產業需求技術人力,結合實務導向技術發展,發揚技職教育「做中學、學中做」務實致用辦學特色,推動「產學攜手合作計畫」,規劃「產學攜手專班」,以特殊類科、嚴重缺工產業為優先申辦領域,並鼓勵開辦政府提倡之新興產業。

### 2. 成果與績效:

「產學攜手專班」發展技職縱向彈性銜接學制,可以達到合作廠商、學生、技專校院、高職學校與技職體系等五贏局面,高職學校銜接技專校院,再加上合作廠商工作崗位實習、津貼,提供學生升學與就業機會。對學生而言,兼顧經濟弱勢與學習弱勢學生的進修與就業意願;對廠商而言,除技術交流外,亦可滿足業界缺工需求,穩定產業人力,減少流動。對技專校院而言,與業界合作能據以發展系科本位課程規劃,因應社區發展與需求的特色,培養學生畢業即就業的能力,發揮技職教育辦理之優勢。對高職學校而言,辦學績優之學校亦能成為區域特色指標學校。對技職體系而言,技專學校則扮演大手攜小手的功能,做為社區高職學校的後盾,奠定推動12年國民基本教育之良好基礎。

---

[377] 教育部技術及職業教育司(2016a)。產學攜手合作計畫資訊網,首頁/關於本計畫。
來源:https://iacp.me.ntnu.edu.tw/

## 五、社會面

## (一) 高中職社區化、優質化與均質化 [378]

1. 歷史沿革：

 (1). 由於時代變遷、物換星移，早期黑手觀念深植民心，加上現今少子化與高中、高職學生數調整，並在家長望子成龍、望女成鳳的期盼下，高職面臨減班、減校的壓力大於高中。

 (2). 教育部為促進公私立高中、高職均能確保辦學品質，以學校評鑑為基本門檻推動「優質高中、高職認證」制度，以創造學校創新特色與動能，落實學生適性揚才、增進家長安心認同、肯定教師專業奉獻，並確保學校特色品牌，期能使全國各免試就學區內均能有優質適量的高中、高職可提供學生免試入學，期能邁向「校校優質、區域均質」，並可引導國中畢業學生適性就近入學。

 (3). 教育部自89學年度辦理高中職社區化，自96學年度起 推動「高中優質化輔助方案」及「高職優質化輔助方案」，協助學校建立優質特色。

2. 成果與績效：

  98學年度透過「高中職適性學習社區教育資源均質化實施方案」，使各區學校資源同步優化；持續推動「高級中學學校評鑑實施方案」及「高職學校評鑑實施方案」協助高中高職優質精進，以兼顧學校辦學特色績效及教育理念之實踐。

臺灣工程教育史

---

[378] 教育部國民及學前教育署（2022d），教育部透過高中職優質化、均質化等政策，希望達到校校是明星學校之目標。高中及高職教育組江志強。資料來源：https://www.k12ea.gov.tw/files/

## 第二節　展望

　　臺灣技職教育曾是國家經濟計畫的一環，政府從1952年推動第一期經建計畫著手建立職業教育體系，早期這批技職人多半出身清寒，在學校鍛鍊一身技術，畢業後立刻投身職場，臺灣許多中小企業因而創立，從職校畢業的學生成為大批就業人才的提供者，成為帶動臺灣產業起飛的重要力量，創造了臺灣經濟奇蹟。

　　民國80年代後期開始，教育部推動廣設大學、容許專科學校升格為技術學院進而改制為科技大學，導致專科學校紛紛升格改制，(目前已無工業類的專科學校，僅有數所學校附設專科部。)不僅無從培育中級工程與工廠技術人員，而且因國人重視高學歷，加之大學入學錄取率高(超過90%，高職畢業生的升學率也超過80%)，大多數的工職學生都以進入科技大學為目標，以致畢業後從事基層工程與工廠操作人員較以前減少很多。又因廣設大學，大學入學錄取率超過90%，部分學生素質低落，所以業界聘用畢業生時，有學用落差的現象。為彌補此一缺憾，教學應更落實高工之基礎學科與專業理論課程，俾能順利銜接科技大學之課業，且裨益學習而能更上層樓。

　　加上，帶著貶低之意的「做工」、「黑手」，「考不上高中才上職高」一直深入人心。如何讓職業教育成為更多家長的主動選擇而非無奈之舉？中國青年報社社會調查中心進行的職業教育專題調查，62.6%的受訪家長表示要提高職業教育質量，57.2%的受訪家長認為要提高師資質量，58.5%的受訪家長希望完善校園管理，改善校風、學風，48.3%的受訪家長希望加大宣傳，轉變社會觀念，增加認可度。

　　臺灣經濟奇蹟之後，業已由勞力密集的低端產業發展到技術密集產業，傳統產業已逐漸降低比重，單位行業課程培養出來的工職生已無法滿足產業的需求。面對二十一世紀，經濟部提出未來國家十大新興工業，包括通訊、資訊、半導體、消費性電子、精密自動化機械、航太、高級材料、特用化學品、製藥及保健、污染防治等。八大關鍵性技術包括光電、軟體、工業自動化、新材料應用、高級感測、生物技術、資源

---

[379] 中國青年報（2021）；職業教育要成為主動選擇 六成受訪家長表示需提高教育質量。人民網/教育，來源：http://edu.people.com.cn/BIG5/n1/2021/0429/c1006-32091474.html。

開發、能源科技等。現代已是科技整合的時代，以能源科技為例，它也是一項綜合性的科技，涵蓋了化學、物理、電機、化工、地質、礦冶、生物、電子、資訊、材料、自動化、環境等各項技術的結晶，是各種科技的整合。故未來如何面對舊問題、新問題等挑戰，使臺灣成為世界的經濟楷模，需要工業教育如何再變革，值得未來更加重視與深入探討。

現階段高級工業職業教育要成功，政策的調整因應、財政經濟支持、學校的配合事項、社會氛圍與家庭改觀等皆是充分條件。因此，如何在課程上與產業發展、同步因應產業創新、升級或轉型所需的學校設備與設施等相連接，以有利課程教學革新，方能進而教育出學以致用的學生。對於如何使工職教育更多元化與精緻化、技職招生考試更符合學校選才、甄才與學生適性問題，這些皆是未來更加深入探討與期許的。

這些年來，「產業缺工嚴重、高學歷高失業、產學落差與學以致用不符」等問題層出不窮。故展望工業職業教育的發展，未來培育工業科技人才時，如何重拾過去臺灣驕傲的「經濟奇蹟精神」、如何面對各種科技領域在課程與科目上的調整與整合、如何分配教育預算及充實先進設備、如何增強教師專業成長、如何提升技職招生與考試制度、如何因應學生個別差異並加強基礎學科與專業基礎理論、如何復甦技職教育等等問題，值得我們努力並探討。

綜觀以上問題，行政院於民國85年12月2日提出「教育改革總諮議報告書」中提出教育改革的五項基本方針(32項細目)，詳見附錄6。教育改革推動小組並於87年五月核定教育部所提出的「教育改革行動方案」，簡稱教改行動方案，主要內涵計有十二項(45項細目計畫)，詳見附錄7，期程五年（自八十八年度至九十二年度），總經費達一千五百七十餘億元 [380]。是以面對國際化、科技化及多元化的二十一世紀，在追求卓越超群、效率效能和公平合理等教育理念，有關於技職教育的教育改革重點與策略，若能遵循並落實87年的教育改革行動方案，將有助工業教育的蓬勃發展與光明的前景。

展望未來，研究者另從政策（7項）、學校（4項）、社會（3項）、家庭（2項）等四面向，臚列下列16項敬供參酌探討。

---

[380] 監察院（民93）：教育部所屬預算分配結構之檢討-教育改革之成效與檢討，教92-11。
來源：https://www.cy.gov.tw/AP_Home/op_Upload/

## 壹、政策面

### 一、新設群科

目前依照國家與社會發展、符合產業所需及學生職涯發展，技術型高級中等學校工業類在108課綱中設有機械群(10科)、動力機械群(6科)、電機與電子群(8科)、化工群(4科)、土木與建築群(4科)等五群共32科。

然而二十一世紀進入工業4.0時代，必須面對智慧製造與新興科技，在技術高中學校（高工）這端是否新設智慧製造與新興科技相關類科，用以銜接科技大學（或普通型大學）端的系所及其課程，符應「教育先行、產業後發先至、教育再變革」的良性循環。

關於新設群科師資來源，初期可甄選所銜接科技大學（或普通型大學）端的系所優秀畢業生作「技藝教師」後，再鼓勵這些技藝教師就讀相關教育學分（師資培育已經多元化）結業後取得「專業教師」，故是否新設群科是值得探討的課題。

### 二、群科整合

當前臺灣的教育強調個人學習成就、108課綱學習歷程檔案(多元能力表現)，加上技術型高級中等學校工業類雖分五群，但分科過細，群集知識仍嫌狹窄。在面對講求創新、綠色能源、產業加值的新時代，值得探討群科整合的課題，如108課綱中有機電科、生物產業機電科等，是一個良好方向的跨領域的類科，是否就現況的群科整合值得探討的課題。

### 三、課程再調整

身處資訊和知識爆炸的時代，我們的現代教育必須有所轉變，十二年國教課綱（108課綱）精神是除教授學科知識外，強調跨領域科目，必須培養學生運用知識的能力及收集新知的方法，擁有面對挑戰、解決問題的能力。故在未來118課綱領域課程架構中，再度強化如何透過跨領域科目、跨領域專題、跨領域實作課程或跨領域探索體驗等課程及其內涵，未來如何再繼續強化課程統整與應用是值得重視的課題。

## 四、繼續充實工業教育經費比例

歐美先進國家，多依國民生產毛額(GNP)作為教育預算成長的依據，如紐西蘭占7.3％、加拿大7％、法國6％、美國5.6％、澳洲5.5％等，至於我國83會計年度為6.941％、84會計年度為6.75％、85會計年度為6.95％，三年平均值均高於6％。故臺灣的工業職業教育必需獲得財政上的經濟支持，這是未來可供參考的方向。

民國104年立法院通過修正「教育經費編列與管理法」將教育經費法定的下限由22.5％提高至23％。此舉有助於確保十二年國民基本教育等相關政策能有效落實。以105年分攤數據為基準試算，修法後，全國教育經費約可增加122億元，依據教育部2022年預算編列2761億。[381]

可喜臺灣教育經費每年持續增加，但在少子化衝擊下，教育經費應妥善規劃，對小校或經營不善之學校是否併校或退場，值得加快腳步推動，使教師、設備等經費節撙。如此教育資源更能衡酌財經發展狀況及施政需要，訂定適當教育預算成長比例，俾促進工業教育穩定發展。

## 五、持續強化建教合作、產學攜手專班

德國的「三明治教學」、瑞士「學徒制」，一直廣被各國取經。因應國家工程建設與區域產業的發展，及配合新科技的出現，目前技術高中端產學計畫繁多，包括國教署主辦之建教合作、就業導向專班；教育部技職司主辦之產學攜手合作計畫，及勞動部主辦之雙軌旗艦計畫、產學訓合作訓練計畫等，以培育適當的工程與工廠技術人員，這種到企業實習、學技術，接觸職場縮小理論和實務間落差的方式，讓高職畢業生順利升學並同時就業。就現況而言，這些計畫是否有疊床架屋現象，以致造成資源排擠及三種參與者（包括學校、合作廠商及學生）的資訊混淆？故如何持續強化與整合，值得未來繼續探討的課題。

## 六、評估產學合作

除了大專院校推動鼓勵產、學、研合作機制外，加強技術高中學校端的業界與學校合作，一則可以藉由學生實習選聘適當的員工，減少

---

381 教育部全球資訊網（2015）：立法院通過修正「教育經費編列與管理法」將教育經費法定的下限由22.5％提高至23％。首頁/訊息公告/即時新聞，來源：https://www.edu.tw。

訓練的時間；二則產學合作可以雙方互為改善技術、生產或作業方式，甚至創新發明，達成知識流通、知識加值、及知識服務社會的目標。是以，未來如何加強技術高中學校端的產學合作是值得評估課題。

### 七、促進工職教育多元化與精緻化

未來如何加強工職教育多元化與精緻化是不容忽視的重責大任，下列三個議題值得評估與探討。

1. 再強化跨世紀工職體系彈性學制及一貫課程

① 繼續修訂「技術及職業校院法」，建立科技大學、技術學院、社區學院、專科學校、技術型高中、綜合高中、國中技藝班、實用技能班與實用技能學程等的一貫體制，更新工職體系教育內涵之規劃。

② 繼續擴大辦學彈性學制、繼續規劃更新工職體系教育內涵，並提供在職進修、第二專長培訓、回流教育等課程繼續辦理國中技藝教育並推動第十年國民技藝教育延教班。

2. 繼續提升工業教育品質

① 繼續修訂公布職業學校課程，加強英、數、理、化等基本學科能力、提升專業學科理論基礎與專業技術能力，使學生擁有繼續深造與專業技能。

② 鼓勵校際合作，推動遠距教學。

3. 技職招生考試

實施十二年國教後，提供國中畢業生高職免試多元入學管道，高工畢業生繼續面對四技二專統測多元入學管道。由於專業課程繁多與入學管道多元，相對地相關招生資訊種類繁多，加上5群工業類科（所有技術型高中專業群科高達15群92科），在暢通升學管道之際，如何繼續推動修訂高職免試多元入學方案與四技二專統測多元入學方案，是值得探討的問題。

### 貳、學校面

十二年國教後有關工業職業之教育品質，如何持續提升強化師資培

訓及學生職業試探，並如何使職業試探教育深化向下扎根，及如何讓家長、國民中學教師及民眾對工業職業教育之了解，方能使生涯與職業輔導更能強化落實，如何增進學生實作以增進就業意願及就業率等，皆是學校方面必須面對的問題。故分教師、學生、設備、教訓輔等四方面加以探討期許。

## 一、教師方面

### (一)、繼續強化教師專業成長

目前難免有許多教師缺乏實務經驗，或其實務經驗不符合任教的上課和實習科目，目前規定新進教師甄選時需要具備一年以上的業界實務經驗，是否進一步探討規範新進教師需取得專業證照是可討論與探討的。如此對教師而言，可提升教學的效果；對學生而言，可增加專業技能與增加就業的機會。

對現任在職教師人員而言，教育部可繼續增強開設企業界相關技術的課程提供教師研習，提升新知、再教育的機會，以因應工程與生產技術持續發展更新，以免學校教育與產業界脫節。是否進一步探討規範教師需取得專業證照、教師研習、實務經驗、新科技新知與技術等納入教師專業成長是可討論與探討的。

### (二)、繼續健全師資培育與教師進修制度

1. 培育新師資方面

①再適時檢討修正針對「技術型高中的師資培育」法規與師資培育機構評鑑，在師資多元培育管道下，如何落實師資培育之職前教育、專業技能、教育熱忱等提升是工業教育的重要課題。

②再強化落實教育實習制度及功能：強化師資培育機構的實習指導與實習機構的輔導功能，如何更落實教育實習評量制度是重要事項。

2. 在職師資方面

①探討建立教師終身進修制度：研修相關法規，結合中央及地方教育機關，共同推動教師終身進修體系。可配合教師在職進修及教師生涯成長，促進教師專業成長，探討是否建立教師分級制度，

最終能健全終身教育師資。

②激勵教師專業成長可鼓勵各縣市成立(增設)教師進修研習中心、教育部規劃設計工科教師之生涯進修進程，增闢教師終身進修多元途徑，如碩博學位、短期研習、網路進修、進修學分、遠距教學、專利、研究發明、著作、第二專長學分等方式進修，以配合教師不同階段的進修需求。

③鼓勵學校建立「以學校為中心」之進修模式，建立以資深教師研究進修主持人，帶領資淺教師從事教學理論與實務進修之模式，鼓勵教師從事「行動研究」，解決學校實際問題，以因應學校需要並進而建立學校特色。

④繼續加強教師資訊素養，培育資訊網路與多媒體教學師資；鼓勵教師運用資訊科技發展適性之教材、教法，革新教學方式。

⑤在推動「教師赴公民營機構研習與實務教學相關之研習」上，如何更強化廣度及深耕問題；在「群科中心結合公民營機構辦理具技術深度的實作研習」，如何透過系統性的教師增能研習，掌握產業最新發展脈動問題；在促進教學現場之理論與實務結合而推動之「學校遴聘業界專家協同教學」上，如何加強補助並鼓勵問題；在「高職優質化計畫」上，如何鼓勵技術高中的專業科目或技術科目教師在專業社群進行交流分享，以提升教師教授實務技術課程實力問題。這些是108課綱後，有關在職師資方面增能問題所必須探討的。

## 二、學生方面

### (一)、再強化學生適性發展

實施十二年國教後的國中畢業生，雖然以多元入學代替一試定終生，但相關多元招生之資訊種類越繁多，相對於多數的父母和國中老師來說是越困擾。同時，現階段有些國中生往往在未清楚高工科別的特性與課程下「隨機」選填了科別志願，因而忽略了興趣與適性與否。

故如何在國中學校端與技術高中端強化二者的綜向交流、如何持續精進高職均質化方案、推廣視訊入學諮詢平台、鄰近國中職涯試探、生涯輔導等課題是需要深思與推展的方向。

是以，繼續鼓勵並補助地方政府及國中學校（甚至提早到國小）開辦學生職業試探與興趣探索之課程或活動，結合外界更多資源推動，包括設立區域職業試探及體驗示範中心、開設職涯認識及職業試探課程、參訪職場與職域等，可增進學生對職場工作領域之認知與了解，體驗工作環境之真實樣貌，啟發學生及早思考職涯規劃，進而加強學生就業與創意、創新、創造的能力，這些作法上是可以思考及討論的方向。

### (二)、繼續加強增加實作與實務經驗

實施十二年國教後的技術型高中，為讓學生對就業或升學作適當的選擇、課程上更符合產業界所需，108課綱加強實習課程，以培養學生實作的能力，鼓勵安排短期的工廠或工地實習。學校可加強與業界合作，除能藉實習增加實務經驗，也可增加就業的機會。因此，如何再強化學生適性發展、加強技術能力、輔導生涯規劃、就業輔導等是值得期許更完善的。

### (三)、建立學生輔導體制

1. 再強化建立輔導室、教務處、學務處整合的輔導新體制。
2. 再增強鼓勵結合社會義志工與資深教師、退休教師推動訓輔工作。
3. 再強化訓輔工作諮詢服務網絡。

## 三、設備方面

技術型高中需要繼續充實各類群實習設備、更新現代化機器設備，安排在職師資研習新技術，使工業教育能培育出最新的科技技術人員，方不致跟產業脫節，是工業教育成功最重要的一環。故如何在有限的教育資源下，進一步提高工業教育經費比例，繼續強化學校實習設備是刻不容緩的事項。

## 四、教訓輔方面

下列學校三個處室負責辦理的事項，或許值得探討與深思。

1. 輔導室：

① 舉辦就業博覽會：除了對學生適性發展、生涯規劃之輔導外，每年生涯職訓展時規劃學生參觀，索取個人感興趣的生涯與職場資

料。並可舉辦就業博覽會，促進就業機會。

②辦理親師懇談會：協助家長了解子女在學資訊與生涯發展的遠景，共同輔導學生適性發展，溝通親師的教養觀念，增進教師與家長聯繫管道，促進親師合作。

2. 學務處：

①提供學生各四技二專學校的簡介與手冊外，亦可安排各四技二專學校到校說明與宣導。

②協助學生社團發展學校特色，展現工職學校學生特點。

3. 教務處：

①學校該思考技職教育是否升學導向，是否該強調考上國立科大為目標？是否該著重技職學校特色與多元出路？

②宣導技術型高中特點優勢與學校特色、宣導技術型高中未來前程幫助學生了解自己生涯規劃。

## 參、社會面 [382]

### 一、導正社會氛圍

自從民國90學年度以來，高中數量增加超過15％，高職卻減少13％，兩者差距愈來愈大。然而，過去被視為冷灶的技職，為什麼突然炙手可熱？因為失業率高漲的年代，凸顯了技職的優勢！最近冷了20年的技職（技術與職業教育）熱得發燙，成為除了12年國教之外最火紅的教育議題，甚至是最關鍵的經濟跟就業焦點。一股復甦技職運動，正從北到南，從學校到企業，熱鬧延燒起來。技職出身的人才已不是大家刻板印象中的「黑手」，而是帶領臺灣經濟轉型跟升級的重要「推手」。

工具機業者強調目標是五年內將臺灣工具機的全球市占率，從6.7％倍增到15％，透過合作育才方式補足該產業每年上萬人的人才缺口。目前以技職作為辦學特色的九所高職「產業班」，幫學生打通升學、實習、到就

---

[382] 遠見雜誌（2013）：他們不再是黑手，而是轉動經濟的「推手」，Ttoday新聞雲/ETtoday財經雲，來源：https://finance.ettoday.net/news/229087

業的道路。故鼓勵成績普通的高中生，與其擠破頭進大學，不如選擇職業學校學一技之長，不會浪費4年時光或背上大筆學貸。

教育主管機關如何在技術型高中與普通高中取得平衡，藉著這種社會氛圍，如何強化宣導臺灣社會尊重技職工作、導正國人對職業教育的觀念與社會氛圍，真正提升技術技能人才在社會上的地位與獲得尊重，是需要探討和值得期許。

### 二、持續推動終身教育 [383]

十二年國教課程發展以「核心素養」為主軸，培養孩子成為「終身學習者」。由於科技不斷日新月異，對技術型學校而言更是重要。故健全終身教育法規制定與修正，以培養國人終身學習理念，是不可忽視的方向。

1. 繼續規劃利用平面媒體、大眾媒體或網路媒體等多元方式，提供民終身學習資訊，推展終身學習理念。

2. 繼續規劃於各級學校課程中加入終身學習態度、觀念、方法與習慣。

3. 繼續於學校課程中強化學生自我學習能力，強化作法及措施。

4. 繼續研訂有關法規，輔導績優職業學校轉型為社區學院，加強推動學校與社區資源共享。

5. 鼓勵績優職業學校與社區結合辦理終身教育模式，規劃提供正規教育機會及進修教育，辦理推廣教育鼓勵社會人士再回學校參與學習。

6. 強化建置社會教育資訊網路系統，繼續整合社會教育及文化活動等學習資訊，使全民共享社教資源，塑造終身學習環境。

7. 繼續推廣遠距教學，加強整合其學習資源，提供學校及社會教育之多元化學習管道。

### 三、繼續推動證照制度 [384]

1. 繼續修訂「自學進修學力鑑定考試辦法」，使取得技術士證者得換發同等學力證書，並繼續修正「入學同等學力資格」認定准予報考高一級學校。

2. 繼續擴大辦理工職學校在校生丙級技術士技能檢定，及鼓勵工職學校教師取得乙級技術士證照，並探討納入教師專業成長與教師評鑑。

3. 繼續協調相關單位研商，在產業界提升職業證照在任用、叙薪、升遷等方面之規定。

## 肆、家庭面

### 一、導正家長價值觀

在現今人本主義與愛的教育脈絡下，傳統以校方為主體的狀況出現「主客移轉」的現象，再加上臺灣人口呈現少子女化下，家長變成擁有發話權及握有權力的主導者，導致消費者(家長)權凌駕教育專業權的現象，與現代家長與學校、教師間之互動關係裡潛藏「公領域私有化」與「恐龍家長」的危機。[385]

同時，孩子在職場生涯的表現，父母如何看待其自立、成功、成就與其期望，父母扮演著舉足輕重的角色。所以，如何導正家長價值觀是國家的工業教育成功與否的關鍵作為，這是需要深思和值得期許。

### 二、導正家長對子女期待觀

根據2015年匯豐銀行（HSBC）針對 16 個國家共 5500 名父母做了一項全球性的調查，79% 的父母認為大學學歷或是更高的學歷可以幫助孩子擁有更好的未來，58% 的父母希望孩子學習領域依序為醫學、商業與財務管理、工程、資訊工程、法律。[385]

「望子成龍、望女成鳳」是一般每位家長的盼望，但是臺灣父母的期待，是孩子要的亦或是父母自己想要的？期待孩子將來的工作方式或職業方向，是孩子希望的亦或是父母自己的成功夢想？亦或是對自己的孩子期望相對太高？

因此，工業教育要成功，需要思索如何以「孩子為導向」、真正「有意義的期待」來跟家長溝通、引導？思索如何讓家長了解發展小孩「自信、負責任、正確人生觀」的重要性？換言之，導正家長對子女正確期待觀值得深思和一些作法。

[383] 教育部(民87b)：教育改革行動方案。

[384] 教育部(民87b)：同前引。

[385] 沈桂枝（2014）。誰來主導學校？現代家長與學校互動關係及啟示。嘉大教育研究學刊，第33期，頁55-80。

[386] 馨力陽（2022）：該對孩子有什麼樣的期待?。IN媽咪/育兒新知。
來源：www.in-parents.com/babynews/81/。

參考文獻

## 參考文獻

### 一、書籍

臺灣教育會（1982）：《臺灣教育沿革誌》，東京：青史社。

王昭明(民72)：《我國當前經濟建設》，陽明山莊。

吉野秀公（1997）：《臺灣教育史》，1927年初版，1997年二版。臺北市：南天書局有限公司。

安後暐（2010）：《美援與臺灣的職業教育》，國史館，頁6。

安後暐（民99）：《美援與臺灣的職業教育》，國史館。

羊憶蓉（1994）：《教育與國家發展－臺灣經驗》，臺北：桂冠圖書公司。

李大偉、王昭明（民78）：《技職教育課程發展理論與實務》，臺北市，師大師苑。

李翊柔、李瑞瑜（2021）：我國公立高級中等以下學校校舍耐震能力改善情形。主計協進社主計月刊，第785 期，2021年5月。(資料來源：http://www.bas-association.org.tw/catalog/arts/011005048.pdf）

李然堯（2000）：延教班。國家教育研究院雙語詞彙、學術名詞暨辭書資訊網，資料來源：https://terms.naer.edu.tw/

李園會（2005）：《日據時期臺灣教育史》，國立編譯館出版，復文書局發行。

汪知亭（民67）：《臺灣教育史料新編》，新北市：臺灣商務印書館公司。

沈桂枝（2014）。誰來主導學校？ 現代家長與學校互動關係及啟示。嘉大教育研究學刊，第3 3期，頁5 5 - 8 0。

周談輝（民74a）：《中國職業教育發展史》，頁313、352。臺北市，三民書局。

周談輝（民74b）：《職業教育師資培育》，臺北市，三民書局。

周談輝（民83）：〈論我國工業職業教育師資培育〉，教育資料集刊，國立教育資料館編印，第十九輯，頁201～219。

施信華、陳啟東、陳慶安、郭義汶（2022a）：《當代職業教育與訓練》，頁53 & 57。臺北市：五南圖書出版公司。

施信華、陳啟東、陳慶安、郭義汶（2022b）：《當代職業教育與訓練》，頁157。臺北市：五南圖書出版公司。

孫邦正（民56）：《師範教育》，頁21，臺北市，正中書局。

徐南號（民77）：《現代化與技職教育演變》，臺北市，幼獅文化事業公司。

翁鴻山（2020a）：《臺灣工業教育與工程教育發展歷程概要》，頁157。臺南市：成大出版社。

翁鴻山（2020b）：《臺灣工業教育與工程教育發展歷程概要》，頁68。臺南市：成大出版社。

翁鴻山（2020c）：《臺灣工業教育與工程教育發展歷程概要》，第一章。臺南市：成大出版社，2020年。

袁立錕（民72）：《工業教育學》，頁43～44，臺北市，三民書局。

國立臺中高級工業職業學校（民90a）：《臺灣工業職業教育五十年》，臺北市，臺灣書店。

國立臺中高級工業職業學校（民90b）：《臺灣工業職業教育五十年》，第六章課程教材，臺北市，臺灣書店。

張天津（民72a）：《技術職業教育行政與視導》，臺北市，三民書局，頁312-313。

張天津（民72b）：《技術職業教育行政與視導》，臺北市，三民書局，頁568-584。

張民杰（2015）：教師專業發展評鑑培力教師專業成長之探討。國家文官學院，T&D飛訊第210期，頁1-18。

陳青之（民57）：《中國教育史》，頁586～603。臺北市，臺灣商務印書館。

陳昭雄（民74a）：《工業職業技術教育》，頁222，臺北市，三民書局

陳昭雄（民74b）：《工業職業技術教育》，頁205-206，臺北市，三民書局

彭仁桂（1999）：學生技能檢定及技術士證照制度之探討。技術及職業教育，49卷，31-37。

馮桂莊（2009）：臺灣國際科學展覽會--成效與展望，科學教育月刊第319期，中華民國九十八年六月。

黃孝棪（民73）：《能力本位職業教育》，林清山、陳階陞校正，頁2-11，臺北市：正文書局。

楊朝祥（民74a）：《技術職業教育理論與實務》，頁1-7，臺北市，三民書局。

楊朝祥（民74b）：《技術職業教育理論與實務》，頁60-62，臺北市，三民書局。

楊朝祥（民74c）：《技術職業教育理論與實務》，頁86-90，臺北市，三民書局。

楊麗祝、鄭麗玲（2011）：《百年風華：臺北科技大學校史(1912-2011)》。

趙既昌（民74）：《美援的運用》，第九章，臺北市，聯經出版事業公司。

鄭麗玲（2012）：《臺灣第一所工業學校》，新北市，稻鄉出版社。

鄭麗玲（2021）：《臺灣工業教育搖籃-臺灣臺北工業學校》，臺南市，成大出版社。

## 二、文章與報告

三重商工（民63）：「實施階梯式教學實驗報告」，臺北市：未發表。

中國時報（2015）：技職3.0再造 5年投入200億，2015/11/27，林志成報導。資料來源：https://www.chinatimes.com/newspapers/

中華百科全書(民105)：「職業學校」，資料來源：http://ap6.pccu.edu.tw/Encyclopedia_media/，搜尋日期：2016-06-26。

方炎明（民67）：「我國師範教育的演進」，載於《昨日今日與明日的教育》，頁100～107。，臺灣開明書店，民國67年。

王文科（民83）：「臺灣省政府辦理「長青專案」成效評估與教師進修需求之研究」，八十三年教育廳委託專案研究報告。

臺灣第一個技職平台（2018）：技職再造三期編列80億培育5+2創新產業人才，技職3.0 Craftsmanship Insights/，黃偉翔報導。資料來源：https://www.tvet3.info/20180208/。

臺灣第一個技職平台（2021）：高中職人數交叉高職近11年少16萬學生。技職3.0 Craftsmanship Insights/，曾玉婷報導。資料來源：https://www.tvet3.info/20210119-2/

朱鳳傳（民66）：「工場實習教師的培育納入師範教育的開端－工場師資班」，工業職業教育季刊，1卷3期，頁30～32。

周祝瑛（2015）：「請問教育體制怎麼改？」，臺灣教育評論月刊，2015，4（5），頁24-27。

周談輝（民83）：「論我國工業職業教育師資培育」，教育資料集刊，國立教育資料館編印，第十九輯，頁201～219。

林俊彥(民89)：高級職業學校發展學校本位課程工作手冊，教育部技職司。

林聰明、李然堯（民83）：「我國技職教育發展與中小企業人力運用之檢討與展望」，第一屆中小企業發展學術研討會論文集。

康自立（民83）：「我國工業教育師資之培育與進修」，教育資料集刊第十九輯，頁94～103，國立教育資料館編印。

聯合報（2022）：2021世界青少年發明展 臺灣代表隊奪19金牌，董俞佳報導，2022-03-10。

華蘭基(1987)：高科技對技職教育的啟示，教育部國科會，頁7-11。

楊國樞(民85)：現行學制的檢討與改進，教改第三次研討會引言。

康國裕(民76)：技職教育在能源科技發展上之角色，教育部國科會。

三、行政院公報、資料：

108課綱資訊網（2022a）：十二年基本教育，資料來源：https://12basic.edu.tw/edu-1.php

108課綱資訊網（2022b）：12年國教/配套措施-法規研修，資料來源，https://12basic.edu.tw/

108課綱資訊網（2022c）：在學與升學/高中職生學。資料來源：https://12basic.edu.tw/edu-2.php

中華民國國家發展委員會（2022）：前瞻基礎建設計畫。首頁/主要業務/國土空間規劃與發展/重大公共建設計畫。(資料來源：https://www.ndc.gov.tw)

行政院公報（民103）：教育文化篇，第19卷(143)，頁20130801。

行政院公報（民103）：教育文化篇，第20卷(162)，頁20140827。

行政院全球資訊網（2022）：行政院第3144次院會決議。首頁/新聞與公告/行政院會議，資料來源：https://www.ey.gov.tw/Page

行政院經建會（民71）：我國中等學校科技教師人力結構調查研究報告，經建會人力規劃小組暨教育部教研會教育計畫小組。

行政院經建會人力規劃小組暨教育部教研會教育計劃小組（民71）：我國中等學校科技教師人力結構調查研究報告，頁17～26。

國家發展委員會檔案管理局（民105）：曲折崎嶇的現代化道路-民國肇建到抗戰前的教育發展。資料來源：http://atc.archives.gov.tw，搜尋日期：2016-06-26。

勞動部（民104）：修訂「全國高級中等學校學生技藝競賽得免技術士技能檢定術科測試職類對照表」，於中華民國104年1月26日勞動發能字第1039800347號令修正發布。

勞動部勞動力發展署（2022）：業務專區/技能檢定/，111-06-07，來源：https://www.wda.gov.tw/

監察院（民93）：教育部所屬預算分配結構之檢討-教育改革之成效與檢討，教92-11。來源：https://www.cy.gov.tw/AP_Home/op_Upload/

臺灣國際科學展覽會實施要點（2022）：教育部主管法規查詢系統/法規內容，資料來源：https://edu.law.moe.gov.tw

**四、教育部法令、資料：**

教育部（1999）：四技二專多元入學方案，民國88年1月20日發布教育部臺(88)技二字第88005677號函。

教育部（2000）：高中高職社區化實施方案，民國89年2月發布。

教育部（2002）：高中職社區化推動工作計畫，民國91年5月3日發布，臺技(一)字第 0930039815B號令訂定發布全文 9點；並自93年8月1日起生效。

教育部（2010）：技職教育再造方案-培育優質專業人力手冊，首頁/教育資料/出版品，99年2月公布。來源： https://ws.moe.edu.tw/

教育部（2012）：第七次中華民國教育年鑑-第八篇師資培育，教育部部史，2012年12月出版，頁P469-471。

教育部（2017）：102-110年教育部原住民族教育執行概況報告，教育部原住民族及少數族群教育資訊網，原力網資料來源：https://indigenous.moe.gov.tw/Files/。

教育部（2019）：公立高級中等以下學校校舍耐震能力改善計畫(109-111年)，108年4月。

教育部（2020）：〈教育補助技職校院及高級中學辦理原住民教育實施要點〉，技術及職業教育司。主管法規查詢系統網/法規內容，資料來源：https://edu.law.moe.gov.tw。

教育部（2020）：新住民教育揚才計畫-109-112年，109年3月12日公布。

教育部（民102）：中等以上學校技藝技能優良學生甄審及保送入學辦法修正草案，臺教技(二)字第1020109490A號。

教育部（民103a）：「中等以上學校技藝技能優良學生甄審及保送入學辦法，臺教技(二)字第1030182115B號令。

教育部（民103b）：「全國高級中等學校學生技藝競賽實施要點」，臺教授國部字第1030079106B號令，民國103年08月27日

教育部（民104）：中華民國技術及職業教育簡介，技職教育在臺灣，頁6-7。

教育部（民104a）：中華民國技術及職業教育簡介，頁16-21，教育部技職司。

教育部（民104b）：中華民國技術及職業教育簡介，頁30-39，教育部技職司。

教育部（民105）：十二年國民基本教育網。資料：http://12basic.edu.tw/index.php，搜尋日期2016-06-25。

教育部（民107a）：技術型高級中等學校課程綱要-機械群，民國107年10月公告。

教育部（民107b）：技術型高級中等學校課程綱要-動力機械群，民國107年11月公告。

教育部（民107c）：技術型高級中等學校課程綱要-電機與電子群，民國107年12月公告。

教育部（民107d）：技術型高級中等學校課程綱要-化工群、土木與建築群，民國107年12月公告。

教育部（民107e）：技術型高級中等學校課程綱要-土木與建築群，民國107年12月公告。

教育部（民58）：教育部獎勵中等學校教員休假進修辦法，教育法令，頁237。

教育部（民60a）：中等學校教師登記及檢定辦法，教育法令，頁593～625。

教育部（民60b）：師範學院學生教學實習辦法，教育法令。頁435～436。

教育部（民60c）：師範學院學生實習及服務辦法，教育法令。頁432～434。

教育部（民60d）：國立師範大學暨師範學院結業生分發各省市實習辦法，教育法令，頁437～438。

教育部（民63）：第四次中華民國教育年鑑，教育年鑑編纂委員會，新北市：正中書局。

教育部（民64）：中等以上學校技藝技能優良學生甄審及保送入學辦法。

教育部（民68）：高職輪調式建教合作技術生訓練宣導手冊。教育部（民80）：技術及職業教育法規選輯。

教育部（民76）：第五次中華民國教育年鑑，教育年鑑編纂委員會，新北市：正中書局。

教育部（民82）：中華民國教育統計年報。

教育部（民83）：我國技術職業教育發展現況與評估之研究，教育部，國立教育資料館。

教育部（民85）：第六次中華民國教育年鑑(上)，教育年鑑編纂委員會，頁82。

教育部（民86）：「配合教師法規定修正私立學校法第五十四條、第五十五條條文，准予公私立學校校長、教師互轉併計年資辦理退休、撫卹、資遣」，技職簡訊第63期，第三版。

教育部（民87a）：技術及職業校院法。

教育部(民87b)：教育改革行動方案。

教育部（民88）：87學年度加強技職教育宣導參考資料，教育部技術及職業教育司。

教育部（民89）：全國中等學學校89學年度工業類科學生技藝競賽組織章程，教育部中部辦公室，國立嘉義高工。

教育部（民89a）：技職教育白皮書。

教育部（民89b）：全國中等學學校89學年度工業類科學生技藝競賽組織章程，教育部中部辦公室，國立嘉義高工。

教育部人事處（民66）：中等學校教師登記及檢定辦法，載於教育人事法規釋例彙編（上），頁447～448。

教育部中部辦公室（2012）。振興經濟擴大公共建設投資計畫(四年五千億計畫)-教育部中部辦公室經辦項目執行成果彙編98-100。2012年11月出版。臺中市：教育部中部辦公室。

教育部中部辦公室（民89）：《臺灣省教育發展史料彙編－職業教育補述篇》，臺中市，國立臺中圖書館。

教育部主管法規查詢系統(民97)：職業學校群科課程綱要。
資料來源：https://edu.law.moe.gov.tw/法規內容

教育部全球資訊網（2017a）：教育部針對報載有關前瞻計畫部分回應說明，資訊及科技教育司，首頁/訊息公告/即時新聞，106-07-16。(資料來源：https://www.edu.tw)

教育部全球資訊網（2017b）：前瞻基礎建設—人才培育促進就業之建設優化技職校院實作環境計畫。技術及職業教育司，首頁／訊息公告／即時新聞，106-07-11。(資料來源：https://www.edu.tw/ )

教育部全球資訊網（2015）：立法院通過修正「教育經費編列與管理法」將教育經費法定的下限由22.5％提高至23％。首頁/訊息公告/即時新聞，來源：https://www.edu.tw。

教育部全球資訊網（2020）：教育部停辦109年高級中等學校評鑑 轉型精進接軌108課綱。首頁/訊息公告/即時新聞，來源：https://www.edu.tw。

教育部全球資訊網（2021）：全國高級中等學校工業類學生技藝競賽1,031名選手府城齊聚展技藝。首頁/訊息公告/即時新聞，來源：https://www.edu.tw。

教育部全球資訊網（2022a）：國教署加強學生國際技能競賽指導教師補助提升培訓品質。首頁/訊息公告/即時新聞，109年5月2日，來源：〈教育部國民及學前教育署補助高級中等學校學生出國參加國際性技藝能競賽作業要點〉，民國110年2月8日修正發布。https://www.edu.tw/

教育部全球資訊網（2022b）：教育資料/獎補助規定(含教育經費分配審議委員會)/ 教育部及所屬機關(構)各項補助原則或要點/教育部各司處所訂補助原則或要點。資料來源：https://www.edu.tw/

教育部技術及職業教育司（2013）：第二期技職教育再造計畫業奉行政院核定 102年至106年落實推動，首頁/即時新聞102-09-17公布。來源：https://depart.moe.edu.tw/

教育部技術及職業教育司（2016a）。產學攜手合作計畫資訊網，首頁/關於本計畫/計畫簡介。來源：https://iacp.me.ntnu.edu.tw/

教育部技術及職業教育司（2016b）。產學攜手合作計畫資訊網，首頁/關於本計畫/辦理模式。來源：https://iacp.me.ntnu.edu.tw/

教育部技術及職業教育司（2016c）。產學攜手合作計畫資訊網，首頁/關於本計畫/歷年辦理規模。來源：https://iacp.me.ntnu.edu.tw/

教育部技職司（民87）：職業學校各類科課程標準總綱，教育部技術及職業教育司編印。

教育部技職司（民97）：臺灣技術及職業教育簡介，頁8。取自http://www.tve.edu.tw/Public/Aboutus/20086191811447055.pdf

教育部國民及學前教育署（2006）：「補助高級中等學校提升學生素質要點」。

教育部國民及學前教育署（2017）：補助辦理新住民子女教育要點，民國106年9月28日國民及學前教育署發布。

教育部國民及學前教育署(2022１)：推動新住民子女職業技能精進翻轉未來競爭力，教育部全球資訊網，首頁/訊息公告/即時新聞：https://www.edu.tw，11-04-06發布。

教育部國民及學前教育署（2022a）：首頁/政府資訊公開/預算決算，網站：https://www.k12ea.gov.tw/

教育部國民及學前教育署（2022b）：全國高級中等學校技藝競賽資訊平台。(資料來源：https://sci.me.ntnu.edu.tw/Contest/

教育部國民及學前教育署（2022c）：108課綱資訊網，在學與升學/國民中學/中中生學，資料來源：https://12basic.edu.tw/edu-1.php

教育部國民及學前教育署（2022d）：教育部透過高中職優質化、均質化等政策，希望達到校校是明星學校之目標。高中及高職教育組江志強。資料來源：https://www.k12ea.gov.tw/files/

教育部國民及學前教育署（2022e）：法令規章，高級中等教育組。高職優質化輔助方案。資料來源： https://www.k12ea.gov.tw/Tw/Station/。

教育部國民及學前教育署（2022f）：法令規章。高級中等學校適性學習社區教育資源均質化實施方案，資料來原：https://www.k12ea.gov.tw/files/common_unit/。

教育部國民及學前教育署（2022g）：法令規章。教育部國民及學前教育署高級中等學校適性學習社區教育資源均質化實施方案經費補助要點。資料來原：https://www.k12ea.gov.tw/files/common_unit/。

教育部國民及學前教育署（2022h）：106-107年度中央政府前瞻基礎建設第一期特別決算審訂本。

教育部國民及學前教育署（2022i）：108-109年度教育部國民及學前教育署中央政府前瞻基礎建設計畫第2期特別決算(院修本。

教育部國民及學前教育署（2022j）：11105_教育部國民及學前教育署中央政府前瞻基礎建設計畫第3期特別預算月報。

教育部國民及學前教育署（2022k）：職業教育中程發展計畫-107年至110年度，民國107年9月資料來源：https://www.hpsh.tn.edu.tw/ischool/

教育部國民及學前教育署（民105）：認識國教署歷史沿革，資料來源；http://www.k12ea.gov.tw/ap/history.aspx

教育部國民與學前教育署（2021）：全國高級中等學校專業群科專題及創意製作競賽，技術型高中學校課程推動工作圈， 2021/09/16，資料來源：https://vtedu.mt.ntnu.edu.tw/

教育部教育e學院（2022）：中小學師資課程教學與評量協作中心，課程

協作與實踐。教育部補助辦理教師專業發展評鑑實施要點，民國95年4月3日臺國（四）字第 0950039877D 號令。(資料來源：https://ws.moe.edu.tw/001)。

教育部統計處（2022）：中華民國教育統計100年。

教育部統計處（民100）：中華民國教育統計。

教育部統計處(民104)：近5年高中職比例結構及其消長趨勢，教育統計簡訊第31號。

教育部統計處（民56）：中華民國教育統計。

教育部統計處（民73）：中華民國教育統計。

教育部部史網站（2022a）：101年-110年教育大事紀。資料來源：https://history.moe.gov.tw/

教育部部史網站（2022b）：91年-110年教育大事紀。資料來源：https://history.moe.gov.tw/

教育部部史網站（2022c）：重大教育政策發展歷程-師資培育，2022/2/11。資料來源：https://history.moe.gov.tw/Policy/Detail/

教育部會計處（2022）：首頁/財務公告事項/本部/預算/單位預算，網站：https://depart.moe.edu.tw/）。

教育部資訊及科技教育司（2012）：教育部創造力教育白皮書，首頁/人文及科技教育/先導型計畫/前期(結案)計畫，101-11-09，網站：https://depart.moe.edu.tw

植根法律網/法規資訊（2022）：高級職業學校試辦學年學分制實施要點，民國86年11月10日公布，資料來源：https://www.rootlaw.com.tw

國家教育研究院（2022）：發展沿革，來源：https://www.naer.edu.tw/PageDoc/Detail?fid=38&id=12。

五、臺灣省政府公報：

臺灣省政府（民44）：臺灣省立師範大學結業生分發實習辦法，臺灣省政府公報，秋字第9期。

臺灣省政府（民45）：臺灣省立師範大學結業生分發實習辦法，臺灣省

政府公報，秋字第10期。

臺灣省政府（民59）：中等學校技藝教師登記處理準則，臺灣省政府公報，冬字64期。

臺灣省政府（民62）：師範大學與師範學院學生實習及服務辦法，臺灣省政府公報，冬字70期。

臺灣省政府（民65）：臺灣省政府公報，冬字一九期。

臺灣省政府（民70）：中小學教師登記及檢定辦法，臺灣省政府公報，冬字53期。

臺灣省政府（民71）：師範校院學生實習及服務辦法，臺灣省政府公報，春字63期。

臺灣省政府（民71）：臺灣省公私立中等學校教師申請技術教師登記注意事項，臺灣省政府公報，冬字65期。

臺灣省政府（民71）：臺灣省政府教育廳簡化教師登記作業實施要點，臺灣省政府公報，冬字65期。

臺灣省政府（民72）：師範校院結業生實習準則，臺灣省政府公報，夏字58期。

臺灣省政府（民73）：臺灣省立高級中等學校新聘教師甄選要點，臺灣省政府公報，夏字36期。

臺灣省政府（民74）：國立臺灣師範大學、高雄師範學院及臺灣教育學院政治大學教育學系公費結業生分發中等學校實習改進要點，臺灣省政府公報，夏字17期。

臺灣省政府（民75）：中小學教師在職進修研究辦法，臺灣省政府公報，春字11期。

臺灣省政府（民76）：國立臺灣師範大學、高雄師範學院及臺灣教育學院政治大學教育學系公費結業生分發中等學校實習改進要點（修正本），臺灣省政府公報，春字61期。

臺灣省政府（民81）。臺灣省公立高級中等學校辦理新聘教師甄選要點，臺灣省政府公報，春字24期。

臺灣省政府（民85）：臺灣省政府公報，夏字第七十四期。

臺灣省政府公報（民85）：八十五年秋字第三期。

臺灣省政府教育廳（民47～56）：臺灣省教育統計年報，臺灣省政府公報。

臺灣省政府教育廳（民57～60）：臺灣省教育統計年報，臺灣省政府公報。

臺灣省政府教育廳（民80～86）：臺灣省教育統計年報，臺灣省政府公報。

臺灣省教育廳（民40～87）：四十年度至八十七年度臺灣省教育統計年報，臺灣省政府公報。

## 六、省政府教育廳資料

省府教育廳（民88）：《臺灣工業職業教育五十年》，臺中，省政府。

臺灣省政府教育廳（民60）：試辦建教合作實驗班班概況，頁9-11。

臺灣省政府教育廳（民72）：臺灣省高級中等學校辦理輪調式建教合作班概況。

臺灣省政府教育廳（民74a）：《臺灣教育發展史料彙編－職業教育篇》，臺中市，臺灣省立臺中圖書館。

臺灣省政府教育廳（民74b）：《臺灣教育發展史料彙編》第二章建教合作與技藝訓練(含技能檢定)，臺中：臺灣省立臺中圖書館，民國74年4月出版。

臺灣省政府教育廳（民80～86）：臺灣省教育統計年報，臺中市，省政府公報。

臺灣省政府教育廳（民81a）：《臺灣省政府教育廳志第二卷歷任廳長行誼》，國立中央圖書館。

臺灣省政府教育廳（民81b）：《臺灣省政府教育廳志第七卷職業教育篇》，第二章沿革。國立中央圖書館。

臺灣省政府教育廳（民81c）：《臺灣省政府教育廳志第七卷職業教育篇》，第四章實施概況第五節課程，國立中央圖書館，民國81年4月5日出版。

臺灣省政府教育廳（民81d）：《臺灣省政府教育廳志第七卷職業教育篇》，第四章實施概況第七節單位行業教學，國立中央圖書館，民國81年4月5日出版。

臺灣省政府教育廳（民81e）：《臺灣省政府教育廳志第七卷職業教育篇》，第四章實施概況第五節課程(含能力本位)，國立中央圖書館，民國81年4月5日出版。

臺灣省政府教育廳（民81f）：《臺灣省政府教育廳志第七卷職業教育篇》，第四章實施概況第五節課程(含群集課程實驗)，國立中央圖書館，民國81年4月5日出版。

臺灣省政府教育廳（民81g）：《臺灣省政府教育廳志第七卷職業教育篇》，第四章實施概況第十節建教合作，國立中央圖書館，民國81年4月5日出版。

臺灣省政府教育廳（民81h）：《臺灣省政府教育廳志第七卷職業教育篇》，第四章實施概況第十二節技能競賽與技能檢定，國立中央圖書館，民國81年4月5日出版。

臺灣省政府教育廳（民81i）：《臺灣省政府教育廳志第七卷職業教育篇》，第四章實施概況第十三節延教與實用技能，國立中央圖書館，民國81年4月5日出版。

臺灣省政府教育廳（民84）：臺灣發展五十年回顧成果展，展覽資料，臺中市。

臺灣省政府教育廳（民85）：臺灣省高級中等學校辦理輪調式建教合作班概況。

臺灣省政府教育廳（民88）：臺灣省教育統計年報，臺中市，省政府公報。

臺灣省教育廳（民60）：臺灣省政府暨所屬各類機關學校現職人員出國進修補助旅費辦法，載於臺灣省教育法令彙編，頁427。

臺灣省教育廳（民74）：臺灣省政府資助教育人員出國考察進修辦法，臺灣省教育法令彙編，頁27。

臺灣省教育廳（民76）：《臺灣省教育發展史料彙編》，臺中，省政府。

臺灣省教育廳（民80）：加強教師在職進修推行長青專案，臺灣省教育施政宣導系列。

臺灣省教育廳（民86）：民國80～85年工職師資進修人數統計，臺中市，省政府。

臺灣總督府臺學二九號（民國31）：《第八類學校及幼稚園－第六章實業補習教育》，臺灣總督府告示第四百三十五號，昭和十七年四月二十九日，頁702/14。

七、其它

2022 IEYI 世界青少年創客發明展暨臺灣選拔賽活動簡章，資料來源：www.ieyiun.org

大學入學考試中心（2022）：110學年度總考生人數，https://stats.moe.gov.tw

中國青年報（2021）；職業教育要成為主動選擇六成受訪家長表示需提高教育質量。人民網/教育，來源：http://edu.people.com.cn/BIG5/n1/2021/0429/c1006-32091474.html。

秀水高工（2022）：實用技能學程簡介，網站選單，資料來源：https://www.ssivs.chc.edu.tw/

技專校院招生委員會聯合會（2022）：四技二專多元入學方案，資料來源：https://www.jctv.ntut.edu.tw/downloads/

遠見雜誌（2013）：他們不再是黑手，而是轉動經濟的「推手」，Ttoday新聞雲/ETtoday財經雲，來源：https://finance.ettoday.net/news/229087。

馨力陽（2022）：該對孩子有什麼樣的期待？。IN媽咪/育兒新知。來源：www.in-parents.com/babynews/81/

師大維基（民104）：美援計畫，資料來源：http://history.lib.ntnu.edu.tw/wiki，日期2016-06-27。

國立雲林科技大學（2021）：教育部110 學年度大專校院一覽表資訊網，資料網站：https://ulist.moe.gov.tw/Browse/UniversityList）

勞動部勞動力發展署（2022）：技能檢定中心：資料來源：https://www.wdasec.gov.tw/Default.aspx，搜尋日期2022-3-20。

臺北市十二年國民基本教育資訊網（2022）：宣導諮詢/實用技能學程。資料來源：https://12basic.tp.edu.tw)

國立臺灣師範大學（2022）：全國高職學生團隊技術創造力培訓與競賽，資料來源：http://pmcl.mt.ntnu.edu.tw/

第52屆全國技能競賽（2022）：全國技能競賽簡介。資料來源：https://skillsweek.wdasec.gov.tw/skillsweek/

財團法人技專校院入學測驗中心（2022）：四技二專工業類科群別考生人數(90-111年度)總考生人數，資料來源https://www.tcte.edu.tw/page_new.php

維基百科（2022）：四技二專多元入學方案，資料來源：https://zh.m.wikipedia.org/zh-tw/

維基百科（民105）：壬子癸丑學制，資料來源：http://www.wikiwand.com/，搜尋日期2016-06-25。

## 八、相片資料

鄭麗玲：《臺灣工業教育搖籃-臺北工業學校》，成大出版社，2021年，頁85-89。

國立臺中高工網頁（2022）：由臺中高工校友總會網頁中「州立工業學校相片」下載。

國立臺中高工（1986）：臺中高工75周年校慶簡報，由國立臺中高級工業職業學校校長秘書張瀧升提供。

國立嘉義高工（1968）：嘉工概況，嘉義高工30週年校慶特刊，民57年11月11日。

國立東勢高工（1977）：東勢高工66年畢業紀念冊及陳奐璋主任拍攝提供。

國立臺中高工（1979）：民68年臺中高級工業職業學校-各科概況簡介。

國立臺中高工（2008）：「在溫馨校園中成長」-國立臺中高工簡介(2008年04月)。

蕭瑞人（2022）：嘉義高級工業職業學校各年度畢業紀念冊及採購紀錄，蕭瑞人秘書提供。

# 附錄

## 附錄 1 職業教育百年沿革大事記

| 年　代 | 大　事　記 |
|---|---|
| 民國元年 | ● 公布「壬子學制」，學校系統採工藝教育與普通教育雙軌制。<br>● 日本政府於臺北廳大加堡大安庄（即國立臺北科大現址）設立「民政學部附屬工業講習所」，分設土木、金工及電工兩大科，是為臺灣工業教育之肇端。<br>● 公布「專門學校令」，明定專門學校以教授高等學術，養成專門人才為宗旨。專門學校分為十類別，包括工業類。 |
| 民國2年 | ● 公布「壬子癸丑學制」，將三級實業學堂改設為兩級制之甲、乙兩種實業學校。<br>● 公布「實業學校令」，改「實業學堂」為「實業學校」，分為甲乙兩種實業學校，甲種招收高小畢業生，授課四年；乙種招收初小畢業生，授課三年。以教授農、工、商所必需之知識、技能為目的。<br>● 公布「實業學校規程」，規定實業學校分五種行業，包括工業類。 |
| 民國4年 | ● 公布《實業教員養成所規程》，分農工兩類，培養甲種實業學校教員。 |
| 民國6年 | ● 明定各省設「教育廳」，直屬「教育部」。 |
| 民國8年 | ● 臺灣「民政學部附屬工業講習所」改稱「臺灣公立臺北工業學校」（即臺北州立臺北第一工業學校）。 |
| 民國11年 | ● 公布重訂為「壬戌學制」，教育部將「實業學堂或實業學校」更名為「職業學校」。 |
| 民國20年 | ● 國民政府明定省政府組織法採委員會制，教育廳改屬省政府。教育行政體制基本架構為中央設教育部、省設教育廳、縣市設教育局。<br>● 教育部公佈「各省市職業學校學科師資登記檢定及訓練辦法大綱」。 |
| 民國21年 | ● 訂頒「職業學校法及職業學校規程」、「師範學校法及師範學校規程」。公布「職業學校法」，將普通中學與職業學校分開設立，並分為初級及高級職業學校；並將職業學校分為農業、工業、商業、海專、醫事及其他等六類。<br>● 公布「各省市中等學校設置及經費支配標準辦法」，規定職業教育經費不得低於各省市中等教育經費之35%。 |
| 民國22年 | ● 公布「職業學校規程」、「職業補習學校規程」。<br>● 公佈「各省市職業學校職業學科師資登記檢定及訓練辦法大綱」 |
| 民國23年 | ● 教育部曾頒行「職業學校各科課程表教材大綱設備概要彙編」。 |
| 民國27年 | ● 頒佈「中央建教合作委員會組織規程」。 |

| 年　代 | 大　事　記 |
|---|---|
| 民國29年 | ● 教育部訂各種職業學校之「教學科目及每週教學時數表」,「教材大綱」及「教學要點」,並訂頒「職業學校實習設備標準」。<br>● 頒佈「獎勵職業學校職業教員進修暫行辦法」、「職業學校校長、教員參觀考察辦法」。 |
| 民國31年 | ● 教育部頒布「教育部獎勵中等學校教員休假進修辦法」。 |
| 民國32年 | ● 教育部公佈「師範學院實習及服務辦法」。 |
| 民國33年 | ● 教育部頒「師範學院附設進修班辦法」、「師範院校公費學生公費待遇實施辦法」、「師範學院學生教學實習辦法」。 |
| 民國34年 | ● 公佈「職業學校法」,在臺北正式成立教育處。民國36年臺灣省行政長官公署於5月改制為臺灣省政府,教育處亦改制為臺灣省政府教育廳。 |
| 民國35年 | ● 公布「臺灣省建教合作委員會組織規程」。<br>● 臺灣行政長官公署訂頒「臺灣省職業學校新舊制調整辦法」,將日治時期之實業學校改為省立、縣立及私立,並建立三三制高級、初級職業學校,分別招收初中(職)及國民學校畢業生。核定公布「臺灣省立各中學及職業學校三十四學年度第二學期招生辦法」,一改日治時期招生方式。 |
| 民國36年 | ● 修正「職業學校規程」,規定職業學校為實施生產教育之場所,統整職校課程結構,規定授課內容應包括普通科目、職業理論及技能實習。 |
| 民國37年 | ● 公布「臺灣省建教合作委員會組織規程」,教育廳依據「職業學校法」第四條之規定,試辦設立五年制職業學校,招收國民學校畢業生修業五年。省府教育廳增設第五科,第三科則改為掌管中學及職業教育。 |
| 民國39年 | ● 發布「各類高級職業學校教學科目及每週教學時數總表」,規定普通學科占20%-30%,職業學科占30%,實習占40-50% 為原則。<br>● 教育部頒「中等學校及國民學校教員學術班研究獎勵辦法」 |
| 民國41年 | ● 發布施行「高級工業職業學校暫行課程標準」、頒發「臺灣省各級學校課程調整辦法綱要」。<br>● 美金援助教育計畫始於41會計年度,並開始由賓大提供技術援助,派員協助建立與發展工業教育學系,以及訓練臺灣工業職業學校師資。 |
| 民國42年 | ● 實施美式「單位行業訓練」制度,增加工廠實習時數,加強學生專業技能學習;<br>● 臺灣省政府教育廳頒「臺灣省建教合作辦法」。 |

| 年　代 | 大　事　記 |
|---|---|
| 民國43年 | ● 頒布「建教合作實施方案」。 |
| 民國44年 | ● 教育廳訂定「建教合作實施辦法」。<br>● 教育部頒佈「提高中等學校師資素質實施方案」、「中等學校教師登記及檢定辦法」；臺灣省教育廳訂定「臺灣省立師範學院結業分發實習辦法」。<br>● 省府教育廳其中第三科為職掌省立及私立職業學校。<br>● 民國44學年度起政府選定八所示範工職為單位行業訓練之實驗學校，以美援大量充實實習場房及設備。 |
| 民國46年 | ● 教育廳擬訂「臺灣省各中等學校附設實用技藝訓練中心試辦計畫」。 |
| 民國53年 | ● 省府教育廳公布「工業職業學校課程新標準」，係以單位行業訓練之精神設計。 |
| 民國54年 | ● 訂頒「五年制高級職業學校設置暫行辦法」，五年制高級職業學校由臺灣省政府教育廳工、商、家事四類職業學校中，選擇省立新竹工業職業學校等二十五校、於54學年度第一學期起先行試辦。 |
| 民國55年 | ● 調整高中、高職人數比例之政策，同時職業教育之重心由農業基礎教育轉移至工業教育，開始大量增設「工業職業學校」。 |
| 民國56年 | ● 臺灣省政府頒布「各縣市擬訂九年國民教育實施計畫作業要點」，規定縣市立職業學校處理原則。 |
| 民國57年 | ● 實施九年國民義務教育，停辦初級職校與五年制高職，將縣市立職業學校改為省立，自60學年度開始完全成為修業三年完成高級職業學校。訂定「臺灣省實施九年國民教育省接辦縣市立職業學校計畫」。<br>● 發布「公私立專科學校試辦二年制實用技藝部辦法」，開始實施輪調式建教合作。<br>● 教育廳訂頒「輔導私立中等學校發展原則」允許私立中學附設高級職業類科，輔導一般省立高中兼辦職業類科。 |
| 民國58年 | ● 由沙鹿高工試辦「輪調式建教合作班」。 |
| 民國59年 | ● 召開「第五次全國教育會議」，建議建立與大學平行的學制，包括職業學校，專科學校及技術學院之一貫技術教育體系。 |
| 民國60年 | ● 試辦高職「階梯式建教合作班」，前兩年在校上課，第三年在合作工廠生產實習。民國60年後美援方式大部分由援助改為貸款，由中央教育部統籌辦理。故民國61年度至84年度稱為世界銀行教育計畫貸款時期，臺灣省接受貸款之學校，計有十二所，工職七所。 |

| 年　代 | 大　事　記 |
|---|---|
| 民國61年 | ● 開始執行「世界銀行貸款計畫」<br>● 內政部公佈「技術式技能檢定辦法」。 |
| 民國62年 | ● 教育部公佈「師範大學與師範學院學生實習及服務辦法」、「中等學校教師登記及檢定辦法規定」。<br>● 臺灣省教育廳頒布「臺灣省教育廳推廣高級職業學校輪調式建教合作班實施要點」，沙鹿高工試辦「輪調式建教合作班」。五年制專科學校附設之二年制實用技藝部停止招生，並更名為二年制專科學校。 |
| 民國63年 | ● 發布《建教合作實施辦法》<br>● 擬訂「臺灣省發展職業教育實施方案」。 |
| 民國64年 | ● 省教育廳試辦「進修式建教合作班」、發布實施「加強國民中學技藝教育辦法」。 |
| 民國65年 | ● 修訂公佈「職業學校法」，刪除初級職校，增訂設立夜間部、推行建教合作，設置技術及專業教師等條文。<br>● 訂頒「專科及職業學校加強推行建教合作補充要點」。修正公佈「職業學校法」，其中規定職業學校教師應為專任，由校長聘任之。訂定「臺灣省立高級中等學校教師甄選要點」。 |
| 民國67年 | ● 公布「新職業學校規程」。 |
| 民國68年 | ● 教育部訂頒「加強高職校輪調式建教合作教育（訓練）實施要點」。 |
| 民國69年 | ● 民國68至70學年度開始執行「工職教育改進計畫」第一期。 |
| 民國70年 | ● 教育部修正公佈「中小學教師登記及檢定辦法」。 |
| 民國71年 | ● 修正公佈「師範校院公費待遇實施辦法」、「師範校院學生實習及服務辦法」，省府教育廳公佈「臺灣省政府教育廳簡化教師登記作業實施要點」、公佈「臺灣省公私立中等學校教師申請技術教師登記注意事項」。<br>● 教育廳頒佈「臺灣省高級中等學校能力本位教育實施要點」。<br>● 訂頒「加強職業學校輪調式建教合作教育訓練實施要點」、修訂「加強國民中學技藝教育辦法」。 |
| 民國72年 | ● 民國71至73學年度年實施「工職教育改進計畫」第二期。<br>● 進行「能力本位教育實驗教學」，通過「延長以職業教育為主的國民教育加強職業教育及補習教育實施計畫」草案（簡稱延教班），並於8月起開始試辦。<br>● 省府教育廳轉頒「師範校院結業生實習準則」、「臺灣省公立學校教師及職員遴選辦法」。 |

| 年　代 | 大　事　記 |
|---|---|
| 民國73年 | ● 省府教育廳修訂公佈「臺灣省立高級中等學校新聘教師甄選要點」。 |
| 民國74年 | ● 省府教育廳公佈「國立臺灣師範大學、高雄師範學院及臺灣教育學院、政治大學教育學系公費結業生分發中等學校實習改進要點」、「中小學教師在職進修研究辦法」。<br>● 訂定「技術士技能檢定及發証辦法」。 |
| 民國75年 | ● 民國74至76學年度執行「工職教育改進計畫」第三期。<br>● 修訂頒佈《工業職業學校課程暨設備標準》正式實施工職群集課程。 |
| 民國76年 | ● 高職正式採行職業群集課程。發布《商業職業學校課程暨設備標準》。<br>● 擬訂「改進與發展技職教育五年計畫」。<br>● 發布《職業學校學生成績考查辦法》、「加強職業學校輪調式建教合作教育訓練實施要點」。 |
| 民國77年 | ● 擇校試辦「綜合高中」。<br>● 民國77至81年學年度執行「改進及發展工業職業教育五年計畫」。<br>● 民國77年成立「原住民教育委員會」、「原住民職業教育改進計畫」。 |
| 民國78年 | ● 民國78函頒「臺灣省加強培養高職學生創造力與特殊才能輔導計畫」。<br>● 推動「原住民職業教育五年計畫」，普及原住民職業教育。推動「偏遠地區職業教育改進計畫」，提升偏遠地區教育品質。 |
| 民國79年 | ● 發布「職業學校技術及專業教師甄審登記遴選辦法」，職業學校得聘用特殊專長或技術之教師。 |
| 民國80年 | ● 發布「加強職業學校輪調式建教合作教育訓練實施要點」、「高中高職學年學分制辦法」。<br>● 實施高職「學年學分制」，彈性調整高職學生就學年限。<br>● 修正「私立學校法」，成立私校退撫基金管理委員會，實施私校退撫制度。<br>● 訂定「師大結業生教實習輔導實施辦法」。 |
| 民國81年 | ● 教育部修改職業學校法，將延教班正式納入學制，並正名為「實用技能班」。<br>● 民國81學年度起開始施行採專案辦理職業學校在校生技能檢定。 |
| 民國82年 | ● 行政院函定「技能檢定制度改進方案」。<br>● 民國82年度起開設與補助國中技藝教育班、<br>● 執行「工業職業教育重要計畫」，包括：(1)職業教育改進計畫，(2)繼續推展職業學校資訊教育，(3)在校生丙級技能檢定計畫，(4)輪調式建教合作教育。 |

民國83年
- 教育部、原住民族委員會合作公布兩期「發展與改進原住民教育五年計畫(83~92年)」。
- 公告「中等以上學校技藝技能優良學生甄審及保送入學辦法」。

民國85年
- 試辦高職多元學制。
- 發布「試辦綜合高中實驗課程實施要點」,並由18所高中、高職開始實施綜合高中實驗課程。
- 發布「高職學生赴技術學院或專科提早選修專業課程試辦要點」,高職生可提早選修四技二專學分及課程,通過入學考試可抵免學分。

民國86年
- 發布「高職免試多元入學方案」,並自90學年度起實施。
- 發布「88學年度技術學院四年制及專科學校二年制試辦推薦甄選入學方案實施要點」,提供技(藝)能專長學生合理、適才、適性的入學機會。通過「擴大推動第十年國民技藝教育實施計畫」。
- 修正「私立學校法」,強調私立學校之公共性與自主性,
- 公布「高級職業學校試辦學年學分制實施要點」。

民國87年
- 教育部公布「職業學校各類科課程標準暨設備標準」
- 推動高職採行「學年學分制」、推動綜合高中、實施高職免試登記入學及多元入學方案。

民國88年
- 修訂「加強國民中學技藝教育辦法」。
- 修訂「技術及職業校院法」並同時將「專科學校法」及「職業學校法」廢止。臺灣省政府功能業務與組織調整(精省),教育廳於7月改隸為教育部中部辦公室,其中第三科負責公私立職校業務,省立高中職暫維持原名。

民國89年
- 教育部發布「國立職業學校組織員額設置基準」。正式實施「高級職業學校課程標準」,整併「高級中學多元入學方案」與「高職多元入學方案」為「高中及高職多元入學方案」,並簡化成登記分發、甄選及申請等三種入學管道,基本學力測驗取代所有學科考試。
- 修正「職業學校學生成績考查辦法」,職業學校學制由學時制改為「學年學分制」,學期成績不及格科目改以補考或重修代替留級,成績優異學生可提前一年畢業。配合精省作業,省立高中、高職、特殊學校改隸國立。
- 發布「高中高職社區化實施方案」,採學校自願參與方式,參加試辦高中保留八成,高職保留六成招生名額給社區學生就讀。
- 行政院核定「建築物實施耐震能力評估及補強方案」。

| 年　代 | 大　事　記 |
|---|---|
| 民國90年 | ● 訂定《綜合高級中學實施要點》並同時廢止《綜合高中試辦學校行政處理暫行要點》、《綜合高中試辦學校學生成績考查要點》、《綜合高中試辦學校學生輔導要點》、《綜合高中實驗課程實施要點》。配合高中、高職及五專聯考同步廢除，改施行一年舉辦兩次「國中基本學力測驗」及「五專多元入學方案」。於國立雲林科技大學成立「技專校院入學測驗中心」，國立臺北科技大學成立「技專校院招生策進總會」，正式實施考招分離制度。廢除四技二專及二技聯考，由統一舉辦的四技二專及二技統一入學測驗取代。<br>● 教育部備查「臺灣國際科學展覽會實施要點」。 |
| 民國91年 | ● 訂定發布「綜合高級中學課程綱要」、發布「高中職社區化推動工作計畫」。<br>● 教育部依據原住民族教育法及發展原住民族教育五年中程個案計畫，推展原住民技職教育特訂定「教育補助技職校院及高級中學辦理原住民教育實施要點」。 |
| 民國92年 | ● 教育部公布「教育部創造力教育白皮書」。 |
| 民國93年 | ● 配合實施「高職學分制」與「勞基法」規定，教育部發布「高級職業學校輪調式建教合作教育作業規範」、「高級職業學校建教合作實施辦法」、「高級職業學校階梯式建教合作教育作業規範」、「高級職業學校實習式建教合作教育作業規範」。 |
| 民國94年 | ● 發布「職業學校群科課程暫行綱要」，以群科為課程規劃架構。修正發布「綜合高中暫行課程綱要」、發布「實用技能學程課程綱要」。 |
| 民國95年 | ● 發布「教育部補助辦 教師專業發展評鑑實施要點」、推動「高職優質化輔助方案」。辦理「高職菁英班」，招收具特殊優良技藝能學生就讀技專校院。<br>● 民國95年度起教育部、原住民族委員會合作公布「發展原住民族教育五年中程計畫(95~99年)、（100-104年)、（105-109年）」。 |
| 民國96年 | ● 推動「高中優質化輔助方案」及「高職優質化輔助方案」。 |
| 民國97年 | ● 教育部發布「職業學校群科課程綱要」，並自99年8月起實施、發布「高級中等學校申請辦理實用技能學程注意事項」、修訂「加強國民中學技藝教育辦法」。 |
| 民國98年 | ● 教育部函頒「高級中等學校適性學習社區教育資源均質化實施方案」。<br>● 發布「擴大高中職及五專免試入學實施方案」，自99學年度起增加五專免試入學之入學管道。 |

臺灣工程教育史

第肆篇：臺灣初、高級工業職業教育史概要

| 年　代 | 大　事　記 |
|---|---|
| 民國99年 | ● 推動「齊一公私立高中職（含五專前3年）學費方案」。<br>● 民國99年度起至111年執行「技職教育再造計畫」第一期。 |
| 民國100年 | ● 規劃「高中職免學費方案」（含五專前三年）分二階段逐步實施。第一階段（100-102學年度）推動高職免學費方案，凡家戶年所得新臺幣114萬元以下之高職及五專前三年之學生適用，第二階段（103學年度起）推動高中職（含五專前三年）學生全面免學費方案。<br>● 訂定「發展原住民族教育五年中程計畫（100-104年）」。 |
| 民國101年 | ● 國家教育研究院「建置十二年國民基本教育課程體系方案」、發布「臺灣國際科學展覽會實施要點」、勞動部發布訂定「技能職類測驗能力認證及管理辦法」及「技能職類證書發證及管理辦法」、發布「高中職實用技能學程輔導分發作業要點」。 |
| 民國102年 | ● 教育部配合中央政府組織改造，設置三級機關「教育部國民及學前教育署」，其中一組為高中及高職教育業務。<br>● 開始執行「技職教育再造計畫」第二期、成立「十二年國民基本教育課程研究發展會」，公布「高級中等學校建教合作實施及建教生權益保障法」。<br>● 教育部公告「中等以上學校技藝技能優良學生甄審及保送入學辦法修正草案」、訂定「高級中等學校多元入學招生辦法」。<br>● 修正發布「教育部國民及學前教育署補助公立高級中等以下學校改善校舍耐震能力作業要點」。 |
| 民國103年 | ● 發布「高級中等學校群科學程設立變更停辦辦法」、「高級中等學校實習課程實施辦法」；發布「國民教育法施行細則」、發布「十二年國民基本教育課程綱要總綱(108課綱)」、發布「高級中等學校特色招生核定作業要點訂定應遵行事項」。<br>● 修正「發展原住民族教育五年中程計畫（100-104年）。修正發布「高級中等學校專業及技術教師遴聘辦法」、<br>● 公告「全國高級中等學校學生技藝競賽實施要點」、「中等以上學校技藝技能優良學生甄審及保送入學辦法」、<br>● 發布「高級中等學校評鑑辦法」、修正發布「教育部校長領導卓越獎評選及獎勵要點」、修正發布「高中優質化輔助方案」。 |
| 民國104年 | ● 發布「十二年國民基本教育課程綱要前導學校暨機構作業要點」、廢止「高級中學法施行細則」。<br>● 修正發布「國民中學技藝教育實施辦法」。<br>● 「發展原住民族教育五年中程計畫（105-109年）」、民國104年函頒「新住民子女教育發展五年中程計畫第一期五年計畫」。<br>● 函頒「教育部國民及學前教育署資優教育優質發展中程計畫第一期五年計畫。 |

| 年　代 | 大　事　記 |
|---|---|
| 民國105年 | ● 廢止「高級中學法」、「職業學校法」，<br>● 公布修正(或增修)「高級中等教育法」；修正發布「高級中等以下學校課程審議會組成及運作辦法」。<br>● 行政院核定「公立國中小校舍耐震能力及設施設備改善計畫(106-108年度)」。 |
| 民國106年 | ● 廢止「高級職業學校建教合作實施辦法」、廢止「高級中等學校申請辦理實用技能學程注意事項」、<br>● 發布「補助高級中等學校辦理實用技能學程作業要點」、修正「十二年國民基本教育實施計畫」、訂定「高級中等學校轉型輔導作業要點」。<br>● 教育部國教署發布「補助辦理新住民子女教育要點」，辦理技術型高級中等學校及高級中等學校設有專業群、科（含進修學校、實用技能學程以及建教合作班）或綜合高中專門學程之在學新住民子女職業訓練教育。<br>● 勞動部發布「技術士技能檢定及發證辦法」<br>● 發布「補助高級中等學校辦理自我評鑑作業要點」<br>● 行政院核定前瞻基礎建設「校園社區化改造計畫」、推動第1期前瞻基礎建設計畫。 |
| 民國107年 | ● 訂定發布「教育部國民及學前教育署補助地方政府精進高級中等學校課程與教學要點」、發布「新舊課綱併行有關學習節數及學習內容安排及彈性學習課程規劃」、修正發布「教育部國民及學前教育署高級中等學校課程推動工作圈及學科群科中心設置與運作要點」、8月正式實施「十二年國民基本教育課程綱要總綱(108課綱)」。<br>● 發布「教育部國民及學前教育署補助高級中等學校辦理前瞻基礎建設計畫-數位建設計畫經費要點」。<br>● 函頒「職業教育中程發展計畫」、推動「職業教育中程發展計畫(107年至110學年度)」。<br>● 修正發布「教育部國民及學前教育署補助高級中等學校提升學生實習實作能力計畫經費作業要點」、「教育部國民及學前教育署補助高級中等學校學生校外職場參觀與校外實習及校內併校外實習經費作業要點」、修正發布「高級中等學校實習課程實施辦法」、修正發布「教育部國民及學前教育署補助辦理國民中學生涯發展教育及技藝教育相關經費作業原則」、修正發布「全國高級中等學校學生技藝競賽實施要點」。<br>● 公布「教育部國民及學前教育署補助高級中等學校辦理建教合作作業要點」。<br>● 民國107年至111年執行「技職教育再造計畫」第三期。 |

| | |
|---|---|
| 民國108年 | ● 發布「十二年國民基本教育高級中等學校建教合作班課程實施規範」、修正發布「教育部國民及學前教育署補助高級中等學校辦理建教合作作業要點」、修正發布「教育部國民及學前教育署補助辦理十二年國民基本教育宣導作業要點」、訂定發布「十二年國民基本教育實用技能學程課程實施規範(含一般科目及專業科目)」。 |
| | ● 修正發布「教育部國民及學前教育署補助高級中等學校設置原住民族藝能班要點」、修正發布「高級中等學校原住民學生助學金補助辦法」、修正發布「全國高級中等學校學生技藝競賽新增競賽職種作業原則」。 |
| | ● 訂定發布〈高級中等學校課程評鑑實施要點〉 |
| | ● 核定「公立高級中等以下學校校舍耐震能力改善計畫(109-111年)」 |
| | ● 修正發布「教育部國民及學前教育署補助高職優質化輔助方案經費要點」、「教育部國民及學前教育署補助高級中等學校充實一般科目教學設備要點」;修正發布「教育部國民及學前教育署補助高級中等學校提升學生實習實作能力計畫經費作業要點」、「教育部國民及學前教育署補助高級中等學校產業特殊需求類科要點」 |
| | ● 推動第2期前瞻基礎建設計畫。 |
| 民國109年 | ● 修正發布「教育部國民及學前教育署補助辦理十二年國民基本教育宣導作業要點」。修正發布「高級中等學校教科用書審定辦法」、修正發布「教育部國民及學前教育署補助高級中等學校學生提升學生實習實作能力計畫經費作業要點」 |
| | ● 修正公布「教育部國民及學前教育署補助高級中等學校新住民子女國際交流作業要點」、修正發布「全國高級中等學校學生技藝競賽實施要點」 |
| | ● 發布「教育部國民及學前教育署資優教育優質發展中程計畫第二期五年計畫(109學年度至113學年度)」 |
| | ● 公布「教育部校園社區化改造計畫(110至114年)」、行政院核定「前瞻基礎建設-城鄉建設-公立高級中等以下學校電力系統改善暨冷氣裝設計畫」。 |
| 民國110年 | ● 修正發布「十二年國民基本教育課程綱要總綱」,修正發布「十二年國民基本教育技術型高級中等學校群科課程綱要─機械群、動力機械群、化工群、電機與電子群、土木與建築群」。修正發布「建教生定型化訓練契約範本」。 |
| | ● 修正「全國高級中等學校專業群科111年專題及創意製作競賽實施計畫」、勞動部訂定「勞動部全國技術士技能檢定實施計畫」 |
| | ● 修正發布「教育部國民及學前教育署補助改善無障礙校園環境原則」、修正發布「公立高級中等以下學校電力系統改善暨冷氣裝設計畫執行作業要點」、 |
| | ● 推動第3期前瞻基礎建設計畫。 |

## 附錄2：全國高工類群一覽表（高工 1）

| 地區 | 校名 | 郵遞區號 + 學校地址 | 部別 |
|---|---|---|---|
| 新北市 | | | |
| 新北市 | 市立瑞芳高工 | [224]新北市瑞芳區瑞芳街60號 | 夜間部 |
| 新北市 | 市立瑞芳高工 | [224]新北市瑞芳區瑞芳街60號 | 日間部 |
| 新北市 | 市立新北高工 | [236]新北市土城區學府路一段241號 | 夜間部 |
| 新北市 | 市立新北高工 | [236]新北市土城區學府路一段241號 | 日間部 |
| 宜蘭縣 | | | |
| 宜蘭縣 | 國立羅東高工 | [269]宜蘭縣冬山鄉廣興路117號 | 夜間部 |
| 宜蘭縣 | 國立羅東高工 | [269]宜蘭縣冬山鄉廣興路117號 | 日間部 |
| 新竹縣 | | | |
| 新竹縣 | 私立內思高工 | [305]新竹縣新埔鎮楊新路一段40號 | 夜間部 |
| | | | 日間部 |
| 臺中市 | | | |
| 臺中市 | 市立大甲高工 | [437]臺中市大甲區頂店里開元路71號 | 夜間部 |
| | | | 日間部 |
| 臺中市 | 市立東勢高工 | [423]臺中市東勢區東關路6段1328號 | 夜間部 |
| | | | 日間部 |
| 臺中市 | 市立沙鹿高工 | [433]臺中市沙鹿區臺灣大道7段823號 | 夜間部 |
| | | | 日間部 |
| 臺中市 | 財團法人光華高工 | [411]臺中市太平區東平路18號 | 日間部 |
| 臺中市 | 市立臺中高工 | [402]臺中市南區高工路191號 | 日間部 |
| | | | 夜間部 |
| 彰化縣 | | | |
| 彰化縣 | 國立彰師附工 | [500]彰化縣彰化市和調里工校街1號 | 夜間部 |
| | | | 日間部 |
| 彰化縣 | 國立永靖高工 | [512]彰化縣永靖鄉永北村永坡路101號 | 夜間部 |
| | | | 日間部 |
| 彰化縣 | 國立秀水高工 | [504]彰化縣秀水鄉福安村中山路364號 | 夜間部 |
| | | | 日間部 |
| 彰化縣 | 國立員林崇實高工 | [510]彰化縣員林市育英路103號 | 夜間部 |
| | | | 日間部 |

1.機械科、2.資訊科、3.電機科、4.建築科

1.機械科、2.製圖科、3.電子科、4.電機科、5.建築科、6.土木科、7.室內空間設計科、8.資訊科

1.機械科、2.汽車科、3.資訊科、4.模具科、5.製圖科

1.機械科、2.鑄造科、3.汽車科、4.資訊科、5.電機科、6.模具科、7.製圖科

1.汽車科、2.資訊科、3.電子科、4.建築科

1.機械科、2.汽車科、3.資訊科、4.電子科、5.電機科、6.建築科、7.製圖科

1.資訊科

1.機械科、2.資訊科、3.電子科、4.電機科

1.建築科

1.機械科、2.資訊科、3.電子科、4.電機科、5.建築科、6.製圖科

1.機械科、2.資訊科、3.電機科

1.機械科、2.汽車科、3.資訊科、4.電子科、5.電機科、6.建築科、7.化工科、8.製圖科
9.室內空間設計科、10.家具設計科

1.機械科、2.汽車科、3.電子科、4.化工科、5.紡織科

1.機械科、2.汽車科、3.資訊科、4.電子科、5.化工科、6.紡織科、7.染整科、8.製圖科

1.機械科、2.資訊科、3.電子科、4.電機科、5.模具科、6.製圖科、7.室內空間設計科
8.消防工程科

1.機械科、2.汽車科、3.板金科、4.資訊科、5.電子科、6.控制科、7.電機科、8.冷凍空調科
9.建築科、10.化工科、11.圖文傳播科、12.土木科、13.電腦機械製圖科

1.機械科、2.汽車科、3.電子科、4.電機科

1.機械科、2.汽車科、3.資訊科、4.電子科、5.電機科、6.建築科、7.機電科、8.製圖科
9.室內空建設計科

1.機械科、2.鑄造科、3.汽車科、4.資訊科、5.電子科、6.控制科、7.電機科、8.建築科、
9.機械木模科、10.機電科、11.製圖科

1.資訊科、2.建築科、3.室內空間設計科

1.機械科、2.資訊科、3.電機科、4.建築科、5.化工科、6.製圖科、7.室內空間設計科

1.機械科、2.電機科、3.製圖科、4.室內空間設計科

1.機械科、2.電機科、3.建築科、4.模具科、5.製圖科、6.室內空間設計科

1.電機科、2.冷凍空調科、3.室內空間設計科

1.資訊科、2.電機科、3.化工科、4.電機空調科、5.室內空間設計科、6.家具設計科

# 附錄2：全國高工類群一覽表（高工 2）

| | | | |
|---|---|---|---|
| **南投縣** | | | |
| 南投縣 | 國立埔里高工 | [545]南投縣埔里鎮中山路一段435號 | 日間部 |
| **屏東縣** | | | |
| 屏東縣 | 國立屏東高工 | [900]屏東縣屏東市建國路25號 | 日間部 |
| | | | 夜間部 |
| **臺東縣** | | | |
| 臺東縣 | 私立公東高工 | [950]臺東縣臺東市中興路一段560號 | 日間部 |
| **花蓮縣** | | | |
| 花蓮縣 | 國立花蓮高工 | [970]花蓮縣花蓮市府前路27號 | 日間部 |
| | | | 夜間部 |
| **新竹市** | | | |
| 新竹市 | 國立新竹高工 | [300]新竹市東區中華路二段2號 | 日間部 |
| | | | 夜間部 |
| **嘉義市** | | | |
| 嘉義市 | 國立嘉義高工 | [600]嘉義市東區彌陀路174號 | 日間部 |
| | | | 夜間部 |
| **臺南市** | | | |
| 臺南市 | 國立新化高工 | [712]臺南市新化區東榮里信義路54號 | 日間部 |
| | | | 夜間部 |
| 臺南市 | 國立新營高工 | [730]臺南市新營區中正路68號 | 日間部 |
| 臺南市 | 國立臺南高工 | [710]臺南市永康區中山南路193號 | 日間部 |
| | | | 夜間部 |
| 臺南市 | 國立成功大學附設高工進修學校 | [701]臺南市東區大學路1號 | 夜間部 |
| **臺北市** | | | |
| 臺北市 | 市立大安高工 | [106]臺北市大安區龍圖里復興南路2段52號 | 日間部 |
| | | | 夜間部 |
| 臺北市 | 市立木柵高工 | [116]臺北市文山區萬芳里木柵路4段77號 | 日間部 |
| 臺北市 | 市立南港高工 | [115]臺北市南港區南港里興中路29號 | 日間部 |
| 臺北市 | 市立內湖高工 | [114]臺北市內湖區港墘里內湖路1段520號 | 日間部 |
| **高雄市** | | | |
| 高雄市 | 市立高雄高工 | [807]高雄市三民區建工路419號 | 日間部 |
| | | | 夜間部 |
| 高雄市 | 市立中正高工 | [806]高雄市前鎮區光華二路80號 | 日間部 |
| | | | 夜間部 |

1.機械科、2.資訊科、3.電機科、4.建築科、5.化工科

1.機械科、2.汽車科、3.電子科、4.電機科、5.建築科、6.化工科、7.製圖科、8.土木科
1.汽車科、2.電子科、3.電機科、4.化工科、5.製圖科

1.機械科、2.資訊科、3.電機科、4.建築科、5.家具木工科、6.室內空間設計科

1.機械科、2.汽車科、3.資訊科、4.電子科、5.電機科、6.建築科、7.化工科、8.製圖科、9.機電科
1.汽車科、2.電子科、3.電機科、4.建築科

1.機械科、2.板金科、3.電機科、4.化工科、5.製圖科、6.室內空間設計科
1.機械科、2.電機科、3.製圖科

1.機械科、2.汽車科、3.電子科、4.電機科、5.建築科、6.化工科、7.電機空調科、8.製圖科
9.室內空間設計科
1.機電科、2.電子科、3.電機科、4.室內空間設計科、5.電腦機械製圖科、6.汽車修護科

1.機械科、2.資訊科、3.電子科、4.電機科、5.建築科、6.化工科
1.電子科
1.機械科、2.資訊科、3.電機科、4.模具科、5.製圖科
1.機械科、2.鑄造科、3.汽車科、4.板金科、5.資訊科、6.電子科、7.電機科、8.建築科、9.化工科
10.製圖科、11.土木科、12.飛機修護科
1.機械科、2.電機科、3.製圖科、4.室內空間設計科、5.電腦機械製圖科

1.機械科、2.資訊科、3.電子科、4.電機科、5.建築科、6.機電科、7.製圖科、8.室內空間設計科

1.機械科、2.汽車科、3.資訊科、4.電子科、5.電機科、6.控制科、7.冷凍空調科、8.建築科
9.製圖科
1.機械科、2.汽車科、3.電子科、4.電機科、5.建築科
1.機械科、2.鑄造科、3.配管科、4.電子科、5.電機科、6.模具科、7.冷凍空調科、8.製圖科
1.機械科、2.鑄造科、3.建築科、4.電子科、5.電機科、6.模具科、7.冷凍空調科、8.土木科
9.汽車科、10.重機科
1.資訊科、2.控制科、3.電子科、4.電機科、5.冷凍空調科

1.資訊科、2.機械科、3.電子科、4.電機科、5.化工科、6.建築科、7.汽車科、8.冷凍空調科
9.電腦機械製圖科、10.圖文傳播科
1.資訊科、2.機械科、3.電子科、4.電機科、5.化工科、6.製圖科
1.資訊科、2.機械科、3.電子科、4.電機科、5.控制科、6.建築科、7.汽車科、8.化工科
9.製圖科、10.冷動空調科、11.金屬工藝科
1.電機科、2.機械科、3.金屬工藝科、4.冷凍空調技術科、5.微電腦修護科

## 附錄2：全國高工類群一覽表（農工）

| 地區 | 校名 | 郵遞區號 + 學校地址 | 部別 |
|---|---|---|---|
| 苗栗縣 | | | |
| 苗栗縣 | 國立大湖農工 | [364]苗栗縣大湖鄉大寮村竹高屋68號 | 日間部 |
| 苗栗縣 | 國立苗栗農工 | [360]苗栗縣苗栗市經國路二段491號 | 日間部 |
| 臺中市 | | | |
| 臺中市 | 市立霧峰農工 | [413]臺中市霧峰區中正路1222號 | 夜間部 |
| | | | 日間部 |
| 臺中市 | 國立興大附農 | [401]臺中市東區臺中路283號 | 日間部 |
| 彰化縣 | | | |
| 彰化縣 | 國立員林農工 | [510]彰化縣員林市員水路二段313號 | 夜間部 |
| | | | 日間部 |
| 南投縣 | | | |
| 南投縣 | 國立仁愛高農 | [546]南投縣仁愛鄉大同村山農巷27號 | 日間部 |
| 雲林縣 | | | |
| 雲林縣 | 國立西螺農工 | [648]雲林縣西螺鎮大同路4號 | 夜間部 |
| | | | 日間部 |
| 雲林縣 | 國立虎尾農工 | [632]雲林縣虎尾鎮博愛路65號 | 日間部 |
| 嘉義縣 | | | |
| 嘉義縣 | 國立北港農工 | [651]雲林縣北港鎮太平路80號 | 日間部 |
| 嘉義縣 | 國立民雄農工 | [621]嘉義縣民雄鄉文隆村81號 | 日間部 |
| 屏東縣 | | | |
| 屏東縣 | 國立內埔農工 | [912]屏東縣內埔鄉水門村成功路83號 | 日間部 |
| 屏東縣 | 國立佳冬高農 | [931]屏東縣佳冬鄉佳冬村佳農街67號 | 日間部 |
| 花蓮縣 | | | |
| 花蓮縣 | 國立花蓮高農 | [970]花蓮縣花蓮市建國路161號 | 日間部 |
| 臺南市 | | | |
| 臺南市 | 國立北門農工 | [722]臺南市佳里區六安里117號 | 日間部 |
| 臺南市 | 國立曾文農工 | [721]臺南市麻豆區南勢里南勢1號 | 日間部 |
| 臺北市 | | | |
| 臺北市 | 市立松山工農 | [110]臺北市信義區忠孝東路5段236巷15號 | 日間部 |
| 高雄市31 | | | |
| 高雄市 | 國立旗山農工 | [842]高雄市旗山區旗甲路一段195號 | 日間部 |
| 高雄市 | 國立岡山農工 | [820]高雄市岡山區壽天里岡山路533號 | 日間部 |
| | | | 夜間部 |
| 金門縣 | | | |
| 金門縣 | 國立金門農工 | [891]金門縣金湖鎮新市里復興路1之11號 | 日間部 |
| | | | 夜間部 |

第肆篇：臺灣初、高級工業職業教育史概要

1.機械科、2.電機科、3.室內空間設計科

1.機械科、2.板金科、3.電機科、4.化工科、5.電機空調科、6.生物產業機電科

1.機械科、2.汽車科、3.電子科

1.機械科、2.汽車科、3.電子科、4.電機科

1.土木科、2.生物產業機電科

1.機械科

1.機械科、2.建築科、3.生物產業機電科

1.空間測繪科

1.電機科、2.電腦機械製圖科

1.機械科、2.汽車科、3.電子科、4.電機科、5.化工科、6.生物產業機電科

1.機械科、2.電機科、3.建築科、4.生物產業機電科、5.電腦機械製圖科

1.農業機械科、2.機械科、3.資訊科、4.電機科、5.化工科

1.機械科、2.汽車科、3.電機科、4.生物產業機電科

1.農業機械科、2.機械科、3.汽車科、4.電機科

1.農業機械科

1土木科、2.生物產業機電科

1.機械科、2.電子科、3.電機科、4.土木科、5.電腦機械製圖科

1.機械科、2.汽車科、3.電子科、4.電機科、5.化工科、6.電腦機械製圖科

1.機械科、2.汽車科、3.資訊科、4.電子科、5.電機科、6.化工科

1.機械科、2.汽車科、3.電機科、4.生物產業機電科

1.機械科、2.汽車科、3.電機科、4.電子科、5.資訊科、6.建築科、7.化工科
8.室內空間設計科、9.生物產業機電科

1.機械科、2.汽車科、3.電機科、4.電子科、5.資訊科

1.電機科、2.機械科、3.電子科、4.資訊科、5.汽車科

1.電機科

## 附錄2：全國高工類群一覽表（商工 1）

| 地區 | 校名 | 郵遞區號 + 學校地址 | 部別 |
|---|---|---|---|
| **新北市** | | | |
| 新北市 | 私立復興商工 | [234]新北市永和區秀朗路一段201號 | 夜間部 |
| 新北市 | 私立南強工商 | [231]新北市新店區文化路42號 | 日間部 |
| 新北市 | 私立開明工商 | [231]新北市新店區寶中路49號 | 夜間部 |
| 新北市 | 私立開明工商 | [231]新北市新店區寶中路49號 | 日間部 |
| 新北市 | 私立智光商工 | [234]新北市永和區中正路100號 | 夜間部 |
| 新北市 | 私立智光商工 | [234]新北市永和區中正路100號 | 日間部 |
| 新北市 | 私立豫章工商 | [220]新北市板橋區四川路一段391號 | 夜間部 |
| 新北市 | 私立豫章工商 | [220]新北市板橋區四川路一段391號 | 日間部 |
| 新北市 | 市立三重商工 | [241]新北市三重區中正北路163號 | 夜間部 |
| 新北市 | 市立三重商工 | [241]新北市三重區中正北路163號 | 日間部 |
| 新北市 | 市立淡水商工 | [251]新北市淡水區商工路307號 | 夜間部 |
| 新北市 | 市立淡水商工 | [251]新北市淡水區商工路307號 | 日間部 |
| 新北市 | 市立鶯歌工商 | [239]新北市鶯歌區中正三路154號 | 夜間部 |
| 新北市 | 市立鶯歌工商 | [239]新北市鶯歌區中正三路154號 | 日間部 |
| **桃園市** | | | |
| 桃園市 | 私立成功工商 | [333]桃園市龜山區新興里明德路162巷100號 | 夜間部 |
| 桃園市 | 私立成功工商 | [333]桃園市龜山區新興里明德路162巷100號 | 日間部 |
| 桃園市 | 私立方曙商工 | [325]桃園市龍潭區上林里中原路一段50號 | 日間部 |
| 桃園市 | 私立永平工商 | [326]桃園市楊梅區(埔心)永平路480號 | 夜間部 |
| 桃園市 | 私立永平工商 | [326]桃園市楊梅區(埔心)永平路480號 | 日間部 |
| **苗栗縣** | | | |
| 苗栗縣 | 私立中興商工 | [350]苗栗縣竹南鎮大營路211號 | 日間部 |
| 苗栗縣 | 私立賢德工商 | [357]苗栗縣通霄鎮五北里74之1號 | 日間部 |
| **彰化縣** | | | |
| 彰化縣 | 國立二林工商 | [526]彰化縣二林鎮豐田里斗苑路四段500號 | 夜間部 |
| | | | 日間部 |
| 彰化縣 | 私立大慶商工 | [510]彰化縣員林市山腳路二段206號 | 夜間部 |
| | | | 日間部 |
| 彰化縣 | 私立達德商工 | [520]彰化縣田中鎮中南路二段277號 | 日間部 |
| **南投縣** | | | |
| 南投縣 | 國立草屯商工 | [542]南投縣草屯鎮芬草路二段736號 | 夜間部 |
| | | | 日間部 |
| 南投縣 | 國立水里商工 | [553]南投縣水里鄉南湖路1號 | 夜間部 |
| | | | 日間部 |

1.美工科、2.室內設計科

1.汽車科、2.資訊科

1.汽車科

1.汽車科、2.資訊科

1.資訊科

1.機械科、2.資訊科、3.電子科、4.美工科

1.電機科

1.資訊科、2.電子科、3.電機科

1.機械科、2.汽車科、3.板金科、4.模具科、5.製圖科

1.機械科、2.汽車科、3.板金科、4.模具科、5.製圖科

1.電子科

1.資訊科、2.電子科、3.控制科、4.電機科

1.資訊科

1.資訊科、2.美術工藝科、3.陶瓷工程科

1.汽車科、2.資訊科

1.機械科、2.汽車科、3.資訊科

1.資訊科、2.飛機修護科

1.汽車科

1.汽車科

1.汽車科、2.資訊科

1.汽車科

1.室內空間設計科

1.機械科、2.電子科、3.電機科、4.建築科、5.裝潢技術科

1.汽車科

1.汽車科、2.資訊科、3.飛機修護科、4.航空電子科

1.機械科、2.汽車科、3.資訊科、4.電機科

1.機械科

1.機械科、2.配管科

1.資訊科

1.資訊科、2.電機科

# 附錄2：全國高工類群一覽表（商工 2）

| | | | | |
|---|---|---|---|---|
| **雲林縣** | | | | |
| 雲林縣 | 國立土庫商工 | [633]雲林縣土庫鎮中央路2號 | | 日間部 |
| 雲林縣 | 私立大德工商 | [630]雲林縣斗南鎮大同路400號 | | 日間部 |
| **嘉義縣** | | | | |
| 嘉義縣 | 私立協志工商 | [621]嘉義縣民雄鄉東榮村建國路2段285巷11號 | | 日間部 |
| 嘉義縣 | 私立萬能工商 | [608]嘉義縣水上鄉萬能路1號 | | 日間部 |
| **臺南市** | | | | |
| 臺南市 | 國立白河商工 | [732]臺南市白河區永安里新興路528號 | | 日間部 |
| 臺南市 | 國立玉井工商 | [714]臺南市玉井區中正路18號 | | 日間部 |
| 臺南市 | 私立陽明工商 | [720]臺南市官田區官田里423號 | | 日間部 |
| 臺南市 | 私立南英商工 | [700]臺南市中西區永福路一段149號 | | 日間部 |
| | | | | 夜間部 |
| 臺南市 | 私立慈幼工商 | [701]臺南市東區裕農路801號 | | 日間部 |
| | | | | 夜間部 |
| **臺東縣** | | | | |
| 臺東縣 | 國立關山工商 | [956]臺東縣關山鎮民權路58號 | | 日間部 |
| **花蓮縣** | | | | |
| 花蓮縣 | 國立光復商工 | [976]花蓮縣光復鄉林森路100號 | | 日間部 |
| 花蓮縣 | 花蓮縣上騰工商 | [973]花蓮縣吉安鄉吉安村吉興四街101號 | | 日間部 |
| **基隆市** | | | | |
| 基隆市 | 國立基隆商工 | [206]基隆市七堵區東新街22號 | | 日間部 |
| 基隆市 | 私立光隆家商 | [201]基隆市信義區信二路264號 | | 日間部 |
| **臺北市** | | | | |
| 臺北市 | 私立開南商工 | [100]臺北市中正區東門里濟南路1段6號 | | 日間部 |
| 臺北市68 | 私立惇敘工商 | [112]臺北市北投區泉源路221號 | | 日間部 |
| **高雄市** | | | | |
| 高雄市 | 國立鳳山商工 | [830]高雄市鳳山區文衡路51號 | | 日間部 |
| | | | | 夜間部 |
| 高雄市 | 私立中山工商 | [831]高雄市大寮區會社里正氣路79號 | | 日間部 |
| 高雄市 | 私立高英工商 | [831]高雄市大寮區鳳林三路19巷44號 | | 日間部 |
| | | | | 夜間部 |
| 高雄市 | 私立國際商工 | [802]高雄市苓雅區三多二路84號 | | 日間部 |
| 高雄市 | 私立高苑工商 | [825]高雄市橋頭區東林里芋寮路1號 | | 日間部 |
| | | | | 夜間部 |
| 高雄市 | 市立海青工商 | [813]高雄市左營區左營大路1號 | | 日間部 |
| | | | | 夜間部 |
| **屏東縣** | | | | |
| 屏東縣 | 國立恆春工商 | [946]屏東縣恆春鎮恆南路38號 | | 日間部 |

1.建築科

1.汽車科、2.資訊科、3.飛機修護科

1.汽車科、2.資訊科、3.電子科

1.汽車科、2.資訊科、3.電機科

1.機械科、2.資訊科、3.電機科、4.製圖科、5.土木科、6.電腦機械製圖科

1.電子科、2.電機科、3.化工科

1.汽車科、2.資訊科

1.汽車科、2.電機空調科

1.汽車科

1.汽車科、2.資訊科、3.電機科

1.汽車科、2.資訊科

1資訊科、2.冷凍空調科、3.建築科

1.汽車科、2.電子科、3.電機科

1.汽車科、2.飛機修護科

1.電機科、2.航空電子科

1.室內設計科

1.機電科、2.汽車科、3.電機科、4.電子科、5.資訊科

1.機械科、2.汽車科、3.室內空間設計科、4.電機科、5.建築科

1.機械科、2.室內空間設計科、3.電腦機械製圖科、4.家具設計科

1.室內空間設計科

1.機電科、2.汽車科、3.電機科、4.電子科、5.資訊科

1.汽車科、2.電機科、3.資訊科

1.汽車科

1.建築科、2.機械科

1.機電科、2.汽車科、3.電機科、4.資訊科

1.汽車科、2.資訊科

1.資訊科、2.電子科、3.室內空間設計科、4.土木科、5.建築科

1.資訊科

1.資訊科、2.電子科、3.電機科

## 附錄2：全國高工類群一覽表（工家／海事）

| 地區 | 校名 | 郵遞區號 ＋ 學校地址 | 部別 |
|---|---|---|---|
| **苗栗縣** | | | |
| 苗栗縣 | 私立育民工家 | [360]苗栗縣苗栗市水源里育民街37號 | 夜間部 |
| | | | 日間部 |
| **高雄市** | | | |
| 高雄市 | 私立高鳳工家 | [812]高雄市小港區學松崗路119號 | 日間部 |
| 高雄市 | 私立華德工家 | [852]高雄市茄萣區濱海路四段66號 | 日間部 |
| **屏東縣** | | | |
| 屏東縣 | 國立東港海事 | [928]屏東縣東港鎮豐漁街66號 | 日間部 |
| **臺東縣** | | | |
| 臺東縣 | 國立臺東專科學校 | [950]臺東縣臺東市正氣北路911號 | 日間部 |
| | | | 夜間部 |
| **澎湖縣** | | | |
| 澎湖縣 | 國立澎湖海事水產 | [880]澎湖縣馬公市中興里民族路63號 | 日間部 |
| **基隆市** | | | |
| 基隆市 | 國立基隆海事 | [202]基隆市中正區祥豐街246號 | 日間部 |
| 基隆市 | 私立培德工家 | [201]基隆市信義區培德路73號 | 日間部 |
| **嘉義市** | | | |
| 嘉義市 | 私立東吳工家 | [600]嘉義市東區宣信街252號 | 日間部 |
| **臺南市** | | | |
| 臺南市 | 私立育德工家 | [730]臺南市新營區健康路211號 | 日間部 |
| 臺南市 | 國立臺南海事 | [708]臺南市安平區世平路1號 | 日間部 |
| **臺北市** | | | |
| 臺北市 | 私立華德工家 | [852]高雄市茄萣區濱海路四段66號 | 日間部 |
| 臺北市 | 市立松山家商 | [110]臺北市信義區松山路655號 | 日間部 |
| **宜蘭縣** | | | |
| 宜蘭縣 | 國立蘇澳海事 | [270]宜蘭縣蘇澳鎮蘇港路213號 | 日間部 |

臺灣工程教育史

## 職業類科目

1.汽車科

1.汽車科、2.資訊科

1.汽車科

1.汽車科、2.資訊科、3.飛機修護科

1.電子科

1.農業機械科、2.機械科、3.汽車科、4.資訊科、5.電機科、6.建築科、7.室內空間設計科

1.電機科

1.汽車科、2.資訊科、3.電子科

1.資訊科

1.資訊科、2.汽車科

1.資訊科

1.汽車科、2.飛機修護科

1.電子科、2.機電科

1.汽車科、2.資訊科、3.飛機修護科

1.室內設計科

1.電子科、2.輪機科

## 附錄2：全國高工類群一覽表（高中附設職業類群 1）

| 地區 | 校名 | 郵遞區號 ＋ 學校地址 | 部別 |
|---|---|---|---|
| | | 新北市 | |
| 新北市 | 財團法人南山高中 | [235]新北市中和區廣福路41號 | 日間部 |
| 新北市 | 私立崇義高中 | [221]新北市汐止區大同路三段68號 | 日間部 |
| 新北市 | 財團法人中華高中 | [236]新北市土城區城林路2號 | 日間部 |
| 新北市 | 私立東海高中 | [241]新北市三重區忠孝路三段93巷12號 | 日間部 |
| 新北市 | 私立格致高中 | [241]新北市三重區大智街260號 | 日間部 |
| 新北市 | 市立泰山高中 | [243]新北市泰山區辭修路7號 | 夜間部 |
| | | | 日間部 |
| 新北市 | 市立樟樹國際實中 | [221]新北市汐止區樟樹二路135號 | 日間部 |
| | | 桃園市 | |
| 桃園市 | 國立北科大附屬桃園農工 | [330]桃園市桃園區成功路二段144號 | 夜間部 |
| 桃園市 | 國立北科大附屬桃園農工 | [330]桃園市桃園區成功路二段144號 | 日間部 |
| 桃園市 | 桃園市育達高中 | [324]桃園市平鎮區育達路160號 | 日間部 |
| 桃園市 | 私立六和高中 | [324]桃園市平鎮區陸光路180號 | 日間部 |
| 桃園市 | 桃園市治平高中 | [326]桃園市楊梅區埔心中興路137號 | 夜間部 |
| 桃園市 | 桃園市治平高中 | [326]桃園市楊梅區埔心中興路137號 | 日間部 |
| 桃園市 | 桃園市振聲高中 | [330]桃園市桃園區復興路439號 | 夜間部 |
| 桃園市 | 桃園市振聲高中 | [330]桃園市桃園區復興路439號 | 日間部 |
| 桃園市 | 私立光啟高中 | [333]桃園市龜山區自由街40號 | 夜間部 |
| 桃園市 | 私立光啟高中 | [333]桃園市龜山區自由街40號 | 日間部 |
| 桃園市 | 桃園市啟英高中 | [320]桃園市中壢區中園路447號 | 夜間部 |
| 桃園市 | 桃園市啟英高中 | [320]桃園市中壢區中園路447號 | 日間部 |
| 桃園市 | 桃園市清華高中 | [327]桃園市新屋區中華路658號 | 夜間部 |
| 桃園市 | 桃園市清華高中 | [327]桃園市新屋區中華路658號 | 日間部 |
| 桃園市 | 桃園市新興高中 | [334]桃園市八德區永豐路563號 | 夜間部 |
| 桃園市 | 桃園市新興高中 | [334]桃園市八德區永豐路563號 | 日間部 |
| 桃園市 | 私立至善高中 | [335]桃園市大溪區康莊645號 | 日間部 |
| 桃園市 | 桃園市大興高中 | [337]桃園市大園區永興路142號 | 日間部 |
| 桃園市 | 市立龍潭高中 | [325]桃園市龍潭區神龍路155號 | 夜間部 |
| 桃園市 | 市立龍潭高中 | [325]桃園市龍潭區神龍路155號 | 日間部 |
| 桃園市 | 市立楊梅高中 | [326]桃園市楊梅區高獅路5號 | 日間部 |
| 桃園市 | 市立觀音高中 | [328]桃園市觀音區新坡里中山路2段519號 | 日間部 |

第肆篇：臺灣初、高級工業職業教育史概要

1.資訊科

1.資訊科

1.機械科、2.資訊科

1.汽車科、2.資訊科、3.電子科

1.資訊科、2.電子科

1.汽車科、2.電子科

1.機械科、2.汽車科、3.電子科、4.電機科

1.資訊科

1.機械科、2.汽車科、3.電子科、4.化工科、5.模具科

1.機械科、2.汽車科、3.電子科、4.電機科、5.化工科、6.模具科、7.生物產業機電科、8.動力機械科

1.資訊科

1.資訊科、2.機電科

1.資訊科、2.電機科

1.資訊科、2.電機科

1.資訊科

1.資訊科

1.機械科、2.汽車科

1.機械科、2.汽車科、3.資訊科、4.電機科

1.汽車科

1.汽車科、2.資訊科、3.室內設計科

1.汽車科

1.汽車科、2.資訊科、3.軌道車輛科

1.汽車科

1.機械科、2.汽車科、3.資訊科、4.電子科、5.飛機修護科

1.汽車科

1.汽車科、2.資訊科、3.電機科、4.飛機修護科

1.電機科

1.機械科、2.電子科、3.電機科

1.資訊科、2.電子科

1.化工科

## 附錄2：全國高工類群一覽表（高中附設職業類群 2）

| 地區 | 校名 | 郵遞區號 ＋ 學校地址 | 部別 |
|---|---|---|---|
| 新竹縣 | | | |
| 新竹縣 | 國立關西高中 | [306]新竹縣關西鎮東安里中山東路2號 | 日間部 |
| 新竹縣 | 國立竹北高中 | [302]新竹縣竹北市中央路3號 | 日間部 |
| 新竹縣 | 私立義民高中 | [302]新竹縣竹北市中正西路15號 | 日間部 |
| 新竹縣 | 私立忠信高中 | [304]新竹縣新豐鄉忠信街178號 | 日間部 |
| 新竹縣 | 私立東泰高中 | [310]新竹縣竹東鎮東峰路343號 | 夜間部 |
| | | | 日間部 |
| 苗栗縣 | | | |
| 苗栗縣 | 國立竹南高中 | [350]苗栗縣竹南鎮中正路98號 | 日間部 |
| 苗栗縣 | 私立君毅高中 | [350]苗栗縣竹南鎮公義路245號 | 夜間部 |
| | | | 日間部 |
| 苗栗縣 | 私立大成高中 | [351]苗栗縣頭份市新華里下新店65號 | 日間部 |
| 苗栗縣 | 私立建臺高中 | [360]苗栗縣苗栗市福麗里至公路251號 | 日間部 |
| 臺中市 | | | |
| 臺中市 | 私立明台高中 | [413]臺中市霧峰區萊園路91號 | 日間部 |
| 臺中市 | 私立致用高中 | [437]臺中市大甲區甲東路512號 | 夜間部 |
| | | | 日間部 |
| 臺中市 | 私立大明高中 | [412]臺中市大里區新仁路三段210號 | 夜間部 |
| | | | 日間部 |
| 臺中市 | 私立嘉陽高中 | [436]臺中市清水區中航路三段1號 | 夜間部 |
| | | | 日間部 |
| 臺中市 | 私立明道高中 | [414]臺中市烏日區中山路一段497號 | 日間部 |
| 臺中市 | 私立僑泰高中 | [412]臺中市大里區樹王路342號 | 夜間部 |
| | | | 日間部 |
| 臺中市 | 私立青年高中 | [412]臺中市大里區中湖路100號 | 夜間部 |
| | | | 日間部 |
| 臺中市 | 私立玉山高中 | [423]臺中市東勢區東崎路四段399號 | 日間部 |
| 臺中市 | 私立慈明高中 | | 日間部 |
| 臺中市 | 市立大甲高中 | [437]臺中市大甲區中山路一段720號 | 日間部 |
| 臺中市 | 私立新民高中 | [404]臺中市北區健行路111號 | 日間部 |
| | | | 夜間部 |
| 臺中市 | 私立宜寧高中 | [407]臺中市西屯區東大路一段555號 | 日間部 |
| 臺中市 | 私立嶺東高中 | [408]臺中市南屯區春社里嶺東路2號 | 日間部 |
| | | | 夜間部 |

| 職業類科目 |
| --- |
| |
| 1.資訊技術學程 |
| 1.資訊科 |
| 1.資訊科 |
| 1.訊通控科、2.電機科 |
| 1.汽車科 |
| 1.汽車科 |
| |
| 1.化工科 |
| 1.資訊科 |
| 1.資訊科 |
| 1.汽車科 |
| 1.資訊技術學程 |
| |
| 1.室內設計科 |
| 1.汽車科 |
| 1.機械科、2.汽車科、3.資訊科、4.電子科 |
| 1.汽車科 |
| 1.汽車科、2.資訊科 |
| 1.汽車科 |
| 1.汽車科、2.資訊科、3.電子科、4.飛機修護科、5.航空電子科 |
| 1.資訊科、2.電子科 |
| 1.機械科、2.汽車科 |
| 1.機械科、2.汽車科、3.資訊科、4.電子科 |
| 1.汽車科 |
| 1.汽車科、2.資訊科、3.電子科 |
| 1.室內設計科 |
| 1.資訊科、2.電子科、3.航空電子科 |
| 1.建築技術、2.資訊應用、3.室內設計 |
| 1.機械科、2.資訊科、3.製圖科、4.電腦機械製圖科 |
| 1.機械科、2.資訊科、3.電機科、4.製圖科 |
| 1.資訊科、2.電機科 |
| 1.汽車科、2.資訊科、3.電子科、4.建築科 |
| 1.汽車科、2.資訊科 |

## 附錄2：全國高工類群一覽表（高中附設職業類群 3）

| 地區 | 校名 | 郵遞區號 + 學校地址 | 部別 |
|---|---|---|---|
| **彰化縣** | | | |
| 彰化縣 | 國立鹿港高中 | [505]彰化縣鹿港鎮東石里中山路661號 | 日間部 |
| 彰化縣 | 財團法人正德高中 | [500]彰化縣彰化市莿桐里彰水路145號 | 日間部 |
| **南投縣** | | | |
| 南投縣 | 國立南投高中 | [540]南投縣南投市建國路137號 | 日間部 |
| 南投縣 | 南投縣同德高中 | [542]南投縣草屯鎮中正路培英巷8號 | 日間部 |
| **雲林縣** | | | |
| 雲林縣 | 私立巨人高中 | [651]雲林縣北港鎮大同路647號 | 日間部 |
| **嘉義縣** | | | |
| 嘉義縣 | 國立東石高中 | [613]嘉義縣朴子市大鄉里253號 | 日間部 |
| **臺南市** | | | |
| 臺南市 | 國立臺南大學附中 | [710]臺南市永康區中山南路948號 | 日間部 |
| 臺南市 | 國立後壁高中 | [731]臺南市後壁區嘉苳里下茄苳132號 | 日間部 |
| 臺南市 | 私立新榮高中 | [736]臺南市柳營區光福里132之12號 | 日間部 |
| | | | 夜間部 |
| 臺南市 | 私立長榮高中 | [701]臺南市東區林森路二段79號 | 日間部 |
| **屏東縣** | | | |
| 屏東縣 | 財團法人屏榮高中 | [900]屏東縣屏東市豐田里民學路100號 | 日間部 |
| 屏東縣 | 私立美和高中 | [912]屏東縣內埔鄉美和村學人路323號 | 日間部 |
| **花蓮縣** | | | |
| 花蓮縣 | 私立四維高中 | [970]花蓮縣花蓮市中山路一段200號 | 日間部 |
| **基隆市** | | | |
| 基隆市 | 私立二信高中 | [202]基隆市中正區立德路243號 | 日間部 |
| 基隆市 | 輔大聖心高中 | [203]基隆市中山區西定路166號 | 日間部 |
| **新竹市** | | | |
| 新竹市 | 私立光復高中 | [300]新竹市東區光復路二段153號 | 日間部 |
| | | | 夜間部 |
| 新竹市 | 私立世界高中 | [300]新竹市東區光復路一段257號 | 日間部 |
| | | | 夜間部 |
| **嘉義市** | | | |
| 嘉義市 | 私立崑山高中 | [704]臺南市北區開元路444號 | 日間部 |
| | | | 夜間部 |

## 職業類科目

1.汽車科

1.電子科

<br>

1.電機科、2.建築科、3.電腦機械製圖科、4.電子科、5.美工科

1.汽車科

<br>

1.衛生化工學程

<br>

1.機械科、2.汽車科、3.電機科

<br>

1.電腦製圖學程、2.營建技術學程

1.資訊科、2.電機科、3.建築科、4.室內空間設計

1.汽車科、2.資訊科

1.汽車科

1.資訊科、2.電機科、3.機電科

<br>

1.資訊科、2.電子科

1.資訊科、2.電機科

<br>

1.電子學程、2.資訊學程、3.電機學程

<br>

1.機械科、2.電機科

1.汽車科、2.資訊科

<br>

1.電機科、2.室內設計科、3.汽車科、4.資訊科、5.電子科

1.汽車科、2.資訊科

1.汽車科

1.汽車科

<br>

1.機械科、2.資訊科、3.電機科

1.電機科

附

錄

附錄2：全國高工類群一覽表

## 附錄2：全國高工類群一覽表（高中附設職業類群 4）

| 地區 | 校名 | 郵遞區號 + 學校地址 | 部別 |
|---|---|---|---|
| **臺北市** | | | |
| 臺北市 | 臺北市私立協和祐德高級中學 | [110]臺北市信義區忠孝東路5段790巷27號 | 日間部 |
| 臺北市 | 私立大同高中 | [104]臺北市中山區聚英里中山北路3段40號 | 日間部 |
| 臺北市 | 私立滬江高中 | [116]臺北市文山區景美里羅斯福路6段336號 | 日間部 |
| 臺北市 | 私立大誠高中 | [116]臺北市文山區萬興里秀明路2段175號 | 日間部 |
| 臺北市 | 私立景文高中 | [116]臺北市文山區木新里保儀路127號 | 日間部 |
| 臺北市 | 私立泰北高中 | [111]臺北市士林區福林里福林路240號 | 日間部 |
| 臺北市 | 私立開南（高中）商工 | [100]臺北市中正區東門里濟南路1段6號 | 日間部 |
| | | | 夜間部 |
| **高雄市** | | | |
| 高雄市 | 私立大榮高中 | [804]高雄市鼓山區大榮街1號 | 日間部 |
| 高雄市 | 私立立志高中 | [807]高雄市三民區立志街42號 | 日間部 |
| | | | 夜間部 |

臺灣工程教育史

第肆篇：臺灣初、高級工業職業教育史概要

1.電子科、2.汽車科、3.電機科、4.資訊科、5.航空電子科

1.機電科、2.電子科

1.資訊科、2.室內空間設計科、3.航空電子科

1.汽車科、2.室內空間設計科、3.建築科

1.資訊科、2.室內空間設計科

1.資訊科、2.電機科、3.室內空間設計科

1.機電科、2.汽車科、3.電機科、4.電子科、5.資訊科

1.電機科

1.汽車科、2.電子科、3.電機科

1.資訊科、2.汽車科、3.電子科、4.電機科

1.資訊科、2.汽車科、3.電子科、4.電機科

附 錄 ● 附錄2：全國高工類群一覽表

## 附錄3：日治時期臺灣總督府頒佈臺灣工業學校宜設置的分科

臺灣總督府於1922年發布「臺灣工業學校規則」，第三條依工業種類列出下列分科，要求工業學校設置適宜的分科：

機械、工作機械、蒸氣工、舶用機關、內燃機關、精密機械、製造用機械、水力機械、製圖、木型、鑄工、鍛工、機械仕上*、兵器、造船

電氣、電氣機械、電力、電氣通信、電氣鐵道、照明

土木、鐵道、河港、道路橋樑、水道**、水力、測量、建築、木工、石工、塗工、鉛工

採鑛、炭鑛、石油、選鑛、冶金、製鐵

應用化學、分析、塗料、製藥、釀造、製革、油脂、製紙

電氣化學、電鑄、電鍍、電解

窯業、製陶、陶畫、琺瑯、硝子***

染織、色染、機械、紡織、織物仕上、製絲

金屬工藝、木材工藝、彫金、鍛金、鑄金、原型

玩具、家具、漆工、圖案、彫刻、印刷、製版

(*仕上：最後加工、細工；**水道：自來水管線；***硝子：玻璃。)

## 附錄4：日治時期開授課程

　　工業講習所時期，只設「木工」和「金工及電工」二科，但其下各有二和五個分科，各安排實用技術的專門課程。工業學校時期，臺籍生就讀的專修科仍以傳授實用技術為主；而多為日人就讀的本科則有較多的理論。詳見臺灣工程教育叢書第貳冊：《臺灣工業教育搖籃－臺北工業學校》。

　　日治時期總督府為因應工程建設及工業發展的需求，不僅設置適當的實業學科，也要求各教育機構配合規劃適當的課程。例如前述日治初期為因應南北縱貫鐵路即將貫通與通訊的需求，在國語學校，以特別科的形式設置電信和鐵道二科，實施鐵路運輸或電力通信的課程。

　　日治中、後期，為因應鐵路的延伸、日月潭水力發電的竣工及工業的持續發展，在臺北工業學校增開相關科目，例如在機械科和電氣科增開水力、水力機械等科目。其後，又為因應軍事的需求和戰爭的變化而縮短修年限，課程都作了調整，例如為因應軍事機構的需求，在應用化學科開授合成燃料、石炭(煤炭)與石油、油脂製品、橡膠及合成橡膠等科目。

附錄5：行政院依據「教育改革總諮議報告書」，對教育改革之建議
摘要如下：

## 1、教育鬆綁（解除對教育的不當管制）：

(1) 調整中央教育行政體系，重新明定職掌與規範行政程序。

(2) 重整中小學教育行政和教學，保障學生學習權和學校專業自主權。

(3) 保障教師專業自主權，修訂教師法。

(4) 促進中小學教育的鬆綁，建立以學校為中心的管理方式。

(5) 促進高等教育的鬆綁，發展功能多元化。

(6) 促進民間興學和辦學的鬆綁，提供私人私校辦學的自主空間。

(7) 促進社會觀念的鬆綁，消弭升學和文憑主義。

## 2、帶好每個學生（發展適性適才的教育）：

(1) 改革課程與教學、以生活為中心進行整體程規劃。

(2) 縮小學校規模和班級規模、落實小校小班教學。

(3) 落實學校自主經營，賦予學校組織運作的彈性。

(4) 激發學校內在自生力量，設法提高教師從事教育改革意願。

(5) 協助每位學生具有基本學力，建立分級授證之學習評量制度。

(6) 建立補救教學系統，適應學生個別差異需求。

(7) 加強生涯輔導，提供多元進路。

(8) 重建學生行為輔導新體制，統一中小學訓輔資源。

(9) 加強身心障礙教育，滿足特殊教育學生需求。

(10) 重視原住民教育，保障原住民族學生受教權益。

(11) 落實兩性平等教育，重視兩性平權觀念。

(12) 保障幼兒教育品質，研議實施普及且免費的幼兒教育。

## 3、暢通升學管道（打開新的「試」窗）

(1) 朝綜合高中發展，建立綜合高中為主題的高級中學等教育制度。

(2) 發展各具特色的高等教育學府，包括綜合型大學，研究型大學、科技大學、開放大學、技術學院、社區學院等。

(3) 推動多元入學制度，採計基礎科目考試和其他項目之評量。

## 4、提升教育品質（好還要更好）

(1) 提升教師專業素質，做好師資培訓工作。

(2) 強化教育研究與評鑑，規劃設立國家教育研究院。

(3) 有效運用教育資源，提升國民教育水準。

(4) 提升高等教育品質，彰顯各類學府獨特功能。

(5) 促進技職教育多元化與精緻化，建立多元彈性的技職教育制度。

## 5、建立終身學習社會（活到老學到老）

(1) 終身學習理念的推廣，建立主動學習的意願。

(2) 終身學習體系的統整，建立學校內外的學習網路。

(3) 學校教育改革的配合，強調學生主體導向的教育。

(4) 回流教育制度的建立，滿足國人終身學習的需求。

(5) 行政措施的配合，廣設終身學習的管道。

## 附錄6：「教育改革行動方案」執行情形

### 1、健全國民教育：

(1) 降低國民中小學班級學生人數：補助小班所需硬體建築及人事經費；91學年度國小一到五年級達成每班三十五人、國中一年級每班三十八人之目標。

(2) 小班制教學示範計畫：總計遴選補助3343所國中小辦理示範計畫，協助教師自編教材，運用多元評量方法，並將資訊融入各科教學。

(3) 革新課程與教材：推動實施國中小九年一貫課程。

(4) 辦理補救教學：針對國中學習適應困難以及生活適應不佳的學生，利用寒假及第二學期開設潛能開發教育計畫，每期受益的學生為4萬到6萬人。

### 2、普及幼稚教育：

(1) 提高五歲幼兒入園率：89學年度起發放幼兒教育券；84學年度時五歲幼兒入園率為66.1％，91學年度入園率已達96％。

(2) 充實幼稚教育課程、活動及設備：研訂幼稚園課程綱要；研議規劃幼托整合方案。

### 3、健全師資培育與教師進修制度

(1) 建立多元師資培育制度：完成「師資培育法」之修正；補助師資培育機構充實教學設備。

(2) 健全師資培育機構組織與功能：辦理一般大學教育學程評鑑；配合「國立大學校院區域資源整合發展計畫」協助師範校院轉型。

(3) 落實實習制度及功能：補助各師資培育機構推動教育實習輔導計畫；補助各主管教育行政機關辦理教育實習輔導訪視。

(4) 建立教師終身進修制度：擴展教師在職進修管道，補助各類教師進修開班計畫；鼓勵各縣市成立或增設教師進修中心，並將規劃成立區域教師進修中心；協助各師資培育機構設置中小學各領域及各學科電腦網站，提供教師網路進修及經驗交流管道。

### 4、促進技職教育多元化與精緻化

(1) 建立技職教育一貫體系：研訂「技術及職業校院法」；輔導績優專科學校改制為技術學院及技術學院改名為科技大學；辦理技藝教育改革；成立技專校院區域產學合作中心。

(2) 擴大辦理綜合高中：85學年度開始試辦綜合高中，第一年僅18校辦理，開設109個學程，學生數6,568人；至91學年度已有151校辦理，開設 821個學程，學生總數達87,374人；90學年度起並開始試驗推動高中職社區化方案。

(3) 提升技職教育品質：規劃技職體系一貫課程，強化課程的統整與銜接；加強技專校院通識教育；辦理技職教師在職進修及赴公民營機構研習；補助技專校院 提升教育品質實施計畫；規劃大專院校專家教師聘任、升等制度。

(4) 落實職業證照制度：辦理技職學校在校生丙級專案技能檢定，在校生通過檢定資格者超過十萬人；辦理教師乙級技能訓練及檢定；辦理專科學校畢業程度自學進修學力鑑定。

### 5、追求高等教育卓越發展

(1) 加強提升大學水準：辦理「大學學術追求卓越發展計畫」總計兩梯次通過28項計畫；辦理「提升大學基礎教育計畫」通過193項計畫補助；辦理「提升大學國際競爭力計畫」計有五十所學校通過補助；鼓勵大學建立自我評鑑機 制；完成國立大學校務基金制度之改革，給予學校財務及人事較大的自主彈性。

(2) 辦理私立大專院校獎補助：設定獎補助經費佔學校經常收入20％的目標；修正訂定獎補助經費分配之公式；強化獎補助經費使用的公開化及建立會計師查 核簽證制度。

(3) 修正大學法：配合政府組織再造，完成大學法修正草案，國立大學將以漸進方式朝「行政法人」方向調整。

(4) 研議設置高等教育審議委員會：基於「大學人管大學事」的理念，研訂高等教育審議委員會設置與運作要點，並將配合納入教育部組織法的研修。

## 6、推動終身教育及資訊網路

(1) 建立終身教育法制：完成「補習及進修教育法」及「私立社會教育機構設立及獎勵辦法」之修法；完成「終身學習法」之立法。

(2) 培養國人終身學習理念：建置終身學習資源網站；推廣試辦終身學習卡；規劃終身學習宣導活動。

(3) 統整終身教育體系：成立終身教育審議委員會統整協調推動的機制；補助國立社教機構進行終身學習網路教材製作；研議校外課程認可及學習成就採認辦法。

(4) 各級學校從事終身教育的改革：建立回流教育體制開辦大專院校在職進修專班；加強大專校院與校外學習型組織的交流合作。

(5) 增加終身學習機會：推廣讀書會活動、推廣全民外語學習；推動各類型的學習型組織；推展城鄉接軌 - 人人同步發展學習計畫。

(6) 加強資訊與網路教育：結合地方政府、大學校院及民間團體辦理加強教師資訊素養培訓，運用資訊科技融入教學之能力；建置全國資訊種子學校；辦理遠距教學推廣活動；製作及推廣終身學習網路光碟教材。

## 7、推展家庭教育

(1) 確立家庭教育法制：完成「家庭教育法」之立法。

(2) 宣導家庭教育理念：製播家庭教育宣導短片及單元節目；補助各縣市家庭教育中心結合社會資源辦理家庭教育推廣活動。

(3) 建立家庭教育完整體系：推動各縣市辦理學習型家庭專案計畫；補助民間團體辦理家庭教育及兩性教育課程、講座及讀書會等活動、辦理家庭教育志工培訓。

(4) 研發家庭教育課程、教材及教法：編印家庭教育叢書14冊及學習型家庭手冊、親子閱讀指導手冊、家庭教育生活寶典等教材及資料；完成婚前教育教材編印並辦理各縣市家庭教育中心專職人員、志工及民間團體種子培訓研習。

## 8、加強身心障礙學生教育

(1) 建立特殊教育學生多元安置措施：身心障礙幼兒接受學前特教年齡向下延伸至三歲，補助縣市政府充實特教資源中心、特教班設備，提供專業人員服務及交通服務；實施十二年就學安置計畫，

落實身心障礙學生職業輔導轉銜服務；獎勵大專院校招收身心障礙學生，補助經費並提供學生輔具及獎助學金。

(2) 擴增身心障礙學生升學機會：身心障礙學生接受學生特教服務人數，在學前教育部分，從84年的578人到91年增為4,168人；國民教育階段從27,223人增為55,036人；高中職階段從9,644人增為13,016人；大專院校從733人增為4,612人。

## 9、強化原住民學生教育

(1) 建立原住民教育體系：鼓勵大學設置原住民相關學院、系所，及開設相關之課程；積極協助原住民重點學校之發展；鼓勵地方政府設置原住民完全中學。

(2) 改進原住民教育師資培育、任用與進修：於師資培育機構辦理學士後師資培育課程，提供原住民加分優待及外加名額；補助各師範校院成立原住民教育研究中心；補助各國立師範學院輔導區山地巡迴輔導計畫；辦理原住民地區教師在職進修補助。

(3) 建立原住民學生生活與教育輔導體系：辦理原住民公費留考；補助原住民中小學住宿生住宿費及膳食費；補助原住民學生課業輔導鐘點費；健全原住民學生各項升學優待辦法。

(4) 強化原住民教育課程與教學：編輯原住民語言教材，鼓勵國中小開設原住民語課程，總計91學年度全國324所國小、37所國中開設原住民語，修習學生數國小105,324人、國中4,297人。

(5) 提升原住民學校教育設施水準：補助偏遠地區原住民學校擴充資訊設備及網路寬頻；全額補助偏遠地區學校電腦網路通訊費、配合擴大內需計畫完成各校電腦教室的建置，並補助偏遠地區中小學電腦教室維護費。

(6) 推展原住民親職教育與社會教育：補助地方政府及民間團體辦理原住民終身學習活動；補助原住民學習型家庭專案；協助籌設原住民部落社區大學。

## 10、暢通升學管道

(1) 實施大學多元彈性入學制度：91學年度實施考招分離-多元入學方案，採推薦甄選、申請入學、考試分發入學等三種入學管道，由於社會對此新制多有疑慮，教育部已責成就新方案加以簡化調整。

(2) 實施高中職多元入學方案：90年開始實施高中職多元入學方案，將各種就學管道整併為申請入學、甄選入學及登記分發入學等三種管道，並實施國民中學學生基本學力測驗，做為入學採計之依據。

(3) 技專校院多元入學方案：推動成立技專校院招生策進總會及財團法人技專校院入學測驗中心，並自90年度起實施考招分離新制。

(4) 適度擴增招生容量，紓解升學壓力：調整高中、高職學生人數比例；輔導技專校院升格改制；實施大學及技專校院招生名額總量管制。

## 11、建立學生輔導新體制

(1) 建立教學、訓導、輔導整合的輔導新體制：逐漸擴大試辦學校規模，激勵一般教師全面參與輔導工作，增進教師教學效能、融合輔導理念、採人性化照顧學生，彈性調整學生訓輔行政組織運作；結合社區輔導資源，建構學校輔導網路。

(2) 加強輔導國民中小學中途輟學學生：整合內政、法務、教育、原住民族委員會等屬單位及民間輔導資源，建構中輟生通報及復學輔導網路；發展多元型態中途學校。計有10所慈暉班、資源式中途班83班、合作式中途班15所、合作式中途學校3所、獨立式中途學校3所，總計安置容量超過3400百名。

(3) 建立訓導工作諮詢服務網路：結合社區資源，協助辦理學生輔導工作；研訂學校教師輔導工作手冊；辦理學校教師、行政人員、義工及家長研習活動。

## 12、充實教育經費與加強教育研究

(1) 研訂教育經費比例：完成「教育經費編列與管理法」之立法，保障各級政府教育經費的總額，並使教育經費之分配運用更為制度化。

(2) 籌設國立教育研究院：民國八十八年成立「國立教育研究院籌備處」，將整合國立編譯館、國立教育資料館、臺灣省國民學校教師研習會、教育部教育研究委員會、教育部科學教育指導委員會、人文社會教育指導委員會等六個單位，目前將朝行政法人方向規劃。

# 附錄7：臺灣工業職業教育發展年表

（含與政經背景之關係）

| 年代時期 | 1912~1936 日治中期 | 1937~1945 日治後期 | 1945~1952 戰後復建期- | 1953~1962 美援時期 |
|---|---|---|---|---|
| | 實業教育奠基期 | 實業教育擴展期 | 教育改制適應期 | 職業教育蛻變期 |
| 歷史大事 政府政策 社會變遷 | • 初期進行基本建設與因應民間的需求<br>• 1930年配合南進政策提出臺灣工業化政策<br>• 日資公司進入 | • 中日戰爭、二次世界大戰<br>• 配合工業化、南進基地化及軍事的需要 | • 國府接收臺灣<br>• 接收日本公司<br>• 國府播遷臺灣<br>• 國軍與大批民眾共約200萬人遷臺 | • 韓戰爆發，接受美援<br>• 實施二期經建計畫<br>• 土地改革穩定農業<br>• 進口替代策略、發展輕工業 |
| 主要工程 建設與產業 | • 民生產業*<br>• 製糖、樟腦業<br>繼續修建縱貫鐵路<br>• 1930年烏山頭水庫與嘉南大圳完工<br>• 1934年日月潭發電所竣工 | • 新式製糖工廠<br>• 以糖蜜製造酒精<br>電化學工業(燒鹼、煉鋁)開始發展<br>• 肥料、煉油工業 | • 修復鐵路、發電廠<br>• 修復煉油、肥料、燒鹼、製糖、紙漿及水泥工廠 | • 製造韓戰後勤物質<br>• 塑膠、纖維等石化工業及輕工業興起<br>• 東西橫貫公路通車 |
| 重要教育 政策與措施 | • 1919年總督府發布臺灣教育令<br>• 公布臺灣實業學校官制<br>• 1922年修正臺灣教育令日臺共學 | • 公布中等學校令縮短修業年限<br>• 增設工業專修學校及州立工業學校<br>• 戰爭末期修業年限縮短 | • 施行中華民國教育體制、學校改制<br>• 發展教育增設學校<br>• 留用少數日籍教師，二二八事件後遣送回日本 | • 停辦初級與五年制職業學校<br>• 發展工業教育，大量增設工業職業學校<br>• 教育廳訂定建教合作實施辦法 |
| 臺灣工業類 職業教育 發展情形 | • 1912年設置工業講習所，1919年改制為公立臺北工業學校<br>• 1918年設臺灣總督府工業學校，1923年兩校合併<br>• 1931年創設臺南高等工業學校<br>• 臺人受教機會受限 | • 工業專修學校增設五所，州立工業學校增設七所<br>• 課程與研究須配合軍事的需要<br>戰爭末期學生須當學徒兵 | • 廣設職業學校受教機會大增<br>• 教育體制與教學內容改變<br>• 臺北工業學校升格專科學校 | • 培育工職學校師資<br>• 施行單位行業訓練制<br>• 學校科組大幅調整<br>• 教育部公佈工業職業學校課程暫行標準，課程大幅修訂 |

＊民生產業：釀酒、食用油、織染、造紙⋯⋯等。

臺灣工程教育史

第肆篇：臺灣初、高級工業職業教育史概要

| 1963~1973<br>經建發展期 | 1973~1979<br>蓬勃發展期 | 1979~1990<br>新興科技發展期 | 1990~<br>高科技產業發展期 |
|---|---|---|---|
| 職業教育發展期 | | 工業教育改進期 | 工業教育調整期 |
| • 設置加工出口區<br>• 各大學開始成立電子計算機中心<br>• 全球環保運動開始<br>• Kenbak Co.推出個人電腦 | • 推動十大建設，六項交通、三項重化工業與核電廠<br>• 個人電腦開始大量生產 | • 推動十二大建設<br>• 制定十年經濟建設計畫<br>• 設置新竹科學園區<br>• 英國Tim Berners-Lee發明全球資訊網(WWW) | • 推出國家建設六年計畫，促進產業發展<br>• 教育部建立學術網路<br>• 維基百科Wikipedia正式推出 |
| • 石門水庫竣工<br>• 機械、電機、電子與石化工業開始發展<br>• 工業產值超越農業<br>• 自動控制工程興起<br>• 環保問題漸受重視 | • 曾文水庫竣工<br>• 機械、電機與石化工業迅速發展<br>• 環保工程興起 | • 機械、電子、電機、運輸工具列為策略性工業<br>• 發展低耗能、低污染、高附加價值之科技產業<br>• 電子材料、半導體、生化產業 | • 公布促進產業升級條例，發展通訊、資訊等十大新興行業<br>• 臺灣高速鐵路通車<br>• 奈米材料、生物科技、新能源科技產業<br>• 半導體與相關產業 |
| • 實施九年國民教育<br>• 調整高中：高職人數比例<br>• 輔導私立中等學校附設高級職業類科，一般省立高中兼辦職業類科。<br>• 大學新設夜間部；教育部開放設立私人專科學校<br>• 開始執行世界銀行貸款計畫 | • 發展高級技職教育，新設臺灣工業技術學院<br>• 教育部公布新職業學校規程、訂頒加強高職校輪調式建教合作教育（訓練）實施要點 | • 擬訂改進與發展技職教育五年計畫<br>• 頒布高級中等學校能力本位教育實施要點<br>• 頒布工業職業學校課程暨設備標準<br>• 推動原住民職業教育五年計畫與偏遠地區職業教育改進計畫 | • 多數專科學校升格為技術學院，進而改制為科技大學<br>• 實施高職學年學分制，彈性調整高職學生就學年限<br>• 持續調整高職：高中人數比例<br>• 開始施行職業學校在校生技能檢定 |
| • 實施課程新標準<br>• 以世界銀行貸款採購新穎教學實習設備<br>• 工業學校大量增設，農業學校增設工業科組<br>• 高工試辦輪調式建教合作班；試辦高職階梯式建教合作班 | • 工業學校繼續增設<br>• 繼續採購新穎教學實習設備<br>• 試辦進修式建教合作班<br>• 試辦輪調式建教合作教育 | • 執行改進及發展工業職業教育五年計畫<br>• 進行能力本位教育實驗教學<br>• 開始試辦延教班<br>• 實施工職群集課程<br>• 充實教學實習設備<br>• 設置技術教學中心 | • 學術網路對教學、研究及學習裨益甚大<br>• 延教班納入學制，並正名為實用技能班<br>• 實施高職免試多元入學方案<br>• 實施新課程(87、108課綱) |

臺灣工程教育史－第肆篇
臺灣初、高級工業職業教育史概要

主　　編｜翁鴻山

作　　者｜曾勘仁、林樹全、林英明

翁鴻山　增訂

發 行 人　蘇芳慶

發 行 所　財團法人成大研究發展基金會

出 版 者　成大出版社

總 編 輯　游素玲

地　　址　70101臺南市東區大學路1號

電　　話　886-6-2082330

傳　　眞　886-6-2089303

網　　址　http://ccmc.web2.ncku.edu.tw

出　　版　成大出版社

地　　址　70101臺南市東區大學路1號

電　　話　886-6-2082330

傳　　眞　886-6-2089303

美　　編　陳玉寧

印　　製　富詠欣印刷實業

初版一刷　2023年1月

定　　價　1280元

I S B N　978-986-5635-79-4

國家圖書館出版品預行編目（CIP）資料

臺灣工程教育史－第肆篇
臺灣初、高級工業職業教育史概要／曾勘仁, 林
樹全, 林英明著. --初版. --臺南市：成大出版社出
版：財團法人成大發展基金會發行, 2023.01
面;19*26公分　（臺灣工程教育史. 4. 第肆篇）
1.CST：工業職業教育 2.CST：技職教育 3.CST：教育
史 4.CST：臺灣

ISBN 978-986-5635-79-4 (精裝)
528.8933　　　　　　　　　112000091